O grande filme

DINHEIRO E PODER EM HOLLYWOOD

BIBLIOTECA FUNDAMENTAL DE CINEMA

Dados Internacionais de Catalogação na Publicação (CIP)
(Câmara Brasileira do Livro, SP, Brasil)

Epstein, Edward Jay
    O grande filme : dinheiro e poder em Hollywood / Edward Jay Epstein ; [tradução Silvana Vieira]. – São Paulo : Summus, 2008.

    Título original: The big picture : money and power in Hollywood.

    Bibliografia.
    ISBN 978-85-323-0477-3

    1. Indústria cinematográfica - Aspectos econômicos - Estados Unidos 2. Indústria cinematográfica - Aspectos econômicos - Los Angeles (Califórnia) 3. Indústria cinematográfica - Estados Unidos - Finanças 4. Indústria cinematográfica - Los Angeles (Califórnia) - Finanças I. Título.

08-0494   CDD-384.830979494

Índice para catálogo sistemático:
1. Hollywood : Los Angeles : Califórnia : Dinheiro e poder : Indústria cinematográfica 384.830979494

Compre em lugar de fotocopiar.
Cada real que você dá por um livro recompensa seus autores
e os convida a produzir mais sobre o tema;
incentiva seus editores a encomendar, traduzir e publicar
outras obras sobre o assunto;
e paga aos livreiros por estocar e levar até você livros
para a sua informação e o seu entretenimento.
Cada real que você dá pela fotocópia não autorizada de um livro
financia o crime
e ajuda a matar a produção intelectual de seu país.

O grande filme

DINHEIRO E PODER
EM HOLLYWOOD

Edward Jay Epstein

summus editorial

Do original em língua inglesa
THE BIG PICTURE
Money and power in Hollywood
Copyright © 2005 by E. J. E. Publications, Ltd., Inc.
All rights reserved including the rights of reproduction in whole or in part in any form.
Direitos desta tradução adquiridos por Summus Editorial

Editora executiva: **Soraia Bini Cury**
Assistentes editoriais: **Bibiana Leme e Martha Lopes**
Tradução: **Silvana Vieira**
Revisão técnica: **Francisco Ramalho Jr.**
Capa: **Alberto Mateus**
Projeto gráfico e diagramação: **Crayon Editorial**

BIBLIOTECA FUNDAMENTAL DE CINEMA - 1
Direção: Francisco Ramalho Jr.

Summus Editorial
Departamento editorial:
Rua Itapicuru, 613 – 7º andar
05006-000 – São Paulo – SP
Fone: (11) 3872-3322
Fax: (11) 3872-7476
http://www.summus.com.br
e-mail: summus@summus.com.br

Atendimento ao consumidor:
Summus Editorial
Fone: (11) 3865-9890

Vendas por atacado:
Fone: (11) 3873-8638
Fax: (11) 3873-7085
e-mail: vendas@summus.com.br

Impresso no Brasil

PARA CLAY FELKER

Agradecimentos

ESTE LIVRO SE BENEFICIOU enormemente de vários livros extraordinários, entre eles, *An empire of their own: How the jews invented Hollywood*, de Neal Gabler, que analisa com brilhantismo a ascensão e queda dos primeiros *moguls*; *The genius of the system: Hollywood filmmaking in the studio era**, de Thomas Schatz, que desconstrói meticulosamente o sistema de estúdio; *Money and movies*, de David Puttnam, que coloca Hollywood numa indispensável perspectiva internacional; *Sony: The private life*, de John Nathan, uma biografia corporativa da Sony extremamente reveladora; *Fast forward*, de James Lardner, que narra com lucidez a história da tecnologia do vídeo; e o elegante e bastante informativo *Murdoch: The making of a media empire*, de William Shawcross.

A parte mais assustadora da tarefa de organizar minha pesquisa foi encontrar um rumo em meio à infinidade de dados sobre Hollywood, uma floresta pululante de polêmicas, folclore, *releases* de divulgação e trivialidades sobre as celebridades. Pela ajuda na descoberta de um caminho conceitual, sou grato a Andrew Hacker, James Q. Wilson, Claude Serra e Sir James Goldsmith.

Neste livro, ao contrário dos que publiquei anteriormente, a correspondência por e-mail constituiu uma nova e inestimável ferramenta de pesquisa. Ela me permitiu interrogar pessoas que conheciam aspectos específicos da produção cinematográfica e obter delas as respostas às minhas perguntas respeitando o seu tempo; e, quando não sabiam a resposta exata, encaminhavam minhas questões a outros de sua rede de contatos. As respostas que recebi, ao contrário das entrevistas convencionais, muitas vezes traziam *links* na internet que me permitiram obter mais detalhes. Sou especialmente grato a Emma Wilcockson, Anthony Bregman e Bruce Feirstein por sua incrível paciência e lucidez ao responderem aos meus incessantes e-mails, entre 1999 e 2004.

Estou em débito com Joost Thesseling e Frederick Iseman, da Caxton-Iseman Capital Inc., por seu generoso auxílio na análise e compreensão dos balancetes corporativos dos estúdios; e, no Japão, Ko Shioya e Yu Serizawa, pela grande ajuda na pesquisa sobre a contribuição japonesa à economia do entretenimento.

---

* Publicado no Brasil com o nome *O gênio do sistema* (Cia. das Letras, 1991). (N. do R. T.)

Agradeço também a June Eng e Dan Nessel por me ajudarem a lidar com os recursos da internet e montar meu website (http://www.edwardjayepstein) para servir de ponto de coleta.

Não teria sido possível me aprofundar no assunto sem a colaboração (e os documentos) de um pequeno número de executivos de estúdio e de companhias financeiras, que preferiram manter-se anônimos. Assim, embora não possa agradecer-lhes nominalmente, eles têm o meu absoluto reconhecimento.

Na tarefa de converter o material em livro, sou profundamente grato a Kent Carroll por suas perspicazes sugestões ao ler as primeiras versões; a Kathryn Chetkovich, cujo olhar aguçado me ajudou a depurar ainda mais as versões; e a Sarah-Marie Schmidt, que habilmente as confrontou com os fatos.

Agradeço a William H. Donner Foundation, a Lynde and Harry Bradley Foundation e a Randolph Foundation por subsidiarem o trabalho de pesquisa neste projeto; a Social Philosophy and Policy Foundation por administrar as subvenções destinadas à pesquisa; e a Jeffrey Paul e Fred D. Miller Jr. do Social Philosophy and Policy Center, pelo apoio intelectual e logístico, do início ao fim deste livro.

A lista de pessoas que brindaram este livro com seu discernimento, intuição e inspiração inestimáveis inclui: Renata Adler, Robert Alexander, Ken Auletta, Julie Baumgold, Tina Bennett, John Berendt, Richard Bernstein, Ed Bleier, Bob Bookman, Tina Brown, Adelaide de Clermonte-Tonnerre, Suzanna Duncan, Clay Felker, Michael Haussman, Hendrik Hertzberg, Felicitie Hertzog, Magui Iseman, Marty Kaplan, Dale Launer, Alexis Lloyd, Mike Milken, Sollace Mitchell, Victor Navasky, Linda Nessel, Camilla Roos, Charlie Rose, Randy Rothenberg, Rob Stone, Kim Taipale e Victor Temken.

Por fim, sou extremamente grato ao meu editor, Bob Loomis, por sua heróica e incansável contribuição e por transformar este trabalho num livro acabado.

Edward Jay Epstein
Cidade de Nova York
julho de 2004

Sumário

PREFÁCIO À EDIÇÃO BRASILEIRA 11

INTRODUÇÃO AS DUAS HOLLYWOODS 13

PARTE 1 O NOVO SISTEMA

1 OS CRIADORES 36

2 A AMERICANIZAÇÃO DO MUNDO 93

3 O SEXPÓLIO 101

4 O CONCEITO DE COMPENSAÇÃO DE DESPESAS 114

PARTE 2 A ARTE DA ILUSÃO, A ILUSÃO DA ARTE

5 O INFERNO DO DESENVOLVIMENTO 136

6 O SINAL VERDE 146

7 PREPARA-SE A ILUSÃO 155

8 LUZES, CÂMERAS, AÇÃO 161

9 DE PEÇA EM PEÇA 170

10 A ILUSÃO SE COMPLETA 177

PARTE 3 A CRIAÇÃO DO PÚBLICO

11 A MISSÃO DA CONSCIENTIZAÇÃO 182

12 A CONDUÇÃO DO PÚBLICO 189

13 O DIA D 192

PARTE 4 A LÓGICA ECONÔMICA DE HOLLYWOOD

14 A ECONOMIA DA PIPOCA 198

15 EM TERRITÓRIO ESTRANHO 206

16 A REVOLUÇÃO DO DVD 212

17 A ABENÇOADA TELEVISÃO 222

18 LICENÇA PARA O MERCHANDISING **228**

19 O PODER DA INFORMAÇÃO **232**

20 A FÓRMULA DE MIDAS **239**

PARTE 5 A LÓGICA SOCIAL DE HOLLYWOOD

21 *HOMO LUDENS* **245**

22 O INSTINTO DE COMUNIDADE **253**

23 AS NOVAS ELITES **258**

24 TRABALHO E DIVERSÃO EM HOLLYWOOD **291**

25 A CULTURA DA ILUSÃO **297**

PARTE 6 A LÓGICA POLÍTICA DE HOLLYWOOD

26 OS FILMES QUE FIZERAM NOSSA CABEÇA **313**

27 AS REGRAS DO JOGO **319**

28 O MUNDO NA VISÃO DE HOLLYWOOD **327**

EPÍLOGO A HOLLYWOOD DE ONTEM E DE AMANHÃ **339**

POSFÁCIO A ASCENSÃO DOS *MOGULS* DA TV **354**

NOTAS **360**

ÍNDICE REMISSIVO **362**

Prefácio à edição brasileira de *The big picture*, o livro

RAMALHO JR.
PRODUTOR E DIRETOR DE FILMES DE LONGAS-METRAGENS

INDEPENDENTEMENTE DE MINHA ATIVIDADE CINEMATOGRÁFICA – que, afirmo com orgulho, tenho conseguido exercer profissionalmente há quarenta anos –, ministrei recentemente palestras em cursos de graduação em cinema e cursos de pós-graduação em audiovisual. Ao trocar idéias nessas aulas, recomendei a leitura da presente obra. Posteriormente, conversei com o diretor da Summus Editorial e sugeri a ele que a editasse no Brasil. Argumentei que este livro, além de interessar (e muito) a profissionais de cinema e a estudiosos ou interessados no assunto, se tornaria uma dessas obras de referência que precisam existir em todas as bibliotecas.

Este livro é referência por ser contemporâneo à globalização e por abordar o cinema e seu modo de produção nessa era. Recordo-me de ter visto num DVD uma palestra de Antonioni em que esse mestre e artista único dizia que, no futuro, o cinema ficaria confinado aos lares com exibições em telas pequenas. Esse futuro já chegou: hoje, qualquer família brasileira sonha como seu home theather, ou, em português claro, seu cineminha em casa (e que não exibam filmes piratas!). Os mais jovens já assistem aos filmes em computadores portáteis ou celulares.

Assim, este livro conclui, amarga ou lucidamente, que, mesmo nos Estados Unidos, país de maior público em salas de cinema – onde existem atualmente mais de 30 mil telas (contra pouco mais de 2 mil no Brasil) –, apenas 2% dos transeuntes vão ao cinema, enquanto 95% assistem à TV. E, considere que o cinema foi uma das maiores formas de diversão de massa durante praticamente todo o século passado! Em 1929, alguns anos depois da invenção do cinema falado, mais de dois terços da população ia ao cinema toda semana; em 1946, com o advento da

TV, o público semanal caiu de 90 milhões para 29 milhões enquanto a população praticamente dobrou.

Entretanto, desde seu início até a data atual, os filmes são produtos. Neste livro, eles são analisados a partir do nascimento do sistema de estúdios e de sua mudança da Costa Leste (Nova York) para a Costa Oeste (Los Angeles), conta-se a história do crescimento da indústria cinematográfica e de sua autopromoção com a fundação da Academia de Artes e Ciências Cinematográficas, que anualmente se premia sob os olhares de quase todo o planeta com os famosos Oscar.

A obra analisa a estrutura da produção, da criação do roteiro à comercialização do filme, aborda a filmagem e a função de cada técnico, a importância dos agentes e assessores de imprensa, o cinema como arma de propaganda e a divulgação dos valores norte-americanos citando até mesmo que, num filme com o Tarzan, da Segunda Guerra Mundial, os animais selvagens foram treinados para atacar principalmente os alemães, com roteiros aprovados pela Casa Branca!

A análise da produção cinematográfica dos filmes é estendida a todos os veículos existentes e por existir. Destaca-se, ainda, o surgimento dos talentos que inovaram a produção e a criaram, como Lew Wasserman, Steve Ross, Akio Morita, Sumner Redstone e Rupert Murdoch (apenas o capítulo "Os criadores" já recomenda o livro), a tragédia do macartismo, as leis antitruste e as manipulações políticas e governamentais, o talento inovador de Walt Disney e o surgimento do mundo digital contemporâneo – que modifica inclusive a arte de atuar, pois os atores têm de interpretar num cenário limpo em que tudo será agregado posteriormente, das roupas dos atores a aqueles com quem contracenarão, sejam humanos ou digitais.

O autor conclui contando quem é quem na atual indústria cinematográfica norte-americana, e a situação modificada dos estúdios, em que os executivos vêm, em geral, da televisão e...

Creio que é melhor ler o livro, seja o leitor um profissional de cinema ou aspirante a como a estudiosos de cinema ou leitores que desejam conhecer esse meio tão transformador da vida das pessoas – tanto daquelas que fazem cinema quanto das que assistem a ele em qualquer meio ou veículo, ou, talvez, assistiram a ele algum dia.

Enquanto isso, continuarei neste ano e nos próximos e, próximos, a fazer filmes...

FRJ / maio de 2008

As duas Hollywoods

O CREPÚSCULO DOS DEUSES

NO DIA 20 DE MARÇO DE 1948, a elite de Hollywood, enfrentando baixas temperaturas e ventos fortes, desfilou perante as câmeras dos cinejornais para ocupar o Shrine Auditorium de Los Angeles para a vigésima cerimônia anual de premiação da Academia de Artes e Ciências Cinematográficas. Lá dentro, encontraram o palco transformado num imponente bolo de aniversário, com vinte estatuetas gigantes do Oscar no lugar de velas.

Os estúdios tinham muito que comemorar naquela noite. Seus filmes, a mais democrática de todas as formas de arte, haviam se tornado o principal meio de entretenimento pago pela maioria dos americanos. Em 1947, 90 milhões de americanos, de uma população total de apenas 151 milhões, iam ao cinema semanalmente, pagando em média 40 centavos por um ingresso. E não pense que esse público maciço, cerca de dois terços da população itinerante, era resultado de dispendiosas campanhas nacionais de marketing. Tratava-se tão-somente de freqüentadores assíduos de cinemas, que saíam de casa para assistir qualquer filme que estivesse passando no bairro.

A maioria deles não ia ao cinema para ver determinado filme. Iam atrás de uma programação que incluía[1] um cinejornal; um curta-metragem cômico, como *Os Três Patetas* (*Three Stooges*); um seriado, como *Flash Gordon*; desenhos animados, como *Pernalonga* (*Bugs Bunny*); um filme B, como os de faroeste; e, finalmente, a atração principal. Em 1947, nos Estados Unidos, era mais fácil encontrar uma sala de exibição do que uma agência bancária. Havia mais de 18 mil cinemas de bairro. Cada um deles tinha apenas um auditório, uma tela, um alto-falante (localizado atrás da tela), uma cabine de projeção e uma marquise. Toda semana, geralmente às quintas-feiras, um caminhão da UPS* recolhia os rolos da semana anterior e entregava os novos. O título do novo filme na marquise e os anúncios publicados nos jornais locais eram a única publicidade que a maioria dos filmes recebia.

---

* United Parcel Services, uma das maiores companhias de serviços de entrega do mundo, fundada em 1907, em Seattle. (N. da T.)

Quase todos esses filmes e curta-metragens eram fornecidos por distribuidoras regionais, controladas e operadas por sete empresas que, por sua vez, pertenciam a sete estúdios: Paramount, Universal, MGM, Twentieth Century-Fox, Warner Bros, Columbia e RKO. Em pouco mais de uma geração, esses estúdios haviam aperfeiçoado um mecanismo quase onipotente para controlar o que o público americano via e ouvia. Esse mecanismo ficou conhecido como sistema de estúdio.

Esses estúdios têm a mesma origem: as casas de recreação, os *nickelodeons** e as salas de exibição de cinema mudo. Seus fundadores, judeus autodidatas, fizeram parte da leva de imigrantes que chegara aos Estados Unidos no fim do século XIX e início do XX, vindos do leste da Europa. Antes de ingressar no negócio de exibição de filmes, haviam trabalhado em empregos subalternos, como trapeiros, peleteiros, mensageiros, açougueiros, sucateiros e caixeiros-viajantes. Em sua nova atividade, eles encontraram uma audiência dedicada e entusiasmada, especialmente entre os que ainda não dominavam bem o inglês, além de um grande número de concorrentes disputando esse público. Para se destacar, eles instintivamente recorreram ao que os economistas chamariam mais tarde de "economias de escala". Louis B. Mayer, fundador da MGM, pediu dinheiro emprestado para expandir seu negócio, que se limitava então a um único cinema em Haverhill, Massachusetts, para um pequeno grupo de salas que ele reuniu num "circuito" – assim chamado porque os rolos de um filme podiam ser enviados de bicicleta de um cinema para outro (com horários de exibição tão próximos que, às vezes, um cinema exibia o primeiro rolo enquanto outro mostrava o último), permitindo múltiplas exibições – e múltiplos ingressos – dos filmes que ele alugava das distribuidoras. Com a expansão dos circuitos, esses empresários começaram a abrir as próprias distribuidoras e fornecer filmes para outros proprietários de cinemas, mas a maior parte de sua receita provinha dos ingressos comprados nas bilheterias.

Ao perceberem que não conseguiriam obter filmes suficientes e com regularidade dos cineastas independentes, esses novos distribuidores deram um passo à frente e começaram a realizar os próprios filmes. Inicialmente, seus estúdios ficavam no Leste, mas à medida que a produção se expandia, após a virada do século, eles sofriam uma pressão cada vez maior da Edison Trust, entidade jurídica cons-

---

* Palavra formada por *nickel* (moeda de 5 centavos americana) e *odeon* (derivada do termo grego para teatro) em referência aos cinemas de preços populares freqüentados principalmente pela classe trabalhadora, que não podia pagar os caros ingressos do teatro, o principal entretenimento do início do século XX. (N. da T.)

tituída por Thomas A. Edison para controlar as patentes básicas das câmeras e projetores de cinema nos Estados Unidos. A Edison Trust abriu uma série de processos contra as novas companhias de cinema, que finalmente decidiram transferir seus estúdios para longe do alcance dos advogados da Trust na Costa Leste. Escolheram, então, como sua nova sede, a cidadezinha recém-constituída de Hollywood, na Califórnia.

Não levou uma geração para que esses empresários passassem literalmente do lixo ao luxo. Na década de 1940, os dirigentes de estúdio estavam entre os executivos mais bem pagos do mundo. Saídos da pobreza, eles se refestelavam na fortuna e se intitularam *moguls* – denominação que, embora talvez não exatamente apropriada, já que se refere aos soberanos muçulmanos, tornou-se parte da sua identidade. Em 1947, Louis B. Mayer – que, quando chegara ao país como imigrante, recolhia trapos e, aos 19 anos, não tinha dinheiro "nem para um sanduíche", como mais tarde contou seu genro David O. Selznick – era o executivo mais bem remunerado dos Estados Unidos, com um salário anual de 1,8 milhão de dólares na MGM.

Os estúdios produziram cerca de quinhentos filmes em 1947,[2] entre longas-metragens e filmes B. Embora houvesse estratégias de marketing com ligeiras variações de um estúdio para outro, fazer cinema naquela época era um negócio relativamente simples. Os estúdios não licenciavam seus filmes para a televisão e outros meios de comunicação, nem licenciavam seus personagens para brinquedos, jogos, camisetas e outros tipos de merchandising. O mercado estrangeiro rendia algum dinheiro, mas essa renda era contrabalançada pelos altos impostos – na Grã-Bretanha, por exemplo, a taxa de importação era de 75% –, e a maioria dos países europeus e asiáticos tinha restrições à repatriação da moeda. Assim, era quase impossível reaver os lucros obtidos no exterior.

Enfim, quase todo o dinheiro dos estúdios provinha de uma única fonte: as bilheterias americanas. Em 1947, 95% da receita dos seis principais estúdios era decorrente de sua participação na venda de ingressos (chamada de "aluguel", já que, tecnicamente, essa remuneração correspondia ao aluguel que os cinemas pagavam pelos filmes) nas salas de exibição do país. Isso equivalia a 1,1 bilhão de dólares, o que fazia do cinema o terceiro maior negócio de varejo dos Estados Unidos, depois dos armazéns e da venda de automóveis.

Os estúdios conseguiam arrecadar todo esse lucro porque controlavam quase todos os cinemas. MGM, Warner Bros, Paramount, Twentieth Century-Fox e RKO tinham, cada uma, a própria rede de cinemas, que gerava quase metade de sua receita total. Já a Columbia e a Universal controlavam as redes de cinema de maneira menos direta, por meio de suas subsidiárias de distribuição. Entre os cinemas sob controle dos estúdios, estava a maioria das salas de estréia das principais cidades americanas e do Canadá, onde acontecia a *première* dos filmes. Era durante essas primeiras exibições que os filmes recebiam as críticas e tornavam-se conhecidos do público, iniciando-se o boca-a-boca, que constituía a principal forma de publicidade para essas películas. Como proprietários dos cinemas, os estúdios determinavam onde, quando e por quanto tempo seus filmes ficariam em cartaz como lançamento. Esse período de estréia podia se prolongar por vários meses, enquanto os estúdios preparavam a distribuição subseqüente para os cinemas de bairro. Por exemplo, em 1947, *Os melhores anos de nossas vidas* (*The best years of our lives*), de Samuel Goldwyn, ainda estava em exibição no Astor Theater de Nova York, de propriedade da MGM por intermédio da sua subsidiária, a rede de cinema Loews, seis meses após sua *première*.

Além disso, os estúdios controlavam indiretamente quase todas as salas independentes, incluindo a maioria dos cinemas de bairro e dos que mostravam filmes que já tinham saído de cartaz, mediante contratos blindados que obrigavam os proprietários a exibirem certo número de filmes (dez, geralmente) no chamado "pacote". Se eles não aceitassem o pacote, não recebiam nenhum filme dos estúdios – e então não poderiam contar com os nomes de astros e estrelas para atrair o público. Somente uma dúzia de cines de arte que passavam filmes estrangeiros podia se dar ao luxo de dar as costas para esse acordo "às escuras".

Os estúdios não só conseguiam controlar a contratação de seus filmes, como detinham o monopólio da renda auferida, que não era partilhada com os astros e estrelas, diretores, escritores e outros talentos – tampouco com os produtores. Raramente, em alguns casos, esses participantes recebiam uma parcela do lucro final, mas nunca do aluguel arrecadado pelos estúdios.

Essas empresas se beneficiavam também dos baixos custos de distribuição e marketing. Como os filmes só estreavam em meia dúzia de cinemas das grandes cidades antes de seguirem para outras regiões, os mesmos impressos e cartazes usados primeiro no nordeste podiam ser aproveitados depois no sul e no oeste. Os custos de distribuição, portanto, eram reduzidos – por volta de 60 mil dólares em média por filme, em 1947. Além disso, não havia campanhas publicitárias nacionais, e, como os cinemas pagavam boa parte dos anúncios locais e os astros faziam divulgação nas rádios e nos cinejornais gratuitamente, os orçamentos com publicidade não chegavam a 30 mil dólares por filme.

Deduzidos esses custos de distribuição e publicidade da renda dos aluguéis, o que sobrava era a receita líquida dos estúdios. Em 1947, ela totalizava, aproximadamente, 950 milhões de dólares.

Para assegurar o lucro, os estúdios, evidentemente, tinham de gastar menos do que o montante total da receita líquida na produção dos seus filmes. Para aumentar suas economias de escala, cada estúdio organizou uma espécie de fábrica de filmes, com equipes e equipamentos que operavam, muitas vezes, 24 horas por dia. Em recintos à prova de som, uma série de lâmpadas de arco voltaico fornecia iluminação livre de sombras, o clima artificial era forjado por máquinas que produziam vento, chuva e neve, e criavam-se mares em piscinas internas. No terreno dos fundos, reproduziam-se localidades exóticas repletas de figurantes trajados com roupas do estoque cenográfico guardado nos depósitos. Em 1947, por exemplo, o filme de aventura *Os três mosqueteiros* (*The three musketeers*), da MGM, ambientado na França do século XVII, foi inteiramente rodado em estúdio e cenários ao ar livre.

O aparato tecnológico dos estúdios incluía a projeção sincrônica da cena de fundo, o que permitia integrar perfeitamente os atores do filme em produção com materiais, previamente filmados, de sua extensa filmoteca e, ainda, com tomadas feitas em outros lugares por unidades secundárias. Dispunham também de câmeras de animação para converter modelos, bonecos e outras réplicas em miniatura na ilusão de fenômenos de tamanho natural. Para fazer tudo isso, pagavam-se salários semanais a um verdadeiro exército de eletricistas, operadores de câmeras, costureiras, maquiadores, decoradores de set, engenheiros de som e outros técnicos. O estúdio da MGM em Culver City, que em 1947 era o maior de todos, podia desovar seis filmes diferentes ao mesmo tempo. Essas instalações, semelhantes a linhas de montagem, tornavam possível filmar um longa-metragem em menos de um mês e os filmes B em uma semana.

Com esse sistema de produção industrial, os estúdios conseguiam também manter um rigoroso controle de seus produtos. Em uma carta ao *The New York Times* em 1939, Frank Capra escreveu: "cerca de seis produtores liberam hoje quase 90% dos roteiros e editam cerca de 90% dos filmes".[3] Esses produtores se reportavam ao diretor do estúdio, que respondia diretamente aos donos.

Os estúdios também tinham sob controle todos os astros e estrelas que atraíam as audiências para os cinemas, num arranjo contratual fechado, denominado sistema de estrelato. Em 1947, 487 atores e atrizes – incluindo nomes famosos como Bing Crosby, Bob Hope, Betty Grable, Gary Cooper, Ingrid Bergman, Humphrey Bogart, Clark Gable, John Wayne, Alan Ladd e Gregory Peck – estavam aprisionados a esses contratos. Esses pactos geralmente vigoravam por sete anos, e ainda ofereciam opções de renovação, impedindo os atores de trabalhar em outros lugares e tornando-os praticamente propriedade dos estúdios por, pelo menos, esse período. Tinham de encenar qualquer papel e participar de toda publicidade que lhes fosse designada. Se se recusassem, podiam ser suspensos sem remuneração, como fez a MGM com Lana Turner em 1947, quando ela quis rejeitar um papel em *Os três mosqueteiros*. Sem outro recurso e diante da perspectiva de não ter permissão para trabalhar no auge de sua carreira, ela finalmente resolveu aceitar o papel.

Além disso, os estúdios podiam "emprestar" as estrelas para outros estúdios por um valor superior aos seus salários e embolsar a diferença. Joan Crawford, contratada da MGM, foi cedida à Columbia para *They all kissed the bride*, em 1942; e Bette Davis, contratada da Warner Bros, foi cedida à RKO para *Pérfida* (*The little foxes*), em 1941.

Os contratos, geralmente, também davam aos estúdios o controle da imagem pública dos astros, com o objetivo de promover as campanhas de divulgação dos filmes. Na prática, isso significava que podiam definir o roteiro das entrevistas dos artistas e determinar o que diriam em público, suas poses fotográficas e os assuntos das colunas de fofocas. Podiam pedir que eles mudassem a aparência facial, a cor dos cabelos, detalhes biográficos e, algo bastante comum, seu nome. Por exemplo, Issur Danielovitch teve seu nome trocado para Kirk Douglas, Marion Morrison para John Wayne, e Emanuel Goldenberg para Edward G. Robinson.

Em contrapartida, os estúdios ofereciam aos atores contratados um salário anual, papéis nos principais filmes e publicidade na mídia que eles controlavam ou da qual eram donos, como os cinejornais e os fanzines. No entanto, por maior que fossem as vantagens publicitárias obtidas pelos artistas, seus salários eram relativamente baixos se comparados com a receita adicional que geravam nas bilheterias. Em 1947, até mesmo astros bem-sucedidos, como Clark Gable, ganhavam em média menos de 100 mil dólares por filme. Durante a vigência do contrato, os artistas não tinham direito a aumento de salário, mesmo que se tornassem mais populares com o público ou obtivessem mais destaque na mídia de entretenimento. Com efeito, o sistema de estrelato permitia que os estúdios rotulassem seus produtos com o nome das personas que haviam criado – por exemplo, filmes de gângster à James Cagney, faroeste à Roy Rogers, romance à Clark Gable – e ficassem com todo o lucro assim obtido.

Ao bloquear o salário dos atores, os estúdios de Hollywood conseguiam controlar o custo de manufatura dos seus produtos. De fato, quase todos os filmes davam dinheiro. Como o custo médio de produção,[4] em 1947, girava em torno de 732 mil dólares apenas, incluídas aí todas as despesas gerais do estúdio, e a receita líquida totalizava em média 1,6 milhão de dólares, a realização de um filme era um empreendimento lucrativo. Embora os filmes de menos sucesso rendessem um ganho singelo de milhares de dólares, os *hits* que atraíam o público adulto, como *Os melhores anos de nossas vidas*, atingiam uma renda superior a 5 milhões de dólares.

Mas os *moguls* dos estúdios queriam mais do que apenas lucro com sua invenção. Como não estavam inteiramente seguros com sua rápida ascensão à riqueza, sonhavam também com um tipo de respeito, admiração e status que reforçasse sua condição. Esse elemento social da equação fora formalmente reconhecido vinte anos antes, em 1927, em um jantar no Ambassador Hotel, quando Louis Mayer propôs[5] a 35 executivos de outros estúdios importantes que eles instituíssem uma maneira de homenagear os feitos de Hollywood (ou seja, os seus). Assim nasceu a Academia de Artes e Ciências Cinematográficas e seu rito anual de prestar tributos por meio de premiações.

O Oscar para melhor filme de 1947 foi para *A luz é para todos* (*Gentleman's agreement*), da Twentieth Century-Fox. Adaptado do livro de mesmo título de Laura Z. Hobson, o filme em branco e preto trazia no elenco Gregory Peck, Celeste Holm, John Garfield e Dorothy McGuire, todos contratados do estúdio. O roteiro de Moss Hart, como o da maioria dos longas-metragens de Hollywood, continha todos os elementos de uma narrativa clássica: começo, meio e fim; ação dramática; conflito, confronto e resolução. Tinha também um personagem com o qual a platéia podia se identificar facilmente, Philip Green (Gregory Peck), um repórter cristão de uma revista que se fazia passar por judeu para poder escrever sobre o anti-semitismo com base em sua experiência direta. O conflito, de natureza quase inteiramente intelectual, resolvia-se sem violência ou derramamento de sangue. Tampouco havia cenas de sexo, nudez, linguagem indecorosa ou mesmo sugestiva, todas proibidas pelo sistema de censura[6] do próprio estúdio.

O diretor Elia Kazan também ganhou um Oscar pelo filme. Aos 38 anos de idade, Kazan, um diretor de teatro, fora contratado como diretor de cena pela Twentieth Century-Fox depois de o estúdio ter comprado o livro, encomendado e aprovado o roteiro de Moss Hart e distribuído todos os papéis principais aos seus astros contratados. Como quase todos os diretores que trabalhavam sob o sistema dos estúdios, Kazan chegou quando começava a filmagem e partiu quando ela terminou. O trabalho do diretor era extrair o melhor desempenho dos atores e técnicos dentro de um plano de filmagem preparado pelo estúdio.

O GRANDE FILME

Os executivos da Twentieth Century-Fox, entre eles o chefe e executivo do estúdio, Darryl F. Zanuck, acompanharam o progresso diário de Kazan durante as doze semanas de produção. Então, Zanuck supervisionou a edição do filme e sua partitura musical. O diretor do estúdio tinha autoridade absoluta sobre o processo criativo desde que Irving Thalberg, na MGM, aperfeiçoara o sistema no fim da década de 1920. Zanuck havia produzido 170 filmes da Fox, incluindo *A luz é para todos*, que ele coordenou do começo ao fim.

Na noite em que Kazan recebeu o Oscar por *A luz é para todos*, o filme ainda estava na sua primeira temporada de exibição, passados quatro meses desde sua estréia no Mayfair Theater de Nova York. Ainda sem ter estreado nos cinemas de bairro, já havia recuperado os 2 milhões de dólares gastos em sua realização. E, embora fosse um filme cerebral, destinado especialmente ao público adulto, era razoável esperar que atraísse uma audiência muito maior quando fosse liberado para exibições mais amplas, já que, como todos os longas-metragens produzidos pelos estúdios, faria parte de uma programação que incluía um filme B para adolescentes e cartuns para crianças.

NAQUELA NOITE FRIA DE MARÇO DE 1948, todos os sinais pareciam indicar que o sistema ainda funcionava perfeitamente, como atestavam muitos dos velhos rostos ali presentes. Ao vigésimo aniversário da premiação da Academia, compareceram todos os primeiros *moguls*, com exceção de Carl Laemmle, fundador da Universal, que havia falecido, e de William Fox, fundador da Twentieth Century-Fox,[7] que, após quase conseguir assumir o controle da MGM em 1929, fora à bancarrota e, ao tentar subornar um juiz durante o processo de falência, fora preso. Mas se há uma lição que Hollywood ensina é de que as aparências enganam: em 1948, o mundo da produção do cinema americano estava à beira de uma mudança radical e irreversível.

Embora sua conduta, naquela noite, nada revelasse, as elites do poder reunidas na cerimônia de premiação sabiam que nuvens agourentas se acumulavam no horizonte, anunciando tempestade. Hollywood estava se tornando o principal alvo das ações para expor a subversão comunista do Comitê de Atividades Antiamericanas. Em 1947, um grande número de escritores, atores e diretores fora convocado a comparecer diante do Comitê a fim de entregar os subversivos aninhados na indústria do cinema. Muitos dos que se recusaram a cooperar foram então citados por desacato ao Congresso, e dez deles, os chamados "Dez de Hollywood",[8] tiveram de escolher entre ir para a cadeia e fugir do país. Apanhados nesse dilema, muitos escritores proeminentes – entre eles, Joseph Losey, Ben Barzman e Donald Ogden Stewart – foram morar no exterior para evitar a intimação judicial.

Em vez de desafiar a inquisição do Congresso, os estúdios declararam que qualquer um que invocasse seus direitos constitucionais contra a auto-acusação ou se recusasse a cooperar dando nomes, seria demitido e incluído em uma "lista negra". A Screen Actors Guild, uma associação de atores de cinema liderada por Ronald Reagan, apoiou a posição dos estúdios, que haviam contratado ex-agentes do FBI para ajudá-los a banir os empregados com passado político suspeito. Apesar dos risos e gracejos durante a cerimônia de premiação, a indigesta questão do que constituía lealdade ameaçava esgarçar o tecido social da comunidade cinematográfica.

Outra nuvem ainda mais escura e ameaçadora se formava. Havia quase dez anos, no processo *Estados Unidos contra Paramount et al.*, o Departamento de Justiça vinha pressionando os estúdios com uma ação antitruste, sob a alegação de que o controle deles sobre os meios de distribuição e exibição dos filmes constituía uma restrição ilegal ao comércio, segundo a Lei Sherman Antitruste. Os tribunais inferiores haviam decidido em favor do Departamento de Justiça, e os estúdios já estavam esgotando as medidas de apelação. Para solucionar o caso, o governo exigira que os estúdios acabassem com a contratação de filmes em pacote e abrissem mão das subsidiárias de distribuição e das redes de cinemas. Em ambas as situações, eles perderiam controle sobre o que era exibido – controle que, como bem percebiam, era vital para o sistema de estúdio. A RKO, a empresa mais fraca, estava prestes a roer a corda e assinar o acordo de consenso. Se isso acontecesse, os outros estúdios sofreriam uma tremenda, para não dizer irresistível, pressão para também aderir ao acordo. Assim, seria o fim do sistema de estúdio.

No entanto, a nuvem mais negra no horizonte era o advento de um meio de entretenimento alternativo: a televisão. Está certo que, naquele momento, a nova tecnologia oferecia apenas algumas poucas horas diárias de programação rudimentar em preto-e-branco, mas isso sem custo algum para o consumidor, pois eram os anunciantes, e não o público, que pagavam as emissoras. Os estúdios de Hollywood haviam tentado criar estorvos ao recém-nascido veículo, até mesmo liquidá-lo, recusando-se a permitir que as redes mostrassem filmes de seu acervo ou usassem suas instalações para produzir programas. Contudo, as emissoras de televisão estavam encontrando alternativas: esportes ao vivo, noticiários, programas de jogos e filmes independentes. E, embora existissem apenas 1 milhão de aparelhos nos lares americanos em 1947, os fabricantes de televisores esperavam[9] que esse número quadruplicasse até 1949. Se essas projeções se cumprissem, seria uma questão de tempo para que boa parte dos 90 milhões de pessoas que pagavam para ver filmes nos cinemas preferisse, em vez disso, assistir à tevê gratuitamente. Como os estúdios dependiam quase que totalmente da audiência para obter sua receita, qualquer diminuição substancial de público representaria um desastre econômico.

Por mais inquietantes que esses desdobramentos se mostrassem aos olhos dos donos de estúdio, havia pelo menos um homem na platéia, naquela noite, que nutria uma expectativa mais otimista para o futuro: Walt Disney. Naquela ocasião, ele não levou nenhum prêmio da Academia; em vez disso, o Oscar de melhor animação foi dado ao desenho *Tweetie Pie*,* da Warner Bros.

Considerado um tanto excêntrico pelos pragmáticos *moguls*, Disney, com sua aparência juvenil, optara por permanecer fora do sistema de estúdio. Embora seu estúdio de animação empregasse mais de mil artistas e técnicos, ele nem mesmo era membro da Associação de Produtores de Cinema e tampouco distribuía os próprios filmes. Para que suas animações chegassem aos cinemas, ele contava com a RKO.

Disney usava uma estratégia diferente[10] da dos outros dirigentes de estúdio. Ao contrário destes, ele não tinha nenhum astro contratado nem cinema próprio. Enquanto os outros estúdios ganhavam dinheiro com a venda de ingressos, a maior parte da receita de Disney vinha das licenças de uso do Mickey Mouse e de outros personagens em brinquedos, livros, diafilmes e jornais.

Para surpresa dos outros donos de estúdio, ele fazia sucesso com suas idéias aparentemente loucas. Em 1934, Disney começara a trabalhar em um longa-metragem de animação que os dirigentes dos estúdios convencionais de Hollywood classificaram zombeteiramente de "A loucura de Disney": *Branca de Neve e os sete anões (Snow white and the seven dwarfs)*. Na época, essas grandes empresas acreditavam que os adultos, e não as crianças, eram o principal público de cinema, e que os cartuns – geralmente com não mais que cinco minutos de duração – eram meros acessórios utilizados para entreter as crianças durante as matinês de fim de semana. Assim, a notícia de que Disney faria um cartum de 83 minutos baseado em um conto dos irmãos Grimm parecia uma insensatez. Confirmando, aparentemente, sua suposta falta de contato com a realidade, Disney planejava gastar três

---

* Literalmente, "A torta de Piu-piu", primeiro filme em que o famoso passarinho criado pela Warner Bros. encontra seu arquiinimigo, o gato Frajola. (N. da T.)

vezes mais que o orçamento médio de Hollywood para realizar o filme. Com a Depressão, os dirigentes de estúdios não conseguiam imaginar como ele faria para recuperar essa soma nos cinemas.

Mas um conceito diferente norteava o trabalho de Disney: ele acreditava que as crianças, com os adultos a reboque, podiam ser a força motriz da indústria do entretenimento. O surpreendente sucesso de *Branca de Neve e os sete anões* – que se tornaria o primeiro filme da história a faturar 100 milhões de dólares – deixou claro que Hollywood havia subestimado seriamente o potencial do público infantil. As crianças assistiam à *Branca de Neve* repetidas vezes, tal como faziam com os cartuns. (Os ingressos infantis custavam, em média, apenas 25 centavos de dólar; aproximadamente 400 milhões deles foram vendidos para *Branca de Neve* entre 1937 e 1948.)

Contudo, *Branca de Neve e os sete anões* foi mais que um grande êxito de bilheteria. Foi também o primeiro filme a ter uma trilha sonora – com *hits* como *Someday my prince will come* – que se tornou um disco de enorme sucesso, assim como o primeiro a ter um merchandising editorial. E, o que é ainda mais importante sob a perspectiva do modelo adotado por Disney, tinha vários personagens licenciáveis – Branca de Neve, os sete anões e a bruxa malvada –, que ganharam longa vida própria, primeiro como brinquedos e, mais tarde, como atrações em parques temáticos.

Com *Branca de Neve e os sete anões*, Disney fez mais que definir um novo público para o cinema; ele indicou o rumo futuro da indústria do entretenimento em geral. E nele, os lucros reais viriam não de enxugar os custos da produção de filmes, mas da criação de direitos de propriedade intelectual que pudessem ser adquiridos, mediante licença, por outras mídias, durante longos períodos.

No entanto, mesmo com o sistema de estúdio cambaleando sob a tripla ameaça da televisão, do Comitê de Atividades Antiamericanas e das ações antitruste, não era esse o futuro que Hollywood enxergava ou, se o via – já que Louis Mayer foi advertido por seu principal executivo de que a MGM estava correndo atrás de "um negócio que não existe mais"–,[11] não era o futuro que queria aceitar. Os *moguls* que ainda dominavam a indústria consideravam Disney um excêntrico extravagante. Mal suspeitavam de que a estratégia de Flautista de Hamelin do rapaz acabaria prevalecendo, e que eles próprios, em breve, estariam dançando ao som de sua melodia.

O NOVO SISTEMA

29 de fevereiro de 2004. Uma elite muito diferente atravessou o tapete vermelho que levava ao interior do recém-construído Kodak Theater para a septuagésima sexta cerimônia do Oscar. Muitas das estrelas eram, então, pagas para representar empresas de moda e de cosméticos, uma inserção de produtos ambulantes para uma transmissão mundial que, segundo os agentes de publicidade de Hollywood, com seu habitual exagero, atingiria 1 bilhão de espectadores. (De fato, de acordo com os índices de audiência da Nielsen, 43,5 milhões de lares assistiram ao evento daquela noite.) O saguão pelo qual desfilavam abrigava uma fileira de fotografias de astros e estrelas – entre eles, Grace Kelly, Jack Nicholson, Marlon Brando, Halle Berry, Tom Hanks e Julia Roberts – em tonalidade sépia, medindo 1,5 metro de altura e montadas em painéis de Plexiglas pendurados diante de paredes brancas emolduradas, projetadas para sugerir uma tela de cinema antiga. Essas imagens ampliadas, como quase tudo na cerimônia meticulosamente planejada, evocavam a glória passada de Hollywood. Não que a glória do presente estivesse sendo ignorada – o próprio auditório tinha sido especialmente equipado para acomodar 36 câmeras de televisão estrategicamente localizadas.

Embora, externamente, a cerimônia de premiação de 2004 lembrasse, em muitos aspectos, aquelas dos dias do sistema de estúdio – as estatuetas, os apresentadores célebres abrindo envelopes selados, os discursos de agradecimento, os prêmios especiais, as jocosas autocríticas do mestre-de-cerimônias –, Hollywood era agora um local bem diferente, que funcionava de acordo com uma lógica bastante distinta. As instalações físicas dos grandes estúdios, com seus recintos de filmagem internos e externos, ainda existiam numa versão reduzida, e a maioria das empresas ainda ostentava os mesmos nomes e logotipos, como o pico da montanha da Paramount, o globo da Universal e os refletores da Fox. Sob essa aparência externa, porém, estavam companhias radicalmente diferentes. Eram, então, impérios corporativos internacionais, com ações negociadas nas bolsas de Nova York, Tóquio e Sidney, e com dívidas administradas por grupos bancários globais. Os filmes eram apenas um de seus muitos negócios.

A Columbia Pictures era propriedade da Sony Corporation, um conglomerado japonês de equipamentos eletrônicos que fabricava de computadores a videogames e possuía empresas de música, televisão e seguros. A Sony era dona também da TriStar Productions, da CBS Records e do estúdio em Culver City que fora da MGM. (Em 2004, ela passaria a controlar a própria MGM e seu acervo de filmes.)

A Warner Bros. pertencia então à Time Warner, um conglomerado gigantesco que reunia os ativos de internet da America Online; os ativos de mídia da Time Inc., que incluíam a HBO; os ativos de televisão a cabo e entretenimento da Turner Entertainment, entre os quais a New Line Cinema; e os ativos de cinema, televisão e música da Warner Communications.

A Fox era propriedade da News Corporation, uma empresa de mídia sediada na Austrália, cujos ativos incluíam jornais, revistas, uma rede de televisão, redes de tevê a cabo e sistemas de transmissão via satélite na Europa, América do Norte, América do Sul e Ásia.

A Universal era agora da General Electric, a maior companhia industrial dos Estados Unidos, em parceria com a Vivendi Entertainment, um enorme conglomerado francês. Suas propriedades incluíam a rede de televisão NBC, as redes de cabo USA, a USA Films e os parques temáticos da Universal.

A Paramount e a RKO eram propriedade da Viacom International, empresa de mídia dona das redes de televisão CBS e UPN; da MTV, da Nickelodeon e outras emissoras a cabo; das lojas de vídeo Blockbuster; da rede de rádio Infinity; e da Viacom Outdoor Advertising.

Por fim, o estúdio de animação Walt Disney se transformara na Walt Disney Company. Com a aquisição, em 1996, da CapitalCities/ABC Corporation pelo valor de 19 bilhões de dólares, a Walt Disney era agora proprietária de uma rede de televisão, uma rede de rádio, redes de tevê a cabo, parques temáticos, navios de cruzeiro e outros ativos que constituíam, como declarou certa vez o então presidente Michael Eisner, "uma verdadeira e completa empresa de entretenimento... no vasto firmamento das indústrias do setor".[12]

Apesar das diferenças entre elas, as seis gigantes do entretenimento ainda tinham em comum três fatores fundamentais.

Primeira: embora a realização de filmes para cinemas fosse outrora o único negócio desses estúdios, a indústria cinematográfica em si era então um elemento relativamente sem importância no quadro financeiro dos conglomerados. Mesmo com a inclusão das receitas obtidas com a distribuição de filmes, vendas de vídeo e DVD e licenças concedidas à televisão – tanto dentro quanto fora do país –, a realização de filmes respondia por uma pequena parcela dos ganhos totais de cada companhia. Em 2003, apenas 7% da receita total da Viacom provinha desse negócio; Sony, 19%; Disney, 21%; News Corporation, 19%; Time Warner, 18%; e General Electric, menos de 2%, computando aí, como parte de seu conglomerado naquele ano, a Universal Pictures. Assim, mesmo que a indústria do cinema tivesse grande importância social, política ou estratégica para cada uma dessas companhias, já não era, para nenhuma delas, o principal meio de ganhar dinheiro.

Em segundo lugar, ao contrário de suas antecessoras, cujo lucro era obtido com a venda de ingressos, as seis companhias, então, perdiam dinheiro com os lançamentos para cinemas (ou "produção corrente", como são chamados). É o caso, por exemplo, do filme *60 segundos* (*Gone in 60 seconds*),[13] da Disney. Apesar de a história do roubo de carros, estrelada por Nicolas Cage, não ter nada de particularmente memorável, no relatório anual da companhia de 2000 o filme foi destacado por Michael Eisner, presidente da Disney, como um dos maiores sucessos da empresa.[14] Pelo que o público e os acionistas sabiam, o aparentemente expressivo faturamento de 242 milhões de dólares nas bilheterias do mundo todo representava um lucro imenso. No entanto, os balanços financeiros confidenciais da companhia, emitidos semestralmente aos acionistas do filme durante os quatro anos seguintes, contam outra história.

A Disney desembolsou 103,3 milhões de dólares para a produção do filme – o chamado "custo de produção". Então, somente para distribuir fisicamente o filme pelos cinemas dos Estados Unidos e do exterior, teve de gastar mais 23,2 milhões de dólares – 13 milhões com as cópias e 10,2 milhões com seguro, impostos locais, liberação na alfândega, reedição para os censores e taxas de remessa. Em seguida, precisou pagar 12,6 milhões de "taxas residuais" para cumprir os acordos que tinha com várias associações e sindicatos. No total, portanto, o estúdio gastou 206,5 milhões de dólares para levar o filme – e o público – aos cinemas.

O chamado faturamento bruto – cifra divulgada pela mídia com toda a credibilidade como se fosse a quantia que um filme arrecadava para o estúdio – também se revelou enganoso. A maior parte dos 242 milhões de dólares coletados nas bilheterias nunca chegou aos cofres da Disney. Os cinemas ficaram com 139,8 milhões. As subsidiárias de distribuição da Disney – Buena Vista e Buena Vista International – recolheram apenas 102,2 milhões de dólares por um filme com o qual tiveram de gastar 206,5 milhões. E esse cálculo não inclui os custos da Disney com o pagamento dos empregados em suas subdivisões de produção, distribuição e marketing ou os juros sobre os milhões investidos. Computadas essas despesas gerais (17,2 milhões) e os juros (41,8 milhões), o prejuízo com o lançamento desse "hit" nos cinemas ultrapassava, em 2003, os 160 milhões de dólares.

No entanto, *60 segundos* não era uma aberração. Em 2003, ano considerado relativamente bom, os seis estúdios perderam dinheiro com a maioria dos seus títulos ou com produção corrente. Esse prejuízo não se devia a problemas de negligência administrativa, má gestão ou decisões equivocadas quanto ao conteúdo dos filmes, mas à realidade econômica da nova era.

O público maciço que nutrira o sistema de estúdio simplesmente deixara de existir. Contrastando com os 4,7 bilhões de ingressos vendidos nos Estados Unidos em 1947, em 2003 foram apenas 1,57 bilhão. Assim, embora a população tenha praticamente dobrado de tamanho, os cinemas venderam 3,1 bilhões de ingressos a menos do que em 1947. A televisão, bem como outras formas de diversão, reduziu tanto o público que, em uma semana comum, menos de 12% da população comprou ingressos. E os seis estúdios não puderam contar nem mesmo com essa pequena fração do seu público anterior. Para pôr fim às ações federais antitruste em 1949, eles tiveram de vender seus cinemas e suspender os acordos de contratação em pacote com os cinemas independentes. Conseqüentemente, haviam perdido o controle sobre o que era exibido nos cinemas, cujos donos, e não mais os dirigentes dos estúdios, decidiam quais filmes mostrar e por quanto tempo. E mais: os donos de cinemas já não se restringiam aos lançamentos dos principais estúdios. Por isso, atualmente, os seis estúdios têm de competir com empresas que não têm estúdios (como MGM, DreamWorks e Artisan Entertainment), além de produtores independentes, pelos melhores horários e salas dos multiplexes. Na verdade, os seis maiores estúdios, incluindo suas subsidiárias, responderam por menos da metade[15] dos 473 filmes lançados nos Estados Unidos em 2003. O resultado disso é que retiraram, das bilheterias americanas, cerca de apenas 3,23 bilhões de dólares.

Assim como nos velhos tempos, os estúdios ainda têm de pagar as despesas de distribuição dos seus filmes. Mas hoje precisam também criar um novo público para cada filme. Isso significa gerar uma intensa publicidade na televisão, pagar por ela e, além disso, fazer um número suficiente de cópias para estréias simultâneas em milhares de cinemas, a fim de tirar proveito de toda a publicidade. Em 2003, só as cópias exigidas para a estréia de um filme custaram ao estúdios, em média, 4,2 milhões de dólares. A publicidade consumiu mais 34,8 milhões, aproximadamente, por título. E embora os estúdios tenham gasto em média 39 milhões de dólares por filme só para levar o público e as cópias às salas de exibição americanas, o retorno que obtiveram das bilheterias foi de apenas 20,6 milhões por filme. Assim, em 2003, eles acabaram pagando mais para chamar a atenção do público potencial para a próxima estréia e para fornecer cópias aos cinemas do que a soma que recuperaram com a venda dos ingressos. (A história não foi diferente com os cinemas estrangeiros; para chegar a eles, os estúdios tiveram de pagar, além das cópias e da publicidade, os custos de dublagem e edição extra para adaptar os filmes às platéias de fora.) Esses novos custos de marketing aumentaram tanto em 2003 que, ainda que os estúdios tivessem conseguido todas as salas de exibição gratuitamente, teriam perdido dinheiro com os lançamentos.

Mas os estúdios, é claro, *não* faziam filmes de graça. E, para piorar ainda mais a situação, os custos de produção tinham também aumentado astronomicamente. No final da era do sistema de estúdio, em 1947, o custo médio para se produzir um filme, ou custo até sua cópia final, girava em torno de 732 mil dólares. Em 2003, era de 63,8 milhões. É verdade que, entre 1947 e 2003, houve sete desvalorizações do dólar, mas, mesmo depois de corrigida a inflação, o custo para produzir filmes subira mais de dezesseis vezes desde o colapso do sistema de estúdio.

Parte do problema do custo se deve ao fato de os estúdios terem perdido o controle sobre os artistas. Em vez de estarem acorrentados às empresas por contratos de sete anos, eles hoje são vendidos em leilão – com a ajuda de agentes sagazes – para quem fizer a maior oferta. Como há poucos artistas bons para o número de projetos de filmes, eles podem exigir salários de oito dígitos. Em 2003, as principais estrelas cinematográficas recebiam, a título de remuneração fixa e benefícios, entre 20 e 30 milhões de dólares, além de uma porcentagem na renda total do filme, após a restituição dos gastos em dinheiro.

Por exemplo, Arnold Schwarzenegger recebeu,[16] conforme estipulado em contrato, 29,25 milhões de dólares por seu papel em *O exterminador do futuro 3: a rebelião das máquinas* (*Terminator 3: rise of the machines*), mais um pacote de benefícios no valor de 1,5 milhão de dólares, que incluía jatos particulares, um *trailer* totalmente equipado com aparelhos de ginástica, suítes de luxo com três camas nas locações, limusines à disposição 24 horas por dia e guarda-costas pessoais. Além disso, seu contrato garantia que, quando o filme atingisse o ponto de equilíbrio entre receitas e despesas, ele passaria a receber 20% da receita bruta de todas as fontes de exibição espalhadas pelo mundo (como vídeo, DVD, bilheterias de cinema, televisão e licenciamento). Em qualquer circunstância – quer o filme terminasse em prejuízo, em empate de ganhos e despesas ou em lucro –, o astro tinha a garantia de que ganharia mais dinheiro que o próprio estúdio. Nesta nova era, são as estrelas, não os estúdios, que colhem os lucros agregados por seus nomes aos filmes.

Em 2003, os seis estúdios – Paramount, Fox, Sony, Warner Bros., Disney e Universal – gastaram 11,3 bilhões de dólares para produzir, divulgar e distribuir aos cinemas mundiais 80 filmes assinados por eles. E despenderam mais 6,7 bilhões em 105 filmes produzidos por suas subsidiárias independentes, como Miramax, New Line, Fox Searchlight e Sony Classic. Dessa despesa de 18 bilhões (que não incluía o custo dos projetos abandonados), os estúdios recuperaram apenas 6,4 bilhões[17] por meio de sua participação nas bilheterias, restando-lhes um deficit de mais de 11 bilhões após a exibição dos filmes em todos os cinemas do mundo.

Nos tempos do sistema de estúdio, esses números teriam significado falência. Mas, no novo sistema, os estúdios não esperam retirar seus lucros da exibição de seus produtos nos cinemas. Como explicou Frank Biondi, que trabalhou como diretor de estúdio na Paramount e na Universal: "Os estúdios atualmente[18] quase sempre perdem dinheiro com a produção corrente".

Isso nos leva à terceira característica que os estúdios têm em comum hoje – e que é, provavelmente, a mais significativa. Todos obtêm a maior parte dos lucros por meio do licenciamento dos seus filmes para a exibição doméstica. Ainda no fim da década de 1980, o grosso da receita auferida mundialmente pelos estúdios vinha dos cinemas. Nessa época, por maior que fosse o sucesso de *hits* como *Love Story*, *Tubarão* (*Jaws*) ou *Guerra nas estrelas* (*Star Wars*), todos os estúdios tomavam prejuízo com seu negócio. O *deus ex machina* que transformou a indústria do cinema, como mostra a Tabela 1, não foi a escolha de filmes melhores – como viriam a afirmar mais tarde os diretores de estúdios –, mas a prodigiosa expansão da exibição doméstica, resultante do advento do videocassete, das redes de tevê a cabo, da televisão paga e do DVD. Em 2003, a renda dos estúdios com o entretenimento doméstico foi quase cinco vezes maior que a obtida nos cinemas.

Quando o eixo de lucro dos estúdios se deslocou dos cinemas para as lojas de varejo, todos eles ajustaram suas estratégias comerciais. Como os seis principais estúdios produziam, então, relativamente poucos filmes, eles precisaram aumentar sua "capacidade de tiro", conforme descreveu um executivo da Paramount, para persuadir varejistas como o Wal-Mart a ceder espaço estratégico nas prateleiras para os seus vídeos. Assim, no início da década de 1990, começaram a comprar distribuidoras independentes – como Miramax, Dimension New Line Cinema, October Films, Gramercy Pictures, Focus Features e USA Films – ou a criar suas subsidiárias "independentes" – como Sony Pictures Classics, Paramount Classics e Warner Independent Pictures – para adquirir os direitos de filmes estrangeiros e de películas de baixo orçamento realizadas fora da jurisdição de Hollywood. Buscando aumentar sua "capacidade de tiro", os estúdios passaram a dominar também grande parte da indústria do cinema independente, se não toda ela.

TABELA 1[19]
RECEITA MUNDIAL DOS PRINCIPAIS ESTÚDIOS (1948-2003)
INFLAÇÃO CORRIGIDA EM BILHÕES DE DÓLARES (2003)

ANO	SALAS DE CINEMA	VÍDEO/DVD	TV PAGA	TV ABERTA	TOTAL	PARTICIPAÇÃO NAS BILHETERIAS (%)
1948	6,9	0	0	0	6,9	100
1980	4,4	0,2	0,38	3,26	8,2	53
1985	2,96	2,34	1,041	5,59	11,9	25
1990	4,9	5,87	1,62	7,41	19,8	25
1995	5,57	10,6	2,34	7,92	26,43	21
2000	5,87	11,67	3,12	10,75	31,4	19
2003	7,48	18,9	3,36	11,4	41,1	18

Em 2003, graças em grande parte à venda de mais de 1 bilhão de DVDs, a participação em entretenimento doméstico[20] chegou a 33 bilhões de dólares. Uma vez que a publicidade e outros custos de marketing associados são mínimos, essas vendas proporcionaram uma verdadeira enxurrada de lucros líquidos, com os quais os estúdios contam agora para contrabalançar as maciças perdas sofridas com as estréias de filmes nos cinemas. Eles servem hoje, essencialmente, como plataforma de lançamento para os direitos de licenciamento, tal qual passarelas nos desfiles de moda da alta-costura.

O que torna a mudança para o mercado do entretenimento doméstico tão significativa é, em parte, a transformação de público que ela acarreta. Em 2003, o segmento de público mais importante do entretenimento doméstico foi, de longe, as crianças e os adolescentes, que passaram horas a fio diante da tevê assistindo a programas nos canais e redes a cabo, vendo filmes e shows de música em vídeo ou jogando games. Esses jovens consumidores, valorizados pelos anunciantes por exercerem forte influência sobre as decisões de compra dos seus pais, também compram muitos dos brinquedos, roupas e outras parafernálias licenciadas pelos estúdios.

A ascendência dessas seis empresas de entretenimento sobre o público jovem – e o seu interesse por ele – extrapola o mercado da televisão doméstica. São elas que publicam a maioria dos livros que as crianças lêem, que gravam a maioria das músicas que elas ouvem – só a Disney é responsável por 60% desses produtos –, que possuem a maioria dos parques temáticos que elas visitam nas férias e que licenciam a maioria dos personagens que figuram nos brinquedos, roupas e jogos consumidos por elas. Para capturar esse valioso público, os estúdios deixaram de se concentrar na realização de filmes que atraem principalmente os adultos, como faziam seus predecessores do sistema de estúdio. Em 2003, todos os seis estúdios de Hollywood adotaram a estratégia prenunciada por Walt Disney sessenta anos antes, com o lançamento de *Branca de Neve e os sete anões*, produzindo filmes voltados especialmente para os jovens.

Se o processo de animação de Disney desbravou o caminho até a audiência juvenil, a revolução digital do novo milênio o alargou e converteu numa via pública. A nova elite da indústria de computação gráfica inclui a Light & Magic (empresa de pós-produção pertencente a George Lucas, diretor-produtor dos filmes *Guerra nas estrelas*), a Lightstorm Entertainment (de propriedade de James Cameron, diretor de *Titanic*) e a Pixar Animation Studios (liderada por Steve Jobs, fundador da Apple Computer). Com seus softwares proprietários e redes independentes de nerds da computação, essa nova geração da tecnologia consome uma parcela cada vez maior dos orçamentos dos estúdios. Além das implicações financeiras, a nova divisão de trabalho entre a câmera e o computador também está mudando, para melhor ou pior, a estética dos próprios filmes.

TOMEMOS COMO EXEMPLO a produção que ganhou onze Oscars naquela noite de 2004, incluindo o de Melhor Filme de 2003: *O senhor dos anéis: o retorno do rei* (*The lord of the rings: the return of the king*). A celebração que os estúdios inventaram para a sua validação foi então dominada por uma fantasia dirigida para crianças. A New Line Cinema, subsidiária e propriedade da Time Warner, produzira o filme não como uma peça singular, mas como parte de uma franquia, de uma trilogia que incluía *O senhor dos anéis: as duas torres* (*The lord of the rings: the two towers*) e *O senhor dos anéis: a sociedade do anel* (*The lord of the rings: the fellowship of the ring*), todos rodados simultaneamente na Nova Zelândia no final de 1999 e início de 2000, e lançados separadamente, em 2001, 2002 e 2003. A produção tripla custou 281 milhões de dólares. Ao contrário de *A luz é para todos*, que, como quase todos os filmes do sistema de estúdio, foi produzido com operadores de câmera filmando os atores, o terceiro episódio de *O senhor dos anéis* foi criado principalmente por artistas gráficos com computadores. Mais de mil tomadas separadas – acima de 70% do número total – não foram filmadas por uma câmera sequer. Elas foram desenvolvidas por técnicos digitais que trabalhavam para estúdios de computação gráfica autônomos em várias partes do mundo. Algumas tomadas foram criadas do zero, enquanto outras combinavam a representação ao vivo com camadas produzidas de forma digital. Diferentemente da equipe que filmou os atores em *A luz é para todos* – 39 técnicos ao todo, próximos o suficiente para vê-los e ouvi-los no set –, a maioria dos profissionais de composição digital, rotoscopia, modelação digital, programação de software e captura de movimentos que trabalharam em *O senhor dos anéis: o retorno do rei* estavam distantes, no tempo e no espaço, da ação que se desenrolava no set e não tinham praticamente nenhum contato pessoal com os atores, o diretor, a equipe de produção e nem mesmo entre si. Embora o processo, nesse caso, tenha gerado resultados formidáveis – como atestaram as onze estatuetas –, também vaticinou para Hollywood um futuro muito mais dependente do manejo do computador que da câmera.

Essa mudança não foi ignorada pelos outros críticos, que repreenderam os estúdios por gastar dinheiro com produções perdulárias e campanhas de publicidade extravagantes, sugerindo que Hollywood não sabia apreciar a "lógica" de sua indústria. Mas os estúdios são capazes de compreender mais do que os críticos acreditam. Se, por um lado, eles perderam mais de 11 bilhões de dólares em 2003 com os filmes exibidos nos cinemas, por outro, mais do que recuperaram esse deficit, licenciando para o mercado global de entretenimento doméstico os produtos gerados por esses filmes. Todos parecem ter entendido – como Disney descobrira mais de meio século atrás – que o valor criado por eles não está nos ingressos vendidos nas bilheterias, mas nos produtos que podem ser licenciados para as futuras gerações de consumidores.

F. Scott Fitzgerald observou,[21] em seu último e inacabado romance, *O último magnata (The last tycoon)*, que a maioria das pessoas em Hollywood tinha, na melhor das hipóteses, apenas uma compreensão fragmentada do que era a indústria do cinema – "não chegam a meia dúzia", escreveu ele, "os homens que conseguiram gravar no seu cérebro a equação integral dos filmes". Na aurora do terceiro milênio, a "equação integral" do sistema que substituíra o de estúdio se tornou ainda mais complexa. No centro dela se encontra um sexpólio: seis empresas de entretenimento globais – Time Warner, Viacom, Fox, Sony, NBC Universal e Disney – que conspiram e cooperam em diferentes níveis para dominar a diversão filmada. São elas que escolhem as imagens que formam grande parte da cultura popular no mundo, e são elas que continuarão a compor a imaginação do universo juvenil por várias gerações. Guardada a nostalgia dos antigos estúdios, a Hollywood delas é a nova Hollywood.

Não surpreende que as decisões das seis companhias sobre os filmes que realizam – a lógica da nova Hollywood – sejam motivadas principalmente por dinheiro. Mas a história toda não se resume às considerações econômicas. A lógica social e política – que envolve status, honra, solidariedade com as estrelas e outros aspectos menos tangíveis – também constitui uma parte essencial da equação. Se o grande filme continua a parecer vago para o mundo externo, ofuscado por mitos autocriados e uma nostalgia deslocada, não é por acaso. Os grandes estúdios, por exemplo, não medem esforços para ocultar dos investidores, analistas financeiros e jornalistas as rendas auferidas com a realização de filmes – embora disponibilizem esses dados entre si por meio de sua associação empresarial, a Motion Picture Association of America (MPAA) (sob a condição de que esta não os divulgue ao público). Eles administram esse ocultamento, até mesmo em seus relatórios financeiros, combinando a receita dos filmes com a receita de outros negócios distintos, como o licenciamento de programas de televisão (ou, no caso da Paramount, de parques temáticos). A razão apresentada por um bem-informado alto executivo dos estúdios para esse "anuviamento" é "evitar mostrar a Wall Street[22] como é volátil a indústria do cinema e como suas margens de lucro são ardilosas". Os estúdios se dispõem a camuflar os prejuízos de curto prazo porque são os filmes, não as vendas para televisão nem os parques temáticos, sua principal fonte de prestígio e satisfação em Hollywood. A indústria do cinema, hoje, utiliza várias maneiras para manter o público – e, até certo ponto, os próprios integrantes – no escuro.

NOTAS

1. Audience Research Inc., estudo citado em *Variety*, 23 fev. 1949.
2. Gene Brown, *Movie Time*. Nova York: Macmillan, 1995, p. 185.
3. Citado em Thomas Schatz, *The genius of the system: Hollywood filmmaking in the studio era*. Nova York: Metropolitan Books, 1988, p. 8.
4. Brown, *Movie Time, op. cit*, p. 185.
5. Mason Wiley e Damien Bona, *Inside Oscar: the unofficial history of the Academy Awards*. Nova York: Ballantine Books, 1993, p. 2.
6. Clayton R. Koppes e Gregory D. Black, *Hollywood goes to war: how politics, profits, and propaganda shaped World War II movies*. Berkeley e Los Angeles: University of California Press, 1990, p. 113-4.
7. Neal Gabler, *An empire ot their own: how the Jesus invented Hollywood*. Nova York: Anchor Books, 1989, p. 419.
8. Victor S. Navasky. *Naming names: the social costs of mccarthyism*. Nova York: Viking Press, 1980, p. xii.

9. *Film daily year book of motion pictures*. Nova York: The Film Daily, 1949, p. 67.

10. Harvard Business School, Case Study 1-388-147, "The Walt Disney company (A). Boston: Harvard Business School Publishing Division, 1996, p. 2; Richard Schickel, *The Disney version: the life, times, art and commerce of Walt Disney*. Chicago: Elephant Paperbacks, 1997, p. 126-36, 298, 310-14a.

11. Schatz, *Genius*, p. 3.

12. Michael Eisner, carta aos acionistas, Walt Disney Pictures Annual Report, 2000, p. 4.

13. Os resultados financeiros foram extraídos de Walt Disney Pictures Participation Statement, Statement #10, período de encerramento 31 de dezembro de 2003, arquivos do autor.

14. Walt Disney Pictures Annual Report, 2000, p. 37.

15. U.S. Economic Review, MPAA, 2003.

16. Letter Agreement, T-3 Productions, Intermedia Film Equities e Oak Productions, referente aos serviços de representação de Arnold Schwarzenegger, 10 dez. 2001.

17. MPAA Economic Review.

18. Frank Biondi, entrevista ao autor, 1999.

19. Motion Picture Association, Worldwide Market Research, *2003 MPA All Media Revenue Report*, Encino, Calif., 2004 (mais adiante, *All Media Revenue Report*). Esse relatório sigiloso, cuja divulgação se restringe aos estúdios mais importantes, contém dados confidenciais sobre o fluxo de caixa, fornecidos pelos grandes estúdios e suas subsidiárias, provenientes de todas as suas principais fontes, incluindo cinemas, vídeo (DVD e videocassete), rede de televisão, televisão local, televisão paga e pay-per-view. Embora a MGM – empresa sem estúdio que foi incorporada à Sony em 2005 – também forneça dados para esse relatório, não a incluí aqui. Conseqüentemente, os dados apresentados (aqui e em outras partes do livro) são referentes aos seis maiores estúdios – Disney, Sony, Warner Bros., Paramount, NBC Universal e Twentieth Century-Fox – e suas subsidiárias (como Miramax, New Line e Sony Pictures Classics).

20. Documento, MPA Worldwide Market Research, *All media revenue report*, maio 2004.

21. Citado em Schatz, *Genius*, p. 8.

22. Entrevista ao autor, 2004.

PARTE 1

O novo sistema

1 OS CRIADORES

O SISTEMA DE ESTÚDIO ORIGINAL foi concebido, na virada do século XX, por empresários que atuavam no ramo da exibição de filmes. Eram todos homens que haviam vencido graças ao próprio trabalho e que, ao construir seus estúdios, seguiram um caminho comum. O expoente desse grupo era o fundador da Paramount, Adolph Zukor.

Zukor deixou a Hungria em 1889, aos 16 anos, e chegou a Nova York com 40 dólares costurados à sua roupa. Trabalhou como peleteiro, fazendo estolas com peles de animais, e aos 27 anos já havia estabelecido um bem-sucedido negócio de peles. Investiu os lucros assim obtidos em uma galeria de diversão que exibia a nova invenção de Thomas Edison: uma máquina movida à manivela que, ao preço de 5 centavos depositados na fenda, criava a ilusão de movimento por meio da rápida repetição de imagens. Em 1903, essas "imagens em movimento", como Edison as chamava, haviam se tornado tão populares em Nova York, em especial entre a população praticamente analfabeta de imigrantes, que rendiam mais de 1 milhão de centavos por ano. Como havia muitos concorrentes no negócio de galerias de diversão,[1] Zukor logo se mudou para pequenos cinemas – denominados *nickelodeons* porque cobravam 5 cents pelo ingresso – nos quais não o freguês, mas um projecionista, gerava a ilusão. Para manter o cinema lotado, trocava-se o filme toda semana.

Em vez de depender de outros produtores para ter filmes novos, Zukor passou a produzi-los em Nova York. Havia, porém, um obstáculo à expansão dessa produção no leste: a Motion Picture Patents Company de Thomas Edison. Edison detinha as patentes da câmera e do projetor e (associando-se a uma companhia chamada American Mutoscope, que patenteara máquinas similares) formara a Trust, como veio a ser conhecida. A Trust não só possuía as patentes do equipamento necessário para a realização dos filmes como estabeleceu um vínculo contratual com a Eastman Kodak Company, a principal fabricante de matéria-prima bruta, impedindo-a de vender película para qualquer produtor que não tivesse licença. Quando os produtores independentes de Nova York, Boston e outros centros importantes tentaram comprar filmes e câmeras em outros lugares, a Trust, amparada pela cooperação da polícia, ameaçou-os agressivamente com o litígio, a fim de criar-lhes obstáculos e até mesmo de proibi-los definitivamente. Para fugir dos advogados da Trust, esses estúdios incipientes tinham de recorrer a constantes estratagemas. Por exemplo, alguns produtores instruíam seus operadores de câmera a esconder os equipamentos reais na traseira dos caminhões enquanto exibiam, na parte da frente, imitações de câmeras que não estavam protegidas pelas patentes da Trust.

Contudo, como bem observa Neal Gabler em *An empire of their own* (algo como "Um império deles"), no qual ele conta a história dos primeiros *moguls* do cinema, o conflito entre a Trust e os produtores independentes extrapolava as questões relativas aos direitos de patente e aos lucros gerados por eles. A batalha também envolvia questões "culturais, filosóficas [e] religiosas". Os homens que dirigiam a Trust eram principalmente americanos de origem anglo-saxônica e protestantes, bem situados no *establishment* empresarial tradicional. Já os produtores independentes, dentre os quais Zukor era um dos mais importantes,[2] eram forasteiros imigrantes e judeus. Diante desse divisor cultural e das táticas de coerção da Trust, Zukor decidiu transferir sua produção para o outro lado do continente, onde a Trust encontraria tribunais, políticos e polícia menos favoráveis aos seus interesses. Hollywood, como se confirmou mais tarde, era exatamente o refúgio que ele estava procurando.

Até 1903, Hollywood se resumia praticamente aos campos de cevada e às plantações de laranja, quando então um grupo imobiliário liderado por Harry Chandler, futuro magnata da imprensa, e General Moses Sherman, um milionário das ferrovias, compraram a área rural e, depois de ligá-la a Los Angeles por uma linha de monotrilho, conseguiram incorporá-la e convertê-la num município. Construíram, em seguida, o Hollywood Hotel, em Hollywood Boulevard, e começaram a anunciar os lotes para os possíveis compradores do leste. Zukor, em busca de uma propriedade barata, comprou-a de bom grado. Em 1916, ele já havia implantado o cinema, as distribuidoras e as instalações de produção, que ele controlava num único estúdio. Assim nasceu a Paramount Pictures.

Notavelmente, as histórias dos fundadores dos outros estúdios são semelhantes. Carl Laemmle, que começou sua vida nos Estados Unidos como mensageiro, inaugurou a Universal Pictures em 1912. William Fox, que começou como mascate de rua, fundou a Fox em 1915. A Warner Bros. foi criada oito anos mais tarde por Jack e Harry Warner, ex-açougueiros. Louis B. Mayer, outrora trapeiro, organizou a Metro-Goldwyn-Mayer em 1924. No mesmo ano, Harry Cohn, antes vendedor de partituras musicais, fundou a Columbia Pictures.

Nem todos os fundadores permaneceram no poder até o fim do sistema de estúdio (Carl Laemmle, o mais velho deles, morreu em 1939 aos 72 anos; William Fox foi à falência durante a Grande Depressão e viu seu estúdio ser assumido por

Darry Zanuck, que tinha a distinção de ser o único não-judeu entre os *moguls* da era do estúdio), mas eles continuaram sendo feudos pessoais e cumpriam o propósito para o qual haviam sido criados: fornecer filmes para os cinemas e distribuidores dos Estados Unidos. No final, quem tomou o lugar dos *moguls* foi um grupo de homens muito diferente. Não apenas provinham dos mais variados meios como seu objetivo não se limitava à fabricação de um único produto. Eram criadores de impérios.

WALT DISNEY: O GÊNIO DO NOVO SISTEMA (1901-1966)

Walter Elias Disney foi o principal arquiteto do novo sistema de estúdio, embora ele mesmo nunca tenha se atribuído esse papel. Nascido em 5 de dezembro de 1901, em uma família protestante de classe média em Chicago, Disney tinha 4 anos quando seus pais se mudaram para uma fazenda perto de Marceline, no Missouri, onde teve início seu fascínio pelos animais de terreiro. Quando ele estava com 9 anos, a família se transferiu para Kansas City, onde Disney entregava jornais, freqüentava a escola primária e, aos sábados, cursava aulas de desenho no Kansas City Art Institute.

Alguns anos mais tarde, quando os Estados Unidos entraram em guerra contra a Alemanha, em 1917, o rapaz de 16 anos usou seus talentos artísticos para falsificar sua data de nascimento e assim poder se alistar. Passou um ano na França como motorista de ambulância da Cruz Vermelha. Ao retornar a Kansas City, em 1919, trabalhou por um breve período numa agência de publicidade, onde conheceu Ub Iwerks, um extraordinário animador de origem holandesa. Os dois decidiram iniciar um negócio juntos – o Laugh-O-Grams Studio – para produzir curtas-metragens cômicos para os cinemas locais. Como nenhum deles, porém, tinha muito interesse pelo lado comercial da coisa, a empresa logo ficou sem dinheiro.

Em 1923, Disney deixou Kansas City para ir ao encontro de seu irmão Roy, na Califórnia. Ele não tinha trabalho, referências nem economias, mas trazia uma idéia: queria fazer cartuns animados para o cinema. Embora Roy tivesse pouco dinheiro, ele conseguiu emprestar ao irmão mais novo, então com 21 anos, os 50 dólares necessários para abrir uma empresa de filmes animados.

Com essa quantia, Walt Disney abriu uma pequena oficina na Kingswell Avenue, em Hollywood, em outubro de 1923. O aluguel era de 10 dólares por mês. Ele comprou uma câmera usada, construiu uma mesa de animação com madeira usada e inaugurou oficialmente seu negócio, fazendo curtas que misturavam ação ao vivo (*live action*) com animação. Disney sozinho cuidava de toda a operação. Escrevia os roteiros. Fazia os desenhos. Fotografava-os, um a um, e editava os resultados.

Após trabalhar quase 24 horas por dia durante doze meses, Disney terminou seu primeiro filme, *Alice's day at sea* (algo como "O dia de Alice no mar"). Tinha 11 minutos de duração e contava a história de uma menina, Alice, que sonhava com os peixes no mar. Alice era representada por uma criança; os peixes eram animados. Em dezembro, Disney vendeu o filme para uma pequena distribuidora, a Winkler Films, por 1.500 dólares. Ele estava no rumo certo.

Na primavera de 1924, depois de produzir mais quatro filmes sobre Alice, Disney convenceu seu mentor, Ub Iwerks, a vir para Hollywood e assumir a chefia da animação na Walt Disney Films. Em 1928, inspirado numa idéia de Disney, Iwerks desenhou o roedor antropomórfico que faria história. Disney acertou em cheio com o nome Mickey Mouse, que cativou imediatamente a imaginação do público.

Para estabelecer seu novo herói, ele tirou o máximo de proveito da nova tecnologia sonora. Naquela época, era mais fácil sincronizar a animação com o som do que a ação ao vivo, e os resultados eram menos artificiais. Assim, os novos cartuns eram particularmente impressionantes, e os cinemas estavam ansiosos para alugá-los e exibir a nova tecnologia. Em um ano, as "falas" do Mickey Mouse[3] se faziam ouvir em milhares de cinemas pelo país e se tornaram um imenso sucesso.

Com o dinheiro jorrando dos cartuns do Mickey Mouse, Disney poderia ter escolhido seguir o caminho dos grandes estúdios. Afinal, ele já usava equipes de atores e câmeras em alguns curtas parcialmente animados, como os filmes de Alice. Contando com recursos cada vez maiores, ele poderia ter assinado contratos de longo prazo com os atores e criado um plantel de estrelas, comprado salas de exibição e constituído uma subsidiária de distribuição. Poderia ter concorrido nas bilheterias por um público maior e gerado um estúdio totalmente equipado. Mas ele optou por não se integrar ao sistema de estúdio e à Motion Picture Association.

Disney preferia permanecer de fora. Como um protestante do centro-oeste, ele não tinha ligações nem afinidade com a cultura dos imigrantes judeus que dirigiam os grandes estúdios, ou com os próprios *moguls*, a quem ele se referia como "aqueles judeus."[4] Além disso, ele não se relacionava com os astros, produtores, diretores, agentes e escritores que então formavam a colônia de Hollywood. E, ao contrário de homens como Adolph Zukor, Louis Mayer, Jack Warner ou os demais *moguls* dos estúdios, faltava-lhe o olho de águia para os negócios, que lhe permitiria produzir filmes como numa linha de montagem. Também é importante o fato de que Disney, ainda mais que os *moguls* dos estúdios, procurava manter um nível de controle pessoal impossível de ser exercido sobre astros e estrelas reais, por mais blindados que fossem os contratos. A animação, por outro lado, permitia um controle quase total, que ele fazia questão de exercer, teimando para que seus artistas desenhassem e redesenhassem os personagens até que ele ficasse satisfeito com o resultado.

Ironicamente, ao contornar o sistema de Hollywood, Disney escolheu uma rota que, embora ele não pudesse prever na época, não só acabaria gerando riqueza maior do que a amealhada por todos os *moguls*, como substituiria por completo o sistema de estúdio.

Com Mickey Mouse, Disney descobrira a fonte de um vasto universo de lucros, que se estendia muito além das bilheterias americanas, atingindo as crianças de todo o mundo e suas diversões. Ele começou a explorar esse amplo mercado extraindo os personagens criados por seus filmes e licenciando-os para outras indústrias. Já em 1932, ele licenciou o Mickey Mouse para fabricantes de relógios – as mãos enluvadas do personagem indicavam as horas – e, em seguida, para editores de livros e fabricantes de vestuário e de brinquedos.

Além disso, as vantagens de licenciar os personagens não se restringiam só aos Estados Unidos. Uma vez que os animais antropomórficos exigiam pouca, talvez nenhuma, exposição verbal, eles cruzavam com facilidade as barreiras culturais e de linguagem. No Japão, o Mickey Mouse tornou-se Miki Kuchi, a figura mais popular no país depois do imperador. Na França, ele passou a se chamar Michel Souris; na Espanha, Miguel Ratoncito; e assim por diante. Com o tempo, estabeleceram-se fãs-clubes locais[5] de produtos do Mickey Mouse em mais de trinta países.

Em meados da década de 1930, Disney, ao contrário dos *moguls* dos grandes estúdios, estava a caminho de criar direitos de propriedade universais – sem restrições de sazonabilidade, barreiras culturais ou nacionalidade – que poderiam ser licenciados a qualquer empresa voltada para o público infantil. Em 1935, no auge da Grande Depressão, os royalties que Disney recebia por seus personagens rendiam lucros muito mais consideráveis que os filmes em que eles estrelavam. (Só um dos personagens criados por Disney, o Mickey Mouse, acabaria gerando mais ganhos com a receita de licenças e ingressos em parques temáticos que os lucros totais de todos os estúdios juntos durante aquela década.)

Para expandir sua série de personagens licenciáveis, Disney começou a produzir filmes animados de longa-metragem, iniciando com *Branca de Neve e os sete anões*, em meados da década de 1930. Como seria proibitivamente caro desenhar quadro a quadro um longa-metragem, ele utilizou, como já fizera antes com outros cartuns, folhas transparentes chamadas "cels" – abreviação de celulóides –, que continham as várias partes dos personagens em movimento. Sobrepondo diferentes cels, os animadores de Disney conseguiam realizar diferentes transposições de movimento sem ter de redesenhar cada quadro. Assim como os programas de computador que surgiriam meio século depois, essas cels permitiam que os técnicos montassem a arte-final mecanicamente.

Com o espetacular sucesso da trilha sonora de *Branca de Neve e os sete anões* – a primeira a ser gravada em disco –, Disney se deu conta do poder da música de atrair o público jovem para os seus produtos. Em 1940, ele produziu *Fantasia*, que combinava música clássica com personagens animados. Para a estréia, ele desenvolveu um sistema de som chamado Fantasound, que não só introduziu o som esterofônico nos filmes como, com seus 90 alto-falantes e sua "prestidigitação" sônica, criava na platéia a ilusão de estar rodeada pelo filme. (Esse som *surround* foi um mero prenúncio da ilusão tridimensional no entretenimento, que se tornaria depois a marca característica dos parques temáticos de Disney.)

À medida que seu império se expandia, Walt Disney percebeu que não poderia mais depender da RKO, cujo controle fora assumido pelo multimiliónário Howard Hughes, para distribuir seus filmes de modo satisfatório. Ele estava particularmente desapontado com o tratamento dado aos seus documentários de longa-metragem sobre a natureza, como *O drama do deserto* (*The living desert*), e, no início da década de 1950, ele pôs fim ao longo relacionamento e fundou sua própria subsidiária de distribuição, a Buena Vista International. Com isso, Disney se tornou finalmente um estúdio completo.

Como os principais lucros da companhia vinham das crianças que compravam os produtos licenciados por ele, o novo meio televisivo não representou para Disney o tipo de ameaça que assustava os cabeças dos grandes estúdios. Na verdade, onde os *moguls* só enxergavam crises, Disney reconhecia uma oportunidade de ouro: a televisão poderia colocar os produtos dos seus licenciados diretamente nos lares das pessoas. Enquanto os grandes estúdios boicotavam a nova tecnologia, Disney começou a vender para as emissoras o seu *Clube do Mickey Mouse* e outros programas. Elas não só pagavam por esses programas, como quase todos os minutos durante os quais eles ficavam no ar serviam de publicidade gratuita para os personagens licenciados.

Em 1954, Disney também conseguiu que a ABC, a mais recente das três redes de televisão, ajudasse-o a financiar uma plataforma ainda mais permanente para seus personagens: a Disneylândia, em Anaheim, Califórnia. Essa era uma forma de entretenimento de massa que ultrapassava os limites bidimensionais do cinema, da televisão e das histórias em quadrinhos, e permitia às crianças interagir com simulacros tridimensionais do Mickey Mouse, do Pato Donald, do Dumbo e de outros personagens Disney (todos encenados por empregados do parque vestidos a caráter, chamados "membros do elenco"). O parque ocuparia 160 acres e só exibiria produtos aprovados pela Disney. Em troca de participação de um terço nos lucros e do compromisso de Disney de produzir uma série de televisão semanal, a ABC garantiu um empréstimo de 4,5 milhões de dólares para o parque e contribuiu com mais 500 mil dólares em dinheiro. A série de televisão, *Disneylândia* (mais tarde, *Walt Disney Apresenta* e, então, *O maravilhoso mundo de cores de Walt Disney*), funcionava basicamente como publicidade semanal – no horário nobre das noites de domingo – dos produtos Disney, entre eles, o próprio parque temático.

A decisão de Disney de escolher uma rede de televisão como parceira inicial na Disneylândia revelou-se um brilhante sucesso: no seu primeiro ano, 3 milhões de visitantes atravessaram os portões do parque. (Em 1962, a ABC vendeu de volta para Disney sua participação no parque.) Como Disney insistia em manter na Disneylândia um apartamento privativo sobre o posto de bombeiros, na Main Street – cujo projeto fora inspirado na rua principal de Marceline, no Missouri, onde ele vivera quando menino –, alguns observadores viam o parque temático como uma gratificação pessoal de Disney ou, como expressou um deles, "o maior brinquedo do mundo para o maior menino do mundo".[6] Mas a Disneylândia era muito mais do que um prazer pessoal; era a extensão lógica da estratégia que Disney traçara ao se desviar do caminho dos estúdios de Hollywood e construir um império da mente – ou, pelo menos, da mente das crianças. Cada uma das estruturas do parque – incluindo as atrações, os restaurantes, os estacionamentos e até mesmo os banheiros – foi projetada para reforçar a imagem dos personagens Disney na mente das crianças. Na sua inauguração, em 18 de julho de 1955, Disney prometeu solenemente que "a Disneylândia nunca estará terminada, enquanto houver imaginação no mundo".[7]

A fim de dar continuidade ao esforço para aguçar a fértil imaginação infantil com atrações, exibições e personagens da marca Disney, ele recrutou uma equipe de design permanente, denominada Imagineers,* que se manteve sob seus sucessores. Nessa busca, Disney adquiriu também, em 1961, os direitos de licenciamento do popular livro infantil *O ursinho Puff* (*Winnie the Pooh*), cujos personagens,[8] em 2003, renderiam, só eles, quase 6 bilhões de dólares no varejo.

Enquanto os grandes estúdios travavam a batalha perdida de preservar, a todo custo, o que restava do público que freqüentava o cinema – produzindo épicos de três horas de duração, como *Ben-Hur*, e aumentando a tela de cinema com tecnologias como o CinemaScope, hoje mais conhecida como "widescreen" –, Disney prosperava com a adesão à televisão – expandindo, nesse percurso, a presença de seus personagens nos lugares em que as crianças viviam, brincavam e passavam as férias.

Walt Disney morreu de câncer de pulmão em 1966, mas sua visão sobreviveu. Seu irmão Roy, que o sucedeu, deu continuidade ao "estilo Disney" de usar os parques, os programas de televisão, os livros infantis e os filmes para estabelecer e aumentar o valor dos personagens Disney. "*Integração* é a palavra-chave aqui", explicou ele. "Não fazemos nada em um ramo de atividade[9] sem analisar antes a provável lucratividade disso nos outros ramos."

Embora Michael Eisner, que se tornou presidente da Disney em 1984, tivesse ampliado significativamente a companhia com a compra da rede ABC, da rede ESPN e de outros ativos, ele insistia em dizer que o "objetivo fundamental" ainda era o mesmo de Walt Disney: desenvolver "fortes franquias de marcas e personagens".[10] Em 2000, ele renovou a confiança dos acionistas: "Quando você está dentro dos portões da Disneylândia, o mundo lá fora desaparece". Hollywood entendera então – e Wall Street também – que vender personagens licenciáveis para o público infantil era um negócio sério.

LEW WASSERMAN: INTRÍNSECO A HOLLYWOOD (1913-2002)

Louis Wasserman nasceu nos idos de março de 1913, em Cleveland, filho de judeus ortodoxos de origem russa. Após se formar na Glenville High School em 1930 e alterar seu primeiro nome para Lew, iniciou sua carreira no *show business* trabalhando como agente de publicidade de comédias de *vaudeville*.

Aos 23 anos, arrumou um emprego na sala de despachos do escritório da Music Corporation of America (MCA), em Chicago. O trabalho era subalterno, mas a

---

* Nome formado pela combinação das palavras *imagination* (imaginação) e *engineers* (engenheiros), em referência ao trabalho dessa equipe de projetar e construir as atrações do parque. (N. da T.)

MCA, como a chamavam, era uma empresa que se adequava a suas ambições. Havia sido fundada em 1924 por Jules Stein, quando ele ainda era um estudante de medicina. Em 1935, tornara-se um dos principais agentes de bandas, cantores e peças musicais. Graças a suas conexões com emissoras de rádio, sindicatos de músicos e clubes noturnos, a MCA estava no centro da indústria de entretenimento, que era onde Wasserman queria estar.

Atento, perspicaz e entusiasmado, Wasserman rapidamente saiu da sala de despachos para o escritório externo de Stein. Na época com 25 anos, ele se tornara não só um agente empreendedor, mas também o protegido de Stein. Em 1938, Stein enviou Wasserman para Los Angeles com a tarefa de expandir a carteira de clientes da MCA em Hollywood. Para Wasserman, que desde a infância mergulhara nos filmes de Hollywood, essa missão representava a concretização de um sonho. Sob a égide de Stein, que tratava os *moguls* do estúdio pelo primeiro nome, ele não teve dificuldade de se misturar à colônia de Hollywood. Ao contrário de Disney, que era um forasteiro de nascença, Wasserman, articulado, politicamente astuto e sociável, embrenhou-se nos sagrados e internos recintos do poder de Hollywood.

Em 1946, embora o doutor Stein ainda continuasse na presidência, Wasserman se tornou diretor-geral da MCA. Embora não fosse um visionário como Disney, Wasserman tinha grande tino para o negócio, que ele concentrou numa questão de grande interesse para os diretores, produtores, atores e advogados da sua comunidade: a remuneração. Ele percebeu que o sistema de estrelato então vigente, em que as estrelas contratualmente concordavam em receber um salário fixo por sete anos, era um mecanismo que os estúdios utilizavam para reter para si os ganhos que o reconhecimento público dos artistas acrescentava aos seus filmes. As estrelas, incluindo aquelas que ele representava, queriam, naturalmente, uma participação maior nos lucros, mas Wasserman – e outros agentes – não tinham de fato nenhum poder nas negociações, já que os estúdios exerciam um monopólio efetivo sobre os cinemas. Se as estrelas não renovassem seus contratos, ou se os rescindissem, não tinham a quem recorrer. Mas Wasserman previa que, se o Departamento de Justiça conseguisse, por meio de suas ações, romper esse monopólio, a posição dos artistas ficaria bastante fortalecida, bem como a das agências de talentos que levavam 10% sobre os cachês.

Assim, como diretor-geral, Wasserman expandiu agressivamente o negócio de filmes da MCA,[11] contratando estrelas e adquirindo outras agências de talentos. Em 1948, a MCA representava quase metade dos artistas contratados pelos estúdios, e Wasserman pessoalmente representava nomes de peso[12] como Bette Davis, Errol Flynn, James Stewart e o diretor Alfred Hitchcock.

Mais tarde, naquele mesmo ano, quando o Departamento de Justiça finalmente saiu vitorioso em *Estados Unidos contra Paramount* e os estúdios, um após o outro, começaram a assinar acordos de consenso que punham fim ao seu controle sobre as datas de exibição dos cinemas, as portas se abriram para os produtores independentes, que puderam afinal concorrer com os estúdios pelo grande público – e pelas estrelas que o atraía. Esse desdobramento deixou Wasserman em posição influente para renegociar os contratos das principais estrelas que a MCA representava. Em 1950, obteve uma participação percentual para o ator James Stewart. Em vez dos 50 mil dólares que Stewart recebera da Fox dois anos antes por sua atuação em *Sublime devoção* (*Call Northside 777*), ele, então, teria metade dos lucros do seu próximo filme, *Winchester 73*, da Universal.

A idéia de Wasserman da participação percentual não fazia parte de nenhuma grande visão, era apenas uma maneira prática de ganhar mais dinheiro para os clientes da MCA e, por meio dos 10% do agente, para a própria MCA. Mas a participação porcentual mudou para sempre a relação entre os estúdios e os artistas, produtores e diretores. Wasserman não foi a única causa dessa mudança sísmica – com a desintegração do sistema de estúdio, era inevitável que as estrelas recuperassem boa parte do valor, se não todo, que lhes fora subtraído sob o sistema de estrelato –, mas ele soube tirar proveito dela ao fornecer para os estúdios artistas, diretores, produtores e escritores (todos eles clientes da MCA) que vinham amarrados nos chamados "pacotes". Numa reviravolta irônica, esse tipo de arranjo assemelhava-se com a prática de contratação em pacote dos estúdios, então banida: se um estúdio quisesse uma estrela, era obrigado também a aceitar os outros clientes do pacote. Por exemplo, quando a Columbia requisitou o ator Dean Martin, representado pela MCA, para o filme *Quem era aquela pequena?* (*What was that lady?*), Wasserman incluiu no pacote do ator os direitos da peça em que o filme se baseava e os atores Tony Curtis e Janet Leigh, também representados pela MCA. A companhia recebeu uma comissão de 10% sobre o pacote todo,[13] que incluía o pagamento dos artistas.

O novo arranjo inaugurado por Wasserman ajudou a redefinir a função dos estúdios. Em vez de fábricas que empregavam o próprio capital e mão-de-obra contratada para converter matéria-prima em filmes, eles se tornaram organizações de prestação de serviço que proporcionavam a outras pessoas com capital, tanto financeiro como artístico, a participação nos filmes e nos lucros. Sob esse

O GRANDE FILME

novo sistema, as agências de talentos como a MCA muitas vezes incluíam nos seus pacotes o roteiro, o diretor e os atores. Então, as produtoras independentes, como a Horizon Films de Sam Spiegel, produziam os filmes. E os estúdios forneciam as instalações físicas, a distribuição, o marketing e parte do financiamento ou ele todo. Os lucros de bilheteria e quaisquer outros direitos que pudessem ser vendidos pelo mundo já não pertenciam mais exclusivamente ao estúdio, mas aos vários participantes dessa aliança, incluindo artistas, diretores e produtores.

Como Disney, Wasserman também reconheceu as imensas oportunidades apresentadas pelo novo meio de comunicação, a televisão. Para Disney, a televisão era um veículo para disseminar seus produtos e marcas licenciáveis entre as crianças. Para Wasserman, era uma oportunidade de ganhar dinheiro para a MCA e consolidar a posição da companhia em Hollywood. Ele percebeu que a má vontade dos estúdios em licenciar seu acervo de filmes e arrendar suas instalações de produção para um meio concorrente havia gerado uma enorme carência de programação na televisão. Assim, com a ajuda da Revue Productions, subsidiária da MCA que fora criada com o propósito inicial de filmar *shows* de bandas, ele contribuiu para atender a essa demanda produzindo programas de jogos de baixo orçamento, como *Truth or consequences* ("Verdade ou conseqüência"), e séries de "telefilmes", como o *General Electric Theater* (cujo apresentador era Ronald Reagan, cliente da MCA).

Antes, porém, de poder usar o plantel de talentos da MCA nesses telefilmes, Wasserman teve de convencer a Screen Actors Guild (SAG) a suspender sua proibição, que impedia as agências de artistas de atuar como produtoras. A questão girava em torno do conflito de interesses que se criava quando a agência tinha de escolher entre o máximo de remuneração para o artista que ela representava e o mínimo de custo para o filme que estava produzindo. Em 1952, com a ajuda de Ronald Reagan e Walter Pidgeon, presidente e vice-presidente, respectivamente, da SAG, Wasserman negociou uma suspensão secreta de dez anos. Dessa forma, a MCA pôde usar seu rol de celebridades nas séries de telefilmes.

Para se avaliar o tremendo impacto que teve a decisão de Wasserman de introduzir a MCA na televisão, um bom exemplo foi o pacote que ele criou para a série *Alfred Hitchcock Presents*. Embora Hitchcock estivesse totalmente ocupado dirigindo os longas-metragens da Paramount e considerasse a televisão um meio inferior, Wasserman propôs que o renomado diretor emprestasse seu nome à série, que seria levada ao ar pela rede CBS e paga antecipadamente por um único patrocinador, a Bristol-Meyers. A Revue cuidaria de todo o trabalho, incluindo escrever, distribuir os papéis e dirigir os episódios de meia hora. Hitchcock só precisaria aparecer na chamada de um minuto que abria e fechava cada episódio. Por essa participação mínima, ele receberia parte dos direitos de reexibição (que ele então cedeu à MCA em troca de ações da companhia). O acordo finalmente saiu, e a MCA acabou produzindo 268 episódios dessa série de sucesso, que foram vendidos e revendidos para as emissoras de televisão locais em regime de agenciamento.* (Ao permutar seus direitos por ações da MCA, Hitchcock finalmente se tornou o terceiro maior acionista da companhia,[14] atrás do doutor Stein e do próprio Wasserman.)

Em 1959, ocupando já a posição de maior fornecedora de talentos para todos os estúdios cinematográficos, a MCA também se tornara a principal produtora a abastecer a televisão com programas que incluíam desde *The Ed Sullivan Show*, *Original Amateur Hour*, de Ted Mack, e *The Jackie Gleason Show*, ao *The Millionaire*, *The Liberace Show* e *KTLA Wrestling*. Com a surpreendente aquisição de toda a filmoteca da Paramount, ela podia agora licenciar também filmes antigos para as emissoras de televisão.

Mesmo com esse acervo – e a Revue –, a MCA não conseguia satisfazer totalmente o prodigioso apetite da indústria televisiva por filmes de entretenimento – especialmente depois da introdução da tevê em cores, em 1957. Por isso, Wasserman precisava de um estúdio completo. Assim, em 1959, ele lançou seu olhar para aquela que havia muito se tornara a decrépita de Hollywood: a Universal.

A sorte da Universal, primeira fábrica de filmes de Hollywood, começara a declinar em meados da década de 1930, com a saúde de seu fundador, Carl Laemmle. A indicação de Laemmle para que seu filho, Júnior, assumisse o comando do estúdio – como presente pelo seu 21º aniversário –, levou a Universal à beira do colapso. Em 1936, ele não teve escolha senão entregar o controle a um grupo de Wall Street que vinha emprestando dinheiro ao estúdio; esse grupo, por sua vez, vendeu-o para um magnata do cinema britânico, J. Arthur Rank.

Assim como seus pares nos Estados Unidos, Rank montara na Inglaterra um estúdio verticalmente integrado que, com a ajuda das regulamentações governamentais sobre importações e censura, controlava a maior parte da indústria cinematográfica do país. Rank comprou a Universal não porque necessitasse de suas instalações de produção, mas porque precisava de uma base nos Estados

---

* Nos Estados Unidos, sistema agenciado e controlado por um sindicato de comercialização de programas para redes de emissoras e estações locais, independentemente. (N. da T.)

Unidos. Como a Universal – tal qual outros estúdios de Hollywood – usava a contratação em pacote para levar seus filmes aos cinemas, ele pensava em incluir suas produções britânicas nos pacotes oferecidos aos cinemas norte-americanos. E como, nessa época, a Universal produzia principalmente filmes B, ele primeiro incorporou o estúdio a uma empresa de produção chamada International Pictures, que produzia longas-metragens A, criando assim a Universal International Pictures.

Rank logo percebeu que havia ganhado a batalha, mas não a guerra. O plano de integrar a Universal à sua empresa britânica foi à pique quando o Departamento de Justiça declarou que não seria mais permitida a contratação em pacote, que fora o principal motivo de sua aquisição. Assim, em 1952, Rank e os demais investidores venderam a Universal International Pictures para a Decca Records, empresa de música liderada por Milton Rackmil.

Em 1959, Wasserman, que já havia estabelecido relações comerciais com Rackmil ao fornecer para a Decca artistas representados pela MCA, ofereceu-se para comprar apenas os estúdios internos e externos da Universal Studios para a produção dos programas de tevê. Rackmil, que precisava desesperadamente de capital, aceitou o negócio.

Wasserman modernizou o novo estúdio e, usando os clientes contratados da MCA, começou a produzir telefilmes[15] com a mesma eficiência que o falecido sistema de estúdio outrora produzira filmes em massa.

O licenciamento dos programas de televisão da MCA para as estações locais – sistema conhecido como agenciamento – também gerou um acelerado fluxo de dinheiro, já que as redes tinham pagado a maioria dos custos de produção, se não todos. Wasserman se valeu dessa afluência para comprar o restante da Universal – e sua parceira corporativa, a Decca Records – por 160 milhões de dólares, em 1962. Com o patrimônio recém-adquirido – que incluía uma subsidiária de distribuição de filmes, uma gravadora e um acervo contendo milhares de curtas e longas-metragens –, a MCA era agora um estúdio completo, além de agência de talentos.

No entanto, a MCA não podia seguir com os dois negócios. De um lado, a suspensão da Screen Actors Guild (SAG) expiraria no final de 1962. De outro, bem mais importante, o Departamento de Justiça, preocupado com o crescente poder da MCA sobre a indústria do entretenimento, ameaçava a companhia com uma ação antitruste que poderia levá-la à ruína. Pressionado, Wasserman decidiu que o futuro da MCA estava na produção de programas e filmes, não na representação de artistas.

Stein concordou, e a MCA subitamente fechou a agência de talentos. Todos os clientes receberam uma carta sucinta que os liberava de suas obrigações contratuais.

Embora já não fosse mais agente, Wasserman continuou a ser o consultor informal de muitos artistas, diretores, escritores e produtores de Hollywood – alguns dos quais ele apadrinhou. Também manteve as relações de trabalho com os muitos advogados, políticos e executivos de estúdios com os quais tivera contatos de bastidores durante décadas, não apenas negociando acordos para os talentos de Hollywood, mas tentando encontrar meios mutuamente aceitáveis de resolver questões delicadas da indústria cinematográfica, como as investigações do Congresso sobre a influência comunista e as brigas de Hollywood com os sindicatos. Com as conexões que ele assiduamente cultivara em toda a comunidade, Wasserman havia se tornado um membro intrínseco a Hollywood.

Quando Stein se retirou da presidência da MCA em 1973, Wasserman assumiu total controle da companhia e continuou a fazer da MCA um estúdio de enorme sucesso. Finalmente, em 1990, 55 anos depois de seu primeiro dia de trabalho como empregado da correspondência, ele decidiu vender a companhia. Nessa época, a Matsushita Electric Industrial Company do Japão – maior fabricante mundial de câmeras de vídeo da marca Panasonic –, que se preparava, assim como a Sony, para o aparelho digital de DVD que viria a substituir o videocassete, ofereceu 6,59 bilhões de dólares pelo estúdio e seu acervo. Ao aceitar a oferta, Wasserman lançou a Universal numa odisséia internacional.

STEVE ROSS: O MÁGICO (1927-1992)

Steven J. Ross nasceu no Brooklyn em 1927. Quando ele estava com 3 anos de idade, seu pai, Max, trocou o nome da família de Rechnitz para Ross, na esperança de que um nome mais fácil de pronunciar o ajudasse a estabelecer sua empreiteira. Não ajudou. Max Ross foi à falência durante a Grande Depressão e perdeu todo o dinheiro que havia ganhado.

Steve Ross desde cedo entendeu que teria de fazer seu caminho no mundo. Aos 13 anos, já com 1,80 m de altura, ele começou a perambular pelas lojas de artigos de mágica da Montague Street, no Brooklyn, fascinado com os truques que elas ofereciam. Enquanto os truques deslumbravam e confundiam os outros fregueses, ele intuitivamente assimilava os princípios da ilusão escondidos por trás de cada um. Um desses princípios era a chamada "força da carta", que funcionava de maneira a dar ao "otário" – que, naquela época, era geralmente um amigo ou parente – a ilusão de livre escolha, quando, na verdade, ele não tivera escolha.

Pedia-se para que ele selecionasse uma carta de um baralho que só tinha cartas iguais, ou manipulava-se na mão dele a carta selecionada. Quando habilidosamente aplicado, o princípio da força da carta, ou falsa escolha, tinha diversos usos fora do mundo da magia. Anos mais tarde, sentado em seu jato particular, um Gulfstream, Ross se recordou disso, dizendo em tom de brincadeira: "Sempre funcionava com as cartas, às vezes funcionava com as mulheres, e geralmente funcionava nos negócios".[16]

Jogando cartas a dinheiro – especialmente *gin rummy* e pôquer –, Ross ganhou o suficiente para concluir seus estudos no Paul Smith Junior College. Contradizendo o velho ditado "Sorte no jogo, azar no amor", ele também se saía bem com as mulheres. Assim, cortejou e conquistou a jovem Carol Rosenthal, de 18 anos, que, além de ser uma garota vivaz e bonita, era filha de Edward Rosenthal, dono da Riverside Chapel, uma lucrativa casa funerária. Após se casarem, em 1954, Ross passou a trabalhar com seu sogro, como diretor da funerária.

Muito antes disso, Ross já vinha aplicando seus poderes de persuasão para convencer o sogro a diversificar seus negócios. Com a insistência, Rosenthal incorporou seu negócio à Kinney Services, um pequeno conglomerado que reunia estacionamentos, locação de carros, serviços de limpeza de escritório e imóveis. Em 1962, Ross tornou-se diretor da Kinney.

Em meados da década de 1960, ainda fascinado pela ilusão, Ross usou cotas de ações da Kinney para adquirir mais de uma dúzia de companhias de entretenimento, entre elas a National Periodicals, que publicava a revista *Mad*; a Licensing Corporation of America, que licenciava personagens para fabricantes de brinquedos; e a Ashley Famous, a maior agência de talentos dos Estados Unidos depois da William Morris Agency. Embora os novos negócios de publicação, licenciamento e agenciamento de artistas não fossem particularmente lucrativos, eram meios para um fim: criar um conglomerado de entretenimento. Ross sabia que, para isso, precisaria de um estúdio. Foi assim que ele se voltou para a Warner Bros.

A Warner Bros., como os outros grandes estúdios, não conseguiu mais lucrar com os filmes depois que a maior parte do público abandonou os cinemas e se voltou para a televisão. Sua companhia de discos, a Reprise (em parceria com Frank Sinatra), estava ganhando dinheiro, mas ainda não lucrava o suficiente para manter o estúdio e seus elevados custos fixos. Jack Warner, o último sobrevivente dos irmãos que fundaram o estúdio, vendera suas cotas em meados da década de 1960 para a Seven Arts Productions, uma distribuidora de televisão canadense que se encontrava em terreno financeiro instável. A nova companhia, a Warner Bros.–Seven Arts, ainda sem condições de financiar o capital necessário, finalmente se colocou à venda pelo lance mais alto. Ross a comprou em 1969 por 400 milhões de dólares em ações da Kinney.

Ele não estava preocupado com prejuízos operacionais de curto prazo da Warner Bros. Como Disney, Ross pensava no estúdio como uma reserva de material licenciável – ou "propriedade intelectual", como se dizia no mundo jurídico –, e o acervo da Warner Bros. abrigava mais de três mil títulos.

Com o estúdio funcionando, Ross dividiu a companhia em duas entidades separadas: a Kinney National, que seria dirigida por seu sogro, incluindo as funerárias, os estacionamentos e outros negócios não ligados ao entretenimento; e a Warner Communications International, comandada pelo próprio Ross.

Ao contrário de Disney, que se esquivara da cultura hollywoodiana como se ela fosse alguma forma de vida alienígena, Ross refestelou-se nela. Talvez não tenha se relacionado tão bem com os líderes da comunidade quanto Wasserman, mas fez de tudo para obsequiá-los. Transportava as estrelas no jato da empresa para reuniões em Las Brisas, Acapulco, no San Pietro Hotel, em Positano, e em sua casa de veraneio em Georgica Pond, East Hampton. Era, às vezes, extremamente generoso com seus convidados. Em 1976, por exemplo, levou doze deles no jato da empresa de Nova York a Las Vegas, providenciou-lhes quartos luxuosos próximos à suíte de Frank Sinatra no hotel Caesars Palace e ofereceu-se para usar suas habilidades de mágico a fim de ganhar dinheiro, com a condição de que permanecessem na suíte por uma hora, retornando com 70 mil dólares em fichas do Caesars Palace – que ele distribuiu entre os convidados como o "quinhão deles em seus ganhos".[17]

Não era só que ele desfrutasse a companhia de celebridades como Steven Spielberg, Barbra Streisand e Clint Eastwood; essa socialização intencional fazia parte de sua estratégia para transformar a imagem corporativa da *holding*, sediada em Nova York, numa imagem apropriada para um conglomerado internacional de entretenimento.

Ross utilizou seu talento, charme e magia para persuadir outras companhias de entretenimento a se incorporar à Warner Communications, adquirindo, assim, três selos de gravação importantes – Atlantic, Asylum e Elektra Records – que fizeram da Warner Communications uma das cinco maiores empresas de música do mundo. Ele comprou também a DC Comics, a gigante das histórias em quadrinhos (garantindo ao estúdio o acesso a personagens como Batman e Super-homem), e a Atari, fabricante de jogos eletrônicos, por seu interesse pelo entretenimento doméstico e jogos de fliperama.

Como Disney e Wasserman, Ross fez da produção cinematográfica parte de uma estratégia de entretenimento mais ampla, mas, ao contrário deles, não estava satisfeito em possuir apenas o conteúdo – na forma de filmes, direitos musicais, programas de televisão e livros – e os meios para produzi-lo. Ele queria deter também os meios para entregar o entretenimento na casa das pessoas. E o cabo oferecia essa possibilidade.

Os primeiros cabos foram estendidos na década de 1950 por empreendedores locais, com antenas improvisadas e, muitas vezes, sem nenhuma regulamentação municipal, para permitir melhor recepção dos sinais de tevê pela população rural. No final da década de 1970, o cabo foi favorecido pelas regulamentações federais, que passaram a exigir que as emissoras fornecessem programação gratuita aos usuários de cabo, e, assim, entrou em metade dos lares americanos.

A essa altura, a maioria das operadoras menores já estava sob controle das grandes companhias de telecomunicações. Estas, embora tivessem grande número de assinantes, geralmente perdiam dinheiro, segundo os balancetes. Isso graças a uma prática contábil que as obrigava a deduzir dos ganhos uma porcentagem fixa do custo dos cabos e de outros ativos fixos a título de "depreciação", já que, em tese, teriam de ser periodicamente substituídos (ainda que, na verdade, os cabos durassem por gerações). Ross queria livrar as empresas de telecomunicações desse transtorno contábil. Ele comprou as companhias de cabo[18] Continental Telephone Corporation, Television Communications Corporation e Cypress Communications Corporation, que juntas totalizavam 400 mil assinantes. Embora o negócio exigisse grande investimento para conectar os cabos às casas, Ross achava que valia a pena correr o risco e tomou dinheiro emprestado para ampliar os sistemas de cabo que ele já tinha.

Para ele, o cabo era muito mais que uma alternativa à televisão por radiodifusão. Em primeiro lugar, como o cabo possibilitava centenas de canais diferentes, oferecia o potencial de criar redes que segmentassem o público para os anunciantes de acordo com seus interesses específicos. Em Atlanta, Robert Edward "Ted" Turner III, empresário dado a extravagâncias, já havia demonstrado que uma pequena emissora UHF, com um público inferior a 100 mil espectadores, podia se converter numa rede de tevê a cabo se arrendasse as interconexões das companhias telefônicas e licenciasse filmes antigos. Aproveitando-se de uma brecha no seu contrato de licenciamento de produções com os estúdios, a "superemissora" de Turner fornecia filmes para os sistemas a cabo do país inteiro. Se Turner conseguiu criar uma rede de tevê a cabo "do nada",[19] pensou Ross, por que a Warner Communications, com todos os seus recursos, não poderia fazer o mesmo? Foi o que ele propôs aos executivos da companhia.

Com esse objetivo, a Warner Bros. estabeleceu uma parceria com a American Express – Warner Amex Satellite Entertainment Company – que, na década de 1980, lançou canais como o Nickelodeon (para crianças acima de 9 anos) e a MTV (para adolescentes).

Outra aplicação importante do cabo, na visão de Ross, era como canal de distribuição dos filmes da Warner para as residências. Quando os executivos da companhia submeteram a ele seu plano para vender os filmes da Warner a locadoras de vídeo independentes, que então os alugariam aos fregueses por 2 dólares ao dia, ele balançou a cabeça incrédulo, segundo contou um dos executivos presentes na reunião. "Vocês realmente acham",[20] ele perguntou, "que milhões de pessoas ocupadas vão pegar o carro, dirigir até a locadora, escolher um filme, entrar na fila, preencher o contrato de locação, pagar o depósito, dirigir de volta para casa, colocar o filme no videocassete e aí, no dia seguinte, repetir o mesmo processo, dessa vez ao contrário, para devolvê-lo à loja?" Ainda que tudo isso acontecesse, a Warner Bros. teria de ceder o controle de seus filmes para as videolocadoras e dividir com elas seus ganhos. Para Ross, o aluguel de vídeos era, na melhor das hipóteses, um tapa-buraco.

Ross achava que o sistema a cabo que ele estava montando peça por peça era a maneira mais eficiente de distribuir filmes sob encomenda para a casa das pessoas. Mas o que mais o empolgava era um projeto que a Warner iniciara em 1977 em Columbus, Ohio, chamado Qube Television. Tratava-se do primeiro experimento comercial do que viria ser conhecido como televisão interativa. Ao contrário da transmissão pelo ar (por satélite, inclusive), a conexão por cabo podia ser usada tanto para enviar como para receber sinais. Ela permitia que os espectadores, enquanto assistiam a um canal, acessassem outro canal mediante um clique no controle remoto. Com o cabo, "as pessoas podiam votar no final que queriam",[21] explicava Ross.

Na verdade, votar no final preferido era apenas uma entre as milhares de possibilidades anunciadas pela nova tecnologia. Os espectadores poderiam também opinar numa pesquisa, responder à oferta de um anunciante e encomendar um filme a ser exibido em sua tevê. Embora a base de clientes em Columbus fosse pequena demais para viabilizar financeiramente o projeto, Ross continuava convencido de que o serviço interativo representava o futuro – futuro no qual não haveria videoteipes, locação de vídeos, devoluções, catálogos e, o mais importante, intermediários. Os estúdios forneceriam diretamente aos consumidores os filmes, concertos e esportes que eles quisessem ver e cobrariam por esse serviço numa fatura mensal. Ross designou ao dr. Peter Goldmark, ex-chefe do laboratório de pesquisa da CBS, a tarefa de desenvolver esse sistema interativo. Eterno otimista, Ross apostava no surgimento dessa tecnologia e fez pesados empréstimos para acelerar a aquisição das companhias de cabo pela Warner.

Em seguida, ele mirou a Time Inc., império editorial fundado em 1923 por Henry Luce. Além de possuir dúzias de revistas, entre elas seu carro-chefe, a *Time*, a companhia era dona também do segundo maior sistema a cabo dos Estados Unidos (o primeiro era a gigante TCI, de John Malone). Além disso, a Time Inc. possuía a Home Box Office (HBO), o principal canal de televisão paga do país. Ao realizar a fusão das duas empresas em 1989, Ross fundiu também duas culturas corporativas distintas: "uma sólida instituição de origem anglo-saxônica protestante"[22] e "um oscilante conglomerado de entretenimento popular", segundo as palavras de um executivo da Time. Deixando de lado o possível choque, para Ross a "beleza do negócio"[23] se exprimia numa só palavra: cabo.

Embora a companhia resultante, Time Warner, tenha se tornado uma empresa de entretenimento sem igual nos Estados Unidos, Ross estava resolvido a proporcionar-lhe uma base no Japão, a segunda maior economia do mundo. Em 1991, ele se reuniu em Los Angeles com Joichi Aoi, presidente da Toshiba, e, após assistir à apresentação sobre os avanços que a gigante dos eletrônicos vinha obtendo com o disco digital para vídeo, ele propôs que as duas companhias se unissem numa aliança estratégica. De acordo com os executivos da Toshiba, ele sugeriu que "um disco simples, vendido a, digamos, 26 dólares, o equivalente a um ingresso de cinema, mais estacionamento, mais uma caixa de pipoca,"[24] poderia fazer um tremendo sucesso com o público americano.

No ano seguinte, a Toshiba tornou-se a parceira caçula da Time Warner Entertainment, empresa recém-organizada que reunia todos os interesses da Time Warner em cinema, televisão e cabo. Uma das primeiras instruções da companhia foi criar uma parceira tipo cartel para desenvolver o DVD.

Ross não viveu o suficiente para vê-lo (ele morreu de câncer na próstata em 1992), mas seus instintos sobre o futuro estavam certos: as conexões a cabo e aquele "disco simples" – o DVD – se revelaram elementos fundamentais para a economia do entretenimento.

AKIO MORITA: O ENGENHEIRO (1921-1999)

Filho mais velho de Kyuzaemon Morita, Akio Morita já nasceu rico. Por catorze gerações, a família Morita e sua fábrica de saquê em Osaka, no Japão, foram dirigidas por um Kyuzaemon Morita, por isso, era esperado que um dia, quando seu pai morresse, Akio adotasse o nome Kyuzaemon e assumisse o lugar que lhe cabia. Desde os 6 anos de idade, ele se sentava ao lado do pai nas reuniões familiares, como herdeiro declarado. Aos 10 anos,[25] começou a participar da diretoria e aprendeu a degustar e experimentar saquê.

Tendo estudado física na Universidade de Osaka, Morita, porém, tinha outras ambições, que não incluíam dar continuidade ao império de trezentos anos da fabricação de saquê. Quando ele se formou, em 1944, as operações militares americanas com suas bombas incendiárias haviam dizimado grande parte do Japão imperial de seus antepassados. Convocado pelas forças militares[26] japonesas, durante o último ano da guerra ele trabalhou no Escritório Naval de Tecnologia da Aviação em Yokosuda, na Baía de Tóquio.

Quando a guerra terminou, em 1945, Morita decidiu quebrar a longa tradição familiar e não entrar no negócio de saquê. Pediu permissão ao pai para se mudar para Tóquio, que se encontrava em ruínas, e iniciar uma empresa de engenharia com Masaru Ibuka, inventor extraordinário que Morita conhecera no laboratório da marinha. Seu pai não só lhe deu permissão como concordou em financiar a nova empresa. A Tokyo Telecomunications Engineering Corporation, companhia que daria origem à Sony Electronics, começou num porão bombardeado, e a parceria entre os dois homens que a iniciaram perdurou pelo resto de suas vidas.

O primeiro empreendimento de Morita foi a fabricação de máquinas para cozinhar arroz para a malnutrida população japonesa. Ele era um aficionado por engenhocas, segundo ele mesmo dizia. Fora criado em Nagoya, cercado por aparelhos importados que ele gostava de desmontar para saber como funcionavam e para ver se conseguia montar de novo. Agora, queria aperfeiçoar[27] os rudimentares utensílios de que os japoneses dispunham depois da guerra. Além de máquinas de cozinhar arroz, a nova empresa fabricava também artefatos para iluminação portáteis, almofadas elétricas para aquecimento e outros dispositivos bastante necessários no país devastado.

As autoridades da ocupação americana haviam concedido às empresas japonesas uma alíquota especial de exportação para o mercado americano, a fim de estimular a reconstrução da indústria japonesa. Para tirar proveito disso, Morita procurou desenvolver produtos eletrônicos que pudessem ser fabricados com a barata mão-de-obra japonesa e exportados para os Estados Unidos. O mais promissor desses produtos era o gravador de som, cujo projeto utilizava então fios finos nos quais se gravava o som. Como era difícil obter tais fios no Japão pós-guerra, Morita começou a pesquisar máquinas que gravassem numa fita de papel.

Seus esforços de pesquisa foram recompensados quando ele descobriu que, na década de 1930, uma companhia alemã, a AEG, inventara uma tecnologia chamada "polarização AC" que permitia usar a corrente alternada para gravar sons em fita. Após a derrota da Alemanha, uma unidade do exército americano confiscou um protótipo que utilizava essa tecnologia, e um dos soldados, John Mullin, interessou-se tanto pelo processo que o patenteou nos Estados Unidos. Em 1949, Morita comprou de Mullin a licença da polarização AC por 2.500 dólares e começou a fabricar gravadores de fita.

Em 1953, Morita fez sua primeira viagem[28] aos Estados Unidos. Ele tinha estatura baixa para os padrões norte-americanos, era extremamente magro, com feições delicadas e cabelo de azeviche. No entanto, o que mais impressionou aqueles que o conheceram na viagem foi o foco intenso de seus olhos impassíveis; seu olhar projetava uma confiança e uma força inequívocas.

Em Nova York, ele se tornou amigo de Adolph Gross, um empresário judeu, e por meio deste e de outros relacionamentos desenvolveu o que viria a ser uma afinidade duradoura com a cultura judaica. Ele ficou impressionado com a semelhança entre judeus e japoneses. De acordo com Irving Sagor, o primeiro de uma longa lista de executivos judeus contratados para dirigir as operações da Sony nos Estados Unidos, Morita "achava que os judeus eram inteligentes, imaginativos e muito compatíveis com os japoneses quanto ao temperamento e à maneira de ver o mundo".[29] John Nathan, em sua biografia da Sony, sugere que o apreço de Morita pelos judeus se devia ao fato de ele considerar que judeus e japoneses compartilhavam a mesma "sensação de serem forasteiros"[30] na cultura empresarial americana. Fosse como fosse, ao retornar ao Japão ele disse aos seus executivos para contratarem judeus sempre que possível – e foi o que fizeram. (Nas décadas seguintes, a alta gestão da Sony[31] incluía Edward Rosinay, Ernest Schwartzenbach, Harvey Schein, Ron Sommer, Walter Yetnikoff e Michael Schulhof, todos judeus.)

Em meados da década de 1950, a empresa de Morita era a maior exportadora mundial de gravadores de fita para os Estados Unidos. À medida que aumentava o apetite pelos eletrônicos japoneses, aumentava também a riqueza da companhia, que agora se chamava Sony, nome que Morita criou com base na transliteração em japonês do vocábulo latino para som, *sonus*. (Morita achava que *Sony* tinha um som internacional, e ele queria construir uma companhia internacional.) Como a Sony tinha a licença para o processo de polarização AC no Japão, seus lucros iam além de sua prodigiosa produção: todos os outros fabricantes do país que mais tarde vieram a produzir gravadores tinham de pagar royalties à Sony.

Com o fenomenal sucesso de seus gravadores, a Sony consolidou seu nicho: o entretenimento doméstico global. Nesse meio-tempo, Morita começou[32] a pesquisar outros eletrônicos para vender sob a marca Sony. Muitas vezes, especialmente quando os equipamentos eram complexos demais para serem operados pelo consumidor médio, ele fazia seus engenheiros redesenharem o produto e aplicarem os ajustes necessários para que o público aprendesse a manejá-lo. No final da década de 1950, a Sony era a maior exportadora mundial de tevês em cores, rádios e outros equipamentos de entretenimento doméstico.

No início da década de 1980, a empresa de Morita realizou outro avanço importante. Com sua parceira européia, a Philips Electronics, a Sony desenvolvera e patenteara um sistema inteiramente novo de codificação do som – que convertia o som do formato analógico em que ele ocorria, e era ouvido, para uma seqüência digital de apenas dois caracteres: zeros e uns. A vantagem que esse sistema revolucionário oferecia era o armazenamento reutilizável, e seu desenvolvimento fora estimulado, em parte, por um capricho pessoal. Morita, um aficionado da música clássica ocidental, queria poder escutar a Nona Sinfonia de Beethoven, com 70 minutos de duração, sem interrupção. Com a nova tecnologia, a sinfonia inteira cabia num disco plástico de 15 centímetros.

Introduzido em 1982, o sistema deu origem ao *compact disc*, ou CD, encontrado hoje em toda parte (e a Sony e a Philips continuam a receber royalties a cada unidade vendida). O sócio de Morita, Ibuka, hoje com quase 80 anos, mencionou um dia que sentia muita falta de ouvir música clássica em som estéreo nos longos vôos internacionais. Em questão de dias, Morita ordenou que seus engenheiros[33] transformassem um pequeno gravador monofônico (chamado Pressman porque havia sido desenvolvido para jornalistas em viagem) em um toca-fitas estéreo ainda menor, conectado a um par de fones de ouvido. Naquele fim de semana, Morita levou o "estéreo portátil" ao seu clube de golfe para mostrá-lo aos amigos. Um mês depois, o tocador de áudio portátil entrava em produção. Morita estava convencido, apesar das ressalvas de seus executivos de marketing, de que o tocador de áudio portátil, graças a sua extrema portabilidade, despertaria o interesse dos adolescentes que queriam ouvir música enquanto andavam de bicicleta ou de *ska-*

te e jogavam seus *games*. Como Walt Disney, Morita nunca subestimava a capacidade de diversão da juventude.

Antes mesmo de mudar a forma como o público escutava música, Morita e sua equipe de engenheiros identificaram a possibilidade de mudar os hábitos de assistir à tevê por meio de um gravador de vídeo doméstico. Até meados da década de 1970, os espectadores só podiam ver os programas quando eles iam ao ar, na chamada transmissão ao vivo. O gravador de videoteipe mudaria completamente essa situação ao permitir que as pessoas assistissem aos programas quando fosse mais conveniente para elas. Morita chamava isso de "transferência de horário".* A Ampex, uma empresa de engenharia da Califórnia, já havia desenvolvido um gravador de vídeo para uso comercial, como gravação em estúdio, mas esse equipamento pesava meia tonelada, custava 800 mil dólares, gravava somente vinte minutos de programação numa dispendiosa fita de cinco centímetros de largura e precisava de dois homens para operá-lo. Morita comprou-lhe os direitos, como fizera antes com o gravador de som, e começou a redesenhá-lo para uso doméstico. Ordenou aos engenheiros que reprojetassem o aparelho de modo que coubesse no tampo de um televisor, gravasse programas de uma hora de duração em fitas relativamente baratas, de aproximadamente meio centímetro de largura, pudesse ser vendido a menos de mil dólares e operado por qualquer consumidor (especialmente por crianças, que se adaptam facilmente às novidades).

Apesar de assustadora a tarefa, os engenheiros da Sony conseguiram realizá-la em cada detalhe. Reduziram a espessura da fita em 25%. Diminuíram a largura de cada trilha de 85 para 60 micrômetros, usando um pó magnético diferente na fita. Utilizando outro ângulo de gravação e gravando apenas metade do sinal, expandiram o tempo de funcionamento em 75%. O produto resultante, o Betamax[34] (que em japonês significa "pintura a pincel"), foi lançado em Nova York em fevereiro de 1976, ao preço de 1.295 dólares.

Dizer que o aparelho aumentou consideravelmente o potencial do entretenimento doméstico não causa surpresa. Não só os espectadores não precisavam estar em casa na hora da transmissão dos programas, como podiam comprar ou alugá-los, incluindo filmes, fitas de auto-ajuda e vídeos pornográficos, para assistirem em sua televisão. Podiam agora, como dissera Morita, transferir o horário da

---

* Em inglês, *time shifting*, expressão que passou a designar também o próprio ato de gravar uma programação num meio de armazenagem qualquer para ser vista ou ouvida pelo consumidor em horário mais conveniente. (N. da T.)

programação que havia sido exibida enquanto estavam no trabalho, na escola ou enquanto viam outro programa. Tal como ele havia pensado, o novo aparelho ampliaria significativamente a audiência da tevê. Como proclamava um anúncio do Betamax veiculado em 1976: "AGORA VOCÊ NÃO PRECISA PERDER O KOJAK PORQUE ESTÁ ASSISTINDO O COLUMBO (OU VICE-VERSA)".

Enquanto isso, na MCA-Universal, Lew Wasserman assistia a esses desdobramentos com uma visão bem menos otimista. Ele via no Betamax uma ameaça direta ao patrimônio mais valioso que os estúdios tinham então – o acervo de filmes e programas de televisão. Se o público pudesse gravar gratuitamente os episódios de *Kojak* e *Columbo*, poderia copiar qualquer coisa que aparecesse na tevê, para si mesmo e seus amigos. Conseqüentemente, os estúdios lucrariam menos com os milhares de títulos de sua filmoteca, já que haveria menos demanda das emissoras para reexibi-los. Wasserman não se opunha ao conceito de vender filmes ao público (a própria MCA estava desenvolvendo um aparelho chamado Discovision, que permitiria aos consumidores comprar dos estúdios filmes prégravados), mas ele não queria que os consumidores pudessem gravá-los livremente. Assim, ele marcou uma entrevista com Morita na sede da Sony, em Nova York, com o pretexto de discutir uma possível relação comercial entre a Sony e a MCA-Universal. Depois de uma conversa bem-humorada, ele subitamente anunciou que planejava processar a Sony se Morita não retirasse o Betamax do mercado, explicando que todos os estúdios o apoiariam e que a Sony certamente seria derrotada.

Morita ficou surpreso, não tanto pelo ultimato como pela quebra do tradicional protocolo comercial. Segundo conta James Lardner no livro que escreveu sobre a questão do vídeo, Morita disse a Wasserman que no Japão não havia o costume de marcar uma reunião para falar de negócios e então ameaçar o outro com uma ação judicial. "Quando trocamos um aperto de mãos",[35] teria dito Morita, "não golpeamos você com a outra mão". Além disso, apesar de ter sido advertido por seus consultores americanos que Wasserman levaria a cabo sua ameaça, Morita não estava disposto a desistir da máquina que seus engenheiros haviam aperfeiçoado com tanto engenho. À parte o fato de que a quebra do protocolo pode ter agravado a ofensa, o gravador de vídeo tinha o potencial de criar uma vasta e nova audiência doméstica para os produtos da Sony.

A batalha judicial em torno da legalidade do gravador de vídeo (*Universal contra Sony*) durou quase oito anos e foi decidida, finalmente, em favor da Sony. Paradoxalmente, embora Wasserman tenha sido obrigado a abandonar o Discovision, a derrota nos tribunais acabaria se convertendo numa grande e inesperada vitória para os estúdios de Hollywood, especialmente para a Disney (que em 1977 se aliara a Wasserman no litígio). Alguns meses depois de perder a ação judicial, Roy E. Disney Jr., sobrinho de Walt, formou uma nova equipe administrativa liderada por Michael D. Eisner, um nova-iorquino alto e eloqüente, que ajudara a revitalizar a produção de filmes e programas televisivos na Paramount. Embora muitos executivos da Disney ainda se opusessem a lançar em vídeo o acervo de filmes animados do estúdio, alegando que isso reduziria – se é que não anularia – seu valor quando fossem relançados em cinema, Eisner ignorou a objeção,[36] salientando que o sucesso de Walt Disney, desde o uso do "som sincrônico" em cartuns, sempre se baseara em acolher as possibilidades das novas tecnologias. Assim, os clássicos Disney foram lançados em vídeo e, uma década depois, somavam sete dos dez vídeos mais vendidos de todos os tempos, proporcionando um novo eldorado de lucros.

Outra reviravolta inesperada com a vitória da Sony foi que, ao mesmo tempo em que ela abriu um mercado de vídeo extremamente lucrativo para os estúdios de Hollywood, acabou sendo para Morita uma faca de dois gumes. Sua disposição para questionar em juízo o estilo americano estabelecera a legalidade do gravador de vídeo doméstico, porém, com isso, ele preparou o caminho para que sua concorrente, a Matsushita, criasse um formato próprio, o VHS. Depois de ter enfrentado os estúdios de Hollywood nos tribunais, Morita não conseguiu persuadi-los a lançar suficiente número de títulos no formato Betamax para concorrer com o VHS. Além disso, embora o VHS fosse de qualidade bem inferior ao Betamax, ele oferecia quase o dobro do tempo de gravação, permitindo aos usuários gravar um filme inteiro no mesmo cassete. Quando os engenheiros da Sony conseguiram aumentar o tempo de duração do Betamax, a guerra dos formatos já estava perdida. (O único consolo foi que a Matsushita teve de pagar à Sony um pequeno royalty sobre cada vídeo vendido, pelo uso do som digital.)

Essa derrota deixou claro para Morita que patentes e equipamentos com tecnologia superior não eram suficientes, por si sós, para dominar a indústria do entretenimento doméstico; ele precisava também ter controle sobre o conteúdo – nesse caso, filmes e programas de televisão – para assegurar o sucesso de um formato entre os consumidores e contra os concorrentes. O principal arquiteto que Morita contou para concretizar essa estratégia foi Norio Ohga, que ele tomara sob sua proteção quando Ohga ainda trilhava sua extraordinária carreira de cantor de ópera e regente sinfônico. Quando Ohga ingressou na Sony, em 1959, ao 29 anos de idade, Morita prometeu-lhe que ele seria seu sucessor – promessa que ele cumpriu. Após realizar uma *joint venture* com a CBS – CBS/Sony Records –, Ohga convenceu Morita a comprar a divisão de discos da CBS por 2 bilhões de dólares, em 1986, argumentando que "o conteúdo e o equipamento são as duas rodas dianteiras de um carro",[37] sem as quais é impossível dirigi-lo. Essa aquisição não só fez da Sony, da noite para o dia, a terceira maior empresa de música do mundo, como contribuiu para assegurar o sucesso do lançamento do CD. "Se eu tivesse um estúdio de cinema",[38] concluiu Morita, "o Betamax não teria sido relegado a segundo plano". Ao aceitar a analogia "das rodas do automóvel" de Ohga, Morita não só deu uma nova direção para a Sony como ajudou a mudar os rumos de Hollywood.

A tecnologia que transformaria radicalmente os filmes como entretenimento doméstico foi o disco digital. No final da década de 1980, estava claro para a Sony – assim como para seus principais concorrentes no Japão – que a mesma tecnologia digital que resultara no CD poderia ser aplicada também aos filmes. De fato, não havia diferença conceitual entre os uns e os zeros que representavam a informação numa sinfonia de Beethoven e os que representavam o elemento pictórico, ou "pixels", num filme de Hollywood. O disco digital não apenas melhoraria a qualidade dos filmes, proporcionando uma experiência visual superior à que era então possível com o videoteipe, como permitiria também acesso instantâneo a qualquer parte do filme. A dificuldade prática estava em encaixar os dígitos de som e imagem num disco de 6 polegadas, o que requeria um circuito de computador para comprimir a informação. No início de 1988, a Toshiba, concorrente da Sony, já havia desenvolvido o protótipo do que viria a ser o disco digital versátil, ou DVD, e a Matsushita, sua tradicional concorrente, não estava muito atrás. Aplicada ao futuro, a análise de Morita sobre o fracasso do Betamax revelaria que a vitória na crucial disputa para desenvolver o formato digital ficaria não com o fabricante mais veloz ou que tivesse maior competência técnica, mas com aquele que controlasse algum estúdio de Hollywood com um vasto acervo de filmes. Em 1988, após obter de Ohga uma avaliação das perspectivas em Hollywood, Morita direcionou seu interesse para a Columbia Tristar Pictures.

A Columbia nunca conseguiu se recuperar do colapso do sistema de estúdio. Atingida por escândalos financeiros,[39] como o que envolveu desvios de fundos e cheques falsos em 1977, o estúdio esteve à beira da falência, até ser temporariamente resgatado pelo banco mercantil de Nova York, Allen & Company. Em 1982, o banco vendeu o controle da maior parte das ações da Columbia para a Coca-

Cola, por 700 milhões de dólares. A Coca-Cola tentou ampliar sua base comprando toda a TriStar Productions (empreendimento conjunto que reunia a CBS, a Home Box Office, da Time Inc., e a Columbia). A Columbia TriStar, como a companhia passou a se chamar, expandiu formidavelmente sua capacidade televisiva com a aquisição da Screen Gems, da Embassy e da Merv Griffin Productions. Além de produzir novas séries e programas de televisão, essas companhias tinham um acervo de milhares de produções já exibidas que poderia ser arrendado a emissoras locais em sistema de agenciamento. Em meados da década de 1980, quase todo o lucro do estúdio provinha de seu acervo de 22 mil programas de tevê. Sua produção de filmes, na qual a Coca-Cola apostara para melhorar sua posição na indústria de entretenimento, dava prejuízos constantes.

Conseqüentemente, a Coca-Cola, uma empresa de marketing por excelência, não via muito futuro em prosseguir com sua aventura em Hollywood. Em 1989, Morita ofereceu pelo estúdio[40] 3,4 bilhões de dólares – preço de saída relativamente alto –, e a Coca-Cola aceitou a oferta.

Morita estava disposto a pagar alto pela Columbia, já que agora sua visão se expandira para além do negócio convencional da produção de filmes. O futuro que ele imaginava para a Sony estava no entretenimento doméstico, não nas salas de cinema, e ele deduzia que a posse de um estúdio e seu acervo propiciaria a "roda" que faltava para lançar o formato digital que dominaria o entretenimento doméstico. A Sony tornou-se assim a primeira empresa japonesa a adquirir um estúdio de Hollywood, manobra que não passou despercebida por seus principais rivais na corrida pelo controle dos equipamentos da revolução digital. Seguindo a sua trilha, a Matsushita comprou a MCA-Universal em 1991 por 6,1 bilhões de dólares, e a Toshiba desembolsou 1 bilhão de dólares para se tornar sócia minoritária da Time Warner Entertainment, em 1992.

Quando a Sony se mudou para Hollywood, Morita entendeu que controlar um único estúdio, ainda que se tratasse de um com um acervo de títulos tão extenso quanto o da Columbia Tristar, não garantiria o embasamento necessário para assegurar o sucesso de implantar uma revolução digital. Assim, ele saiu em busca de um aliado poderoso em Hollywood.

No Japão, a tradição do *zaibatsu* incentiva as empresas a trabalharem juntas para alcançar seus objetivos, mas, nos Estados Unidos, as leis antitruste geralmente desencorajam esse tipo de colaboração. Dessa maneira, Morita tinha de encontrar um jeito de compor uma aliança que não entrasse em conflito com as leis americanas. Ironicamente, uma ação judicial que a Warner Bros. estava movendo contra a Sony pelo fato de esta empresa ter atraído para seu quadro dois executivos da Warner, Peter Guber e Jon Peters, deu a Morita a brecha que ele estava procurando.

Para pôr fim à disputa, Steve Ross exigia que a Warner Bros. fosse compensada de três maneiras. Primeiro, ele queria que a Sony trocasse o estúdio da Columbia em Burbank, que ficava próximo do estúdio da Warner, por um estúdio maior em Culver City que pertencera antes à MGM e que Ross adquirira ao comprar a Lorimar, empresa de produções para televisão. Ross não precisava de dois estúdios em lugares diferentes de Los Angeles. Em segundo lugar, Ross queria que a Sony permitisse que a Warner Bros. intermediasse as vendas do imenso acervo de programas de tevê da Columbia para os canais a cabo, a uma comissão de 15%. Segundo ele, tal arranjo ampliaria consideravelmente a influência que os vendedores da Warner tinham sobre as emissoras a cabo e, desse modo, beneficiaria a Sony, pois a equipe de vendas da Warner, de acordo com a análise apresentada, estava obtendo duas vezes mais que a da Sony por material similar. Além disso, cada venda estaria sujeita à aprovação da Sony e, se a empresa conseguisse preço melhor por algum programa, poderia vendê-lo ela mesma. Assim, como disse Ross, a Sony "não tinha nada a perder".[41]

Finalmente, Ross queria participação de 50% na Columbia House, empresa de venda por correio de discos e vídeos, que a Sony comprara da CBS. A Warner Music era um dos fornecedores da Columbia House, para a qual vendia discos a preço de atacado, que a Columbia House usava para atrair novos assinantes ao seu clube postal. Mas a Warner Music ameaçava agora suspender o fornecimento – o que enfraqueceria bastante o atrativo do clube, já que ela fornecia mais de um terço das músicas oferecidas pela Columbia House. Usando sua refinada habilidade de mágico, Ross argumentou que, em vez disso, seria melhor que a Warner Music se tornasse sócia da Columbia House (deixando de cobrar, portanto, pelos discos fornecidos). Ele sustentava que a associação dos selos Warner e Sony representaria um significativo aumento de vendas – e de valor – para a Columbia House (ainda que a Sony ficasse só com metade da empresa).

Para surpresa de Ross, Morita concordou com suas condições. Ross conseguiu, assim, consolidar a Warner Bros. num só estúdio, aumentar sua influência sobre as emissoras a cabo com a venda de programas de televisão do acervo tanto da Columbia como da Warner Bros. e tornar-se dono de metade da empresa de venda por correio de vídeos e discos da Sony. O acordo foi relatado na imprensa como uma grande vitória das companhias americanas sobre suas rivais japonesas, e um artigo publicado na *Vanity Fair* chegou a ponto de sugerir que Hollywood considerava o fato uma "vingança por Pearl Harbor".[42]

Mas Morita tinha suas razões para aceitar o acordo proposto por Ross, e estas não tinham nada que ver com o medo de que a Warner Bros. viesse a processar a Sony. Criado como o príncipe de uma dinastia de Osaka, Morita era tudo, menos medroso. Afinal, quando a tecnologia do Betamax se viu ameaçada, em 1976, ele se manteve firme contra Lew Wasserman e todos os outros dirigentes de estúdio de Hollywood, triunfando depois de uma batalha de oito anos nos tribunais. Mas dessa vez não era a tecnologia da Sony que estava em risco – pelo menos, não diretamente.

Da perspectiva de Morita, o único custo que a Sony teria com o acordo era dinheiro. A Warner Bros. ganharia um estúdio mais conveniente, do ponto de vista geográfico, e a Sony ficaria com um que precisava de reformas – projeto que, embora dispendioso, correspondia aos planos de Morita de construir uma instalação que comportasse os mais recentes avanços do trabalho digital. Quanto ao acordo de parceria nas vendas para a televisão, tratava-se simplesmente, como em todos os acordos *zaibatsu*, de um parceiro menor que se submetia ao parceiro maior. Na tevê a cabo, a Warner Bros. era claramente o parceiro maior e, como tal, tinha boas razões para coordenar as vendas, principalmente porque sua subdivisão de marketing, bem mais poderosa, poderia conseguir preços melhores com as emissoras a cabo. Assim, mesmo tendo de pagar a comissão de 15%, a Sony lucraria mais se submetendo à Warner Bros. Do contrário, ela poderia voltar a vender os próprios filmes.

Mas, na visão de Morita, o verdadeiro benefício para a Sony, na melhor tradição *zaibatsu*, estava na aliança em torno da Columbia House, pois ele precisava de um aliado, embora por outras razões. Entregar a Ross 50% de participação na Columbia House era, de fato, uma concessão cara, mas que Morita considerava necessária. A Columbia House já estava planejando expandir seu negócio postal para incluir, além de CDs e vídeos, DVDs. Com o acervo da Warner – 6.500 títulos de filmes próprios e 2.500 da MGM, anteriores a 1986 – mais o da Columbia TriStar, quase tão formidável quanto o da primeira, a Sony certamente teria a base necessária para fazer do lançamento do DVD um sucesso.

Morita precisava ainda chegar a um acordo com a Toshiba – outra gigante japonesa de equipamentos eletrônicos que era então parceira estratégica e dona de parte da Warner Bros. – quanto a um formato comum para o DVD. E também com a Philips, que havia muito tempo era parceira estratégica da Sony na produção de CD. Nesse ínterim, a Warner Bros. conseguira reunir os outros estúdios, com exceção da Fox, para definir "especificações de disco que atendessem a suas necessidades, na condição de principais produtores de filmes", segundo o então diretor de entretenimento doméstico da Warner Bros. "Não havia então requisitos – apenas uma 'lista de desejos' absolutamente legítimos." [43] Após algumas disputas, a Sony aceitou os padrões propostos. Quando finalmente se chegou a uma solução consensual, no fim da década de 1990, o DVD, respaldado pela conjugação de recursos da Warner Bros. e da Sony, logo se estabeleceu nos mercados mundiais.

Morita, que faleceu em 1999, raramente punha os pés em Hollywood. Ao contrário de Ross e Wasserman, ele quase não tinha contato com estrelas, diretores e produtores e não conhecia muitos dos filmes hollywoodianos. Como Disney, ele considerava estranho o culto às celebridades. No entanto, ao desenvolver a plataforma digital para o DVD, a televisão digital e os *games*, contribuiu para ditar os rumos da nova Hollywood.

Como todo príncipe, Morita organizou bem a sua sucessão, a começar por Norio Ohga, o extraordinário polímata que ele aliciara da música clássica. Quando Ohga se afastou, em 1995, para retomar sua carreira como regente sinfônico, Nobuyuki Idei, que se destacara na direção da divisão de vídeos domésticos, assumiu seu lugar. Os dois homens deram continuidade à orientação de Morita de transformar a Sony – inicialmente uma fabricante convencional de equipamentos eletrônicos – na companhia que hoje fornece aos consumidores uma ampla variedade de entretenimento digitalizado. No relatório anual de 2000, Idei mencionou que, apesar do comprovado sucesso da companhia em adaptar invenções – como a televisão colorida, o CD, o gravador de vídeo, o tocador de áudio portátil, a camcorder e o videogame –, a Sony agora almeja "revolucionar-se". A meta é, segundo os líderes da empresa, embutir "nos produtos os nossos ativos intelectuais". Eles anseiam pelo momento em que as receitas da Sony venham principalmente não da fabricação de produtos, mas da exibição e reexibição das versões digitais do entretenimento cujos direitos a companhia detém. Transformação que combina muito bem com o espírito do próprio Morita.

RUPERT MURDOCH: O REVOLUCIONÁRIO (1931-   )

Keith Rupert Murdoch nasceu em Melbourne, Austrália, no auge da Grande Depressão, em 1931. Como Akio Morita, veio de uma família abastada e, também como ele, entrou para a indústria do cinema em idade já relativamente avançada. Sua primeira ambição foram os jornais.

O pai de Murdoch, Sir Keith, filho de um clérigo, formara uma cadeia de jornais, inaugurara a primeira emissora de rádio da Austrália e adquirira um vasto trecho de floresta na Tasmânia, antes de falecer em 1952, multimilionário. Nessa época, Rupert estava cursando seu último ano no Worcester College, em Oxford.

Com a morte de Sir Keith,[44] a maior parte do patrimônio da família ficou com a esposa. A herança de Rupert Murdoch limitou-se a um pequeno jornal australiano, o *Adelaide News*. Murdoch não precisou de nada mais, além de uma dose extraordinária de autoconfiança, para constituir a News Corporation. Até então, os jornais australianos não passavam de negócios restritos sustentados pelos anunciantes locais, mas ao criar, em 1964, o primeiro jornal nacional da Austrália, *The Australian*, Murdoch rompeu com esse padrão. Além disso, ele começou a comprar outros jornais, emissoras de televisão e – o mais lucrativo de todos os seus negócios – os direitos de agenciamento na Austrália de vários programas de televisão americanos. A falta de capital imediato não foi impedimento para o seu insaciável apetite de expansão; ele não hesitou em hipotecar os jornais e as emissoras de tevê que já possuía para comprar outros. Tampouco vacilou diante da oposição dos proprietários já estabelecidos – ele apreciava o desafio de enfrentar os opositores e vencê-los. Como escreveu William Shawcross ao descrever a vida de Murdoch de uma perspectiva mais recente: "Sua vida foi[45] uma arremetida incessante ao mundo. Uma batalha após outra. Mais jornais, mais televisão, mais poder".

No final da década de 1960, Murdoch se tornara o mais poderoso homem de mídia da Austrália – e, então, a Austrália já não era o bastante. Em 1969, ele começou a expandir seus domínios para a Inglaterra comprando jornais ali. Primeiro foi o *News of the World*, um tablóide de linguagem grosseira e produção barata, com circulação aos domingos para 6 milhões de leitores; depois, *The Sun*, outro tablóide com circulação inferior a 1 milhão de exemplares. Em seguida, ele comprou dois jornais representativos do *establishment*: o *Sunday Times*, com circulação de 3 milhões de exemplares, e o diário *Times*, o mais antigo e respeitado jornal da comunidade britânica.

Embora essas *holdings* representassem enorme poder, Murdoch, como os demais senhores da imprensa britânica, ainda tinha de fazer concessões a dois sindicatos influentes, a National Graphical Association (NGA) e a Society of Graphical and Allied Trades (Sogat), que por mais de um século detinham um domínio absoluto, aparentemente inquebrantável, sobre a impressão e distribuição dos jornais. Eram eles, não os senhores da imprensa, que determinavam as categorias funcionais e as regras de contratação que estipulavam, em grande escala, quem fazia o quê nos jornais. Se um senhor da imprensa, por mais poder que tivesse, tentasse se opor aos ditames dessas duas associações, não conseguiria imprimir seus jornais ou – caso pudesse imprimi-los em outro lugar – não conseguiria distribuí-los.

Em meados da década de 1980, Murdoch decidiu fazer o que nenhum outro senhor da imprensa jamais ousara antes: romper com os dois sindicatos. Isso exigiria dissimulação, trapaça, nova tecnologia e incrível coragem.

A dissimulação era necessária para impedir que os sindicatos se inteirassem de seu plano de transferir seus quatro jornais para o distrito de Wapping, na zona portuária de Londres. Se eles descobrissem, certamente fechariam todos os jornais, liquidando suas fontes de receita antes que ele pudesse engendrar uma saída alternativa. O prejuízo poderia levar seu império à bancarrota. A trapaça era necessária para enganar os sindicatos quanto aos motivos que o levavam a construir uma nova instalação em Wapping. Seu estratagema foi dizer que pretendia publicar um novo jornal, chamado *London Post*. Na verdade, o *London Post* nunca chegou a ser publicado. Assim como o Primeiro Exército de Patton, que nunca existiu, no plano dos Aliados para ocultar das tropas do Eixo as operações do Dia D, durante a II Guerra Mundial, o *London Post* era um engodo.

Murdoch precisava de tecnologia nova para substituir o árduo trabalho de composição em metal quente dos linotipos de Mergenthaler – ou, no caso das manchetes, de compor os tipos manualmente –, processo que requeria mais de dois mil membros da NGA. Para isso, ele contratou a Kodak, nos Estados Unidos, para desenvolver secretamente um avançado sistema de impressão computadorizado chamado Atex, por meio do qual os jornalistas podiam, diretamente de seus consoles, fazer o trabalho dos linotipistas sindicalizados. Além disso, ele comprou na Austrália uma frota de 800 caminhões de entrega e mandou treinar secretamente dois mil motoristas para distribuir seus jornais por todo o Reino Unido.

Finalmente, para levar a cabo seu audacioso plano, ele precisava ter nervos de aço, além de quilômetros de arame farpado e centenas de guardas armados para impedir que os sindicatos atacassem a oficina em Wapping quando ela entrasse em operação. Se eles atravessassem seu perímetro, ele corria o risco de não conseguir executar seu plano.

Em 24 de janeiro de 1986, sem nenhum aviso prévio, os quatro jornais de Murdoch foram transferidos, na calada da noite, da histórica Rua Fleet – que por mais de um século fora o centro dos jornais londrinos – para Wapping. Os sindicatos, sem saber ainda que Murdoch tinha tecnologia para publicar todos os jornais sem seus linotipistas e entregadores, convocaram uma greve. Por constituir uma violação contratual, a greve deu a Murdoch o direito de demitir todos os funcionários sindicalizados sem nenhuma indenização.

Em um mês, Murdoch derrotara os sindicatos. Com isso, ele revolucionou a imprensa britânica – sem falar na política nacional. Conseqüentemente, e não por acaso, o valor de seus quatro jornais mais que triplicou.

O homem que certa vez dissera que sua vida consistia "numa série de sucessivas batalhas" [46] estava pronto agora para lançar-se à sua próxima ofensiva – dessa vez em escala global.

Murdoch já havia comprado várias publicações americanas – tantas, na verdade, que em 1977 a *Time* o retratou na capa[47] de uma edição com os pés apoiados nas torres do World Trade Center, feito um King Kong, sob o título "Magnata australiano da imprensa aterroriza Gotham". Nessa época, ele era dono do *San Antonio Express News*, do *New York Post*, do *National Star*, da revista *New York* e do *The Village Voice*. Na década de 1980, Murdoch comprou o *TV Guide*, além de editoras de livros nos dois lados do Atlântico – a Harper & Row, em Nova York, e a Collins, em Londres –, que se fundiram numa só empresa, a HarperCollins. Mas esses investimentos na indústria editorial, por mais substanciais que fossem, eram para ele apenas um meio de reunir as credenciais, a influência política e os recursos financeiros necessários para alcançar um objetivo global ainda maior: construir um império de entretenimento doméstico que literalmente abarcasse o mundo. Como na operação em Wapping, ele dependeria de uma nova tecnologia que lhe permitisse esquivar-se das instituições estabelecidas e até mesmo das restrições dos governos locais. Seus meios de distribuição não se limitariam aos confins do planeta – seriam implantados no espaço cósmico.

Murdoch tinha em vista o Cinturão Clarke, assim chamado em homenagem ao escritor de ficção científica Arthur C. Clarke, que previra que, nesse cinturão, localizado a aproximadamente 36 mil quilômetros acima da Terra, os satélites artificiais poderiam girar em torno do planeta numa órbita geossincrônica que lhes permitiria permanecer estáveis sobre qualquer cidade ou região escolhida. Nessa órbita, poderiam funcionar como uma rede de plataformas de transmissão.

Ao contrário dos sistemas a cabo, os satélites não podiam ser usados para comunicações bidirecionais como a televisão interativa, que cativara a imaginação de Steve Ross. Mas Murdoch não se deixou perturbar por isso. Ele acreditava firmemente nas comunicações unidirecionais: aquelas cujo conteúdo estava totalmente sob o controle e a responsabilidade do dono do meio de comunicação. Ele assumia esse controle quando publicava seus jornais e, mais tarde, apoiaria na internet o sistema chamado *push technology* (tecnologia de empurrar), por meio do qual o conteúdo, em vez de ser solicitado, era "empurrado" aos computadores selecionados. Os satélites, em todo caso, tinham uma vantagem preponderante, no entender de Murdoch: ao contrário do cabo, que era basicamente local, eles tinham alcance realmente global. Não só cobriam cada mercado importante do mundo como a órbita do planeta, no Cinturão Clarke, não estava sujeita às restrições impostas pelas leis nacionais. Num único salto tecnológico, Murdoch poderia transmitir programação para o mundo todo sem a necessidade de recorrer a emissoras de televisão e licenças.

Para alcançar esse objetivo audacioso, em 1983 ele adquiriu participação majoritária na Sky Television, companhia britânica que, por meio da Agência Espacial Européia, já tinha acesso a um satélite no Cinturão Clarke. Com ele, Murdoch iniciou suas transmissões para a Europa. Ao contrário das redes convencionais, que permitiam a recepção gratuita dos programas (e cobravam dos anunciantes o acesso ao público), na Sky Television os telespectadores tinham de pagar para receber os serviços.

Murdoch percebeu que, sem consumidores dispostos a pagar pela transmissão, todo o conceito da transmissão extraterrestre cairia por terra. Assim, ele reuniu um grupo de pesquisadores cuja missão era encontrar um meio de persuadir as pessoas a pagarem para receber a programação, artigo que elas estavam acostumadas a obter gratuitamente. A resposta que Murdoch buscava estava nos filmes. Ele decidiu então que precisava comprar um estúdio de Hollywood. Tal qual Morita, Murdoch pensava no estúdio não como um fim em si mesmo, mas como um meio conveniente para alcançar seu propósito.

Mais tarde, naquele mesmo ano, Murdoch tentou comprar a Warner Bros., mas encontrou em Steve Ross um rival à altura. Ross bloqueou sua tentativa manejando, por meio de um arranjo complicado, para que a Warner comprasse as emissoras de televisão que pertenciam à Chris-Craft Corporation. Como Murdoch ainda não era um cidadão americano, não estava autorizado a ter emissoras de tevê nos Estados Unidos. Impedido pela trapaça de Ross, ele voltou sua atenção para a Twentieth Century-Fox.

O estúdio da Fox atravessava momentos difíceis. Com a dissolução do sistema de estúdio, a Twentieth Century-Fox vendera boa parte de suas propriedades às incorporadoras que criaram a Century City e investira em novas tecnologias de projeção, como o CinemaScope, na tentativa de atrair audiência para seus filmes épicos, como *Cleópatra*. Apesar de três décadas de esforço heróico, o estúdio estava agora incapaz de competir com o entretenimento doméstico e havia se colocado à venda.

Em 1981, Marvin Davis, bilionário do setor de perfuração de gás e petróleo, e Marc Rich, negociante de petróleo extremamente bem-sucedido, juntaram forças para comprar a Fox por 703 milhões de dólares. Em seguida, contrataram Barry Diller, então diretor da Paramount, para dirigi-la. Logo após, no entanto, Rich se tornou alvo de uma investigação federal sobre suas atividades comerciais com o Irã e fugiu do país.

A partida repentina de Rich abriu para Murdoch a oportunidade que ele estava esperando. Primeiro, em 1985, ele adquiriu as ações de Rich, e, dois anos depois, comprou a parte de Davis, por um preço acima do valor. Como único dono da Fox, Murdoch tinha agora uma fonte confiável de filmes.

Em seguida, ele comprou a holding Metromedia por cerca de 2 milhões de dólares. A Metromedia possuía um grupo formado por dez emissoras de televisão em Nova York, Los Angeles e outros mercados grandes. Para fugir da proibição que impedia os estrangeiros de possuírem emissoras de tevê norte-americanas, Murdoch abriu mão da cidadania australiana e se tornou norte-americano. Além disso, adquiriu uma residência à altura de um *mogul* do entretenimento: a mansão de Jules Stein, fundador da MCA, em Beverly Hills.

Murdoch, então, dedicou-se a criar uma estrutura maior para as emissoras que acabara de comprar. Sete das dez estações que ele possuía, embora estivessem localizadas em alguns dos maiores mercados, não tinham rede de afiliadas e não podiam atingir esses mercados porque outras emissoras que operavam neles tinham afiliações de longa data com a CBS, a NBC e a ABC. Como essas três eram as únicas redes nacionais, as emissoras não afiliadas de Murdoch eram pontos-de-venda menos atraente para os anunciantes nacionais e, portanto, menos lucrativas.

Murdoch resolveu o problema – como fizera ao romper com os sindicatos britânicos e ao transferir a transmissão para o Cinturão Clarke – contornando a ordem estabelecida. Criou uma quarta rede, chamada Fox Television Network, que se tornou a primeira rede de televisão nova desde que a CBS, a NBC e a ABC haviam sido criadas, na década de 1930.

Murdoch entendia que uma rede necessitava apenas de programação e penetração nos mercados mais importantes. Com o estúdio da Fox, ele poderia criar a programação necessária, e, com as emissoras da Metromedia, ele tinha pontos-de-venda em sete dos maiores mercados, atingindo 22% dos lares americanos. A essas emissoras ele acrescentaria outras, como afiliadas ou como aquisições diretas. Não era preciso fazer nenhum grande investimento de capital, já que a programação da Fox podia ser enviada por satélites e linhas arrendadas. Sua rede transmitiria algumas horas a menos por semana que a ABC, a CBS e a NBC, mas teria alcance nacional e poderia atrair anunciantes de todo o país.

Por meio de uma série de outras aquisições, Murdoch acrescentou à Fox quatro redes a cabo – a Fox Children's Network, a Fox Sports Network, a Fox Family Network e a Fox News Network. Enquanto isso, continuava a globalizar seu sistema de tevê paga por satélite. Na Ásia, ele comprou a Star Television, cujos satélites alcançavam a China, o Japão, a Austrália e a Índia. Na América Latina, formou parcerias para fornecer serviços de satélite que cobriam a maioria das principais cidades da região. Criou também alianças estratégicas com canais a cabo de televisão paga na Itália, Alemanha, Espanha e Estados Unidos.

Essa expansão mundial tinha seus riscos. Para fazer essas aquisições ousadas, Murdoch comprometera seriamente os recursos financeiros da News Corporation. Mesmo o aumento do fluxo de caixa gerado por seus quatro jornais automatizados em Wapping não era suficiente para pagar o enorme custo de pôr em funcionamento os satélites globais. Em dezembro de 1990, a News Corporation tinha acumulado a inquietante dívida de 7,6 bilhões de dólares, a maior parte dela em empréstimos bancários de curto prazo, que precisavam ser renovados – ou renegociados – mês a mês, com empréstimos adicionais (e juros acumulados) para saldar a dívida na data do vencimento. Essa dívida enorme se encontrava parcelada entre mais de uma centena de bancos diferentes ao redor do mundo. No dia 6 de dezembro, durante uma reunião com um banco de Zurique, Murdoch ficou sabendo que outro banco em Pittsburgh se recusara a passar sua parte da dívida para frente e estava exigindo a restituição do saldo devedor. Ele sabia que, se liquidasse a dívida em um banco, vários outros poderiam se sentir estimulados a fazer a mesma exigência. Se o pânico se instalasse,[48] era quase certo que sua companhia iria à falência, obrigando-o a encerrar o império que levara 25 anos para construir.

Murdoch, que sempre se orgulhara de controlar o seu destino, teve então de colocar seu futuro nas mãos de um consórcio de bancos liderado pelo Citibank. Mas ele tinha um trunfo. Os bancos não tinham como liquidar seu império. Para ter valor, muitos de seus ativos – como o complexo mosaico de componentes dos sistemas satelitais, a rede Fox, o *TV Guide* e o estúdio da Fox – dependiam do êxito do sistema de distribuição global de entretenimento e notícias que ele estava montando. Se os bancos se apropriassem deles, teriam provavelmente grandes transtornos, pois seriam forçados a vendê-los, em partes, a interessados que careciam da totalidade da sua visão. Embora isso lhe servisse de algum consolo, ele também precisava de um plano B. Em 20 de dezembro de 1990, Murdoch embarcou no seu Gulfstream particular em Aspen, onde um de seus principais executivos acabara de sofrer um grave acidente de esqui, rumo a Cuixmala, no México, para a propriedade do financista Sir James Goldsmith.[49] Ali, ele explicou detalhadamente a Goldsmith sua situação crítica, na tentativa de levantar um financiamento temporário para fazer frente ao eventual fracasso do consórcio Citibank. Apesar de sua admiração por Murdoch, Goldsmith não estava em condições de ajudá-lo.

Por fim, o Citibank conseguiu contratar o refinanciamento, e Murdoch, tendo escapado da falência, decidiu incorporar a Sky Television, sua empresa de satélite, a sua única rival de verdade, a britânica BSB. Murdoch se referiu a isso como uma decisão "oportunista",[50] por meio da qual ele eliminava a concorrência na Grã-Bretanha.

Em 2003, Murdoch finalmente obteve o controle da peça que faltava ao seu projeto extraterreste: a Hughes Electronic Company, cujos satélites da unidade DirecTV transmitiam programas de televisão para os consumidores americanos. Fundada em 1932 pelo industrial (e magnata do cinema) Howard Hughes para produzir aviões, bombas e eletrônicos, a companhia fora adquirida em 1985 pela General Motors e se transformara numa empresa de ponta, a pioneira na televisão por satélite nos Estados Unidos, reunindo mais da metade dos espectadores que haviam adquirido receptores de satélite por assinatura. Quando a General Motors colocou-a à venda, em 2001, a EchoStar, que era a única outra emissora por satélite dos Estados Unidos, ofereceu por ela 27 bilhões de dólares, superando a oferta de Murdoch. Mas, trabalhando nos bastidores de Washington, o lobista de Murdoch defendeu, com sucesso, a tese de que uma fusão da DirecTV com a EchoStar criaria um monopólio e restringiria o comércio. Rejeitada a oferta da EchoStar, Murdoch comprou o controle da companhia, num acordo complexo, por apenas 6,6 bilhões de dólares – um tributo à sua sagacidade política ou, talvez, a suas conexões.

Com a aquisição da DirecTV, Rupert Murdoch estava agora muito perto de concretizar uma visão que, uma década antes, parecera quixotesca, ou algo só imaginado em livros de ficção científica: satélites orbitando no Cinturão Clarke e transmitindo diretamente filmes, programas de tevê e competições esportivas a um público global pagante. É certo que foram necessárias dezenas de bilhões de dólares em empréstimos arriscados para lançar esses satélites no espaço, construir estações terrestres, fornecer antenas aos consumidores e despistar os concorrentes – e, por causa das enormes dívidas contraídas ao longo do caminho, a companhia ainda estava perdendo dinheiro. Mas Murdoch agora tinha acesso direto e desimpedido a públicos de todos os lugares. Aos analistas financeiros[51] reunidos em 2003 na conferência anual sobre mídia e telecomunicações patrocinada pelo banco de investimento Morgan Stanley, Murdoch declarou que se o "conteúdo é o rei", como gostava de afirmar Sumner Redstone, o *mogul* do entretenimento, a distribuição, é a rainha. E seus meios de distribuição incluíam satélites girando em torno da Terra, redes de televisão terrestres e canais a cabo. Em 2003, suas empresas de satélite – agora conduzidas por seu filho James Murdoch, de 30 anos – dominavam a tevê paga na Grã-Bretanha, Austrália, Ásia e América Latina. Além disso, sua rede de transmissão, 23 emissoras de televisão e três redes a cabo nos Estados Unidos, franqueou-lhe acesso a todas as audiências do país. Quanto ao conteúdo, o estúdio da Fox garantia os produtos para essas redes. Se os esforços de Morita haviam dado forma digital ao entretenimento, a visão de Murdoch havia criado os meios de distribuí-lo aos consumidores em escala global.

SUMNER REDSTONE: O ADVOGADO (1923-)

Sumner M. Rothstein nasceu no seio de uma família de baixa renda no extremo oeste de Boston, em 1923. Como Ross, cresceu à sombra da Depressão. "Não tínhamos banheiro no apartamento em que morávamos, mas nunca me senti um desvalido",[52] recordou-se anos mais tarde. Apesar de sua família ser muito pobre, ele ia ao cinema todo sábado para assistir à matinê e sonhava um dia ser dono de um estúdio. Seu pai, Mickey Rothstein, fazia o que fosse necessário para sustentar a família naqueles anos de escassez – vendia piso de linóleo, dirigia caminhão, transportava lixo e comandava restaurantes. Quando Sumner ainda estava na escola, seu pai mudou o nome da família para Redstone, a fim de evitar qualquer confusão acidental com o gângster Arnold Rothstein.

Redstone freqüentou a Boston Latin, uma das melhores escolas públicas dos Estados Unidos. Aluno excepcional, foi aceito em Harvard aos 16 anos de idade. Obtendo créditos por seu trabalho, durante a guerra, com o grupo de elite que quebrou os códigos japoneses, ele se formou em dois anos e meio, um tempo quase recorde. Nessa época, seu pai entrara para o negócio de cinemas, comprando salas e abrindo um dos primeiros drive-ins do país, em Valley Stream, Nova York.

Nesse ínterim, Sumner cursava Direito em Harvard. Após se formar, em 1947, ele se mudou para a capital, Washington. Ali, trabalhou como[53] assistente especial no Departamento de Justiça, que então pressionava a Paramount com a ação antitruste que poria fim ao sistema de estúdio. Embora Redstone não trabalhasse no caso, ele tinha interesse no resultado – não só porque a cadeia de cinemas da família havia crescido, mas também porque ele ainda nutria o sonho de um dia ter um estúdio em Hollywood.

Quando retornou a Boston, em 1954, Redstone assumiu o comando da empresa familiar, a Northeast Theater Corporation. Ele estava determinado a expandir a holding da família, que rebatizou com o nome de National Amusements Corporation, e começou a percorrer o país em busca de possíveis locais. Segundo contou mais tarde, ele levava consigo pilhas de "contratos em branco", para que pudesse comprar imediatamente qualquer propriedade que valesse a pena. "Todo dinheiro disponível que tivéssemos na National Amusements era usado para a expansão",[54] conta ele em sua autobiografia.

Mesmo reunindo cerca de cinqüenta drive-ins em 1958, a National Amusements não se comparava em tamanho às maiores cadeias de cinemas fechados, como a Loews, que tinha centenas de salas de cinema. Como os estúdios preferiam as cadeias maiores, dando-lhes os filmes de estréia, os drive-ins da National Amusements muitas vezes não conseguiam os lançamentos de que precisavam para atrair o grande público. Assim, Redstone, cuja passagem pelo Departamento de Justiça o ensinara a acenar a bandeira antitruste, decidiu exigir que os estúdios entregassem os filmes aos drive-ins ao mesmo tempo em que eram distribuídos a outros lugares. Quando se recusaram a atender a seu pedido, ele entrou com uma ação contra todos os estúdios – Paramount, Warner Bros., Columbia Pictures, Twentieth Century-Fox e Universal. Redstone sabia que corria um grande risco, pois esses estúdios eram seus principais fornecedores, mas estava confiante de que a lei ficaria do seu lado.

Afinal, no acordo de consenso que haviam assinado no fim da década de 1940, os estúdios concordaram em não discriminar os cinemas. O problema era que uma parte privada não podia recorrer ao tribunal para fazer vigorar um acordo de consenso; somente o governo poderia impô-lo. Redstone, porém, encontrou um meio de contornar essa limitação: a lei da conspiração. Alegou que os estúdios estavam engajados numa ampla conspiração para se furtar ao decreto. Ele levou sua causa ao tribunal da Virgínia, onde um filme de estréia fora negado a um de seus drive-ins. Redstone se via como um Davi lutando contra Golias,[55] o que se repetiria em embates posteriores. Mas ele tinha, como mais tarde descreveria em sua autobiografia, "a paixão de vencer", e foi assim que acabou prevalecendo. Sua firmeza de caráter causou tamanha impressão[56] nos donos de cinemas independentes que eles o elegeram presidente da National Association of Theater Owners.

O fato de ter acusado os estúdios de Hollywood de conspiradores não impediu que Redstone tentasse mais tarde comprar um deles. Chegando à conclusão, no final da década de 1970, de que havia pouco futuro no negócio de cinemas, ele investiu em dois estúdios: a Twentieth Century-Fox (da qual comprou cerca de 5% das ações) e a Columbia Pictures (adquirindo uma participação de 10%). Sua idéia era fazer, no futuro, uma oferta para obter a participação majoritária em um dos dois estúdios quando tivesse capital para isso, mas, nesse meio-tempo, a Fox passou a ser comandada por Marvin Davis, um executivo do petróleo, e a Columbia pela Coca-Cola. Embora isso tenha retardado seu sonho de possuir um estúdio, ele lucrou mais de 26 milhões de dólares com as duas vendas.

Enquanto esperava pelo momento propício, Redstone continuou a comprar salas de cinema, até que, em 1978, teve uma experiência que mudou sua vida para sempre. Hospedado no hotel Copley Plaza[57] em Boston, ele de repente viu seu quarto ser tragado em chamas. O hotel inteiro foi tomado pelo incêndio. Redstone sofreu queimaduras em mais da metade do corpo, e os médicos acharam que ele não resistiria.

Mas ele sobreviveu e, ao se recobrar, percebeu, como mais tarde diria numa entrevista, que "o sucesso não se constrói sobre o sucesso; ele se ergue do fracasso, da frustração e, às vezes, da tragédia".[58] Sobreviver quando já não havia esperanças de que isso fosse possível serviu para fortalecer ainda mais sua determinação de realizar seu sonho.

Em 1987, aos 63 anos, Redstone finalmente descobriu o caminho para Hollywood por meio da Viacom International, companhia criada pela CBS como estrutura corporativa para seu acervo de programas e seus sistemas a cabo. Em 1970, numa manobra engendrada por Lew Wasserman e outros donos de estúdio, a Federal Communications Commission (FCC) aprovou a Financial Interest and Syndication Rule, conhecida como fin-syn,* que efetivamente tirou as redes de televisão do negócio de produzir as próprias séries. Assim, em 1973, a CBS transferiu o capital da Viacom para seus acionistas, cortando os laços com a empresa agora independente.

A Viacom teve então uma tremenda boa sorte. Na Warner Communications, Steve Ross, que estava comprando sistemas a cabo, decidiu comprar a empresa de

---

* Conjunto de regras impostas pela Federal Communications Commission (Comissão Federal de Comunicações) – agência do governo americano encarregada de regulamentar as comunicações interestaduais e internacionais, por fio, cabo, rádio, TV e satélite – para coibir a integração vertical no cenário da radiodifusão impedindo que as três maiores redes de televisão controlassem a programação que ia ao ar no horário nobre. (N. da T.)

O GRANDE FILME

tevê a cabo da American Express, mas, como sua companhia já estava afundada em dívidas, ele precisou vender parte de seus ativos para levantar o capital necessário para a transação. Assim, Ross resolveu vender três de suas redes a cabo recém-formadas – a MTV, a Nickelodeon e a Showtime –, já que o despojamento evitaria os problemas legais que poderiam advir do fato de a companhia possuir tanto sistemas como redes a cabo. Como Ross não queria vender essas redes a um estúdio concorrente, ele as ofereceu à Viacom, uma empresa ainda pequena, por 510 milhões de dólares.

Para levantar o dinheiro para a aquisição, a Viacom emitiu títulos, o que fez o preço de suas ações despencar, uma vez que os ativos de cabo que ela comprava não eram ainda lucrativos. Vendo o seu preço de mercado cair bem abaixo do valor de seus ativos, a administração da Viacom propôs tornar a companhia "privada", comprando-a dos acionistas por 1,8 bilhões de dólares.

Avaliando que a oferta da administração da Viacom era muito baixa, Redstone viu aí a sua oportunidade. Depois de comprar 20% das ações, ele ofereceu 2,1 bilhões de dólares pelos 80% restantes. A guerra de lances entre ele e a administração da companhia prosseguiu por mais um tempo, até que Redstone finalmente venceu a disputa, a um custo de 3,4 bilhões. Tomando emprestados os ativos da National Amusements, da qual ele agora possuía dois terços, e os ativos que ele obteria da Viacom, Redstone financiou o negócio.

Em 3 de junho de 1987, Redstone assumiu o controle da Viacom e prontamente vendeu seus sistemas a cabo locais e alguns outros ativos para saldar a dívida. Restaram então a MTV, a Nickelodeon, a Showtime e a Movie Channel, além do acervo de programas de televisão. A MTV e a Nickelodeon não só cobravam taxas dos anunciantes e dos sistemas a cabo de todo o país como eram marcas que, na tradição fundada por Walt Disney, podiam ser exploradas para vender produtos para o mundo todo. O acervo continha milhares de séries televisivas que podiam ser licenciadas em agenciamento, algumas delas ao preço de 4 milhões de dólares por episódio.

A Showtime e a The Movie Channel (TMC), no entanto, eram outra questão. Ambas eram canais de tevê paga que não haviam conquistado número suficiente de assinantes para cobrir seus custos de operação. Redstone logo descobriu que não se tratava de um problema de gestão, mas da estratégia comercial de sua rival, a Time Inc.

A Time, que estava então em vias de se incorporar à Warner Communications, era dona da HBO, que tinha dois terços dos assinantes de tevê paga dos Estados Unidos, e de muitos sistemas de cabo nas principais cidades, incluindo a

Manhattan Cable, em Nova York, por meio da qual os assinantes recebiam os canais pagos. Cada um dos sistemas a cabo da Time constituía um monopólio natural em sua região, o que lhe permitia excluir os canais de tevê paga que, do contrário, concorreriam com a HBO. Não era de surpreender que a Showtime e a TMC estivessem fora das regiões guardadas pela Time. "Estávamos competindo com a HBO pelos filmes e tínhamos de pagar aos estúdios a mesma quantia pelas licenças",[59] escreve Redstone, "mas a recusa da Time em nos dar acesso a seus sistemas a cabo roubava-nos milhões de telespectadores potenciais". A Time já era a segunda maior proprietária de sistemas a cabo, e sua iminente fusão com a Warner Communications significaria que a empresa resultante, a Time Warner, colocaria sob seu monopólio um número ainda maior de sistemas a cabo.

Como fizera antes em sua briga de Davi contra Golias ao levar os estúdios aos tribunais, Redstone buscou remediação na justiça. "Ele era um litigante nato e examinava cada questão de alto a baixo",[60] recorda um executivo da Viacom. Com base na Lei Sherman Antitruste, Redstone processou a Time em 2,4 bilhões de dólares, acusando-a de conspirar para monopolizar o negócio da televisão paga nos Estados Unidos. Seu senso de oportunidade revelou-se brilhante. Preocupada com que os documentos que tivesse de apresentar na fase de instrução do processo impedisse sua fusão com a Warner Communications, a Time fez um acordo com Redstone fora dos tribunais. O acordo[61] deu à Viacom, além de um significativo pagamento em dinheiro, acesso à Showtime e à TMC aos espectadores atendidos pelos sistemas a cabo da Time Warner. Nesse transcorrer, além de converter a tevê paga num empreendimento lucrativo para a Viacom, o próprio Redstone aprendeu uma lição valiosa sobre os meios tácitos usados pelos conglomerados gigantes para exercer seu poder e sufocar a concorrência. "Aprendi que o tamanho conta",[62] refletiu ele.

Com o dinheiro do acordo em mãos, Redstone pôde então partir para a aquisição com a qual tanto sonhara desde menino. Desde que assumira o controle da Viacom, ele assinala em sua autobiografia, "meu interesse se voltara para a Paramount Pictures".[63]

Como os outros primeiros estúdios, a Paramount havia perdido sua independência. A Gulf + Western Industries, um conglomerado internacional dirigido por Charles Bluhdorn, a comprara em 1996 para compensar seus prejuízos fiscais na indústria do cinema. Após a morte de Bluhdorn, seu conglomerado entrou em apuros financeiros, e, em 1993, a Paramount, além de outros ativos da companhia, foi colocada à venda.

Redstone ofereceu, de início, 8,2 bilhões de dólares pela Paramount, 10% em dinheiro e o saldo em ações da Viacom, sem direito a voto. (Como Redstone teria dois terços das ações votantes na Viacom, ele manteria ainda o controle incontestável da companhia.) Mas antes que Redstone conseguisse fechar o negócio, Barry Diller, ex-executivo da Paramount e da Fox que agora liderava a QVC Home Shopping Network, fez uma oferta superior, de 9,9 bilhões de dólares. Para assegurar o negócio, Redstone percebeu que teria de fazer uma oferta em dinheiro que Diller não pudesse cobrir. Ele sabia dos riscos envolvidos, mas como lhe ensinara o incêndio em Boston, "para ter sucesso, é preciso viver perigosamente".[64] Ele ofereceu então 10 bilhões de dólares em dinheiro.

Como a Viacom não dispunha dessa soma, seria necessário pedir emprestado, e, apesar de apresentar um balancete melhor, a companhia não tinha receita suficiente para um empréstimo de 10 bilhões. Assim, Redstone precisava de um parceiro com fluxo de caixa suficiente para persuadir os bancos a conceder tamanho empréstimo. Esse parceiro ele encontrou na Blockbuster Entertainment. A Blockbuster, outrora um grupo de locadoras de vídeo com parcos recursos, fora comprada por H. Wayne Huizenga, que fizera fortuna com o negócio de coleta de lixo, e, sob seu comando, a companhia crescera para se tornar uma cadeia nacional de videolocadoras líder no setor. Preocupado com a concorrência dos sistemas de distribuição de vídeos, como o pay-per-view, Huizenga tinha adquirido também a Spelling Entertainment, com seu imenso acervo de programas de televisão, e o acervo da Republic Pictures, que era dona dos programas da NBC anteriores a 1972.

Comprando a Blockbuster com ações da Viacom, Redstone tinha agora receita suficiente para garantir os empréstimos de que ele precisava para adquirir a Paramount, mas a um custo que diluía significativamente seu controle sobre a Viacom. Sua holding, a National Amusements, que antes possuía 80% das ações da Viacom, ficava agora com apenas 20% (embora ainda controlasse a companhia por meio de uma categoria distinta de ações votantes). Isso representou uma queda considerável no valor do investimento feito por Redstone. Antes da fusão, em julho de 1993, as ações da Viacom (incluindo as preferenciais) estavam avaliadas em 5,99 bilhões de dólares na Bolsa de Nova York, e a participação de Redstone nesse montante valia 4,8 bilhões. Após a fusão, em março de 1994, as ações da Viacom passaram a valer apenas 6,2 bilhões, com a participação de Redstone caindo para 1,8 bilhão de dólares. Redstone encarou a perda de 3 bilhões em títulos filosoficamente, como "o preço a pagar por um estúdio".[65] E explicou: "Nem tudo é uma questão de resultado financeiro". O estúdio da Paramount simbolizava um sonho que ele vinha perseguindo havia mais de meio século – um sonho de poder, status e de sensação de dever cumprido.

Com a fusão em andamento, o problema mais imediato de Redstone era a frágil situação financeira da Blockbuster. Ele descobriu que cada uma das 10 mil lojas da rede pagava aos estúdios 65 dólares por uma cópia dos vídeos e, a esse preço, não era possível comprar mais de vinte cópias mesmo dos títulos mais populares. Vinte cópias de um único título por loja custava 13 milhões de dólares para a rede e ainda estava longe de atender à demanda dos consumidores – Redstone calculava que cerca de 30% dos clientes potenciais da Blockbuster saíam das lojas de mãos vazias num fim de semana de lançamentos. E, pior, após a semana de lançamentos, a procura dessas cópias sofria uma redução drástica, e a Blockbuster não podia devolvê-las aos estúdios. Redstone se referia a esses resultados como "insatisfação gerenciada", no sentido de que o preço pago por não aumentar o pedido de cópias era o de ter um grande número de consumidores desapontados toda semana. "Que outro negócio trata os seus clientes dessa maneira?",[66] ele se perguntava.

Decidiu então usar o poder de seu conglomerado, agora maior, para promover uma mudança fundamental na relação dos estúdios com as videolocadoras. Em 1997, ele maquinou um esquema radical de "divisão de receita". O plano convocava os estúdios a efetivamente emprestar à Blockbuster uma centena ou mais de cópias dos novos lançamentos para cada loja. Essas chamadas "cópias licenciadas" atenderiam à demanda da estréia e permitiriam à Blockbuster garantir o estoque de títulos. Em vez de pagar 65 dólares pelas cópias, a Blockbuster adiantaria aos estúdios apenas 4 dólares, para cobrir os custos de fabricação do vídeo, e então pagaria 40% do dinheiro que ela arrecadasse dos clientes. Após o lançamento, as cópias não utilizadas para locação seriam devolvidas aos estúdios ou vendidas aos clientes como "já vistas" (o que cobriria o montante antecipado para os custos de fabricação). Redstone propôs ainda conectar os computadores de cada loja aos dos estúdios, ou a um sistema intermediário, para que estes pudessem monitorar todas as transações. Na prática, em vez de a Blockbuster ser cliente dos estúdios, ela se tornaria sua parceira.

Além de estender aos estúdios a cenoura de 40% de participação nas receitas de locação, Redstone brandiu-lhes também um bastão. Caso se recusassem a aderir a seu plano, a única alternativa, disse-lhes ele, seria retirar a Blockbuster do negócio. E, sem a Blockbuster, eles perderiam grande parcela do mercado de locação de vídeos. "Não vamos pagar [65 dólares por fita]",[67] ele advertiu a um executivo da Warner Bros. "Se continuarmos assim, vamos arruinar nosso negócio – e vocês cairão conosco. Os estúdios não podem viver sem o negócio da locação – nós somos o seu lucro –, e esse negócio está indo pelo ralo."

Cada estúdio tinha de ponderar a possibilidade de que, se rejeitasse o ultimato de Redstone, outros estúdios, incluindo a Paramount, poderiam terminar com centenas de cópias de seus filmes na Blockbuster, enquanto ele seria o único a ficar de fora. Todos os grandes estúdios acabaram concordando. E, em seguida, propuseram o plano de divisão de receita para outras redes de videolocadoras. A maioria dessas, porém, não dispunha de sistemas informatizados sofisticados ou não estava qualificada para esse tipo de arranjo, e, assim, perdeu muitos de seus clientes para a Blockbuster (que aumentou sua participação no mercado, passando de menos de 40% em 1997 para mais de 50% em 2002).

Com a divisão de receita, os estúdios, por sua vez, ganharam uma medida de controle muito maior sobre seus lançamentos em vídeo. Podiam agora escolher os títulos que considerassem mais lucrativos para venda e abarrotar as lojas com eles. Além disso, como compensação adicional por aceitarem a mudança, Redstone concordou em comprar imediatamente um número específico de títulos B não incluídos no plano de divisão de receita.

Redstone não apenas havia aumentado a lucratividade da Blockbuster com seu plano criativo, como convertera a videolocação num negócio voltado predominantemente para os novos lançamentos, em que cada loja expunha centenas de cópias de cada vídeo na semana de seus lançamentos em vídeo.

Com mais uma vitória acumulada, Redstone, outrora o Davi que agora se revelava um Golias capaz de impor condições aos estúdios, saiu em busca de novas conquistas. "O paradigma era a aquisição da ABC pela Disney",[68] explicou Redstone. Ela demonstrava que o governo permitiria a consolidação de um estúdio e uma rede. Redstone entendia que, como as várias divisões da Viacom – incluindo a Paramount, a MTV e a Spelling Entertainment – produziam 28 horas semanais de programação para a tevê, o que correspondia a aproximadamente dez vezes sua produção total de longas-metragens, a aquisição de uma rede proporcionaria, como ele mesmo disse, um "ajuste" muito lucrativo. Em 1998, ele encontrou a oportunidade de ouro: a gigante CBS, pela qual desembolsou 34 bilhões de dólares em ações da Viacom. A aquisição lhe rendeu duas redes separadas – a CBS e a United Paramount Network (UPN) –, uma dúzia de emissoras de tevê nos mercados mais importantes, o maior grupo de estações de rádio dos Estados Unidos, a maior empresa de outdoor do mundo e cinco redes a cabo.

Redstone calculava que, com a compra da CBS, a Viacom controlaria mais de um terço da audiência por meio da qual os anunciantes nacionais chegavam aos consumidores e faturaria mais de 10 bilhões por ano em publicidade. Para manter essa audiência, a Viacom precisava de um fluxo contínuo de novos filmes, programas de tevê e outros materiais. "Usamos nosso conteúdo para formar esse público",[69] esclareceu ele. Vender essa audiência para os anunciantes era agora, como ele próprio descreveu, "o negócio central" da Viacom.

Como Ross e Murdoch, Redstone era um criador de império, com um apetite ainda mais insaciável por grandes aquisições – Viacom, Paramount, Blockbuster e CBS, seguidas pela Nashville Network, a Country Music Network, a Black Entertainment Television e a Infinity Broadcasting. Com elas, ele montou um conglomerado do entretenimento que controlava muitas das principais rotas – incluindo rádio, tevê, cabo e outdoors – que interessavam aos anunciantes do país.

Para Redstone, os espectadores eram o meio, e os anunciantes, o fim. Os filmes, em vez de simplesmente atraírem o público passante para os cinemas, como haviam feito na era do sistema de estúdio, agora serviam para distribuir aos anunciantes as audiências domésticas. Assim, ele fez dos estúdios parte integrante do vasto complexo publicidade–entretenimento de que os fabricantes e comerciantes dependiam para vender seus produtos.

DAVID SARNOFF: O GAROTO DE ENTREGAS (1891-1971)

Ao fundar um estúdio de cinema e uma rede de televisão, David Sarnoff foi o primeiro a estabelecer o elo entre o cinema e o entretenimento doméstico, que se tornaria a espinha dorsal do novo sistema. Nascido no gueto judeu de Uzlian, na Rússia, em 1891, Sarnoff emigrou para os Estados Unidos com sua família em 1900. Seu primeiro trabalho foi como entregador de jornal. Enquanto apregoava jornais escritos em iídiche pelas ruas do Lower East Side de Nova York, ele aprendeu inglês e, com a ajuda de um telégrafo, a nova linguagem internacional do código Morse.

Fascinado pelas comunicações sem fio, tecnologia ainda anterior aos filmes, ele logo se tornou operador de telégrafo no escritório nova-iorquino da Marconi Wireless Telegraph Company. No fatídico dia 14 de abril de 1912, deparou com a oportunidade de usar a tecnologia de uma maneira que ninguém antes havia imaginado. Ele fora incumbido da tarefa de se sentar na vitrine da loja de departamentos Wanamaker, em Nova York, e demonstrar como funcionava o telégrafo para os transeuntes curiosos, quando interceptou a mensagem enviada por um navio no mar: "Titanic colidiu com iceberg, afundando rápido". Com grande presença de espírito, ele conseguiu telegrafar a um navio a vapor que, naquele momento, recolhia alguns dos sobreviventes do Titanic. Quando o navio respondeu, ele – e Marconi – tornaram-se a principal fonte de notícias sobre o desastre.

Em 1916, Sarnoff impressionou novamente seus superiores na Marconi com sua engenhosidade, ao descrever, num memorando, como os receptores de rádios pequenos, então considerados nada mais que uma novidade em "caixas de música", poderiam se tornar uma "utilidade doméstica". "A idéia é levar música para as casas por radiocomunicação", ele escreve. Depois da música, poderiam vir os noticiários e outros programas. Com esse memorando, ele lançava as bases conceituais para o que se tornaria, cinqüenta anos mais tarde, uma das maiores indústrias de consumo dos Estados Unidos: o entretenimento doméstico.

Reconhecendo o potencial da idéia de Sarnoff, Marconi o encarregou de desenvolver o projeto. Então, em 1919, em decorrência da Primeira Guerra Mundial e de outras pressões internacionais, a companhia vendeu seus ativos americanos para a General Electric Company, indústria gigante – inicialmente conhecida como Edison General Electric Company – que se originara das patentes de Thomas Edison. Com 28 anos apenas, Sarnoff foi encarregado pela General Electric de reorganizar os ativos da Marconi na Radio Corporation of America (RCA).

Na RCA, Sarnoff não perdeu tempo; logo se pôs a projetar o meio que ele idealizara de transmitir música pelo ar para os rádios domésticos. Com a aprovação da General Electric, negociou em segredo a compra da tecnologia de radiodifusão da AT&T, então um monopólio telefônico, e com ela criou a NBC, com duas redes de rádio, a Red e a Blue. A rede Red foi ao ar em novembro de 1926, com uma demonstração de quatro horas que incluiu apresentações da Orquestra Sinfônica de Nova York, da soprano Mary Garden, do comediante Will Rogers e de seis bandas dançantes.

Sabendo que levaria anos, se não décadas, para que a NBC começasse a dar lucro, Sarnoff se voltou então para uma tecnologia que podia ser explorada imediatamente e de maneira lucrativa: o filme falado. Em 1927, havia mais de 21 mil salas de cinema mudo nos Estados Unidos. Mas, como demonstrara *O cantor de jazz* (*The Jazz Singer*) aquele ano, o filme falado era o futuro do cinema, e Sarnoff antevia que, em breve, todas as salas de cinema mudo, assim como os estúdios de Hollywood, teriam de comprar novo equipamento de som.

Na esperança de que a RCA investisse na próxima tendência, ele obteve com a GE, empresa da mesma família que a RCA, a licença de um processo chamado Pallophotophone, que gravava sons em filmes.

Para garantir à sua companhia uma vantagem maior, ele criou também um novo estúdio de cinema – associando a divisão de equipamentos de filmagem da RCA com o Keith-Albee-Orpheum Circuit, então uma das maiores cadeias independentes de salas de cinema e espetáculos de variedades, e o Film Booking Office, estúdio e distribuidora independente do financista Joseph P. Kennedy. Essa fusão resultou na formação de outro grande estúdio, a Radio-Keith-Orpheum Pictures, ou RKO, em 1928. Sarnoff fez questão de que o logotipo do novo estúdio fosse uma torre de rádio emitindo sinais – um precursor da tecnologia de radiodifusão ainda por vir.

Com a RKO e seus cinemas abrindo o mercado, a RCA em poucos anos dominou a indústria de equipamentos de som. Nessa época, a General Electric, preocupada com que seu controle da RCA pudesse expô-la ao risco de uma ação antitruste, decidiu transferir seu crescente império de comunicações aos acionistas. Assim, em 1932, a RCA – que então incluía as duas redes de rádio NBC e participação majoritária no estúdio RKO – se tornou uma empresa independente.

Sarnoff, agora com o controle total da RCA, resolveu vender a participação da companhia na RKO. No que lhe dizia respeito, o estúdio sempre fora apenas um meio conveniente para o fim que ele tinha em vista: estabelecer a tecnologia de som da RCA. Como a conversão para o cinema falado já se completara, ele estava pronto para avançar rumo a outra tecnologia promissora: a televisão.

Enquanto Sarnoff estivera ocupado em organizar as redes de rádio da NBC, dois cientistas, J. L. Baird, na Inglaterra, e C. F. Jenkins, nos Estados Unidos, haviam comprovado, em meados da década de 1920, que ambos, imagem e som, podiam ser transmitidos de um ponto a outro por meio de sinais elétricos. Essa façanha chamara a atenção de Sarnoff para o potencial de um novo meio de comunicação de massa, incrivelmente poderoso, que operaria com a simplicidade do rádio e, ao mesmo tempo, proporcionaria imagens visuais e auditivas do mundo. No entanto, para que a televisão se tornasse uma realidade, era preciso antes desenvolver a tecnologia que permitiria aos transmissores enviar os sinais de modo contínuo para que o público os recebessem. No início da década de 1930, Sarnoff estava convencido de que sua companhia tinha os recursos para desenvolver essas tecnologias de maneira economicamente viável. A RCA projetaria e depois fabricaria os aparelhos; a NBC desenvolveria os meios de transmitir os programas.

Enquanto isso, debatia-se em Washington a questão política em torno da propriedade e do licenciamento das ondas de rádio pelas quais a televisão seria transmitida. Na Lei de Comunicações de 1934, o Congresso declarou que as ondas de rádio eram propriedade pública e, para regular o acesso a elas, instituiu a Federal Communications Commission (FCC), agência governamental cujos membros seriam nomeados pelo presidente, mas prestariam contas ao Congresso. Em meados da década de 1930, a FCC começou a conceder licenças de emissoras de televisão para entidades locais de todo o país por um período de seis anos, sob a condição de que as emissoras fossem de utilidade pública – o que embutia a exigência de que elas fornecessem gratuitamente aos telespectadores notícias e outros programas de interesse público.

Como as emissoras de tevê, ao contrário dos cinemas, não podiam cobrar diretamente do público os programas que ele via, tinham de encontrar outro meio de se sustentar. A solução foram os anunciantes: as emissoras cobrariam dos patrocinadores pelo acesso ao público.

Finalmente, a televisão se tornou realidade em 1939, na Feira Mundial de Nova York, quando Franklin Delano Roosevelt foi o primeiro presidente a aparecer em uma transmissão televisiva. Logo em seguida, Sarnoff fez o seu grande anúncio: a RCA estava lançando o primeiro televisor comercial, com tela de 12 polegadas e preço de 650 dólares (na época, cerca de metade do valor de um automóvel). Sarnoff então inaugurou, por meio da NBC, a primeira emissora de tevê da cidade de Nova York, a WNBT, e conseguiu que a General Electric e outros anunciantes patrocinassem seus programas. Apesar de seus planos meticulosos e previdentes, Sarnoff encontrou um obstáculo que ele não pôde controlar. Em 1941, antes que a televisão tivesse chance de se estabelecer, foi deflagrada a Segunda Guerra Mundial.

Embora estivesse com 50 anos de idade, Sarnoff se apresentou como voluntário em 1942, e o general Dwight D. Eisenhower, impressionado com seu domínio dos assuntos tecnológicos, promoveu-o ao posto de general-de-brigada, nomeando-o seu conselheiro de comunicações durante a guerra.

A despeito da contribuição patriótica do general Sarnoff ao esforço de guerra, a FCC permanecia inflexível na objeção a que sua empresa, a NBC, controlasse duas das três redes – a Red Network e a Blue Network – que vieram a se tornar a espinha dorsal da televisão depois da guerra. (A terceira rede, Columbia Broadcasting System [CBS], pertencia a William Paley.) Sarnoff apaziguou a FCC em 1943, ao vender a menor delas, a Blue Network, que se tornou a American Broadcasting Company (ABC).

Com o desenvolvimento da indústria da televisão no pós-guerra, a NBC, a CBS e a ABC chegaram a ter cinco emissoras cada uma – o máximo permitido pela FCC – nas principais cidades. Para alcançar o resto do país, cada rede fez acordos para que seus programas fossem transmitidos por emissoras que não lhes pertenciam, as chamadas "afiliadas", durante as quatro horas noturnas que ficaram conhecidas como "horário nobre". As emissoras afiliadas, por sua vez, adquiriam o direito de vender certa quantidade de anúncios locais em programas com patrocínio nacional. Quando, durante a década de 1950, as redes não conseguiram mais encontrar patrocinadores exclusivos para um dado programa – como a Philco para o The Philco *Television* Playhouse, a R. J. Reynolds Tobacco para o Camel *Caravan*, e a General Electric para o General *Electric* Theater –, começaram a produzir os próprios programas e vender o horário comercial em que eram exibidos para vários anunciantes.

O general Sarnoff continuou na presidência da RCA até 1970. Indagado certa vez sobre a função das redes transmissoras na criação das quais ele tivera papel preponderante, Sarnoff respondeu: "Somos simplesmente os garotos de entrega".[70] Apesar de sua modéstia, foi o sistema de entrega nacional inaugurado por Sarnoff com a transmissão televisiva que permitiu aos que o sucederam construir os enormes impérios do entretenimento existentes hoje.

Após sua morte, em 1971, os ativos da RCA não relacionados com a radiodifusão foram vendidos um a um, e, em 1985, depois que o Departamento de Justiça afrouxou suas normas antitruste, a General Electric comprou o último deles, a NBC – rede que, 53 anos antes, fora forçada a se desfazer de seus ativos. Embora a NBC tenha se mostrado uma aquisição lucrativa, a administração da General Electric estava cada vez mais convencida de que, com a fusão das outras redes aos estúdios de cinema na década de 1990, ela se veria em desvantagem competitiva na compra de filmes e outras programações. "Os números falavam por si",[71] explicou um executivo da NBC. O enorme aumento nas despesas das redes com filmes e programas durante aquela década é evidenciado na Tabela 2.

Incorporadas aos estúdios, as redes geralmente compravam uma significativa parcela – quando não, tudo – dos filmes, cartuns e programas de sua irmã corporativa. A ABC, por exemplo, adquiria mais de 70% de seus programas de suas unidades Disney. Embora esses negócios internos não se encaixassem talvez nas teorias da clássica economia de livre mercado, proporcionaram às associações estúdio–rede uma participação maior do que teriam, de outro modo, nos 5,07 bilhões de dólares de compras efetuadas pelas redes em 2003. Além disso, como as compras contratadas pelas redes estabeleciam séries para as vendas futuras, isso dava aos estúdios com redes uma vantagem no licenciamento de seus programas e nos mercados externos, o que representou mais 5,48 bilhões de dólares em 2003. A NBC, a única rede sem um estúdio "da casa" para lhe abastecer, decidiu corrigir essa disparidade comprando um estúdio de cinema. Naquele momento, a melhor aposta era a Universal, que atravessara uma difícil temporada de transtornos corporativos depois que Wasserman a vendera à Matsushita, em 1990.

Em 1995, com a economia japonesa mergulhada em profunda recessão, a Matsushita concluiu que não podia sustentar o fardo financeiro de um estúdio em Hollywood e, assim, vendeu a participação majoritária da Universal para a Seagram, empresa de bebidas canadense, por 5,7 bilhões de dólares.

Edgar Bronfman Jr., cuja família fundara e controlava a Seagram, e que abandonara a faculdade para se dedicar à carreira de compositor e produtor musical, assumiu pessoalmente o comando do estúdio. Em 1998, ele comprou a PolyGram NV por 10,4 bilhões de dólares e associou os selos das gravadoras PolyGram e Universal, criando então a maior empresa musical do mundo.

TABELA 2[72]
COMPRAS EFETUADAS PELAS REDES
DOS ESTÚDIOS AMERICANOS (MILHÕES)

ANO	FILMES E CARTUNS	PROGRAMAS DE TV	TOTAL
1993	US$ 259,00	US$ 1.124,00	US$ 1.383,00
1997	US$ 978,00	US$ 2.259,00	US$ 3.237,00
2002	US$ 1.329,00	US$ 2.501,00	US$ 3.830,00
2003	US$ 1.759,00	US$ 3.310,00	US$ 5.069,00

A indústria de filmagem, que fora secundária para Wasserman, tornou-se central nos planos de Bronfman. Em vez de se concentrar na fabricação, distribuição e venda de produtos, como fizera sua família no negócio de bebidas e Wasserman na indústria de filmes, Bronfman idealizava uma empresa baseada predominantemente no licenciamento de músicas, filmes e outras propriedades. A internet teria papel essencial na distribuição dessas propriedades intelectuais licenciadas para consumidores do mundo inteiro.

Enquanto Wasserman focalizara a lucratividade do estúdio na produção televisiva, Bronfman decidiu retirar-se desse negócio vendendo a maior parte dos ativos de cabo e televisão domésticos da Universal, incluindo aí seu acervo de programas. E fez isso utilizando-se de meios indiretos. Sob a direção de Wasserman, a Universal formara com a Paramount a rede a cabo USA, que agora pertencia, meio a meio, à Universal e à Viacom, parente da Paramount. Bronfman tinha outra perspectiva. Com base na tese de que os ativos da Viacom na rede a cabo, que incluíam a MTV e a Nickelodeon, poderiam influenciar a programação da USA Networks, ele levou a Universal a entrar com uma ação no tribunal federal para forçar Redstone a vender para a Universal a participação da Viacom na USA. Redstone, que já trabalhara como advogado em ações antitruste, não via vantagem nesse litígio, por isso vendeu sua participação na companhia por 1,7 bilhão de dólares. Bronfman então incorporou a USA Networks, e, além dela, todos os outros ativos de cabo e televisão da Universal, à Home Shopping Network, empresa de Barry Diller que possuía redes de compra doméstica, emissoras de rádio e serviços de reserva de ingresso eletrônica. Por esses ativos, a Universal recebeu 46% das ações da Home Shopping Network, com as quais concordou em votar favoravelmente à administração de Diller. O resultado dessa transação complicada foi que a Universal efetivamente transferiu sua empresa de cabo e televisão – que para os outros estúdios representava a principal fonte de lucros – para a companhia de Diller, agora rebatizada de USA Networks.

Depois disso, em 2000, o jovem Bronfman, pressionado pela família a gerar lucros, vendeu a companhia inteira à gigante francesa Vivendi, então sob a liderança de Jean-Marie Messier, de 43 anos. Menos de três anos depois, enfrentando o risco de falência por causa das enormes aquisições de seu presidente, a Vivendi demitiu Messier e colocou a Universal à venda.

Entra em cena a General Electric, que propôs fundir a Universal à NBC num novo conglomerado do entretenimento, do qual ela teria 80% e a Vivendi 20% de participação. Em outubro de 2003, quando a Vivendi aceitou a oferta, criou-se a NBC Universal. A nova gigante, verticalmente integrada, forneceria programas e filmes de seu estúdio e acervo para uma imensa audiência por meio da NBC, rede de televisão que alcançava praticamente toda a população dos Estados Unidos; de catorze emissoras locais em Nova York, Los Angeles, Chicago e outras regiões metropolitanas; de seis redes a cabo (USA, Trio, Bravo, Sci Fi Channel, CNBC e, em parceria com a Microsoft, MSNBC); e da rede líder em língua espanhola, a Telemundo (que, com quinze emissoras e trinta e duas afiliadas, chegava a mais de 90% dos lares hispânicos dos Estados Unidos). Incluiria também os parques temáticos da Universal na Flórida e na Califórnia, que atraíam público inferior apenas ao dos parques da Disney, e, do outro lado do oceano, por meio da parceria com a Viacom, as maiores cadeias de cinema da Europa e do Japão, além da United International Pictures, a maior distribuidora estrangeira de filmes e produtos de entretenimento doméstico. Enquanto isso, a Vivendi, a parceira caçula do novo conglomerado, continuaria a controlar o Canal Plus, com sua participação global em redes a cabo e de tevê paga, e a Vivendi Universal Music, a maior gravadora do mundo.

A fusão da NBC com a Universal também proporcionou, em certa medida, um desfecho para o processo de configuração de Hollywood, que se estendeu ao longo do século. O abismo entre os produtores de cinema e a indústria americana – que se abrira no início do século XX quando a Universal Pictures fugiu para Hollywood para se distanciar dos interesses da Edison Trust, que mais tarde se tornou a General Electric – estava agora fechado. Com essa última fusão, as redes de televisão, outrora tão temidas pelos *moguls*, integraram-se totalmente aos estúdios.

A NBC Universal não foi a única consolidação do novo milênio. Depois da morte de Steve Ross, a Time Warner também expandiu seus domínios. Primeiro, adquiriu a Turner Entertainment – império de mídia de 8 bilhões de dólares criado por Ted Turner, pioneiro do cabo, e que incluía a CNN, rede totalmente dedicada às notícias; as redes a cabo Turner; a Turner Network Television; a Cartoon Network; a Turner Classic Movies; e a New Line Cinema. Em 2000, ela se incorporou à gigantesca AOL, provedora de internet, o que lhe granjeou uma presença poderosa na web.

AS SEIS GIGANTES DO ENTRETENIMENTO – Viacom, Time Warner, NBC Universal, Sony, Fox e Disney – governam hoje o universo do entretenimento. Elas controlam, no total, as seis redes de radiodifusão dos Estados Unidos. Essas redes – NBC, CBS, ABC, Fox, UPN e a Warner Bros. – estabeleceram as séries de sucesso que são distribuídas em regime de licenciamento. Também são donas das sessenta e quatro redes a cabo cujo alcance responde pela maior parte do restante da audiência do horário nobre. De fato, entre redes que operam pelo ar e por cabo, as seis controlam mais de 96% dos programas que transmitem anúncios comerciais durante o horário nobre. São proprietárias também dos direitos de transmissão de todas as competições esportivas que atraem os anunciantes, como as Olimpíadas, o Super Bowl, as 500 Milhas de Indianápolis, o *Monday Night Football* e a World Series, além das mais importantes redes de rádio comerciais. De tal modo que as empresas que querem vender seus produtos ou estabelecer suas marcas em escala nacional dependem fortemente delas para ter acesso ao público.

Essas seis companhias controlam ainda as redes de televisão das quais os anunciantes dependem para chegar às crianças de até 12 anos – incluindo o Disney Channel, a Nickelodeon, a Nick at Nite, a Cartoon Network, a ABC Family Network e a Fox Kids – e aquelas destinadas aos adolescentes mais jovens, como a MTV, a Fox Sports, a ESPN e a Warner Bros. Network.

Dominam também a distribuição mundial de filmes, negócio que Steve Ross certa vez descreveu, com considerável precisão, como "máquina de fazer dinheiro".[73] As divisões de distribuição dos estúdios, com suas subsidiárias, firmam os acordos necessários para que os cinemas do mundo inteiro exibam tanto os filmes produzidos por seus estúdios como aqueles licenciados por realizadores independentes, tanto americanos como estrangeiros; em troca, cobram uma taxa de distribuição que geralmente equivale a um terço de toda a renda arrecadada nos cinemas.

TABELA 3
O SEXPÓLIO: PARTICIPAÇÃO DE MERCADO CONJUNTA DA VIACOM, FOX, NBC UNIVERSAL, TIME WARNER, SONY E DISNEY

CATEGORIA	PROPRIEDADES DAS SEIS COMPANHIAS	PARTICIPAÇÃO DE MERCADO
Distribuição de filmes nos Estados Unidos		96% do total dos aluguéis nos Estados Unidos
Principais estúdios	Disney, Paramount, Fox, Universal, Warner Bros., Sony	71%
Distribuidores especializados	New line, USA, Miramax, Fox Searchlight, Fine Line, HBO, Dimension, Sony Classic, Paramount Classic	25%
Televisão em horário nobre		98% da receita com anúncios nos Estados Unidos
Radiodifusão	NBC, ABC, CBS, FOX, WB, UPN	70%
Cabo	USA, Comedy Channel, ESPN, CNN, TNT, BET, MTV, VH1, Nickelodeon, Disney, Fox Kids, ABC, Nick at Nite, Family Network, Sci Fi, Bravo, Fox Sports, Cartoon Network, TBS	28%
Televisão fora do horário nobre		75% da receita com anúncios locais
Emissoras locais	63 emissoras	41%
Cabo	Mais de 100 redes a cabo	34%
Tevê paga	HBO, Showtime, Cinemax	Parcela de assinantes 80%
Rádio	Infinity, NBC, ABC, Disney,CBS, Fox	Parcela de anúncios 65%

Além disso, controlam grande parte da mídia de entretenimento, incluindo revistas (como *People*, *InStyle* e *Entertainment Weekly*), programas de entrevistas de rádio e tevê (como *Today*, *The Tonight Show with Jay Leno* e *Late Show with David Letterman*) e os canais a cabo que divulgam filmes (como E!, VH1 e MTV).

Os criadores desse novo sistema – Disney, Wasserman, Ross, Morita, Murdoch, Redstone e Sarnoff – e seus sócios e sucessores redefiniram Hollywood, transformando-a numa vasta economia do entretenimento dominada por seis corporações gigantescas. Essas seis companhias estão voltadas hoje não para o público de cinema que outrora impulsionou a indústria cinematográfica, mas para uma audiência doméstica muito mais lucrativa e onipresente. E, como flautistas de Hamelin modernos, colhem agora suas maiores recompensas das crianças e adolescentes que compõem essa audiência.

No entanto, para que as seis companhias pudessem realizar todo o seu potencial, tinham primeiro de vencer mais um desafio: precisavam obter um alcance realmente global, superando todas as barreiras que pudessem impedir seus produtos de atrair quaisquer audiências do mundo.

NOTAS

1. Audience Research Inc., estudo citado em *Variety*, 23 fev. 1949.
2. Gabler, *Empire*, p. 60.
3. Richard Schickel, *The Disney version: the life, times, art and commerce of Walt Disney*. Chicago: Elephant Paperbacks, 1997, p. 122.
4. Leonard Mosley, *Disney's World: a biography*. Nova York: Scarborough House, 2002, p. 207.
5. Richard Schickel, *op. cit*, p. 167-8.
6. *Ibidem*, p. 310.
7. *Ibidem*, p. 315.
8. Bruce Orwall, "Disney wins bear-kunckled 13-year-old fight over royalties", *Wall Street Journal*, 30 mar. 2004, p. B1.
9. Bruce Orwall e Emily Nelson, "Hidden walls shield Disney culture", *Wall Street Journal*, 30 mar. 2004, p. 1.
10. Michael Eisner, carta aos acionistas, Walt Disney Pictures Annual Report, 2000, p. 4.
11. Dennis McDougal, *The last mogul: Lew Wasserman, MCA, and the hidden history of Hollywood*. Nova York: Crown, 1998, p. 106-7.
12. Thomas Schatz, *The genius of the system: Hollywood filmmaking in the Studio Era*. Nova York: Metropolitan Books, 1988, p. 470.
13. McDougal, *Last Mogul*, p. 228.
14. Thomas Schatz, *op. cit.*, p. 488-9.
15. Richard Evans, "And now, for my next trick", *Barron's*, 30 jul. 2001, p. 1.
16. Steve Ross, entrevista ao autor, 1988.
17. Diário do autor (viagem a Las Vegas), 6 fev. 1976.

18. Connie Bruck, *Master of the game: Steve Ross and the creation of Time Warner*. Nova York: Simon & Schuster, 1994, p. 68.

19. Steve Ross, entrevista ao autor, 1988.

20. Idem.

21. Idem.

22. Richard M. Clurman, *To the end of time: the seduction and conquest of a media empire*. Nova York: Simon & Schuster, 1992, p. 15.

23. Steve Ross, entrevista ao autor, 1988.

24. "Reinventing a giant", *Asia Week*, 22 set. 1995 (edição para a internet).

25. John Nathan, *Sony: the private life*. Boston: Houghton Mifflin, 1999, p. 17.

26. James Lardner, *Fast forward: Hollywood, the japanese, and the Onslaught of the VCR*. Nova York: W. W. Norton, 1987, p. 39.

27. Akio Morita, *Made in Japan: Akio Morita and Sony*. Nova York: Dutton, 1986, p. 1-44.

28. John Nathan, *op. cit.*, p. 4.

29. *Ibidem*, p. 61.

30. *Ibidem*, p. 62.

31. *Ibidem*.

32. Akio Morita, *op. cit.*, p. 1-44.

33. John Nathan, *op. cit.*, p. 150-2.

34. James Lardner, *op. cit.*, p. 94-6.

35. *Ibidem*, p. 29.

36. Eisner, carta aos acionistas, p. 4.

37. Norio Ohga, *The melody of Sony*. Tóquio: Nihon Keizai Shimbun, 2003; também Norio Ohga e Gerald Cavanaugh, em entrevista ao autor, 2004.

38. Nancy Griffin e Kim Masters, *Hit and run: how Jon Peters and Peter Gruber took Sony for a ride in Hollywood*. Nova York: Simon & Schuster, 1996, p. 184.

39. David McClintick, *Indecent exposure: a true story of Hollywood and Wall Street*. Nova York: William Morrow, 1982, p. 1-18.

40. "Columbia 75th Anniversary", *Variety*, jan. 1999, p. 62-78.

41. Steve Ross, entrevista ao autor, 1988.

42. Nancy Griffin e Kim Masters, *op. cit.*, p. 250.

43. Warren Lieberfarb, palestra na Wharton School of Business, "Knowledge at Wharton", 13 mar. 2002 (http://knowledge.wharton.upenn.edu/index.cfm?fa=viewArticle&id=530).

44. William Shawcross, *Murdoch: the making of a media empire*. Nova York: Simon & Schuster, 1993, p. 54-68.

45. *Ibidem*, p. 15.

46. *Ibidem*.

47. *Time*, 17 jan. 1977.

48. William Shawcross, *op. cit.*, p. 14.

49. Notas do autor, Cuixmala, México, 20-22 dez. 1990.

50. Rupert Murdoch, Morgan Stanley Global Media and Communications Conference, 8 set. 2003.

51. *Ibidem*.

52. Sumner Redstone, entrevista ao autor, 2000.

53. Gretchen Voss, "The $ 80 billion love affair", *Boston Magazine*, 12 jan. 2000. (Disponível em: http://www.bostonmagazine.com/highlights/summer.shtml).

54. Sumner Redstone, *A passion to win*. Nova York: Simon & Schuster, 2001, p. 70.

55. Sumner Redstone, entrevista ao autor, 2000.

56. Sumner Redstone, *op. cit.*, p. 76.

57. Gretchen Voss, "The $ 80 billion love affair", *Boston Magazine*, 12 jan. 2000 (www.bostonmagazine.com/highlights/summer.shtml).

58. Entrevista na internet, www.myprimetime.com/work/life/content/pm_redstone0606/.

59. Sumner Redstone, *op. cit.*, p. 156.

60. Entrevista ao autor, 2003.

61. Sumner Redstone, *op. cit.*, p. 160.

62. Sumner Redstone, entrevista ao autor, 2000.

63. Sumner Redstone, *op. cit.*, p. 175.

64. Entrevista na internet.

65. Sumner Redstone, entrevista ao autor, 2000.

66. Sumner Redstone, *op. cit.*, p. 285.

67. *Ibidem*, p. 286.

68. *Ibidem*, p. 301.

69. Sumner Redstone, entrevista ao autor, 2000.

70. Marcy Carson e Tom Werner, "David Sarnoff", *Time*, 14 jun. 1999.

71. Entrevista com o autor, 2002.

72. *MPA All Media Revenue Report*, 2002-2003. Até 2002, os estúdios reportavam a receita proveniente das "vendas contratadas", isto é, a receita que as redes se comprometiam a pagar aos estúdios quando os programas iam ao ar. Em 2003, no entanto, passaram a reportar a receita efetivamente arrecadada. Para fins de comparação histórica, os dados de 2003 refletem as vendas contratadas (inferidas com base no aumento de 35% na receita total que os estúdios obtiveram das redes em 2003).

73. Steve Ross, entrevista ao autor, 1988.

2 A AMERICANIZAÇÃO DO MUNDO

QUANDO FOI CRIADA, no início do século XX, Hollywood tinha um produto universal, o cinema mudo. Sua ação extremamente visual – brigas, perseguições, flertes e pastelão – era facilmente compreendida por todo mundo. Sempre que alguma explicação se fazia necessária, era fornecida em telas de legendas que podiam ser inseridas nos filmes em diferentes idiomas. Como ficou claro, no entanto, as barreiras políticas ao sucesso internacional se revelaram mais formidáveis que as lingüísticas. No início da década de 1900, motivados por preocupações com as conseqüências econômicas, políticas e culturais dos produtos de Hollywood, os governos estrangeiros, especialmente na Europa, impuseram restrições à importação de filmes americanos.

Os estúdios souberam se defender ao persuadir o governo federal a ajudá-los em seus esforços de vender os filmes para outros países, com o argumento de que os filmes americanos eram um recurso valioso para promover a imagem dos Estados Unidos. Com essa finalidade, em 1917, o presidente Woodrow Wilson, depois de declarar Hollywood uma "indústria essencial", criou o Foreign Film Service. "O cinema", explicou ele, "alcançou a categoria de mais alto meio de disseminação da inteligência pública e, por falar uma linguagem universal, se presta significativamente para a apresentação dos planos e propósitos do país".[1] Como os Estados Unidos se preparavam para entrar na I Guerra Mundial, a causa dos estúdios encontrou apoio adicional no fato de que a Grã-Bretanha e outros aliados europeus não estavam em posição de resistir, e, assim, as tarifas cobradas sobre os filmes americanos foram abolidas.

Terminada a guerra, os estúdios de Hollywood não só expandiram seus centros de distribuição pela Europa como ainda adquiriram participação nas principais produtoras de filme européias, incluindo a UFA, na época o maior estúdio da Alemanha. Em 1926, os filmes americanos respondiam[2] por cerca de três quartos das bilheterias da Europa, e a venda de ingressos no velho continente proporcionava a Hollywood pelo menos um terço de sua renda.

Paradoxalmente, o advento da tecnologia sonora fez recuar, durante algum tempo, o domínio dos mercados estrangeiros mantido por Hollywood. Se, por um lado, o cinema falado permitiu aos diretores americanos usar um humor mais sutil, chistes rápidos, gíria local e enredos mais sofisticados, por outro, os filmes ficaram menos acessíveis para o público estrangeiro. A linguagem se tornara agora uma barreira, e essa barreira deu aos estúdios europeus a oportunidade de concorrerem.

Na década de 1930, respaldados por seus governos, os estúdios franceses, italianos, alemães e de outros países da Europa começaram a fazer filmes em sua língua. A primeira reação de Hollywood foi iniciar a produção de versões estrangeiras de seus filmes. A Paramount, por exemplo, construiu na França um estúdio em que nada menos que doze diferentes grupos de atores, falando doze idiomas diferentes, reutilizavam os sets, os figurinos e os roteiros de filmagem das películas originais de Hollywood. Apesar de fiéis,[3] no entanto, essas cópias não obtiveram sucesso; faltavam-lhes os astros hollywoodianos que atraíam o público. Os estúdios tentaram, então, dublar os filmes. Embora fosse uma solução bem mais barata que refilmá-los, houve de início uma grave limitação técnica: não era possível sincronizar, de maneira convincente, as vozes dos dubladores com os movimentos labiais dos atores. Essa disparidade entre lábios e palavras quebrava a ilusão do filme. Os estúdios finalmente tentaram as legendas, mas descobriram que muitos dos que freqüentavam os cinemas não conseguiam entendê-las, ou porque eram analfabetos, ou porque não usavam lentes corretivas para enxergá-las. O resultado foi que, na década de 1930, Hollywood ainda se encontrava em desvantagem competitiva na Europa.

Essa desvantagem técnica foi reforçada ainda mais pelas nuvens que outra vez prenunciavam guerra na Europa. Os governos estrangeiros, preocupados com o poder da propaganda inerente a esse meio poderoso, começaram a aplicar rigorosa censura aos filmes americanos. Quando a guerra finalmente eclodiu,[4] os estúdios de Hollywood estavam tão debilitados pelas dificuldades de vender seus filmes para fora que começaram a restringir seus esforços e produzir filmes voltados especificamente para o público americano.

Com o fim da guerra, em 1945, os estúdios mais uma vez ganharam acesso aos mercados externos. A ocupação americana da Alemanha, Itália, Áustria, Coréia do Sul e Japão tornaram o mundo um lugar mais seguro não só para a democracia como para os filmes de Hollywood – pelo menos nos países não-comunistas. Mas agora um novo obstáculo se erguia: para preservar suas reservas monetárias, muitos governos – entre eles o da Grã-Bretanha, França e Itália – impuseram restrições à repatriação do dinheiro. Isso significava que os estúdios não poderiam reaver os gastos envolvidos na distribuição além-mar, pois estavam proibidos de converter para dólares americanos os ganhos obtidos em moeda estrangeira. Conseqüentemente, até o final da década de 1940, a venda de filmes permaneceu como uma "atividade marginal",[5] conforme descreveu um executivo.

Até que, no início da década de 1950, o dique finalmente se rompeu – dessa vez em favor de Hollywood. Com a desintegração do sistema de estúdio e perda de boa parte do público para a televisão, os produtores precisavam encontrar novas fontes de financiamento para seus projetos e novos públicos. Muitos deles começaram a firmar acordos de co-produção com estúdios europeus. Em troca do dinheiro e das instalações para realizar os filmes, os distribuidores europeus recebiam direitos sobre os mercados estrangeiros nas chamadas pré-vendas.

Enquanto isso, os estúdios de Hollywood, que após o decreto antitruste de 1948 haviam reorganizado suas operações, rapidamente se mexeram para recobrar esses mercados dos produtores independentes, expandindo significativamente suas distribuidoras na Europa e na Ásia. A essa altura, já tinha aperfeiçoado também a técnica de sincronizar a dublagem em língua estrangeira, tornando os filmes mais competitivos com as produções locais. Além disso, como o decreto antitruste não coibia a contratação em pacote de filmes nos cinemas fora dos Estados Unidos, os estúdios podiam recorrer à força bruta do marketing, apoiados em visitas estratégicas dos astros dos filmes americanos nas estréias e festivais de cinema no exterior, para conseguir os melhores horários e salas de exibição para seus produtos. Eles descobriram que o público europeu, assim como o do Japão e da América Latina, podia ser alimentado com a mesma dieta de filmes de ação, fantasia e de incidentes que atraíam a platéia americana. "As decisões sobre que filmes fazer eram motivadas pelas suscetibilidades americanas",[6] recorda Peter Guber quando era executivo na Columbia Pictures, em 1968.

Portanto, mesmo sem cardápio para os paladares – ou elencos – estrangeiros (exceto quando era necessário obter subsídios externos e isenção de impostos), perto do final do século, os seis grandes estúdios – Paramount, Universal, Disney, Warner Bros., Sony e Fox – haviam conseguido substituir boa parte dos filmes locais exibidos nos mercados asiáticos e europeus por suas produções. Sua participação nas bilheterias[7] da Europa e do Japão cresceu de 30% em 1950 para mais de 80% em 1990. A Disney também deu expressão concreta a esse conceito de americanização com seus parques temáticos fora dos Estados Unidos, como a Disneylândia de Tóquio e a EuroDisney na França.

Até mesmo filmes estrangeiros de relativo sucesso eram agora refilmados nos padrões americanos, em vez de se beneficiarem de uma distribuição mais ampla em suas versões originais. A comédia francesa *Trois hommes et un couffin* (Três homens e um berço), por exemplo, tornou-se *Três solteirões e um bebê (1987) (Three men and a baby)*, estrelando Tom Selleck, Ted Danson e Steve Guttenberg. Do mesmo modo, o suspense francês *La femme Nikita* tornou-se *A assassina* (1993) (*Point of no return)* com Bridget Fonda, Gabriel Byrne e Anne Bancroft; o drama

O GRANDE FILME

espanhol *Abre los ojos* (Abra os olhos) tornou-se *Vanilla Sky*, com Tom Cruise, Kurt Russell e Cameron Diaz; e o terror japonês *Ringu* (Anel) tornou-se *O chamado (The ring)*, com Naomi Watts, Brian Cox e Jane Alexander. Essa "americanização", como descreveu um executivo da Disney, envolvia não apenas acrescentar estrelas e locações americanas, mas mudar a trama e, muitas vezes, o final, para converter os filmes em "produtos transnacionais".[8] No sucesso franco-holandês *O silêncio do lago* (1988) *(The vanishing)*, por exemplo, não só os atores franceses e holandeses Bernard-Pierre Donnadieu, Gwen Eckhaus e Gene Bervoets foram substituídos por Jeff Bridges, Sandra Bullock e Kiefer Sutherland, como o filme ganhou um desfecho diferente: em vez de sufocar lentamente até a morte, o herói é salvo pela heroína após uma luta repleta de ação.

A mensagem desses remakes americanizados, amplamente reforçada pelos magros resultados dos filmes não-americanos na distribuição internacional, era de que as estrelas locais, embora ainda atraíssem o público local, já não eram adequadas para um produto global. No final do século XX, já se tornara claro para os outros países que o acesso aos mercados mundiais requeria filmes ao estilo americano com, se possível, atores americanos.

Apesar de ter sido bastante impulsionada pelos estúdios de Hollywood, a americanização de boa parte da indústria cinematográfica e televisiva mundial contou com a cooperação e a participação estrangeira. Rupert Murdoch demonstrou, com suas aquisições da Twentieth Century-Fox, o valor, para não dizer a necessidade, de controlar um abundante estoque de filmes americanos para transformar sua companhia, a News Corporation, num império de mídia realmente global. Embora tenha afirmado, ao transferir a sede da empresa para os Estados Unidos em 2004, que a News Corporation tinha "raízes, coração e cultura inegavelmente australianos",[9] ele também admitiu, conforme expressou aos investidores numa teleconferência, "o fato de que somos uma empresa global com base nos Estados Unidos".[10]

Enquanto isso, na Alemanha, Leo Kirch, o filho empreendedor de um pequeno produtor de vinho, logo reconheceu a importância de adquirir um acervo de filmes americanos. Em 1959, quando as emissoras de tevê da Alemanha ocidental, então de propriedade exclusiva do governo, pensaram em exibir um ou dois filmes americanos por semana, Kirch convenceu a Warner Bros. a licenciar para ele, por 2,7 milhões de dólares, os direitos de transmissão em língua germânica de todos os quatrocentos títulos de seu acervo. Apostando que as emissoras alemãs acabariam se tornando dependentes dos filmes americanos – como mais tarde se comprovou –, Kirch fez empréstimos nos bancos alemãos controlados pelo Estado e, em seguida, comprou a filmoteca de todos os outros estúdios de Hollywood, fazendo da KirchMedia o principal fornecedor (e, em muitos casos, o único) de filmes americanos para o público de tevê alemão.

Kirch fez fortuna com esses filmes e usou sua nova riqueza para cultivar políticos importantes e ícones culturais da Alemanha, inaugurando, por exemplo, um canal de música clássica com o lendário regente Herbert von Karajan. Também se embrenhou mais na televisão. No final da década de 1980, Kirch e seus parceiros criaram a Sat 1, uma das primeiras transmissoras privadas do país, e, em 1996, gastaram cerca de 2,8 bilhões de dólares para fundar a Premiere, serviço de tevê digital paga da Alemanha. Para atrair espectadores, Kirch contava principalmente com os filmes americanos, assinando contratos de mais de 1 bilhão de dólares com os seis principais estúdios para obter os direitos de licenciamento de seus produtos na Alemanha. Para completar sua programação, comprou também direitos de transmissão exclusiva dos eventos esportivos. Para financiar essa extraordinária expansão na tevê paga, recorreu mais uma vez aos bancos alemães. Em 2002, a dívida de suas empresas se aproximava dos 9 bilhões de dólares, e sua incapacidade de cumprir seus compromissos financeiros quase levaram a companhia à falência.

É quando entra em cena Rupert Murdoch, que uma década antes também se vira à beira da falência por causa de seus projetos de expandir a tevê paga. Depois de adquirir 22% da KirchMedia, Murdoch viu a oportunidade de ampliar ainda mais o domínio de seu agora bem-sucedido império global. Kirch reagiu. Advertindo que "Murdoch é um tubarão"[11] que "engolirá a todos", ele conseguiu recrutar o apoio dos políticos alemães para pressionar os bancos estatais a impedirem que Murdoch comprasse a companhia. No entanto, ele não conseguiu mantê-la. Quando Murdoch se afastou, Haim Saban, ex-sócio de Murdoch na Fox Family Worldwide, entrou em acordo com os bancos para comprar os ativos de televisão e acervo de filmes da KirchMedia por 2,2 bilhões de dólares. Como Saban fizera fortuna licenciando, editando, dublando e adaptando seriados japoneses, com destaque para os *Power Rangers*, para os mercados de televisão mundiais, ele tinha a experiência necessária para continuar a americanização do cardápio televisivo da Alemanha.

Nesse ínterim, na França, Jean-Marie Messier, estrela em ascensão no mundo corporativo no final da década de 1990, embarcava numa missão ainda mais grandiosa: criar um império global ao estilo de Murdoch com base nos filmes e na música americana. Membro da melhor e mais brilhante elite administrativa francesa, conhecida como Enarchs – apelido dado aos graduados da prestigiosa École National d'Administration (ENA) –, Messier tinha livre trânsito pelos bancos e corporações da França. Em 1990, aos 32 anos, ele se tornou o mais jovem sócio do banco de investimentos Lazard Frères, em Paris, e apenas sete anos depois foi nomeado presidente da Compagnie Generale des Eaus, empresa criada por decreto imperial, em 1853, e que, já antes da intervenção de Messier, estava envolvida em dois ramos de negócios que só encontram relação na política francesa: abastecimento de água e mídia. Fornecendo água para metade das cidades da França, a companhia gozava de grande influência entre os políticos locais, muitos dos quais dependiam de suas contribuições; e, em resultado de sua posição política, o governo permitira que ela adquirisse participação majoritária em duas instituições de mídia do país: o Canal Plus, poderosa estação de tevê paga, e o Havas, um dos maiores grupos editoriais da França.

Em 1996, Messier deu passos para transformar a companhia numa empresa completa de entretenimentos e comunicações. Fez investimentos de muitos bilhões de dólares em ativos da internet, entre eles, a compra da AOL francesa e o lançamento do Vizzavi (portal para a comunidade européia de surfistas da net, usuários de telefones celulares e assinantes de tevê por satélite), além da aquisição, para o Canal Plus, de emissoras de tevê paga na Bélgica, Países Baixos, Polônia e Itália. Também mudou o nome da companhia para Vivendi (derivado do termo latino para "viver"), que ele acreditava ter uma sonoridade mais internacional, e abraçou uma nova missão: "fornecer entretenimento e informação para audiências do mundo todo por meio de todas as plataformas de distribuição". Sua meta, como ele mesmo explicou a um de seus banqueiros de investimento americanos, era criar uma companhia que superasse a de Murdoch.[12] Enquanto isso, planejava desmembrar os ativos da indústria de água numa entidade separada.

Embora a Vivendi já controlasse um estúdio de cinema em Paris – o StudioCanal, por meio do Canal Plus –, os filmes franceses não atraíam o público que Messier almejava para suas "plataformas de distribuição" globais. Se o objetivo era imitar o império de Murdoch, Vivendi precisava comprar um estúdio americano com vasto acervo. Assim, quando Edgar Bronfman Jr. ofereceu para a Vivendi toda a Seagram, inclusive o estúdio da Universal e a Universal Music, em 2000, Messier a adquiriu por 31 bilhões de dólares, incorporando-a em seguida ao Canal Plus e outros ativos de mídia da Vivendi para formar a Vivendi Universal.

Com essa aquisição, contudo, Messier teve de enfrentar a política do governo francês de proteger a indústria cinematográfica do país contra a intrusão, e concorrência, dos filmes americanos. Ao longo da década de 1990, o governo da França excluíra esse subsídio tanto do Acordo Geral de Tarifas e Comércio (GATT) como do tratado da Organização Mundial do Comércio, com base no argumento da "exceção cultural". O ministro da Educação, Jacques Lang, sustentava que os filmes franceses, se bem que não representassem sucesso comercial, eram parte essencial da herança cultural da nação – referindo-se com isso à invenção do cinematógrafo por Louis e Auguste Lumière em 1984. Agora, com a compra da Universal, "a exceção cultural francesa acaba de ser extinta",[13] conforme proclamou Messier – em inglês, pasme! – numa coletiva de imprensa em Nova York.

Com sua companhia francesa que agora fazia parte do sistema global, Messier continuou a expandir seu patrimônio americano[14] pagando 11,6 bilhões de dólares para readquirir os ativos de televisão que Bronfman vendera a Barry Diller; 1,5 bilhão para adquirir uma participação na rede de satélite EchoStar (que então concorria com Murdoch para comprar a DirecTV); e 2,2 bilhões de dólares para comprar a editora Houghton Mifflin. Como já se sabe, essa farra toda mergulhou a companhia de Messier em dívidas, e, em 2002, após o prejuízo catastrófico de 17 bilhões de dólares – o maior da história corporativa francesa –, Messier foi demitido. Na fusão subseqüente com a General Electric, a Vivendi foi relegada à condição de sócia minoritária (com participação de apenas 20%).

Embora Messier tenha fracassado em sua ambição de criar um império de mídia global de propriedade francesa, ele conseguiu obrigar a França a encarar a nova lógica da economia do entretenimento global, e, ao fazê-lo, ajudou a derrubar um dos últimos bastiões de resistência à americanização na Europa.

Em 2004, os filmes americanos tinham conquistado quase todo o globo – mas não o contrário. Apesar de dependerem de enormes investimentos internacionais, os estúdios produziam uma mercadoria essencialmente americana, que dominava não apenas os cinemas, mas também as videolocadoras, a televisão e os canais de tevê paga em todos os mercados importantes do mundo. Com isso, os seis impérios do entretenimento – Viacom, Sony, Time Warner, NBC Universal, Fox e Disney –, assim como seus predecessores do antigo sistema de estúdio, viam-se agora diante de um último problema: como lidar com a destrutiva concorrência entre eles sem acionar o alarme das leis antitruste.

NOTAS

1. Citado por David Puttnam, *Movies and money*. Nova York: Alfred A. Knopf, 1998, p. 76.

2. *Ibidem*, p. 110.

3. *Ibidem*, p. 113.

4. *Ibidem*, p. 120-1.

5. Entrevista ao autor, 2002.

6. Peter Bart e Peter Guber, *Shoot out: Surviving filame and (mis)fortune in Hollywood*. Nova York: G. P. Putnam's Sons, 2002, p. 25.

7. David Puttnam, *op. cit.*, p. 266.

8. Entrevista ao autor, 2003.

9. Citado por Joseph Schuman, "Seeking investor respect, Murdoch spurns Australia", *Wall Street Journal*, 6 abr. 2004 (edição para a internet).

10. Citado em Geraldine Fabrikant, "News Corp. plans to follow its chief to the United States", *New York Times*, 7 abr. 2004, p. B1.

11. Citado em Mark Lewis, "Germany's content king is dethroned", *Forbes*, 26 mar. 2002 (edição para a internet).

12. Entrevista ao autor, 2003.

13. Citado em Meara Cavanaugh, "Messier: threat to french culture?", CNN.com Europe, 17 abr. 2002.

14. Richard Evans, "And now, for my next trick", *Barron's*, 30 jul. 2001, p. 1.

3 O SEXPÓLIO

"As pessoas do mesmo ofício raramente se encontram, mesmo que para alegria e diversão, mas, se tiver lugar, a conversa sempre termina numa conspiração contra o público ou num artifício qualquer para fazer subir os preços."
Adam Smith, *A riqueza das nações*

AS SEIS GIGANTES DO ENTRETENIMENTO podem ser paradigmas do capitalismo, mas o capitalismo tem duas faces. Uma é a da concorrência contínua que empurra os preços para baixo, em benefício dos consumidores; a outra é a da cooperação igualmente generalizada que impede os intrusos de competir nos mercados estabelecidos. Os seis impérios do entretenimento – Viacom, Fox, NBC Universal, Time Warner, Sony e Disney – são capazes de mostrar as duas faces ao mesmo tempo, como a famosa ilusão do "pato-coelho",[1] em que um lado se oculta dentro do outro.

A colaboração dos dias de hoje se assemelha aos velhos acordos do antigo sistema de estúdio. Em 1922, preocupados com a ameaça de censura federal, os estúdios do cinema mudo criaram, a pedido de Louis B. Mayer, a Motion Picture Association of America (MPAA). Como estava enquadrada na categoria de associação comercial, ela estava isenta da lei antitruste. Com essa isenção, os donos de estúdios usavam a MPAA para negociar contratos trabalhistas com os sindicatos e influenciar os políticos a aprovarem leis favoráveis a eles.

A Motion Picture Producers and Distributors of America, ou Hays Office,* embora mais conhecida por suas atividades de censura, também era um instrumento

---

* Organização americana que ditava o código moral da produção cinematográfica. Foi criada em 1922 pelos líderes da indústria do cinema, com a finalidade de neutralizar a ameaça de censura do governo e criar publicidade favorável para o setor. (N. da T.)

bastante eficaz de colaboração entre os estúdios. Esse instrumento de censura interna permitia que os grandes estúdios adotassem medidas em comum acordo para padronizar o conteúdo polêmico dos filmes – como cenas de viciados em droga, divórcio, planejamento familiar e casamento inter-racial. Chegava ao ponto de exigir que mesmo os casais casados aparecessem na tela dormindo em camas separadas. Ao promulgar seu conjunto de regras, o Motion Picture Production Code ("o Código"), que se aplicava a todos os filmes exibidos em cinemas, os estúdios não só evitaram a concorrência entre eles em torno de temas libidinosos ou controversos – a "corrida ao fundo do poço",[2] nas palavras de um executivo da Paramount – como também eliminaram a possibilidade de que os concorrentes estrangeiros ou independentes distribuíssem um tal cardápio pelos cinemas americanos, já que a liberação de filmes desse tipo estaria descartada por esse instrumento de censura.

Os *moguls* usavam ainda sua associação comercial para influenciar o governo a sancionar os artifícios que empregavam para manter seu controle sobre toda a indústria. Com essa finalidade, por exemplo, a MPAA redigiu o Code of Fair Competition for the Motion Picture Industry – conjunto de regulações autorizado pela Lei Federal de Recuperação da Indústria de 1933. As práticas que ele legitimava sob a rubrica de "concorrência justa"[3] eliminavam, na verdade, qualquer possibilidade de concorrência. Estas incluíam a já mencionada contratação de pacote de filmes, que permitia aos estúdios empurrar seus filmes para os cinemas independentes, e as práticas de "territórios" ou locais de exibição e redução de preços de locação para a exibição – que de fato deram aos estúdios o poder de decidir exatamente onde e por quanto tempo os cinemas poderiam mostrar os filmes em primeira, segunda e terceira exibição. Usando o método de "forçar toda a linha de produtos", os estúdios ditavam a programação que acompanhava os filmes nos cinemas, incluindo os anúncios; e podiam definir o "preço mínimo do ingresso", impedindo ainda mais a concorrência dos cinemas independentes ao proibi-los de baixar seus preços. Qualquer cinema que se recusasse a cumprir as práticas de "concorrência justa" dos estúdios podia incorrer em violação do código, o qual, por sua vez, era respaldado pela lei. Embora a Lei Federal de Recuperação da Indústria tenha sido considerada inconstitucional em 1935, os estúdios continuaram a aplicar essas "práticas comerciais" por mais de uma década, para manter seu quase monopólio sobre a distribuição dos filmes.

De maneira mais tácita, os *moguls* também cooperavam entre si para perpetuar o sistema de estrelato. De início, firmaram "acordos de não-aliciamento", pelos quais seus dirigentes se comprometiam a não atrair para si estrelas de outros estúdios. Os atores que se recusassem a cumprir[4] seu contrato não encontrariam emprego em outro estúdio. Quando essa prática foi finalmente questionada, os estúdios descobriram um meio igualmente eficaz de alcançar o mesmo objetivo: a chamada "cessão". Em vez de recusarem suas estrelas aos concorrentes (e, assim, aumentar o risco de que os artistas não renovassem seus contratos mais tarde), os estúdios começaram a emprestar uns aos outros os atores de que precisavam. O acordo habitual, que se aplicava até mesmo a astros do porte de Gary Cooper, Clark Gable, Vivien Leigh e Jimmy Stewart, estipulava que o estúdio solicitante pagasse ao estúdio cedente o salário contratual do artista mais um adicional de 10%.

Em tese, essas cessões estavam ao alcance também dos produtores independentes, mas uma análise do Departamento de Justiça[5] revelou que mais de 90% delas eram feitas a outros grandes estúdios (e quase todas as restantes a produtores associados aos grandes estúdios). Ao criar dificuldades excessivas, quando não insuperáveis, para que os produtores independentes e estrangeiros tivessem acesso às estrelas, os *moguls* reforçavam seu domínio sobre a produção, distribuição e exibição de filmes nos Estados Unidos.

No exterior, os estúdios criaram, em 1945, uma espécie de cartel privado, a Motion Picture Export Association. Fazia parte da missão declarada dessa associação "responder às barreiras que visavam restringir a importação de filmes americanos"[6] e "restabelecer os filmes americanos no mercado mundial", após o término da Segunda Guerra Mundial. Ela atingia seus objetivos atuando como distribuidora exclusiva dos estúdios americanos na Alemanha Ocidental, França, Grã-Bretanha, Itália, Espanha, Japão e outros mercados além-mar. Como tinha os filmes de todos os estúdios à sua escolha, ela podia alternar as datas de exibição de modo a minimizar a possibilidade de disputarem entre si o mesmo público. Também recorria à contratação de pacote de filmes e a outras práticas do tipo – mesmo depois que estas foram declaradas uma violação das leis antitruste nos Estados Unidos – para forçar os cinemas estrangeiros a aceitar o produto americano, ainda que isso significasse excluir as produções locais. Se os cinemas ousassem rejeitar a oferta, não tinham acesso a nenhum filme americano.

Como outros cartéis típicos, a MPAA repassava os lucros a seus membros, os estúdios, segundo uma fórmula. A participação de cada estúdio no lucro total era determinada por sua participação nas receitas de bilheteria nos Estados Unidos. Se, por exemplo, a parcela da Paramount nas bilheterias americanas fosse de 27%, ela receberia 27% dos lucros externos, mesmo que nenhum de seus filmes tivesse dado lucro lá fora. Ao concordar com essa divisão do mercado internacional, os estúdios eliminavam qualquer concorrência entre si que pudesse permitir aos donos dos cinemas estrangeiros negociar condições melhores com algum deles.

Em 1957, porém, tudo mudou. O sistema de estúdio se desintegrara, e os estúdios, enfrentando agora a concorrência dos produtores independentes e estrangeiros, puseram fim ao acordo com a MPAA e começaram a organizar suas próprias divisões de distribuição para vender filmes no mercado externo. A MPAA também se reformulou, tornando-se um elo com os governos estrangeiros ou, como ela agora se descrevia, um "ministério do Exterior"[7] de Hollywood.

A NOVA COLABORAÇÃO

Na década de 1970, a televisão se tornara o principal meio de entretenimento, e os estúdios já não podiam contar com seu público de cinema habitual. Em vez disso, tinham de recrutá-lo entre o público de televisão, comprando, para isso, anúncios de comerciais na televisão de rede (e, mais tarde, a cabo). O problema era que o custo dessas campanhas publicitárias podia facilmente exceder o retorno obtido com a venda de ingressos se os anúncios não conseguissem atrair uma parte significativa do público-alvo. Se outro estúdio tentasse recrutar o mesmo público-alvo – meninas adolescentes brancas, por exemplo – para o mesmo fim de semana de estréia, muitas vezes colocando anúncios no mesmo programa de TV, o público potencial ficaria confuso e dividido. Ainda que um estúdio gastasse bem mais que o outro, não era possível ter certeza de que o público que ele atraíra não acabaria desertando para o filme concorrente se ambos estivessem passando no mesmo multiplex. A competição resultaria provavelmente em fracasso para os dois estúdios. Por outro lado, se essa colisão pudesse ser evitada, e um dos estúdios reagendassem seu lançamento para um período em que não houvesse concorrência, os dois provavelmente se beneficiariam. Mas eles não podiam coordenar suas estréias com a finalidade de eliminar a concorrência, como fizera a MPAA no exterior, porque essa forma de coordenação corria o risco de violar as leis antitruste. Em 1978, com os custos de publicidade em ascensão e a temporada de exibição nos multiplexes ficando cada vez mais curta, os estúdios precisavam, como descreveu Steve Ross, de "um meio legal de evitar a disputa direta".[8]

A solução engenhosa encontrada pelos estúdios estava na pequena empresa de pesquisa privada chamada National Research Group (NRG). A NRG determinaria a atratividade relativa de cada filme sobre a população por meio de pesquisas telefônicas com pessoas que (ainda) não haviam visto o filme para saber se já tinham ouvido falar dele. A empresa então analisaria os dados e faria circular os resultados entre seus assinantes (ou seja, todos os estúdios). Assim, cada estúdio saberia, pelos relatórios da NRG, quando seu filme estava em rota de colisão com o de um concorrente e, nesse caso, ou ele ou o concorrente – geralmente aquele que registrasse números inferiores no relatório – se reprogramaria então para evitar o corpo-a-corpo na estréia. Essa cooperação, embora não envolvesse nenhuma comunicação direta que pudesse disparar os alarmes antitruste, reduziu significativamente a concorrência desvantajosa.

A transformação dos estúdios em conglomerados do entretenimento só fez aumentar sua necessidade de cooperação. E agora que a maior parte de seu lucro, se não todo, provinha do licenciamento de vídeos, da televisão, da tevê paga e de outros direitos não relacionados aos cinemas, tornava-se crucial que cada um deles tivesse acesso irrestrito ao mercado de entretenimento global. Como a porta para esse mercado – as cadeias de locadoras, as redes a cabo, as emissoras de televisão e os satélites – era geralmente controlada por subsidiárias de outros estúdios, algum grau de cooperação entre eles era necessário. As oportunidades de substituir a concorrência aberta pela cooperação tácita apresentavam-se a eles sob o mantra das "alianças estratégicas".

Como o Departamento de Justiça ainda inspecionava um possível conluio na distribuição para as salas de cinema, a maioria desses novos arranjos envolvia setores que o decreto antitruste de 1948 não abarcava, como vídeo, DVD, tevê paga, licenciamento para televisão e outros mercados auxiliares. O nível dessa colaboração disfarçada de aliança estratégica pode ser medido pelos seguintes eixos formados dentro do sexpólio em 2003:

Eixo Sony–Time Warner

Embora Akio Morita tenha estendido seu profundo fascínio pela cultura empresarial judaica até Hollywood, chegando a afirmar, certa vez, "Sou uma espécie de judeu japonês",[9] ele percebeu também que a Sony estava em desvantagem competitiva em relação às companhias de propriedade americana. Como pertencia a um estrangeiro, a Sony estava proibida por lei de adquirir emissoras de televisão ou redes de transmissão nos Estados Unidos, de modo que ela tinha de se apoiar em companhias americanas para ter esse acesso crucial ao entretenimento doméstico. Assim, Morita precisava de um aliado nos Estados Unidos. Como já vimos, o acordo legal com Steve Ross, em função do recrutamento dos executivos Peter

Guber e Jon Peters, da Warner Bros., pela Sony, por mais dispendioso que tenha sido, lançou as bases para a aliança que a Sony procurava. Juntas, as duas companhias controlavam os direitos de licenciamento de quase 40% dos filmes e programas de televisão concentrados nas mãos dos estúdios.

A Sony decidiu também licenciar seus filmes com exclusividade para a HBO, subsidiária da Time Warner. Esse arranjo deu à HBO o acesso aos filmes que ela precisava para manter sua posição de liderança na TV paga dos Estados Unidos, e, ao mesmo tempo, proporcionou à Sony, que não tinha pontos de distribuição na TV paga americana, um caminho para alcançar os milhões de assinantes desse meio. Expandindo ainda mais esse eixo, a Sony se tornou sócia igualitária da Time Warner na tevê paga internacional, investindo na HBO Ásia, no Japão, e na HBO Ole, na Europa.

A sociedade de 50% com a Time Warner na Columbia House – que, com seu negócio de vendas por correio, era líder no comércio direto de CDs nos Estados Unidos – foi reforçada por um empreendimento conjunto para a distribuição de música na Grã-Bretanha. Em 2001, com a associação de seus selos musicais, as parcerias entre a Time Warner e a Sony responderam por mais da metade de todas as vendas por correio de CD no mundo. E, o que foi ainda mais significativo, o negócio de venda por correio, que acabou incluindo clubes de vídeo, proporcionou às duas companhias o meio de promover o formato DVD.

Para assegurar o sucesso desse formato, a Sony e a Time Warner também tiveram de encontrar uma maneira de impedir que os DVDs lançados primeiro nos Estados Unidos fossem vendidos em países nos quais o DVD, ou mesmo o filme, ainda não tivesse sido lançado. Do contrário, os DVDs poderiam arruinar a estréia dos filmes dos grandes estúdios nos mercados estrangeiros. A solução foi dividir o mundo em "regiões" ou "territórios" (nada diferentes das "zonas" utilizadas pelo antigo sistema de estúdio antes dos obstáculos levantados pelas leis antitruste) e forçar os fabricantes de aparelhos de DVD a implantar um circuito que os impedisse de rodar filmes de uma região em outra. Por exemplo, um DVD lançado nos Estados Unidos (região 1) não rodaria num equipamento vendido no Japão (região 2). Para evitar ações antitruste, a Sony e a Toshiba, na época parceira da Time Warner, negociaram um acordo de patente conjunto que incluía, como parte da patente, o chamado sistema de embaralhamento de conteúdo (CSS, sigla da denominação inglesa). O propósito declarado desse sistema era evitar que os consumidores copiassem os DVDs, violando assim as leis de direitos autorais, mas embutido nele estava o circuito que impedia os consumidores de assistirem a um DVD de outra região, embora não fosse ilegal fazer isso. Em razão desse esquema, todos os fabricantes autorizados de aparelhos de DVD reforçaram a divisão dos mercados feita pelos estúdios usando o circuito prescrito. Em seguida, para ter certeza de que os consumidores não reprogramassem nem burlassem o circuito, a Sony, a Time Warner e suas parceiras no DVD lançaram-se, com sucesso, ao lobby com o Congresso para introduzir uma cláusula na Digital Millenium Act de 2000 que incriminava qualquer um que corrompesse o CSS, até mesmo o dono do aparelho de DVD.

Enquanto isso, o único formato que poderia rivalizar com o DVD, o DVX, por breve tempo patrocinado pela Paramount, Fox e Disney, não conseguiu decolar. A colaboração Sony–Time Warner triunfara. Com isso, os estúdios dispunham agora de uma única plataforma digital: o DVD com restrição de zonas.

Mas o DVD foi apenas o primeiro estágio de seu plano digital final. Em 2001, numa jogada alinhada com a visão inicial de Ross de evitar as videolocadoras e com o conceito de Morita de libertar os produtos digitais dos dispositivos de armazenamento, dos estojos e da embalagem, a Timer Warner se aliou à Sony num acordo para distribuir os filmes diretamente aos lares. Sob esse novo sistema, os filmes digitalizados seriam enviados pela internet aos aparelhos de televisão, computadores, videogames e dispositivos de armazenamento digitais (que poderiam reproduzi-los de novo numa hora futura). Tratava-se de uma espécie de "santo graal",[10] como explicou um executivo da Warner Bros., pois possibilitava que a Sony e a Time Warner continuassem a arrendar seus vastos acervos sem ter de lidar com nenhum produto físico. Até mesmo empresas de venda pela internet como a Amazon.com, que operavam essencialmente com encomendas por correio, tinham de comprar, embalar e enviar, por serviço postal, os itens pedidos. E, se os consumidores ficassem insatisfeitos, havia ainda o custo da devolução dos produtos. Mas, no conceito da Sony–Time Warner, não haveria produto de fato, apenas um código de acesso que seria fornecido e cobrado via internet.

Além disso, a Sony e a Time Warner planejavam distribuir em conjunto jogos de computador pela internet. Em 2001, as duas gigantes assinaram uma minuta de acordo delineando um projeto para que a Sony integrasse aos seus videogames o acesso a alguns serviços da AOL, uma divisão da Time Warner, como o de mensagem instantânea. Com acesso a esses serviços, os proprietários de videogames, ao assinarem a AOL, poderiam jogar entre si via internet. Como os jogos de computador já geravam mais receita (e lucros) que os filmes nos cinemas, a Sony e a Time Warner reconheciam claramente os benefícios de investir nesse novo mundo do entretenimento por computador.

Esse mundo, que a Sony e a Time Warner almejavam criar por meio de sua aliança, requeria um elemento adicional: o controle sobre o conteúdo digitalizado, mesmo depois de ter sido vendido e entregue. Se os consumidores pudessem reproduzir de novo os filmes, programas e jogos sempre que quisessem, então a Sony, a Time Warner e os outros estúdios perderiam o controle sobre grande parte do valor futuro de seus acervos. Assim, com os outros impérios do entretenimento, elas formaram um lobby para conseguir que o governo exigisse que todos os fabricantes de tevês e projetores embutissem um chip de codificadores em seus produtos, a fim de evitar que reproduzissem qualquer entretenimento digital – incluindo a televisão digital, filmes em DVD e jogos de computador – sem um sinal de autorização. O sinal poderia ser incluído na transmissão da tevê ou no DVD para determinado número de exibições; para exibições adicionais, os consumidores pagariam para que o sinal fosse enviado de novo por internet, cabo ou linhas telefônicas. Com essa inovação, os estúdios finalmente seriam capazes de "manter o controle sobre seu conteúdo, mesmo depois de vendê-lo",[11] como esclareceu o executivo de um dos estúdios.

Com esse objetivo em vista, e por meio da MPAA (que entre 1966 e 2004 foi liderada por Jack Valenti, ex-assessor do presidente Lyndon Johnson), os estúdios ameaçaram retirar todos os seus filmes e cartuns da televisão digital até que o controle sobre os televisores digitais, na forma de dispositivos de codificadores embutidos, fosse transferido para eles. O lobby com o Congresso para tornar os chips de codificadores obrigatórios (e sua desabilitação um delito passível de punição) deu à Sony e à Time Warner, bem como aos outros estúdios, mais um motivo para cooperarem entre si.

O eixo Sony–NBC Universal

A Sony firmou aliança também com a Universal para fomentar sua empresa de música. As duas companhias enfrentavam um desafio comum: embora suas subsidiárias, a Sony Music e a Universal Music Group, vendessem cerca da metade do material musical gravado em CDs e fitas cassetes, os websites – especialmente o Napster – distribuíam música gratuitamente, inclusive de seus próprios selos, num formato digital chamado MP3. Aplicando a filosofia do *zaibatsu*, de Morita, as duas corporações gigantes decidiram unir forças. Depois de um litígio bem-sucedido para expulsar do negócio esses intrusos da internet, elas se aliaram para dominar a distribuição de música pela rede. Seu empreendimento conjunto, denominado Pressplay, começou com um serviço de assinaturas on-line pelo qual elas vendiam suas músicas em formato MP3 por meio dos dois maiores portais da internet, o Yahoo! e o MSN da Microsoft. Os compradores recebiam a música solicitada em formato digital e podiam baixá-la em seu computador ou diretamente num aparelho de MP3. Em 2003, depois que o Napster foi excluído do negócio por força da disputa judicial, a Sony e a Universal se desfizeram de sua participação na Pressplay.

As duas companhias expandiram então sua aliança para as lojas de música, com o programa MAP (sigla em inglês para preço mínimo anunciado). Dessa maneira, elas condicionavam as verbas de publicidade que forneciam aos varejistas o compromisso de que estes não exibissem em seus anúncios, nem nas promoções dentro da loja, CDs com preço inferior. Qualquer varejista que reduzisse o preço sugerido pelo fabricante, fosse quem fosse que pagasse pelo anúncio, estava sujeito a penalizações financeiras. Não demorou para que duas outras grandes empresa do ramo, a BMG Music (que em 2003 incorporou suas operações à Sony) e a EMI, se reunissem à Sony e à NBC Universal. Juntas, as quatro corporações respondiam por aproximadamente dois terços da música gravada. Como elas não fixavam os preços reais dos produtos, apenas os anunciados, o esquema MAP não parecia violar as leis antitruste americanas.

O eixo NBC Universal–Viacom

Esse eixo remonta ao forte vínculo que Lew Wasserman cultivava com Charles Bluhdorn, o financista que comprou a Paramount em 1966. A "relação especial" que se desenvolveu entre a Universal e a Paramount era "única" em Hollywood, segundo Sid Sheinberg, vice e sucessor de Wasserman. "Bluhdorn gostava muito de Wasserman e o respeitava – reverenciava-o, na verdade",[12] declarou Sheinberg a um jornalista.

Depois que a MCA assumiu o controle da Universal, em 1962, Wasserman percebeu que sua unidade de distribuição do outro lado do oceano estava perdendo altas somas de dinheiro, já que o custo de manter escritórios e esquemas de exibição em dúzias de países ultrapassava consideravelmente as rendas auferidas nos cinemas estrangeiros que exibiam os filmes da Universal. Como a Paramount tinha o mesmo problema, Wasserman propôs uma solução: associar a distribuição dos dois estúdios nesses países. Com isso, eles não só reduziriam pela metade suas despesas como aumentariam significativamente a força de marketing que poderiam aplicar nas cadeias estrangeiras; assim, Bluhdorn logo concordou com a criação da Cinema International Corporation, em 1970.

Em seguida, com a ajuda de Sidney Korshak, um influente advogado de Hollywood, os dois homens se aproximaram do financista Kirk Kerkorian, que comprara e fundira duas empresas que não tinham estúdio – a MGM e a United Artists – na MGM-UA. O consórcio resultante – um terço do qual pertencia à Universal, um terço à Paramount e o outro à Kerkorian – passou a se chamar United International Pictures (UIP). (Em 1999, Kerkorian retirou a MGM-UA do consórcio e vendeu suas cotas para a Paramount e a Universal.)

Os sócios também possuíam, individualmente ou em conjunto, por meio da UIP, um grande número de cinemas em cidades estrangeiras (o que era permitido pelo acordo antitruste de 1948), incluindo a Famous Players, a segunda maior cadeia de cinemas do Canadá; a United Cinemas International, a maior cadeia da Grã-Bretanha e da França; e os cinemas da UCI, que tinham 900 salas entre Japão, Alemanha, Espanha, Itália, Brasil, Portugal e Taiwan, inclusive muitas salas especiais.

A parceria Universal-Paramount, com seu consórcio de distribuição internacional e o controle de cinemas estrangeiros, implantou no exterior muitos dos elementos do extinto sistema de estúdio. Em 2003, a UIP era a maior distribuidora exclusiva de filmes nos mercados internacionais, operando não apenas com todos os filmes da Universal e da Paramount, mas com a maioria das produções dos "estúdios sem estúdio", entre eles a USA Films, a DreamWorks, a Focus e a Artisan. Como as leis antitruste não restringem as operações internacionais, a UIP pode usar práticas como a contratação de pacote de filmes e as vendas com exibição garantida de filmes ainda em produção (o chamado blind bidding*), práticas agora banidas nos Estados Unidos. Na maioria dos casos, a UIP oferece apenas acordos de fornecimento em que ela, não o dono do cinema, seleciona os filmes a ser exibidos durante determinado período. Se um exibidor quiser algum dos títulos principais, como *Parque dos dinossauros* (*Jurassic Park*), terá de concordar em exibir também outros filmes que não escolheu. (A parceria se estende igualmente para a distribuição internacional de vídeos e DVDs.)

Os lucros levantados fora do país dependem, em grande medida, do sucesso da campanha de marketing dos filmes mais importantes da Universal e da Paramount nos Estados Unidos. Se um filme alcançou um enorme êxito ao estrear nas bilheterias americanas, é provável que ele se torne mais valioso para as cadeias de cinema internacionais, e a UIP pode usá-lo como "locomotiva" em seus contratos

---

* Blind bidding: prática em que o distribuidor impõe ao exibidor o aluguel de um filme ainda não visto, normalmente ainda em estágio de produção. (N. da T.)

de fornecimento. *A múmia* (*The Mummy*), por exemplo, serviu para empurrar dez outros filmes aos cinemas do Japão, da Alemanha, da Itália e da Espanha. Por outro lado, se poucos filmes servem de locomotiva em determinado ano, a UIP corre o risco de não emplacar muitos filmes nas salas de exibição estrangeiras e, portanto, lucrar menos. Conseqüentemente, tanto a Universal como a Paramount têm uma motivação muito forte para criar o maior número possível de locomotivas para a UIP. Isso significa, na prática, coordenar suas estréias nos Estados Unidos de modo a assegurar que os lançamentos de uma não concorram diretamente com os da outra, arruinando assim os possíveis carros-chefes.

O eixo News Corporation–Disney

Em 2001, a Disney e a News Corporation iniciaram uma empresa conjunta para distribuir filmes diretamente aos consumidores americanos por meio de uma tecnologia chamada video-on-demand (VOD), que, se bem-sucedida, substituiria o elo mais fraco da cadeia de distribuição, a videolocadora. Em vez de alugar um vídeo ou DVD, o consumidor o solicitaria pelo controle remoto, telefone ou computador, pagaria com cartão de crédito e, instantaneamente, receberia o pedido em sua televisão. Assim como o vídeo, o filme poderia ser visto pelo cliente, durante certo período de tempo, da maneira que lhe fosse mais conveniente, inclusive com pausas e várias reproduções. Ao contrário do esquema mais futurista da Sony–Time Warner, esse plano recorre ao cabo no lugar da internet para ter acesso aos lares. De início, a aliança venderia novos lançamentos da Fox, da Disney e de suas subsidiárias por meio dos canais a cabo existentes. Se desse certo, seria então ampliado para incluir todos os filmes, cartuns, programas de tevê e itens de entretenimento que formavam o acervo das duas companhias.[13]

Assim como o plano da Sony–Time Warner, a parceria Disney–News Corporation visava a esquivar-se dos intermediários – como videolocadoras, canais a cabo e emissoras de televisão – para assumir com os clientes o tipo de relação direta que já não existia desde os felizes tempos do sistema de estúdio. No entanto, um novo problema se interpõe. Enquanto na época do sistema de estúdio havia poucas chances de que as cópias em 35 mm, extensas e frágeis, fossem pirateadas e duplicadas, os computadores domésticos permitem hoje que as pessoas copiem e reproduzam os filmes digitalizados. Para combater essa ameaça, o eixo Disney–News Corporation juntou-se ao eixo Sony–Time Warner em seu já mencionado esforço em pressionar o governo a implementar a exigência de codificadores, que daria aos estúdios, não aos consumidores, o controle do material digitalizado.

A Disney e a News Corporation são parceiras também em 59 outros países no negócio da tevê paga. Nos esportes, as duas gigantes dividem o controle da ESPN-Star, que oferece onze canais de programação esportiva nos países asiáticos.

Essa aliança mutuamente benéfica supriu necessidades antes não atendidas nas duas companhias. A Disney detinha os programas infantis que eram conhecidos do público estrangeiro e, por meio da ESPN, sua subsidiária, tinha participação internacional nas competições esportivas mais importantes, mas não dispunha de canais de tevê paga por satélite. A News Corporation, por sua vez, por meio da Sky e da Star, controlava 90% dos canais pagos do mundo, mas não tinha a programação infantil de que precisava para atrair os assinantes, especialmente na Ásia.

A aliança se repetiu em julho de 2001, quando Murdoch foi forçado a vender a Fox Family Worlwide para encerrar uma disputa com o co-proprietário da rede, Haim Saban, o empresário internacional (nascido no Egito, criado em Israel e naturalizado cidadão americano) que transferira os direitos do *Power Rangers* e de outros cartuns para a News Corporation em troca de metade das ações da Fox Family Worldwide. Murdoch conseguiu vender toda a rede para a Disney – incluindo o acervo de aproximadamente 3 mil horas de programas infantis de Saban – por 5,3 bilhões de dólares em dinheiro mais as dívidas pendentes. Mesmo assim, graças ao acordo ESPN-Star entre a Fox e a Disney, Murdoch ainda podia exibir em suas redes os *Power Rangers* e outros programas infantis de Saban.

A aliança incluía também os filmes. A Disney cedeu aos satélites da Star[14] direitos exclusivos sobre todos os seus filmes destinados ao cinema, mantendo um acordo semelhante com os satélites da Sky na Europa e na América Latina. Para estabelecer os filmes que seriam a principal atração para os espectadores na Ásia e, por fim, para o serviço conjunto de video-on-demand nos Estados Unidos, a Fox e a Disney tinham, é claro, um interesse mútuo em coordenar o lançamento de seus filmes mais importantes, para não pôr a perder suas campanhas de marketing competindo pelo mesmo público ao mesmo tempo.

A COOPERAÇÃO ENTRE AS SEIS GIGANTES vai além das poucas alianças aqui descritas. Por exemplo, a MTV, da Viacom, e a British Sky Broadcasting, da News Corporation, são sócias no canal Nickelodeon na Grã-Bretanha, e a News Corporation e a Sony, sócias na Sky Perfect, o principal canal de tevê paga do Japão.

Embora os estúdios concorram entre si pelos astros, pela publicidade, pelas bilheterias e pelo prêmio da Academia, suas parentes corporativas obtêm a maior parte de seus ganhos, na verdade, da cooperação mútua em mercados menos tradicionais (e visíveis), como cabo, vídeo e tevê paga. A questão de como se distribuem – ou até mesmo se definem – os lucros nesse emaranhado de relações se apóia num conceito que ajuda a definir a nova Hollywood: a compensação de despesas.

NOTAS

1. E. H. Gombrich, *Art and illusion*. Princeton: Princeton University Press, 1960, p. 5.

2. Entrevista com o autor, 2002.

3. Tino Balio, *Grand design: Hollywood as a modern business enterprise, 1930-1939*. Berkeley: University of California Press, 1993, p. 20.

4. *Ibidem*, p. 157.

5. *Ibidem*, p. 158.

6. Website da Motion Picture of America Association, Disponível em: http://www.mpaa.org/about/.

7. Idem.

8. Steve Ross, entrevista ao autor, 1988.

9. Citado em John Nathan, *Sony: the private life*. Boston: Houghton Mifflin, 1999, p. 64.

10. Entrevista com o autor, 2000.

11. Idem.

12. Citado em Kim Masters, *Keys to the kingdom: the rise of Michael Eisner and the fall of everybody else*. Nova York: HarperBusiness, 2000, p. 176.

13. Bruce Orwall e Anna Wilde Mathews, "Disney, News Corp. announce deal to offer videos on demand online", *Wall Street Journal*, 17 ago. 2001 (edição para a internet).

14. News Corporation Limited, Form 20 F, SEC (18 dez. 2000), p. 18.

4 O CONCEITO DE COMPENSAÇÃO DE DESPESAS*

"Os estúdios são, basicamente, distribuidores, bancos e proprietários dos direitos intelectuais."[1]
Richard Fox, vice-presidente da Warner Bros.

NO AUGE DO SISTEMA DE ESTÚDIO, os estúdios eram tidos como grandes fábricas de fazer filmes, como se estes fossem um produto industrial. Eles controlavam todos os meios de produção, desde os cenários internos e externos até os escritores e artistas. Mantinham inclusive acordos com os sindicatos que tornavam a concorrência proibitivamente cara para os de fora. E, ainda mais importante, controlavam seu ponto-de-venda – os cinemas –, estipulando as datas de estréia e o período durante o qual os filmes seriam exibidos. No final de 1949, a antropóloga Hortense Powdermaker acertou em cheio ao descrever Hollywood como "uma fábrica de sonhos" empenhada na "produção maciça de quimeras pré-fabricadas"[2].

Mas a metáfora da fábrica já não serve para explicar com precisão as organizações que substituíram o sistema de estúdio. Embora os estúdios ainda se denominem como tal e, na maioria dos casos, tenham conservado seus nomes originais – Fox, Warner Bros., Disney, Universal e Paramount –, eles não funcionam mais como antes.

A principal tarefa dos estúdios hoje em dia é cobrar remuneração pelo uso das propriedades intelectuais que eles controlam, de uma forma ou de outra, e então distribuí-la entre as partes – incluindo eles próprios – que criam, desenvolvem e financiam essas propriedades. Trata-se, essencialmente, de empresas de serviço, mais um banco de propriedades de direitos (direitos de livros, roteiros, idéias em desenvolvimento argumental, filmes e séries por eles produzidos, refilmagens, games e comodites etc.) que uma fábrica de sonhos. Como bancos de direitos, são entidades muito diferentes de seus predecessores, e essa diferença é patente quando se observam seus relatórios financeiros e seus produtos.

Veja o caso, por exemplo, do perfil financeiro de uma das maiores companhias pós-industriais dos Estados Unidos, com valor de 75 bilhões de dólares no mercado

---

* O autor usa o termo "clearinghouse concept", que numa tradução literal seria "o conceito de câmara de compensação". Optamos por traduzir como compensação de despesas, termo que também é entendido no meio cinematográfico por "cross collaterazação", tradução aportuguesada de cross-collateralization. (N do R. T.)

de ações em 2001. Sua impressionante receita de 25,4 bilhões de dólares e os 800 milhões de renda declarada para o ano anterior eram "pro forma". Pro forma, que literalmente significa "na forma de", é um construto intelectual usado nos balancetes em que se ajustam os resultados financeiros, a fim de melhor representar, na visão da administração, as perspectivas futuras de uma empresa. Os resultados pro forma geralmente excluem, por exemplo, as despesas que a administração considera anômalas. Como, de acordo com um abrangente estudo realizado pela Dow Jones & Company, essas suposições pro forma tendem a apresentar um quadro muito mais otimista dos ganhos que o real, elas acabam substituindo a realidade existente pelo mundo que a administração enxerga por meio de suas lentes cor-de-rosa.

No caso da companhia citada, os resultados pro forma incluíam os lucros e as perdas das empresas recém-adquiridas, como se estas sempre tivessem estado sob seu controle e os resultados fizessem parte de suas operações. Além disso, a companhia manejou para retirar de seus livros os enormes prejuízos sofridos com suas operações na internet ao desmembrá-las em empresas separadas e emitir para elas uma nova categoria de ações para os acionistas.

Além disso, muitos dos projetos da companhia que exigiam alto investimento de capital foram co-financiados, em 2000, com a ajuda de empresas-fantasmas. Agindo como sócias, essas empresas, por sua vez, emprestavam grande parte do dinheiro de bancos internacionais, contraindo dívidas que não constavam do balancete da companhia. E não só isso. Os bilhões de dólares de custo de seus projetos em desenvolvimento foram listados como despesas de capital, porque não tinham começado a gerar receita. Uma vez que só uma pequena parcela das despesas de capital é contabilizada em relação aos ganhos, essa manobra contábil aumentou significativamente os lucros relatados.

Com algumas das empresas-fantasmas, a companhia se beneficiou também de regras contábeis estrangeiras para ocultar resultados possivelmente desastrosos. Por exemplo, se tivesse usado os critérios contábeis americanos no relatório sobre sua subsidiária na França, a companhia teria mostrado que esta estava no vermelho, com um *deficit* superior a 2 bilhões de dólares, 2,5 bilhões em dívidas e apenas 69 milhões de capital próprio, mas com a ajuda dos critérios contábeis franceses, bem mais liberais, a companhia conseguiu demonstrar que a dívida da subsidiária era de apenas 1 bilhão de dólares e seu capital próprio, de 1,1 bilhão.

Império corporativo com operações no mundo inteiro, a companhia também estava envolvida em transações bilionárias com instituições financeiras, incluindo contratos de compra e venda de moedas estrangeiras, títulos do tesouro e opções de taxas de juros em várias datas futuras. Embora essas operações de proteção contra perdas almejem salvaguardar a empresa das flutuações nas taxas de juros e de câmbio externas, elas também produzem ganhos ou perdas quando os resultados financeiros são diferentes do esperado. A companhia criou ainda uma seguradora cativa para segurar os próprios negócios. Ao ajustar as taxas[3] e os prêmios que cobrava de si mesma, a despeito do risco envolvido, ela conseguia aperfeiçoar ainda mais sua imagem financeira perante o mundo.

Por último, a companhia oferecia aos seus principais executivos generosos pacotes de remuneração, com altos salários, bônus anuais e opções de compra de ações. (A emissão de opções de ações, vinculada ao desempenho acionário da companhia, eram um forte incentivo para que os executivos reportassem os resultados mais otimistas possíveis.) No período de 1998-2000, por exemplo, seu CEO recebeu 699,1 milhões de dólares por conta de salário, bônus e valorização de suas opções de ações. A companhia oferecia também generosos pacotes de indenização para os executivos que deixavam a empresa, a fim de evitar que eles difundissem uma imagem negativa da corporação, chegando a pagar a um presidente 140 milhões de dólares durante onze meses após seu desligamento. Ela também não contabilizava como despesa as opções de ações que concedia aos executivos, apoiada na teoria de que não se tratava de remunerações, mas de rearranjos da sua estrutura financeira. O custo dessas opções de ações ultrapassou meio bilhão de dólares entre 1995 e 2000. Se a companhia tivesse computado esses desembolsos como remuneração dos executivos, os rendimentos reportados teriam sido significativamente menores.

Essa companhia não era a Enron, a WorldCom ou qualquer uma dessas empresas cujo nome se tornou sinônimo de escândalo financeiro. Era a companhia cujo nome se tornara sinônimo de entretenimento doméstico: a Walt Disney Company. Não há dúvida de que os agentes de Mickey tinham freqüentado a escola de administração.

É bem verdade que a Disney não era a única, entre as seis gigantes do entretenimento, a usar esses métodos contábeis pós-industriais. De fato, as práticas da companhia eram mais conservadoras que as de algumas de suas colegas de Hollywood. Se a Hollywood dos primórdios se "erigiu sobre uma contabilidade espúria", conforme declarou David O. Selznick numa observação que ficou famosa, então ela prenunciou muitos dos elementos da corporação pós-industrial. Todas as seis companhias – Disney, Viacom, Fox, Time Warner, NBC Universal e Sony – usavam a tática do pro forma para excluir do relatório certas categorias de despesas; todas aplicavam medidas contábeis flexíveis, como o sistema Ebidta (sigla em inglês para lucros antes de juros, depreciação, impostos e amortização), que lhes permitia descartar o que, de outro modo, representaria pesados encargos de depreciação de seus cabos, satélites e outros investimentos de capital; e todas empregavam conceitos financeiros inventivos – como reconhecimento de ganhos futuros, reversão de reservas e distribuição da dívida entre as subsidiárias das quais elas têm o controle parcial – para pintar ao público um quadro mais otimista de seu futuro. Lançando mão dessas práticas, as seis companhias acrescentaram bilhões de dólares ao seu valor contábil. É claro que, em algum momento, deve haver um ajuste de contas entre os construtos contábeis e a realidade. Em 2002, por exemplo, a AOL Time Warner foi forçada a reconhecer o prejuízo de 54 bilhões de dólares por superestimar no passado seus ativos intangíveis. (Logo depois, ela mudou seu nome para Time Warner de novo.)

As seis gigantes do entretenimento têm uma desculpa para seus métodos contábeis. Estavam respondendo a um mundo agora diferente, no qual as medidas externas de desempenho haviam se tornado bem mais ambíguas. Sob o antigo sistema, os filmes eram financiados e produzidos por um único estúdio e só a eles pertenciam. Hoje em dia, poucos filmes – talvez nenhum – são produzidos por uma única entidade. Os estúdios terceirizam a realização e o financiamento da maioria de seus filmes e séries de televisão para empresas-fantasmas (em nada diferentes das utilizadas pela Enron). Os sócios dos estúdios nessas empresas são geralmente representados por escudos corporativos,* destinados a proteger seus proprietários – entre eles, financiadores de capital, companhias de produção, diretores e artistas – da exposição fiscal, da imputabilidade legal, das críticas da imprensa e de outras complicações que porventura surgissem. Esses veículos tecnicamente "emprestam" os serviços de seus titulares para as produções, recebem a remuneração e a distribuem da melhor forma possível para atender à sua situação fiscal. Por exemplo, Arnold Schwarzenegger emprestou seus serviços[4] para *O exterminador do futuro 3* por meio de sua fachada corporativa, a Oak Productions Inc., que, por sua vez, firmou um complexo acordo de reembolso fiscal destinado a evitar as obrigações tributárias adicionais que pudessem incidir sobre as filmagens e a distribuição do filme no estrangeiro.

Para complicar ainda mais as coisas, muitos escudos corporativos, e às vezes os próprios participantes, são domiciliados em países com diferentes leis tributá-

---

* Em inglês, *corporate shells*, expressão que denomina as empresas sem ativos fixos, que só existem no papel. (N. da T.)

rias, regras contábeis e qualificações para a obtenção de subsídios governamentais, que os parceiros exigem que sejam computados pelos estúdios.

Tampouco essas entidades não registradas se restringiam a empresas de produção de filmes isolados. A UIP, subsidiária de distribuição internacional controlada pela Paramount e pela Universal, opera como uma empresa-fantasma altamente lucrativa, com sede no exterior.

Outro artifício empregado pelo novo sistema consiste em antecipar os ganhos futuros de um determinado produto. Ao contrário do fluxo de receita do velho sistema, em que, no prazo de um ano, os filmes geralmente restituíam quase todo o dinheiro neles investido, o fluxo de renda agora dura enquanto durarem os direitos licenciáveis, o que pode levar muitas décadas. Para determinar o valor desses fluxos de rendimento longínquos, é preciso recorrer a suposições sobre o cenário futuro do entretenimento.

É o caso, por exemplo, do conceito de produtos "que constroem a marca" para as futuras audiências – como brinquedos, bonecas e personagens de jogos. O *Parque dos dinossauros*, da Universal, "tornou-se uma marca que significava dinossauros", observa Michael Wolf, consultor da Universal. "A atração temática [os dinossauros] é um dos maiores sucessos da Universal Studios em Hollywood e na Flórida. Os vídeos domésticos voaram das prateleiras, faturando 454 milhões de dólares. A venda de produtos, como brinquedos e videogames, atingiu a soma estimada de 1,5 bilhão. Considerando os outros fluxos de receita, a Universal construiu um império de marcas avaliado em 5 bilhões de dólares [em 2000]."[5] Para calcular esse valor de marca para seus acionistas, parceiros e bancos, a Universal precisa projetar no futuro qual será o entusiasmo das crianças e os hábitos de compra dos pais.

Como os estúdios já não são os únicos proprietários desses direitos valiosos, geralmente são obrigados a repartir os lucros decorrentes com outros participantes, como acionistas, co-produtores, editores musicais, estrelas, diretores e escritores. Mas, na qualidade de proprietários dos direitos dessa receita, também cabe a eles decidir quem fica com que parcela dos lucros. Ainda que imprecisas, essas decisões têm um enorme impacto sobre a riqueza não apenas dos estúdios, mas de toda a comunidade hollywoodiana.

Quando entra a receita, são os estúdios que decidem (de início, pelo menos) quem tem direito a que participação, quando e sob quais condições. Se algum dos outros participantes não concordarem com essas decisões, seus recursos são limitados, já que os estúdios geralmente controlam as informações em que se baseiam tais pagamentos. Um executivo de um dos estúdios se referiu a essa operação como o equivalente financeiro da "caixa-preta", em que "o dinheiro é constantemente embolsado e desembolsado".[6]

Todos os seis estúdios manobram para ocultar as dimensões dos direitos de licenciamento fazendo-os submergir em categorias genéricas e mais amplas dos relatórios financeiros. É assim, por exemplo, o tratamento dado à renda proveniente dos vídeos nos relatórios anuais dos estúdios. A NBC Universal a agrupa sob o título "entretenimento filmado", com a renda arrecadada por meio de filmes, televisão, publicações musicais, vendas por correio, redes de compra doméstica e cadeias de multiplex. A Disney a registra sob a descrição "entretenimento de estúdio", junto com a renda proveniente de filmes, animação e selos da gravadora. A Time Warner a inclui sob a rubrica "entretenimento filmado", com a renda de filmes, licenciamento de personagens e do acervo para a televisão. A Sony e a News Corporation a classificam sob as categorias "Filmes" e "Entretenimento filmado", respectivamente, junto com a renda de filmes, produções televisivas e vendas do acervo para a tevê. E a Viacom a registra sob uma categoria ainda mais ampla, "Entretenimento", misturando-a com a renda proveniente de parques temáticos, cinemas estrangeiros, publicações musicais e vendas do acervo para a televisão. A enorme renda gerada pela produção televisiva – um único seriado licenciado para diversos países, como *Cheers*, pode render mais de 150 milhões de dólares de lucro – é ainda mais difícil de localizar. A Viacom, por exemplo, reporta os ganhos com a Paramount Television não como parte da receita obtida pelo estúdio com o entretenimento, mas como rendimento de duas de suas divisões, a CBS e KingWorld.

Esse encobrimento não é acidental. Cada estúdio tem milhares de filmes e programas de televisão que todo ano arrecadam e desembolsam dinheiro. Quanto mais opaca for a caixa preta e menos disponíveis forem as informações para os de fora, mais fácil é para o estúdio controlar as alocações. Enquanto isso, o dinheiro que permanece na caixa preta, mesmo que temporariamente, constitui parte do capital de giro efetivo do estúdio.

Quanto mais dinheiro um estúdio consegue reter na compensação de despesas, e quanto mais longo o tempo de retenção, maior é o lucro real (ainda que esse montante não apareça como tal nos demonstrativos financeiros).

A ENTRADA NA COMPENSAÇÃO DE DESPESAS

A primeira preocupação da compensação de despesas é aumentar a quantidade de dinheiro, proveniente de *todas* as fontes, que ingressa nos cofres do estúdio. Antes mesmo de um filme entrar em produção, há influxo de dinheiro nessa compensação de despesas, liberado pelos investidores externos. Além dos co-produtores, dos parceiros financeiros e dos incentivos fiscais estrangeiros, esses investidores incluem os chamados "civis", que investem principalmente para partilhar o glamour, a glória ou a arte da indústria cinematográfica.

Durante a era do sistema de estúdio, a maioria dos civis desempenhou um papel pequeno como co-produtores. No final da década de 1920, com dois terços da população fazendo fila para comprar ingressos de cinema, os estúdios não precisavam de dinheiro externo para financiar suas fábricas de filmes. Qualquer hiato temporário entre as despesas com folha de pagamento e a receita das bilheterias – geralmente não mais que 90 dias – era preenchido por empréstimos feitos em bancos, que não tinham então nenhuma apreensão em emprestar dinheiro aos estúdios. Com o fim do antigo sistema, porém, os estúdios foram obrigados a buscar financiamento externo, na forma de investimentos diretos ou serviços.

Na década de 1980, os estúdios tinham encontrado uma ampla variedade de maneiras de recrutar os civis. A Disney, por exemplo, recebeu mais de 1 bilhão de dólares, entre 1985 e 1990, de investimentos em parcerias chamadas Silver Screen Partners I e II. Por um investimento pequeno, da ordem de 50 mil dólares, os participantes ganhavam o direito de se identificar com um estúdio de Hollywood e, em alguns casos, de visitar o set durante a produção do filme. (Se o filme realmente desse lucro, tinham direito também a uma participação nos ganhos.) O dinheiro proveniente desses "parceiros" financiou boa parte da produção de filmes da Disney.

A Paramount encontrou investidores civis fora do país, que queriam se beneficiar das brechas nas leis tributárias estrangeiras na década de 1990. Na Alemanha, por exemplo, o código tributário permitia que as pessoas que investissem em cinema deduzissem de seus impostos, num único ano, todo o montante que destinassem a companhias cinematográficas. Para os alemães cuja faixa de renda exigia que pagassem 80% de suas receitas ordinárias ao governo, esse dispositivo significava que, ao investir num filme o mesmo montante de suas receitas, que podiam emprestar, eles não precisavam pagar imposto algum. Quando, e se, fossem reembolsados no futuro, o dinheiro constituiria um "ganho de capital", que na Alemanha era tributado em apenas 30%. Outros países, incluindo França, Irlanda e Austrália, ofereciam oportunidades semelhantes, desde que alguns de seus atores e locações fossem utilizados no filmes. Assim, bilhões de dólares que, do contrário, teriam sido destinados ao fisco desses países, foram parar nos estúdios de Hollywood.

Quando Sumner Redstone assumiu a Paramount, ele instituiu a estratégia financeira denominada "aversão ao risco", exigindo que todos os filmes do estúdio recebessem pelo menos 25% do seu financiamento de investidores externos. Parte disso deveria vir de incentivos fiscais estrangeiros, e o restante, dos parceiros acionistas, que, ao contrário dos parceiros meramente financeiros, tinham participação nas decisões sobre elenco, produção e marketing dos filmes em que eles investiam. Alguns desses parceiros acionistas eram civis bastante conhecidos – multimilionários como Paul Allen, Ronald Perelman, Michael Steinhardt, Ted Fields III, Philip Anschutz e Kerry Packer – que haviam feito fortuna em outros ramos de negócios e agora queriam uma associação com Hollywood. Como explicou um deles: "É a aposta que se paga para entrar no jogo".[7]

Os parceiros acionistas geralmente investem por meio de empresas de produção independentes – como a New Regency, a Spyglass, a Village Roadshow e a Phoenix – que mantêm relações contínuas com os estúdios. Para pulverizar seus riscos, essas empresas geralmente fecham contratos para vários filmes, aos quais destinam centenas de milhões de dólares. Os próprios acionistas entram com parte do dinheiro, e o restante é emprestado de bancos especializados em financiar empreendimentos cinematográficos. Um único banco,[8] o JP Morgan Chase, registrou em 2000 3,5 bilhões de dólares em empréstimos não liquidados, e dois outros – o Bank of America e o Crédit Lyonnais – relataram mais de 1 bilhão de dólares em empréstimos semelhantes.

A empresa de produção independente e seus avalistas multimilionários correm riscos limitados, já que os empréstimos bancários são feitos "sem direito a recurso", o que significa que os bancos não podem recorrer contra os parceiros acionistas nem cobrar deles o dinheiro se os filmes não derem lucro suficiente para pagá-los. Por mais arriscado que isso pareça para os bancos, estes se protegem do prejuízo exigindo que os parceiros acionistas façam um seguro dos empréstimos, de tal modo que a seguradora garanta aos bancos o pagamento da diferença entre o que receberem dos filmes e o montante pendente para liquidação. Em tese, os bancos, dessa forma, estão seguros e podem lucrar com os juros relativamente altos que incidem sobre os próprios empréstimos. Na prática, porém, as companhias de seguro (com sedes principalmente nas Bermudas, nas Channel Islands e em outros paraísos fiscais) às vezes se recusam a pagar, preferindo obrigar os bancos a processá-las. (Em 2000, houve pelo menos dez ações judiciais[9] diferentes movidas pelos bancos contra as companhias de seguro, envolvendo 600 milhões de dólares em empréstimos segurados para a produção de filmes.)

Há casos em que os co-produtores são sócios plenos do estúdio – por exemplo, a Disney e a Universal se associaram à Fox para a realização de *Mestre dos mares (Master and commander)* – e financiam boa parcela do custo de produção. Em outros casos, o co-produtor pode contribuir não com dinheiro, mas com serviços substanciais, como digitalização e animação. Por exemplo, a Pixar, empresa de ponta na animação por computador, firmou um contrato com a Disney, de 1994 a 2004, para produzir sete longas-metragens animados – incluindo sucessos como *Toy story, Vida de inseto (A bug's life), Monstros S.A. (Monsters, Inc.)* e *Procurando Nemo (Finding Nemo)* – que a Disney então venderia e distribuiria.

Às vezes, os fabricantes de brinquedos e de games e outros licenciados fazem pagamentos adiantados para usar os personagens dos próximos lançamentos. Em 2002, os personagens do mundo do entretenimento responderam[10] por mais de 114 bilhões de dólares em vendas no varejo de produtos licenciados, gerando para os estúdios a soma estimada de 1,7 bilhão. (A maior parte desse dinheiro, como é fácil imaginar, foi para um único estúdio: a Disney.) Um montante bem menor recebido pelos filmes vem de várias companhias – como a Coca-Cola, a Nike e a Coors – pela chamada colocação do produto[11] (a inserção de logos ou produtos em filmes e programas de televisão). Parte do dinheiro advém também da pré-venda de certos mercados estrangeiros.

Se for preciso, o estúdio acrescenta os fundos adicionais necessários para cobrir possíveis *deficits* antes do lançamento. Aqui ele pode recorrer ao seu capital ou a empréstimos bancários.

Alguns meses após a estréia do filme, os bancos dos direitos dos estúdios recebem os "aluguéis" (nome dado à participação dos estúdios nas bilheterias) dos cinemas por meio de suas subsidiárias de distribuição. De início, a maior parte desse dinheiro provém das grandes cadeias nacionais da América do Norte – como a Cineplex Odeon, a Regal e a AMC –, que possuem, no conjunto, mais da metade dos multiplexes dos Estados Unidos. A divisão das receitas varia de um filme para outro, mas os estúdios geralmente acabam ficando com 45% a 60% da bilheteria. (Os cinemas, por sua vez, ficam com o saldo e mantêm todos os lucros arrecadados com a venda de pipocas, refrigerantes e outros itens comprados pelos clientes.)

A próxima maior injeção de dinheiro vem do lançamento fora dos cinemas, que inclui o entretenimento exibido no interior de aviões, contratos de pay-per-view com hotéis e exibição em bases militares americanas. Com as companhias aéreas, a taxa de licenciamento por título se baseia no número de vôos em que os filmes são exibidos, a despeito do número de passageiros que de fato assistem ou pagam para assisti-los. Os hotéis também pagam uma taxa por apartamento. Com as bases militares – onde há um público potencial de cerca de 6 milhões de soldados, marinheiros, técnicos civis e seus dependentes –, os estúdios geralmente arrecadam 50% dos ingressos pagos. Os filmes podem obter quantias substanciais desses mercados. *60 segundos*, por exemplo,[12] faturou 3,8 milhões de dólares com essas exibições fora dos cinemas.

As subsidiárias de distribuição dos estúdios também lidam com filmes produzidos por realizadores independentes e estrangeiros. Por esse serviço, elas geralmente cobram um terço de toda a receita auferida em cinemas e videolocadoras (depois de restituírem todos os gastos com publicidade, cópias e outras despesas de marketing). Em geral, a contribuição dos filmes estrangeiros para a compensação de despesas dos estúdios é relativamente pequena – serve apenas para "pagar a conta de luz",[13] conforme declarou o gerente-geral de um dos estúdios, mas às vezes sua participação é substancial. Por exemplo, a Sony Classic Films, distribuidora da Sony, ganhou 70 milhões de dólares em 2000 com a distribuição do filme de artes marciais *O tigre e o dragão* (*Crouching tiger, hidden dragon*), de produção independente.

A distribuição de filmes em outros países gera um fluxo monetário mais esporádico. Na maioria dos mercados externos, os estúdios usam suas distribuidoras (ou, no caso da Universal e da Paramount, sua distribuidora conjunta, a UIP), mas, em alguns mercados, eles recorrem aos distribuidores locais. Alguns filmes, especialmente os de ação, faturam mais fora do que nos Estados Unidos. *60 segundos*, para continuar sua saga, rendeu para a Disney 56,1 milhões de dólares no exterior, quase 10 milhões mais que nos cinemas americanos.

Embora o dinheiro dos mercados maiores – Japão, Alemanha, Grã-Bretanha, França, Austrália, Itália e Espanha – geralmente seja repatriado dentro de um ano a contar do lançamento, a coleta nos mercados menores, ou naqueles com restrições monetárias, pode levar anos.

Quando se consideram as fontes de receita isoladamente, a maior entrada de dinheiro provém das vendas de DVD, que normalmente têm início seis meses depois que o filme é lançado, e, comparado com o pequeno fluxo dos aluguéis cobrados aos cinemas, é um maremoto. Mesmo antes de as vendas de DVD se tornarem significativas, Sumner Redstone estimava[14] que a Blockbuster, sozinha, pagava aos grandes estúdios, somente pelo aluguel de vídeos, o equivalente a 3,9 bilhões de dólares por ano. Em 2003, a arrecadação anual dos seis estúdios[15] com os DVDs subira para 17,9 bilhões de dólares.

Na seqüência, a maior fonte de dinheiro é o licenciamento para televisão, que, dependendo do filme, pode se estender por décadas, começando com o pay-per-view e terminando com as emissoras locais do mundo inteiro.

O GRANDE FILME

Enquanto isso, as empresas de gravação pagam royalties aos estúdios pelas trilhas sonoras que lançam em CDs e cassetes. Algumas trilhas vendem milhões de discos – a do *Rei Leão (The lion king)*, por exemplo, vendeu mais de 3 milhões de cópias –, e, ao longo dos anos, podem faturar dezenas de milhões de dólares.

Além disso, há o licenciamento das séries televisivas pertencentes aos estúdios, que as redes e emissoras de tevê pagam para obter a licença. Depois das primeiras transmissões em rede, os episódios geralmente se tornam parte do acervo dos estúdios e de sua compensação de despesas. Em 2003, os seis estúdios receberam 7,2 bilhões de dólares[16] da venda de programas de televisão ao redor do mundo.

Por fim, mesmo depois da distribuição dos filmes e programas de tevê, os reembolsos continuam a fluir para os cofres dos estúdios, sob diferentes denominações. Por exemplo, segundo um alto executivo, o desconto dos laboratórios cinematográficos[17] ao seu estúdio (com base no volume) variava em torno de 200 a 300 dólares a cópia – podendo chegar a 800 mil dólares num filme. Ainda que essas somas sem sempre sejam visíveis nos relatórios financeiros dos estúdios, elas podem ser substanciais.

A SAÍDA DA COMPENSAÇÃO DE DESPESAS DOS ESTÚDIOS

O dinheiro começa a deixar a compensação de despesas bem antes de os filmes entrarem em produção ou, em muitos casos, antes ainda de serem aprovados. Cada estúdio tem milhares de funcionários – entre executivos, advogados, contadores, divulgadores, técnicos e vendedores – que são pagos semanalmente, quer o estúdio esteja produzindo algum filme, quer não. O estúdio da Sony, por exemplo, tinha 7 mil empregados em 2003, trabalhando em período integral.

Os estúdios também desembolsam dinheiro constantemente para adquirir propriedades intelectuais e convertê-las em roteiros que possam encontrar a aprovação de diretores, estrelas, executivos do estúdio, parceiros comerciais e investidores acionistas. Nem todos os roteiros conseguem ultrapassar esses obstáculos iniciais, naturalmente. De acordo com a estimativa de um executivo do alto escalão da Paramount, somente um entre dez projetos de roteiros[18] financiados pelo estúdio recebe sinal verde.

Mas as saídas torrenciais começam mesmo quando o filme é aprovado para produção. São feitos os primeiros pagamentos às agências e outros representantes financeiros de estrelas, diretores e outros talentos. Nesse momento, são pagos os honorários aos produtores que dão início ao projeto.

O CONCEITO DE COMPENSAÇÃO DE DESPESAS

Em seguida, é preciso desembolsar dinheiro da conta de produção para contratar o exército de profissionais que vai preparar a ilusão, e, com a produção em andamento, pagar o custo semanal de aluguel de equipamentos, serviço de alimentação, despesas de locação, estoque de filmes, processamento em laboratório, transporte, seguro, músicos e uma infinidade de outros gastos.

Com freqüência, outra pequena fortuna é destinada aos fornecedores independentes, como a Industrial Light & Magic, pela computação gráfica, os efeitos digitais, os bonecos, as inserções, os títulos e os trailers. Em alguns casos, como *Godzilla*, as faturas chegam a dezenas de milhões de dólares. Então, vêm os custos de pós-produção, como edição, pós-sincronização do som, mixagem das várias trilhas, balanceamento de cores e corte dos negativos.

Quando o filme está finalmente pronto para ser lançado, é preciso pagar os laboratórios para fazer as cópias que serão distribuídas dentro e fora dos Estados Unidos. O custo médio de uma única cópia é de 1,5 mil dólares (sem os descontos). Assim, para um filme como *Homem-aranha 2* (*Spider-man 2*), para o qual foram necessárias 4 mil cópias em 2004, o custo das cópias pode ficar em 6 milhões de dólares somente para a estréia nos Estados Unidos. Em 2003, a conta paga pelos seis estúdios (e suas subsidiárias) para a produção de cópias chegou a 540 milhões de dólares só para a distribuição interna.

Antes da estréia do filme, os estúdios precisam criar um público para ele – por meio da publicidade. Isso requer outra saída substancial de dinheiro. Em 2003, os estúdios gastaram, em média, 34,8 milhões de dólares por título em publicidade. Embora suas subsidiárias gastem menos dinheiro com isso – em média, 12,8 milhões por título em 2003 –, o total para os seis estúdios ultrapassou os 4,1 bilhões de dólares. Quando os filmes estream em outros países, os estúdios têm de desembolsar um montante extra de dinheiro – mais de 3 bilhões de dólares em 2003 – para colocá-los nesses mercados, além das despesas com remessa, liberação na alfândega, seguro, entre outras.

Enquanto isso, a divisão de entretenimento doméstico do estúdio tem de preparar os DVDs para os diferentes mercados. Isso pode envolver reedição, remixagem e novo balanceamento de cores; e, no caso dos DVDs, a reedição do material adicional, que inclui recursos que não estão disponíveis nos filmes distribuídos para os cinemas, o que custa entre 30 mil e 50 mil dólares por título. Os DVDs, assim como seus estojos, também precisam ser fabricados e enviados para os depósitos, para distribuição tanto interna como externa. Há ainda as despesas de publicidade associadas aos DVDs, como pôsteres, anúncios na tevê, displays para as lojas, além das comissões de vendas e o custo dos vídeos devolvidos. Um bem-informado executivo da Viacom[19] estima que esses gastos equivalem a 4 ou 5 dólares por cópia.

Os estúdios também gastam dinheiro para produzir os seriados de televisão. Ao contrário dos filmes, estes quase sempre entram em produção com compradores garantidos – as redes de televisão –, que adiantam as taxas de licenciamento para exibi-los na primeira temporada. Essas taxas, no entanto, geralmente cobrem apenas de 60% a 80% dos custos de produção dos programas.

ALOCAÇÕES NA COMPENSAÇÃO DE DESPESAS DOS ESTÚDIOS

A tarefa mais importante da compensação de despesas é repartir, entre o estúdio e os demais participantes, o dinheiro que resta depois dos desembolsos. Qualquer que seja o filme, inúmeras pessoas – entre elas o diretor, os produtores, atores, escritores, músicos e até mesmo os técnicos – podem ter direito a uma parcela dos resultados financeiros dos filmes. Como os termos dessa participação variam, cada estúdio emprega um grande contingente de advogados, contadores e negociadores para assegurar que esses termos coincidam, tanto quanto possível, com os interesses do estúdio. E o estúdio está interessado, obviamente, em aumentar sua parcela e manter os fundos que restam na compensação de despesas dos estúdios pelo maior tempo possível.

Em 2003, a compensação de despesas dos estúdios receberam mais dinheiro com as receitas mundiais do que gastaram com as despesas e pagamentos. Se tivessem simplesmente dividido o saldo total que sobrara em seus cofres com todos os parceiros e outros participantes, teriam reduzido significativamente seus lucros. Em vez disso, elas manejam para excluir da alocação boa parte do fluxo de caixa, utilizando complicadas fórmulas para calcular os royalties. É o caso, por exemplo, do vídeo (quando ainda existia esse formato) destinado a uso doméstico, que rendeu aos seis estúdios mais de 17 bilhões de dólares em 2003. Para calcular sua renda bruta com vídeos e DVDs, inclusive a divisão da receita nos aluguéis, os estúdios usam um sistema de royalties que não se utiliza em nenhum outro setor da indústria cinematográfica. Esse sistema teve origem em 1976, quando os vídeos consistiam principalmente em fitas de exercícios físicos e pornografia e eram vendidos por distribuidores independentes para lojas pequenas. Como os distribuidores permitiam que as lojas devolvessem as cópias não vendidas muito tempo depois do seu lançamento, era difícil calcular as vendas no varejo. Assim, num arranjo semelhante ao que se usava então nas empresas de música, os distribuidores concordaram em pagar aos produtores uma taxa fixa de 20% sobre o preço no atacado, a despeito da quantidade de vídeos devolvidos; esse pagamento, considerado um royalty, tornou-se o valor bruto de referência para calcular os pagamentos aos artistas e outros participantes.

Já em 1981, Steve Ross reconheceu as vantagens potenciais desse arranjo para os estúdios. Se o estúdio também se tornasse o distribuidor dos vídeos, dois valores brutos diferentes poderiam ser gerados para a contabilidade de sua compensação de despesas: um derivado das vendas totais de vídeos, e o outro da taxa de 20% a título de royalties. Na prática, uma das divisões do estúdio, a unidade de entretenimento doméstico, ficaria com 80% e pagaria a outra de suas divisões, o estúdio de cinema, um royalty de 20%. O requinte desse plano não passou despercebido aos executivos de outros estúdios; em meados da década de 1980, todos os estúdios haviam instituído suas próprias divisões de entretenimento doméstico, e o royalty de 20% se tornara "padrão na indústria".

No início, quando se vendia apenas um pequeno número de vídeos, o custo de transferir os filmes para uma fita master, gravar as cópias em cassetes virgens, embalá-las com capa, armazená-las, vendê-las e reembolsar as lojas pelas cópias devolvidas podia chegar a 30 ou 40 dólares por cópia, absorvendo a maior parte da receita retida pelas divisões de entretenimento doméstico após pagarem ao estúdio o royalty de 20%. Mas quando os vídeos se tornaram um negócio global multibilionário e passaram a vender centenas de milhares de cópias, esses custos de produção caíram drasticamente, ficando abaixo de 4 dólares a cópia. Conseqüentemente, o lucro sobre os vídeos que eram vendidos no atacado por 65 dólares, mesmo após o pagamento dos 20%, ou seja, 13 dólares, era de 48 dólares. Nesse ínterim, o royalty de 13 dólares é contabilizado pela compensação de despesas como "renda bruta proveniente de aluguéis" – da qual são deduzidos as despesas de distribuição e os pagamentos residuais.

O tratamento dado às vendas de vídeo para o filme *60 segundos* ilustra como funcionava na prática esse autofavorecimento. Em 2002, a Buena Vista Home Entertainment International, divisão inteiramente controlada pela Disney, ganhou 198 milhões de dólares com a venda e locação de vídeos e DVDs do filme. Dessa soma, a Buena Vista pagou a outra subsidiária da Disney, a Walt Disney Pictures, o royalty de 20%, ou 39,6 milhões de dólares, como se a Buena Vista International e a Walt Disney Pictures fossem empresas distintas envolvidas numa transação impessoal. Esses 39,6 milhões se tornaram, então, renda bruta da locação de vídeos, da qual foram deduzidos 20 milhões de dólares – 12,6 milhões referentes à taxa de distribuição dos vídeos e 7 milhões relativos às despesas –, creditando ao filme apenas 18,4 milhões. Enquanto isso, a Disney reteve em sua conta do entretenimento doméstico os 159 milhões que restaram após o pagamento do "royalty" de 39,6 milhões. É fato que a companhia teve despesas – cerca de 29 milhões gastos para cobrir os custos de fabricação, embalagem e devolução –, mas o saldo, aproximadamente 130 milhões, foi o seu lucro.

Não surpreende que os estúdios considerem o sistema de royalties um meio essencial para evitar que grande parte dos lucros obtidos com os vídeos seja transferida para os atores. Em *60 segundos*, Nicolas Cage tinha direito, por contrato, a 10% da receita bruta dos vídeos: se o cálculo de sua parcela tivesse sido feito com base na receita bruta real de 198 milhões de dólares, em vez da cifra derivada dos royalties, ele teria a seu crédito 19,8 milhões de dólares, e não 3,9 milhões. "Sem o sistema de royalties",[20] explicou um ex-executivo de um estúdio, "iríamos à falência".

Ao calcular as taxas de licenciamento para televisão – que, depois do vídeo doméstico e dos DVDs, são as maiores contribuintes da compensação de despesas dos estúdios –, os estúdios freqüentemente conseguem obter uma vantagem semelhante ao reunir, numa única linha de resultados, as vendas de filmes distintos. Embora não possam excluir flagrantemente a renda destinada aos outros participantes, como fazem com os 80% da renda arrecadada com o vídeo doméstico, os estúdios conseguem obter praticamente o mesmo efeito ao fixar uma cifra desproporcionalmente baixa para os filmes em que outros participantes têm uma cota a receber e outra desproporcionalmente alta para os filmes em que eles não têm essas obrigações. Essa manobra permite efetivamente que o estúdio reduza os desembolsos da compensação de despesas feitos para outros participantes.

Outras formas de renda, como as taxas para o licenciamento de brinquedos e a colocação de produtos, podem ser contratualmente excluídas do bolo para vários participantes. As permutações são quase infinitas.

Depois que a compensação de despesas do estúdio determina, com o auxílio de suas regras, a renda e as despesas relativas a cada filme, ela então distribui o dinheiro devido aos participantes. Existem dois tipos básicos de negociação: participação bruta e participação líquida. No primeiro, os participantes têm direito a uma parte da receita total – ou "aluguéis" – recebida pelo estúdio, em mercados especificados, em vários momentos de lucratividade do filme. Na sua forma mais rica (e mais rara), chamada "dólar um", os participantes recebem uma parcela de toda a renda arrecadada pela distribuidora do estúdio depois de descontadas as obrigações comerciais. Em *O resgate do soldado Ryan* (*Saving private Ryan*), por exemplo, Tom Hanks e Steven Spielberg receberam, cada um, 16,75% da receita do primeiro dólar arrecadado (o dólar um), fórmula que lhes rendeu 30 milhões de dólares cada, só com a distribuição para os cinemas.

O "dólar um" geralmente se restringe aos principais astros e diretores. Na maioria dos demais casos, os participantes só recebem a cota a que têm direito depois que o filme perfaz certa quantia ou depois que outros requisitos são satisfeitos. Por exemplo, a parcela de 10% de Michael Douglas sobre a receita de *Traffic* só começou a ser paga depois que a receita do distribuidor ultrapassou 100 milhões de dólares. Em alguns casos, os que participam dos lucros estão subordinados à renda proveniente de certos mercados. Todas as participações brutas são consideradas,[21] segundo as regras da compensação de despesas, "custo de produção" diferido e, uma vez pagas, são retroativamente acrescentadas ao orçamento do filme. Assim, quando Hanks e Spielberg receberam seu pagamento de 30 milhões por *O resgate do soldado Ryan*, o orçamento do filme, que fora de 78 milhões de dólares, saltou para 138 milhões. Ao tratar a cota dos astros sobre o bruto como despesa de produção, em vez de distribuição de lucros, os estúdios retardam ainda mais o "ponto de equilíbrio" (breakeven) com base no qual os participantes menos favorecidos podem começar a receber.

Os que participam do lucro líquido geralmente têm direito a uma parcela do saldo depois que o filme atinge o ponto de equilíbrio, e esse ponto varia de acordo com o contrato do participante. Na verdade, na nova Hollywood, o ponto de equilíbrio está mais para sonho que realidade, exceto no caso de uns poucos astros e produtores.

Ainda que a compensação de despesas de um filme ou de um estúdio não seja uma entidade física, com um endereço preciso, trata-se, conceitualmente, de um elemento essencial – e absolutamente real – dos estúdios de hoje. Na condição de proprietário patrimonial da compensação de despesas e fornecedor de serviços administrativos e financeiros, o estúdio retém uma robusta parcela de praticamente todo o dinheiro que entra e sai. Essa taxa de serviço geralmente equivale a 15% do custo total de cada produção a título de "despesas gerais" de administração cobertas pelo estúdio; 33% da renda obtida pelo filme a título de "distribuição"; e uma remuneração anual de 10% dos desembolsos orçamentários (até que sejam recuperados) a título de "juros". No todo, esses encargos podem exceder às vezes o custo do próprio filme. Retomemos o exemplo já discutido do filme *60 segundos*, cujo custo de realização foi de 103 milhões de dólares em 2000. Três anos após seu lançamento, as taxas de financiamento e serviços administrativos cobradas pela Disney chegavam a 124,9 milhões – 17,2 milhões relativos a despesas gerais, 65,9 milhões referentes à distribuição e 41,8 milhões de juros. Esses gastos com serviços se acumulam na compensação de despesas até serem compensados por lucros adicionais, o que raramente acontece. Assim, *60 segundos*, filme citado pela Disney em razão do seu sucesso, embora tenha arrecadado mais de meio bilhão de dólares em vendas brutas nas bilheterias e videolocadoras, continuava com um *deficit* de 153,3 milhões em 2003.

Em função dessas regras, a maioria dos filmes nunca sai do vermelho, e o estúdio, portanto, não é obrigado a efetuar pagamentos a muitos dos participantes, já que apenas alguns deles têm suficiente poder de barganha para negociar os pagamentos com base em regras diferentes, como uma porcentagem direta da renda bruta.

É certo que alguns filmes extraordinários, a despeito dos honorários de serviço, conseguem gerar lucros, mas, segundo estimativas do setor, estes não chegam a 5% de todos os filmes produzidos pelos estúdios[22] – mesmo depois de se incluírem na conta todos os direitos relativos a vídeo, televisão e outros. Até sucessos notáveis como *Os irmãos cara-de-pau* (*The blues brothers*), *Por favor, matem minha mulher* (*Ruthless people*), *Os intocáveis* (*The untouchables*), *Atração fatal* (*Fatal attraction*), *Rain Man*, *Uma cilada para Roger Rabbit* (*Who framed Roger Rabbit*) e *Batman* deram prejuízo,[23] segundo os relatórios.

Os honorários de serviço, embora talvez arbitrários, não são inteiramente fictícios. Os estúdios têm, de fato, de manter organizações funcionando em período integral para produzir, distribuir e vender os filmes. Seus incontáveis executivos negociam com os donos de cinema as datas de exibição; asseguram que as cópias, trailers e materiais promocionais cheguem em tempo; compram anúncios locais e nacionais em jornais; participam de inúmeras reuniões com os estrategistas de marketing; persuadem os exibidores recalcitrantes a cobrar dinheiro; e avaliam as oportunidades externas. Além disso, eles mensalmente têm de cumprir as demandas da folha de pagamento, contribuir com os planos de pensão, pagar as contas de aluguel, os prêmios de seguro e os encargos bancários. Suas despesas gerais são altíssimas. Ainda assim, não faltam críticas à contabilidade de Hollywood, que foi descrita como "inescrupulosa" na célebre ação judicial *Buchwald contra Paramount*,[24] em 1990. A auditoria dessa contabilidade se tornou uma área de especialização em Los Angeles, e livros inteiros foram escritos sobre suas nuanças. Foi tema de sátira em filmes como *Dirigindo no escuro* (*Hollywood ending*), em que um diretor (Woody Allen) recebe – e aceita – a oferta de ganhar 2% dos lucros depois que o "ponto de equilíbrio for quadruplicado", e na peça *Speed-the-plow*, de David Mamet, em que um personagem resume, numa frase, o que aprendeu sobre Hollywood: "Não há lucro".

É claro que, por sua vez, os que participam do lucro líquido – nomes como Art Buchwald, Woody Allen e David Mamet – concordam de bom grado com os termos dos contratos, inclusive com o direito do estúdio de acrescentar a cobrança das taxas de serviço. Em quase todos os casos, os contratos são examinados pelos agentes dos participantes e pelos advogados das agências de talentos. Portanto, se existe alguma fraude envolvida nas alocações da compensação de despesas, trata-se, como tantos outros aspectos das relações em Hollywood, de uma fraude consentida.

Os que participam do lucro bruto estão, obviamente, em posição mais vantajosa. Como as cifras das bilheterias são fornecidas semanalmente pela A. C. Nielsen, não é difícil determinar o montante aproximado que lhes é devido do lançamento em cinemas (embora os cinemas às vezes retenham, ou até renegociem, os aluguéis devidos ao estúdio, e este só efetue os pagamentos com base no dinheiro efetivamente recebido e – no caso de moedas estrangeiras – convertido em dólares). Mas até mesmo os que participam dos lucros brutos têm dificuldade em determinar quanto lhes cabe do dinheiro proveniente de outros mercados.

Embora seja um jogo de cartas marcadas, não são os estúdios que detêm todas as cartas. Os que participam do lucro bruto desfrutam de bastante poder em Hollywood – como Arnold Schwarzenegger, Tom Hanks e Steven Spielberg –, podem negociar termos contratuais melhores para si e, em alguns casos, conseguem romper o esquema dos estúdios de transferir os royalties do seu bolso esquerdo para o direito. Ao negociar seu contrato para *O exterminador do futuro 3*, por exemplo, Schwarzenegger, cuja identificação com o robô Exterminador era considerada indispensável para o sucesso do filme, conseguiu elevar seus royalties sobre os vídeos dos 20% padrão para 35%. Além disso, seu advogado, Jacob Bloom, incluiu no contrato uma cláusula extraordinária: "Com a finalidade exclusiva de calcular o ponto de equilíbrio do caixa, a receita bruta ajustada incluirá o royalty integral sobre os vídeos domésticos (ou seja, a renda obtida com os vídeos descontados os custos)." Essa formulação tirou do estúdio a possibilidade de reter qualquer parte da renda proveniente dos vídeos[25] ao calcular o "ponto de equilíbrio do caixa" – ponto em que Schwarzenegger tinha direito a "20% do total da Receita Bruta Ajustada [...] do Filme, a contar do primeiro dólar", além dos seus honorários de 29,25 milhões de dólares.

Os parceiros acionistas com capacidade de investir centenas de milhões de dólares em serviços ou dinheiro – como a Pixar, a Spyglass e a New Regency Entertainment – também podem obter tratamento diferenciado na compensação de despesas. A Pixar, por exemplo, cujos longas-metragens animados proporcionaram à Disney, entre 1995 e 1999, mais de 50% de toda a renda da sua divisão de filmes,[26] de acordo com uma análise de Wall Street, conseguiu reduzir de 33% para 12% a taxa de distribuição que a Disney cobrava sobre seus filmes. Um parceiro acionista poderoso pode ainda convencer o estúdio a definir os chamados "corredores" em mercados geográficos específicos – esquema que permite a um dos participantes receber um montante fixo das receitas provenientes desses mercados antes que os outros obtenham sua parcela. A Village Roadshow, por exemplo, no seu acordo de co-produção do filme *Matrix* com a Warner Bros., obteve um corredor na Austrália e Nova Zelândia para as vendas de vídeos, DVDs e tevê paga.

Esses privilégios especiais ocorrem, com freqüência, à custa de outros participantes. Os já mencionados benefícios de Schwarzenegger em *O exterminador do futuro 3* foram concedidos a expensas de todos os participantes menos poderosos do filme. As enormes somas que ele sozinho arremataria com seus royalties maiores sobre os vídeos empurraram para cima o ponto de equilíbrio do filme, distanciando ainda mais os outros participantes do ponto em que passariam a ter direito a uma parcela. De modo semelhante, a exclusão de mercados em razão dos corredores diminui o saldo a ser distribuído entre os demais participantes. As companhias de seguro envolvidas na relação já descrita com o JP Morgan Chase e outros bancos geralmente culpam esses corredores contratuais[27] (cuja existência não é costume revelar aos outros investidores) quando os participantes se vêem impossibilitados de reembolsar seus empréstimos bancários.

SE LEW WASSERMAN, em seu papel de agente, abrira a caixa de Pandora ao negociar o contrato para que Jimmy Stewart tivesse uma participação nos lucros dos filmes da Paramount em 1950; os estúdios modernos, ao se transformarem em compensação de despesas de propriedades diversas, como a criação de um roteiro ou a atuação de um ator, percorreram um longo caminho para lacrar novamente essa caixa cinqüenta anos mais tarde. Ironicamente, o próprio Wasserman lançou as bases para a compensação de despesas quando introduziu os contratos de produção no licenciamento para a televisão, dando assim aos estúdios a liberdade de atribuir a cada filme o valor que fosse mais vantajoso para eles. Steve Ross e os dirigentes de outros estúdios empregaram então o sistema de royalties sobre os vídeos, criando a ilusão de que os diferentes bolsos da compensação de despesas – a divisão de vídeos domésticos e a divisão de filmes – eram entidades distintas. Michael Eisner, Sumner Redstone e Rupert Murdock levaram ainda mais longe o conceito de autofavorecimento, expandindo seus impérios de mídia para incluir as redes de televisão, as redes de cabo e os canais de tevê paga aos quais licenciavam os produtos de seu estúdio.

O conceito de compensação de despesas fornece uma resposta ao paradoxo de por que, apesar do prejuízo aparente sofrido pela maioria dos filmes – mesmo quando se consideram todos os mercados –, os estúdios continuam no negócio: o dinheiro perdido vem de seus parceiros menos poderosos. E também explica por que os estúdios não mais dependem de orçamentos apertados, de longas temporadas de exibição nos cinemas ou da alta receita das bilheterias para assegurar seu sucesso. A vantagem de manter orçamentos apertados para os filmes, que era tão importante na época do sistema de estúdio, deixa de ser tão significativa quando os parceiros acionistas e os co-produtores são contratualmente obrigados a pagar os estouros de custo. (Na verdade, se o acréscimo das despesas aumenta o provável retorno dos mercados de entretenimento doméstico, que são mais lucrativos, um filme mais dispendioso pode se revelar, no final, vantajoso para o estúdio.) Os benefícios de prolongar a temporada de exibição do filme no cinema são hoje refutados pelo prejuízo com que se tem de arcar quando seu lançamento em vídeo demora e já não pode se beneficiar da campanhia publicitária feita para o cinema. E a receita bruta das bilheterias, que pode ser resultado simplesmente de campanhas de publicidade claras, obviamente deixou de ser a principal preocupação dos estúdios, embora esses números, publicados semanalmente na imprensa, continuem a impressionar o público. Considerando as novas prioridades dos estúdios, é com certa razão que Sherry Lansing, dirigente da Paramount, disse em 2002: "Não estou, nunca estive interessado na bilheteria; o que me interessa é a lucratividade".[28] De fato, como salientou um dos executivos da Paramount, mesmo que um estúdio produzisse um filme a baixo custo e, com poucas despesas de publicidade, exibisse-o por um ano nos cinemas, arrecadando nas bilheterias uma receita superior a todos os custos, ainda assim seria possível que ele não gerasse dinheiro suficiente na compensação de despesas para equilibrar os gastos gerais do estúdio. Por outro lado, um filme com orçamento gigantesco, como *60 segundos*, que fica em cartaz por apenas algumas semanas e não consegue levantar na bilheteria o suficiente para pagar as despesas de publicidade e distribuição, ainda pode ser considerado um grande sucesso.

A medida do sucesso na compensação de despesas é direta: maximizar o montante que entra de todas as fontes e minimizar o montante que sai para os parceiros e outros participantes. Quem ganha são os estúdios e a meia dúzia de financiadores e astros que obtêm condições especiais; quem perde são os que querem participar do jogo cinematográfico sem ter poder de barganha suficiente para conseguir privilégios especiais. O mais importante no conceito da compensação de despesas não é a arte de fazer cinema, mas a arte de negociar.

NOTAS

1. Citado em David Putnam, *Movies and money*. Nova York: Alfred A. Knopf, 1998, p. 227.

2. Hortense Powdermaker, *Hollywood: the dream factory, An anthropologist looks at the movie makers*. Boston: Little, Brown, 1950, p. 39.

3. Christopher Oster, "Risky game: companies scrimp on insurance costs", *Wall Street Journal*, 1º ago. 2002.

4. Oak Productions, Inc., Contract for the acting services of Arnold Schwarzenegger for *Terminator 3*, 10 dez. 2001, Exhibit D, Tax Reimbursement Agreement.

5. Michael J. Wolf, *The entertainment economy*. Nova York: Times Books, 1999, p. 229.

6. Entrevista com o autor, 2002.

7. Entrevista com o autor, 2002.

8. Martin Peers, "Financiers flocked to Hoffman's deals, until the claims came In, sparking ire", *Wall Street Journal*, 20 jul. 2000, p. 1.

9. *Ibidem*.

10. *The Licensing Letter*, "Licensing Business Survey, 2003". Disponível em: http://www.epm.com.

11. Bruce Orwall, "Miramax-Coors deal Marriers Advertising and Entertainment", *Wall Street Journal*, 8 ago. 2002 (edição para a internet).

12. Participation Statement, 2003.

13. Entrevista com o autor, 2003.

14. Sumner Redstone, entrevista com o autor, 2000.

15. MPAA, All Source Numbers.

16. Dados da MPAA, maio de 2003.

17. Entrevista com o autor, 2004.

18. Citado em Charles Lyons, "Passion for Slashin", *Variety*, 26 jun. 2000, p. 1.

19. Estimativa informada por e-mail, 10 dez. 2003.

20. Entrevista com o autor, 2001.

21. John W. Cones, *The feature film distribution deal*. Carbondale: Southern Illinois University Press, 1997, p. 4.

22. *Ibidem*, p. 5.

23. *Ibidem*, p. 7-8.

24. Pierce O'Donnell e Dennis McDougal, *Fatal Subtraction: the inside story of Buchwald v. Paramount*. Nova York: Doubleday, 1992, p. 408.

25. Oak Productions, contrato de Schwarzenegger: remuneração contingente. Entrevista com o autor, 2002.

26. Relatório, "Walt Disney", Morgan Stanley Equity Research, ago. 2002, p. 6.

27. Martin Peers, *op. cit.*

28. Citado em Tom King, "Paramount celebrates birthday", *Wall Street Journal*, 27 set. 2002 (edição para a internet).

PARTE 2

A arte da ilusão, a ilusão da arte

5 O INFERNO DO DESENVOLVIMENTO

O conteúdo é rei.[1]
– Sumner Redstone

EMBORA O IMPÉRIO do entretenimento seja composto, hoje em dia, de empresas globais gigantescas, com tentáculos que se estendem das videolocadoras aos satélites espaciais, ele continua a se apoiar fortemente num único produto para se definir: os filmes. Como observou certa vez Sumner Redstone: "Sem o conteúdo, todos os canais de cabo, redes de televisão, cadeias de videolocadoras e outros sistemas de distribuição são absolutamente inúteis. Esse conteúdo são os filmes".[2]

Os filmes, a mercadoria comum de todos esses sistemas de distribuição, são produto da imaginação e do talento de indivíduos com interesses e ambições muito diferentes, às vezes, daqueles dos impérios corporativos para os quais trabalham. Mas todos compartilham um único propósito: criar uma ilusão que atraia o público.

A GÊNESE

Todo filme começa com uma idéia. Pode não ser mais que uma anotação proverbial rabiscada no verso de um envelope, o nome de um livro que poderia virar roteiro, um artigo de revista ou história original que se poderia adaptar, um filme ou peça antiga que se poderia refilmar com novo elenco. Pode vir de um escritor, agente, ator, diretor, produtor, executivo do estúdio ou mesmo de alguém fora do setor. Engajados na missão de descobrir possíveis idéias para um filme estão os 5 mil membros inscritos na Screenwriters Guild of America, 2 mil agentes e milhares de diretores, produtores e executivos. Quase todos os dias, em dúzias de encontros marcados à mesa do café-da-manhã de algum hotel, ou em reuniões mais formais realizadas em escritórios, uma infinidade de idéias são discutidas em Hollywood.

Das idéias que terminam em filme, a vasta maioria é apresentada aos executivos dos estúdios verbalmente, no chamado "pitch"*. Os pitches são particularmente eficazes quando podem ser resumidos a uma única frase que explica toda a trama, conhecida como high concept (alto conceito). Esse tipo de apresentação é

---

* No Brasil, além da televisão, há empresas que investem recursos incentivados obrigando os produtores a um pitching, a justificar os filmes e responder, em cinco minutos, às questões: qual é sua história? Por que só você pode contar essa história? Para quem você quer vender? (N. do R. T.)

habilmente satirizado nas cenas de abertura do filme *O jogador* (*The player*, 1992), de Robert Altman, em que o diretor do estúdio, Griffin Mill (Tim Robbins), ouve uma renque de escritores esperançosos recitar descrições sumárias como "É uma mistura de *Ghost* com *O candidato da Manchúria* (*The Manchurian candidate*)", ou, numa forma um pouco mais elaborada, "É como *Os deuses devem estar loucos* (*The gods must be crazy*), só que desta vez 'a garrafa de Coca é uma atriz de televisão'."

Dessa multidão de possibilidades, os seis estúdios, que, juntos, produziram em 2003 a soma total de simplesmente 80 filmes, selecionam as idéias que cumprem seus requisitos básicos. De seu lado, os diretores de estúdio se concentram nos elementos específicos do filme que lhes trarão lucro. Eles prestam especial atenção aos aspectos da idéia que podem atrair, ou repelir, os parceiros acionistas, os co-financiadores, os distribuidores, as cadeias de videolocadoras, os canais estrangeiros de tevê paga, os fabricantes de brinquedos e outros contribuintes importantes. Quando perguntam ao diretor do estúdio em *O jogador* quais são os elementos que o estúdio procura, ele responde: "Suspense, riso, violência, esperança, amor, nudez, sexo, finais felizes", enfatizando em seguida, "principalmente finais felizes". Como explica o diretor Robert Altman, na seção de comentários do DVD: "Os finais felizes são o tema do negócio. Comercialmente, é isso que os estúdios querem".

À parte o cinismo de Altman, mesmo levando em conta seus próprios e claros interesses, os estúdios exigem mais que projetos comercialmente bem-sucedidos. Além do desejo de oferecerem um produto que atraia os financiadores, distribuidores e licenciados, os executivos dos estúdios precisam preservar e nutrir seu relacionamento com os astros, o diretor, os produtores e os agentes que definem a comunidade hollywoodiana – na qual eles trabalham e se divertem. Se os executivos só fizessem filmes que maximizassem a quantidade de dinheiro em sua compensação de despesas, correriam o sério risco de perder sua posição nessa comunidade e, assim, seu vínculo com pessoas, eventos, homenagens e oportunidades que, antes de tudo, os levaram a Hollywood. Com esse investimento pessoal em seu status e na sua solidariedade com os artistas, diretores, pessoas influentes e outros decanos de Hollywood, eles buscam atender a outros interesses além da lógica econômica ditada pelo balancete da compensação de despesas. Suas decisões devem levar em conta também um aspecto mais amplo, ainda que menos tangível: os eixos sociais e políticos de Hollywood. Sempre cientes dessa engrenagem nos jantares, eventos esportivos, cerimônias de premiação e outras funções sociais – assim como entrevistas na mídia –, os executivos procuram projetos que, além do caráter estritamente comercial, possam atrair atores, diretores, prêmios e exposição na mídia que os ajudem a manter sua posição na comunidade e também sua motivação.

A TAREFA DE CONVERTER as idéias em filmes geralmente fica a cargo dos produtores. Embora se digam produtores "independentes", os estúdios costumam fornecer-lhes, e a suas empresas, escritórios nas suas instalações de filmagem e dinheiro para contratar escritores, assegurar o direito de opção sobre livros e cobrir muitas das demais despesas, quando não todas. Os produtores podem empregar agentes literários, leitores, editores de ficção e outros auxiliares para encontrar o material necessário. Em troca desse apoio, os estúdios obtêm o direito de comprar os roteiros bem-sucedidos ou, pelo menos, o direito de "primeira opção"*.

Os estúdios também iniciam e distribuem projetos a esses produtores para que eles os desenvolvam. Alguns desses projetos têm histórias longas. É o caso, por exemplo, de *Godzilla*. Em 1952, quando o sistema de estúdio estava cambaleando, o produtor japonês Tomoyuki Tanaka fez o primeiro filme sobre o tema. Nele, Gojira, um réptil gigante fruto de uma mutação, erguia-se das mesmas águas do Pacífico onde estavam sendo realizados testes nucleares – assunto tão delicado no Japão, o único país que sofrera um ataque de bomba nuclear, que as leis da censura ainda proibiam qualquer discussão pública a respeito. Contando com o apoio da Tojo Films, a maior proprietária de cinemas no Japão, Tanaka produziu um filme em preto-e-branco, de 85 minutos, sobre o réptil que destruía as cidades japonesas; e a película se tornou um dos maiores sucessos de bilheteria do Japão. Logo a seguir, a Embassy Pictures, uma distribuidora independente de Nova York, comprou os direitos para a exibição do filme nos Estados Unidos, eliminando a alegoria antinuclear e acrescentando uma rápida seqüência de tomadas que inseria na trama um herói americano, representado por Raymond Burr. Lançado em 1956, com o título *Godzilla: o rei dos monstros* (*Godzilla: king of the monsters*), foi sucedido por nada menos que vinte e duas continuações produzidas no Japão pela Tojo. Também estabeleceu, seguindo a trilha aberta por Disney, uma franquia internacional para a venda de brinquedos e jogos. Em 1992, quando tentava criar uma divisão de licenciamentos, a Sony decidiu investir no comprovado apelo do réptil gigante e reservou os direitos para realizar outra continuação produzida pela Tojo.

---

* É quando o estúdio ou a distribuidora tem a primeira opção de aceitar um projeto. Se for recusado, o estúdio tem o direito de "última recusa", o produtor pode oferecer o projeto a outros, mas, antes de fechar negócio, deve voltar ao estúdio para saber se ele aceita ou não repassar o projeto. (N. do R. T.)

O desenvolvimento de Godzilla se prolongou ainda por mais quatro anos, enquanto os executivos da Sony se empenhavam em encontrar uma fórmula para revigorar a franquia. Finalmente, em 1996, a companhia entregou o projeto para a Centropolis Films – que acabara de produzir para a Fox o grande sucesso *Independence Day* – como parte de um acordo no qual sua equipe de produção–direção, encabeçada por Dean Devlin e Roland Emmerich, produziria os principais filmes para a Sony. "*Parque dos dinossauros*, de Spielberg, acabara de arrecadar para a Universal 950 milhões de dólares nas bilheterias, e a Sony queria o mesmo: um grande monstro – realmente grande – que fugisse ao controle", recorda-se Devlin.[3] Assim, ele encomendou aos escritores Ted Elliott e Terry Rossio um roteiro não muito diferente daquele do *Parque dos dinossauros*, em que o plano de um empresário ganancioso de exibir um monstro em Nova York termina num deus-nos-acuda quando o monstro escapa e, como explica Devlin, "pisoteia um monte de pessoas e carros". A Sony imediatamente deu sinal verde para o projeto. *Godzilla*, lançado em 1998, no fim de semana do Memorial Day, para reduzir as críticas, faturou 180 milhões de dólares nas bilheterias, consideravelmente mais com os vídeos, DVDs e outros direitos subsidiários, estabelecendo assim com sucesso a divisão de licenciamento da Sony, a Sony Signature.

Os produtores às vezes iniciam projetos sem o respaldo de um estúdio. Em 1998, Mario Kassar e Andrew Vajna, por exemplo, compraram os direitos para fazer uma segunda seqüência de *O exterminador do futuro* – a ser chamada *O exterminador do futuro 3: a rebelião das máquinas* –, pelos quais pagaram 14,5 milhões de dólares à hoje falida Carolco Pictures e à primeira produtora, Gale Anne Hurd. Em seguida, despenderam mais 5,2 milhões para desenvolver o roteiro e conseguir um diretor (Jonathan Mostow) aceitável para o astro pretendido, Arnold Schwarzenegger. Só então levaram o projeto à Warner Bros. e à Sony, que concordaram em fornecer garantias de financiamento e distribuição (a Warner nos Estados Unidos, e a Sony, em outros lugares).[4]

Afora esses exemplos notórios, a vasta maioria dos roteiros é financiada pelos estúdios, não por produtores independentes. Os estúdios geralmente proporcionam aos produtores fundos rotativos, que são repostos quando os projetos chegam à fase de produção.

Embora a maioria dos contratos feitos com os produtores inclua um certo número de projetos – os chamados acordos "multifilmes" –, os estúdios também firmam incontáveis acordos menores com os produtores para que estes desenvolvam roteiros para um único projeto. Estima-se que, em 2002, os seis estúdios e suas subsidiárias mantinham com os produtores mais de 2.500 idéias em algum estágio de desenvolvimento. Os produtores, por sua vez, têm pouca escolha, a não ser trabalhar com os grandes estúdios, se desejam realizar filmes hollywoodianos. Os seis grandes estúdios não apenas têm o poder de lançar um filme em 1.500 ou mais multiplexes, como também dão aos produtores a legitimidade necessária para atraírem astros e diretores aos seus projetos.

O ROTEIRO

Quando a idéia se revela suficientemente diferenciada e atraente para despertar o interesse de um produtor e/ou executivo de estúdio, deve então ser convertida num roteiro adequado. "A página vazia [é] o terror de todo mundo", escreve Peter Guber, que liderou os estúdios da Warner Bros. e da Sony. "Não é só o escritor que teme a página vazia; o diretor, o produtor, o financiador também.... Por mais deslumbrantes que sejam as cibertomadas que o diretor tem em mente, por mais sólido que seja o esquema de financiamento engendrado pelo produtor, absolutamente nada acontece antes que as palavras comecem a preencher a página em branco".[5] No dizer de um produtor extremamente bem-sucedido: "Sem o roteiro, não se pode fazer o filme".[6] O processo gradual de escrever, revisar, polir e, muitas vezes, recriar o roteiro até que todas as partes envolvidas fiquem satisfeitas é denominado "desenvolvimento".

Se tudo der certo, o martírio do desenvolvimento levará ao "sinal verde", termo utilizado para descrever a decisão do estúdio de colocar o projeto em produção, mas a maioria dos roteiros nunca recebe o sinal verde. Em 2003, segundo uma estimativa da Paramount, nove de dez projetos em desenvolvimento no estúdio não foram adiante.[7] Os que não recebem o sinal verde são devolvidos aos produtores – que podem vendê-los a outro estúdio, respeitando o direito de "última recusa" – ou simplesmente abandonados. Para compensar essa proporção desfavorável, muitos produtores têm, em andamento, tantas idéias quantas podem pagar para encomendar, reservar os direitos de opção* ou comprar, seja com fundos do estúdio ou com dinheiro próprio. Quando um desses projetos é aprovado, os produtores recebem remuneração (que pode ser de vários milhões de dólares), participação nos lucros futuros e, quando concluído, crédito no filme.

---

* É o ato jurídico em que o produtor combina um valor pelo direito de filmar a obra e paga uma importância porcentual para ter a opção por determinado período. (N. do R. T.)

As pessoas contratadas pelos produtores para trabalhar nos roteiros são quase sempre freelancers. Alguns são roteiristas profissionais, mas muitos têm outra ocupação, ou "emprego fixo", como professor, jornalista, médico, advogado ou ator. É bastante comum que eles trabalhem em equipe e produzam o roteiro na base do risco, ou seja, sem garantia de que este será usado e, portanto, pago. O esquema padrão consiste em pagar os escritores por etapas – uma parte na assinatura do contrato, outra na conclusão da primeira e da segunda versões, e o restante somente se a história vier a ser filmada. Ou seja, se um produtor compra a idéia de um escritor pelo valor hipotético de 500 mil dólares, as parcelas geralmente se distribuem da seguinte maneira: 75 mil na assinatura do contrato, 75 mil na entrega da primeira versão e 75 mil na entrega da segunda. Esses 225 mil estão garantidos enquanto ele realiza o trabalho. O saldo de 275 mil, que faz parte do "bônus de produção", só é pago se o filme entrar em produção.

Quando o roteiro, em qualquer uma das etapas, não encontra a aprovação do produtor, o escritor é instruído a reescrevê-lo ou recebe a parcela garantida dos seus honorários e é dispensado do projeto. O produtor contrata então outro escritor. Não raro, há seis ou mais escritores envolvidos num único roteiro. Às vezes, o escritor é contratado como consultor, por um honorário fixo de 100 mil dólares por semana. Se o filme entra em produção, todos os escritores incluídos no esquema de bônus de produção são pagos no primeiro dia da filmagem. Se o roteiro foi adaptado de um livro em opção, o escritor recebe também, nesse momento, a parcela não paga pelo direito de opção.

Durante esse longo processo de desenvolvimento, a história pode sofrer várias mudanças. O produtor, o diretor ou o estúdio pode mudar a etnia, o sexo, a motivação, as relações e a moral dos personagens de um roteiro a qualquer momento, às vezes transformando tragédias em comédias ou filmes de ação. Bruce Feirstein, que escreveu roteiros para três filmes do James Bond, foi contratado, em novembro de 1999, pela produtora de um astro de cinema para reescrever um roteiro sobre homens que ganham a vida reavendo aviões não pagos. O roteirista anterior havia escrito três versões, mas nenhuma agradou aos produtores. Pediram a Feirstein que "reconceituasse" a idéia, convertendo-a numa comédia de baixo orçamento. Como de costume, ele deveria fazer uma apresentação oral do roteiro antes de prosseguir. Ele teve a idéia de uma comédia do tipo "Butch e Sundance Kid reavendo aviões", ambientada nos Estados Unidos de hoje. Conta Feirstein: "No primeiro minuto da minha apresentação, o astro de cinema disse 'Espere. Pare. Você escreve filmes para parques de diversão. Quero um grande filme de férias'." E, enquanto Feirsten ouvia, ele continuou: "Quero muitos elementos. Extensas cenas de ação. Vamos botar para quebrar".

O objetivo, segundo Feirstein, era fazer um filme que alicerçasse as demais produções do estúdio. Com esse novo dado, Feirstein reformulou a história num "gigantesco filme de ação internacional, com o clímax ambientado na China". Na reunião seguinte, na qual estavam presentes 14 pessoas – entre representantes da produtora e do estúdio –, o diretor do estúdio pareceu gostar do que ouviu. Concordou que o clímax devia ser ambientado na China e fez uma sugestão: "Escreva uma cena em que eles têm de reaver um trailer em vez de um avião". Ansioso por agradar o estúdio, Feirstein assentiu em incorporar a cena. Duas semanas depois, o vice-presidente do estúdio telefonou para pedir que ele acrescentasse novas características ao vilão, entre as quais, transformá-lo num mestre das artes marciais, já que, segundo ele acreditava, os filmes de kung fu eram "sensação na Ásia".

Passados quatro meses, após introduzir essas mudanças, Feirstein retornou com seu roteiro. O produtor o devolveu com anotações feitas pelo assistente do vice-presidente do estúdio. Essas anotações, como explicou Feirstein, "deitaram por terra" todo o conceito, pois pediam que ele "repensasse a primeira página" e sugeriam que a história se convertesse num thriller que incluísse o ponto de vista de um terrorista do Oriente Médio. Havia também instruções específicas para que ele "esquecesse" a cena com o trailer. Enquanto Feirstein estava "repensando o filme", o presidente da produtora foi demitido, e o astro que era dono da produtora atuou num filme de ação que foi um fracasso. Por fim, após meses de indecisão, Feirstein se reuniu com o diretor do estúdio, que tinha originalmente aprovado a idéia. Quando Feirstein começou a discutir com ele o roteiro, ele confessou que ainda não o lera, mas prometeu que "o faria no final de semana" e enviaria a Feirstein um "memorando final, definitivo e oficial, com observações e instruções para a reformulação". Ao narrar esse episódio do "inferno do desenvolvimento", Feirstein conta que as anotações nunca chegaram, o diretor do estúdio foi demitido dali seis meses, o contrato de Feirstein foi liquidado após um ano e, vários meses depois, ele ficou sabendo que um novo escritor fora contratado.[8]

Num mundo em que relatos desse tipo estão longe de ser exceção, não espanta que haja dúzias de escritores trabalhando num único filme. A questão de qual foi a contribuição de cada um ao projeto geralmente termina em ameaça de processo, quando não em litígio de fato. "Não esperava que escrever em Hollywood fosse uma tarefa que envolvesse tanto litígio e tão pouca imaginação. Vim aqui para sonhar, não para brigar", escreveu o roteirista, ator e advogado Ben Stein.[9]

Essa dispendiosa sucessão de escritores tem conseqüências para os filmes que acabam sendo realizados. Como explicou um ex-executivo de um estúdio, dado que os custos com roteiro podem facilmente chegar a 5 milhões de dólares num único grande projeto, faz sentido que os estúdios, avessos como são aos riscos, exijam que tais projetos, "para justificar sua existência, sirvam de veículo para as estrelas".[10]

Os produtores também sofrem com as reformulações do roteiro durante essa fase infernal do desenvolvimento. Ainda que suas despesas sejam totalmente re-embolsadas pelo estúdio, o processo é custoso no que se refere a tempo e paciên-cia. Cada negociação em torno das mudanças, com escritores, agentes, executivos do estúdio, co-produtores, possíveis diretores e atores, traz o risco de esvaziar um pouco mais a disposição de que necessitam para lidar com outros projetos. E se tais negociações acabam por afastar os escritores (e/ou seus agentes), como geralmen-te acontece, a tarefa de conseguir outros escritores para futuros projetos pode se complicar. Por outro lado, se os roteiros não atendem às expectativas do estúdio, os produtores se arriscam a perder seu contrato e, com ele, status e credibilidade.

Foi esse o caso, por exemplo, da odisséia de dez anos da Warner Bros. para tentar criar um novo roteiro para o *Super-Homem* (*Superman*). Em 1993, o estúdio adquiriu os direitos de *Super-Homem* do produtor Alexander Salkind, que os comprara para produzir uma versão anterior do herói dos quadrinhos. Durante os dez anos seguin-tes, o estúdio contratou seis escritores diferentes – Jonathan Lemkin, Gregory Poirier, a equipe de Kevin Smith e Wesley Strick, Andrew Kevin Walker e Akiva Goldman – para escreverem várias versões desse roteiro, sem aprovar nenhum deles.[11]

O processo de garantir um diretor pode se revelar outra provação nesse inferno. Para obter o sinal verde, os escritores devem criar um roteiro que conquiste o interes-se de um bom diretor. Ao contrário da época do sistema de estúdio, em que os direto-res eram empregados contratados e se podia designar a eles qualquer filme, os produ-tores agora precisam recrutar um diretor a cada filme. O objetivo é sempre um diretor da chamada lista A, que, como explica a experiente produtora Lynda Obst, "tem um ou dois grandes sucessos e uma sólida reputação entre os críticos". Ela descreve a dificuldade de se conseguir um diretor assim: "Qualquer roteiro barato, de segunda categoria, e seus agentes disputam os mesmos quinze [diretores da lista A]. Esses su-jeitos são a certeza do pagamento; são a condição absoluta para o sinal verde".[12]

Os diretores, que geralmente recebem ofertas concorrentes e têm agendas apertadas, quase sempre exigem ter algum controle sobre o roteiro. Em alguns casos, associam-se ao projeto como colaboradores do produtor ou como autores ou co-autores. Ou podem entrar no processo de criação do roteiro mais adiante.

Em 2003, por exemplo, mais de um terço dos filmes lançados pelos estúdios atribuía ao diretor crédito direto de autor ou co-autor, e mais da metade incluía a frase "filme de", indiretamente dando o crédito de autoria ao diretor. Mesmo quando concordam em trabalhar no projeto, os diretores quase sempre se reservam o direito de modificar o roteiro para adequá-lo aos atributos mais fortes do seu estilo de direção. De fato, as reformulações, a essa altura já repletas de concessões e negociações, podem simplesmente se intensificar quando o diretor adere ao projeto.

Mesmo com um roteiro satisfatório e um diretor disponível, os produtores precisam às vezes conseguir um ou mais artistas de peso que concordem em atuar no filme, antes que o estúdio chegue a considerar um sinal verde para a produção. Por exemplo, após investir quase 20 milhões de dólares para obter os direitos sobre a história e a produção de um roteiro adequado para *O exterminador do futuro 3*, Mario Kassar e Andrew Vajna ainda tiveram de assegurar o astro da franquia, Arnold Schwarzenegger. Embora seus filmes mais recentes tivessem feito relativamente pouco sucesso na bilheteria, e ele já estivesse com quase 60 anos quando o filme foi lançado, seu nome se tornara tão associado ao papel do robô na mente do público que os produtores consideravam sua participação essencial ao projeto. Assim, concordaram em pagar-lhe uma remuneração fixa de 29,25 milhões de dólares por seus serviços de atuação durante as dezenove semanas de filmagem e dublagem, além de 20% da receita bruta ajustada quando o filme tivesse recuperado as saídas de caixa e cumprido outras condições. Seu contrato, que exigiu dezoito meses de negociação, garantia ainda que ele aprovasse não apenas o diretor e os atores coadjuvantes, como também, é claro, o roteiro. Especificava que ele tinha o direito de rejeitar quaisquer mudanças que "alterem substancialmente o papel do Artista ou o enredo do Roteiro Aprovado".[13]

Tais direitos de aprovação geralmente determinam a história, uma vez que os atores, muitas vezes, têm idéias próprias acerca de como o público reage a suas personas na tela e do que o atrai nelas, e insistem para que os roteiros sejam reformulados a fim de promover sua imagem. Quando o produtor tentou reescrever o personagem encenado por John Travolta no filme *Violação de conduta* (*Basic*, 2003), por exemplo, para fazer dele um herói mais sofisticado, o ator se recusou a aceitar a mudança, acreditando que seu público preferia vê-lo no papel de um pobre-diabo subalterno. O produtor não teve escolha senão acatar.

Quando esses elementos essenciais estão presentes e são levados ao estúdio, o roteiro é examinado não só pelo chefe do departamento de filmes do estúdio como pelos vários executivos juniores. Assim escreve o produtor Art Linson: "Os do alto escalão podem ser influenciados pelos executivos juniores, porque saber 'o que é bom' é algo tremendamente subjetivo".[14] Nesse processo, como descreve um dos participantes, são freqüentes "os embates de ego, os insultos aos berros e o desrespeito mútuo".[15] Para que o projeto continue, deve se chegar a um meio-termo. Com esse propósito, os produtores e seus contatos no estúdio negociam com agentes, gerentes comerciais, advogados e outros representantes do diretor e dos atores. "As teleconferências, os e-mails e cafés-da-manhã podem ser muito acalorados, e é possível que nem todos fiquem satisfeitos, mas o show deve continuar", explica um produtor veterano.[16] Se o projeto conseguir vencer esse último obstáculo, chegará finalmente à linha de partida e receberá o sinal verde oficial. Agora começa o trabalho de verdade.

NOTAS

1. Citado em "Still rocking", *The Economist*, 21 de novembro de 2002 (edição para a internet).

2. Sumner Redstone, entrevista com o autor, 2000.

3. Dean Devlin, entrevista com o autor, 1998.

4. Rachel Abramowitz, "Rage against the machines: T-3's rocky road", *Los Angeles Times*, 11 de março de 2002, Calender section (edição para a internet).

5. Peter Bart e Peter Guber, *Shoot out: surviving fame and (mis)fortune in Hollywood*. Nova York: G. P. Putnam's Sons, 2002, p. 31.

6. Entrevista com o autor, 2003.

7. Entrevista com o autor, 2004.

8. Bruce Feirstein, entrevista com o autor, 2003.

9. Ben Stein, *Hollywood days, Hollywood Nights: the diary of a mad screenwriter*. Nova York: Bantam, 1988, p. 58.

10. Peter Guber in Bart e Guber, *Shoot out*, p. 63.

11. Laura M. Holson, "In this 'Superman' story, the executives do the fighting", *New York Times*, 15 de setembro de 2002 (edição para a internet).

12. Lynda Obst, *Hello, He lied: & other truths from the Hollywood trenches*. Nova York: Broadway Books, 1996, p. 67.

13. Contrato firmado entre T-3 Productions, Intermedia Film Equities e Oak Productions sobre os serviços de atuação de Arnold Schwarzenegger em *O exterminador do futuro 3*, 10 de dezembro de 2001.

14. Art Linson, *A pound of flesh: perilous tales of how to produce movies in Hollywood*. Nova York: Grove Press, 1993, p. 68.

15. Entrevista com o autor, 2003.

16. Entrevista com o autor, 2002.

6 O SINAL VERDE

O SINAL VERDE DO ESTÚDIO é a decisão da qual depende o destino imediato de produtores, diretores, atores, escritores e outros. Para os estúdios, o sinal verde representa um compromisso de enorme magnitude. Primeiro porque os diretores e atores geralmente incluem em seus contratos cláusulas que obrigam o estúdio, uma vez dado o sinal verde, a pagar integralmente seus honorários fixos, mesmo que o projeto seja interrompido, o que pode significar mais de 30 milhões de dólares num projeto grande. Depois, à medida que o projeto avança, os custos crescem drasticamente com a própria filmagem, as despesas de pós-produção, o trabalho em laboratório (que inclui as cópias) e os custos de marketing. Em 2003, segundo cálculos dos próprios estúdios, as obrigações financeiras desencadeadas pelo sinal verde beiravam, em média, 130 milhões de dólares.

Os estúdios resistem em assumir compromissos tão grandes antes que todos os elementos estejam resolvidos. Mas quando diretores e atores são escolhidos, aumenta a pressão de seus agentes (que cobram 10% do dinheiro a ser pago uma vez tomada a decisão). Se os estúdios não se dispõem a se comprometer, os diretores e atores podem partir para outros projetos.

Para tomar essa decisão crítica, o diretor do estúdio, que é o responsável por dar o sinal verde, se reúne com os altos executivos de todas as divisões, que serão responsáveis por realizar, vender e divulgar o filme e os produtos a ele relacionados. De acordo com Peter Guber e Peter Bart, que ocuparam cargos executivos em grandes estúdios: "A maioria dos estúdios pede que os executivos de marketing e distribuição apresentem projeções de desempenho antes mesmo de dar sinal verde para a produção, além de uma análise de custo sobre a quantia a ser investida para que o filme, ao ser lançado, atinja a bilheteria esperada".[1] O cálculo relativamente simples é o custo efetivo de se rodar o filme – cuja estimativa é feita pelo departamento de produção e supervisionado de perto pelo departamento financeiro. "A parte mais difícil é projetar quanto custará para colocá-lo no mercado", explicou um executivo da Paramount.[2] Para chegar a essas estimativas, são necessárias muitas suposições problemáticas, a cargo da subsidiária de distribuição interna, que organiza as estréias mais importantes nos Estados Unidos e no Canadá; da subsidiária de distribuição externa, que vende os filmes e seus direitos em outros países; da divisão de entretenimento doméstico, que vende DVDs pelo mundo; e da divisão de marketing, que cuida da publicidade e da divulgação de cada filme.

TODO FILME SUBMETIDO à aprovação tem um orçamento aproximado, calculado com base na decomposição do roteiro tomada a tomada – é a chamada "análise técnica do roteiro". Ali estão especificados os dias totais de filmagem e as estimativas de todos os custos. Os custos mais elevados (chamados "acima da linha")*, incluindo os acordos de pagamento para a compra de direitos, a escrita do roteiro e a remuneração de atores, diretores, produtores e escritores, são fechados assim que o filme recebe o sinal verde. Os dispêndios para a produção diária do filme (abaixo da linha), que incluem todos os gastos diários durante os períodos de produção e pós-produção, dependem da capacidade da produção – aí incluídos os subfornecedores – de cumprir o cronograma. Há também as despesas "gerais"**, como seguros e reservas obrigatórias de contingência ou imprevistos.

O produtor e o estúdio negociam então o componente menos controlável do orçamento – o número de dias de filmagem –, numa espécie de "dança tribal", conforme descrição de um experiente produtor. Art Linson observa: "Cada dia de filmagem se torna uma moeda de troca. Por um lado, o estúdio tentará eliminar páginas do roteiro ou reduzir a complexidade de uma seqüência, ou exigir que uma série de cenas seja rodada em locações diferentes, tudo com a boa intenção de poupar dinheiro", e, por outro, o produtor vai resistir a cada tentativa.[3] No final, se o filme receber sinal verde, a dança termina num acordo sobre em quanto tempo e onde o filme será rodado. Mesmo depois do enorme sucesso de *Tubarão*, Steven Spielberg teve de sentar-se pessoalmente com os executivos da Columbia Pictures para tranqüilizá-los sobre o cronograma de produção antes de conseguir aprovação final para seu filme seguinte, *Contatos imediatos do terceiro grau* (*Close encounters of the third kind*). Segundo ele: "Os financiadores ainda querem ouvi-lo diretamente da boca do diretor, não dos produtores".[4]

A proposta de orçamento é então examinada pelos contadores no departamento de produção do estúdio, e qualquer item que pareça incongruente com os custos envolvidos em produções semelhantes é questionado. O resultado é um documento extremamente detalhado. Foi assim, por exemplo, com o filme de ação *O exterminador*

---

* Um orçamento é dividido em duas partes essenciais, como se houvesse uma linha divisória imaginária: os custos "above-the-line", acima da linha, incluem o talento (roteiro, elenco, produtor e diretor) e os custos "below-the-line", abaixo da linha, que se referem aos custos de produção efetiva do filme. (N. do R. T.)

** Apresentadas no orçamento depois do "custo de produção" e normalmente catalogadas como "others" (outros). São adicionadas ao custo abaixo da linha. O orçamento final é a soma dos custos acima e abaixo da linha. (N. do R. T.)

do futuro 3: a rebelião das máquinas, orçado em 187,3 milhões de dólares.[5] O documento de 156 páginas arrolava, em primeiro lugar, os custos acima da linha, da ordem de 70,5 milhões. Estes incluíam 19,6 milhões de dólares pela história, descrita na sinopse como "as aventuras do Exterminador e John Connor na sua luta contra outro inimigo diabólico"; 29,25 milhões para o astro, Arnold Schwarzenegger; 5 milhões para o diretor, Jonathan Mostow; e 10 milhões a serem divididos entre os quatro produtores – Mario Kassar, Andrew Vajna, Joel Michaels e Hal Lieberman. O saldo era destinado ao suporte dos atores e aos pacotes de benefícios para o astro e o diretor.

A parte dos custos abaixo da linha, relativos à filmagem – cem dias para a unidade dos atores e 67 dias para as unidades secundárias –, somava 57,4 milhões de dólares. Incluía 12,1 milhões para a construção, preparação e operação dos sets; 7,7 milhões para efeitos especiais; 2,6 milhões para a iluminação dos sets; 2,4 milhões para a equipe de operadores de câmeras; 359 mil para o som; 566 mil para a maquiagem; 1,6 milhão para o figurino; 5,4 milhões para as unidades secundárias; 4,4 milhões para as locações; 3,9 milhões para o transporte; 1,5 milhão para os dublês; 2 milhões para a equipe de produção; 395 mil para os figurantes; 1,6 milhão para o departamento de arte; 1,2 milhão para a compra e o processamento da película; e 1,9 milhão pelo aluguel do espaço do estúdio.

O orçamento para os duzentos dias de pós-produção correspondia a 28 milhões de dólares. Incluía 20 milhões para os efeitos digitais; 2,5 milhões para a edição; 691 mil para a dublagem de diálogos; 1,8 milhão para a trilha sonora; e 142 mil para a titulagem inicial e final.

A parte geral do orçamento, conhecida como "outros", era de 13,4 milhões. Incluía 2,4 milhões para o seguro de garantia da conclusão do projeto, normalmente conhecido por "completion bond"; 2 milhões para o seguro do elenco; 2 milhões para assessoria jurídica e contábil; e 7 milhões para imprevistos, obrigatórios para se ter o seguro "completion bond".

Examinado o orçamento, o estúdio precisa então considerar uma extensa variedade de circunstâncias possíveis para a comercialização do filme, inclusive se a estréia nos vários mercados ao redor do mundo será ampla ou limitada, se irá recorrer ao merchandising ou à publicidade isolada, se a data de lançamento será em um feriado ou não – escolhas que envolvem números significativamente diferentes de cópias e orçamentos de publicidade. Em algum momento, deve-se fazer a aposta. No caso de *O exterminador do futuro 3*, a Warner Bros. previu, com um ano de antecedência (e com exatidão, como afinal se demonstrou), que precisaria de 3.600 cópias para a estréia no final de semana da celebração do 4 de julho (incluindo cópias de reposição), a um custo de mais de 5 milhões de dólares. E reservou um valor adicional de 45 milhões para a publicidade e a divulgação.

O elemento menos preciso da equação é o montante de dinheiro que o filme de fato trará para a compensação de despesas do estúdio. No caso dos chamados filmes-franquias, como *Máquina mortífera* (*Lethal weapon*), *Duro de matar* (*Die hard*), *Jornada nas estrelas* (*Star trek*), *Parque dos dinossauros*, *Guerra nas estrelas* e *Batman*, em que atores semelhantes (ou os mesmos) encenam papéis semelhantes, em situações semelhantes, em filmes com títulos semelhantes, os estúdios pelo menos contam com os desempenhos anteriores ao fazer suas estimativas. Como *O exterminador do futuro 2* arrecadara 52 milhões com sua estréia no dia 4 de julho de 1991, a Warner Bros. tinha motivos para esperar que o *Exterminador 3*, com o mesmo astro, o mesmo enredo e a mesma estratégia de propaganda, produziria resultados semelhantes se lançado no mesmo dia de 2003. (Como de fato aconteceu, a previsão acertou em cheio: o filme faturou 64 milhões na primeira semana.)

O histórico de desempenho para os filmes-franquias pode ser confiável mesmo quando se mudam os atores. Entre 1962 e 2002, por exemplo, a MGM-UA lançou vinte filmes da série James Bond, com cinco atores diferentes interpretando o agente. Devido ao seu histórico consistente, o estúdio podia presumir que *Cassino Royale (Bond 21)*, o filme seguinte da franquia, conseguiria datas de exibição favoráveis, durante um feriado, em pelo menos 3 mil cinemas multiplex nos Estados Unidos; que contaria com a preferência dos cinemas do Japão, Alemanha, Grã-Bretanha, Austrália, França, Espanha e Itália – os sete mercados que normalmente respondem por 80% das vendas externas dos estúdios; que venderia, no mínimo, 10 milhões de DVDs; e que serviria de locomotiva para impulsionar outros filmes na tevê paga e outros acordos de produção. Além disso, a MGM podia – com razão – esperar que *Cassino Royale* aumentasse a lucratividade de alguns dos vinte vídeos e DVDs dos filmes anteriores, além de elevar os royalties sobre os jogos de Bond nos fliperamas. Embora nem todos os filmes-franquias reproduzam os mesmos ganhos das versões anteriores, como James Bond, com freqüência são suficientemente confiáveis para fornecer aos estúdios um parâmetro básico de sua lucratividade potencial.

Os estúdios também podem medir o potencial dos chamados filmes de gênero com base no histórico de tentativas semelhantes de explorar o mesmo nicho de público. Tomemos como exemplo o gênero dos "filmes étnicos", estrelando atores negros em locações urbanas. Os estúdios começaram a desenvolver esse gênero entre as décadas de 1930 e 1950, quando, por força da segregação racial, havia cinemas separados para os negros em muitas regiões dos Estados Unidos. Mesmo depois da integração dos cinemas, os executivos de marketing dos estúdios acharam que ainda poderia ser lucrativo produzir filmes de baixo orçamento para o público negro das cidades. *Shaft*, por exemplo, em que Richard Roundtree representa um detetive negro experiente e durão, tornou-se uma significativa fonte de lucros para a MGM na década de 1970. A televisão a cabo tornou esse gênero ainda mais vantajoso economicamente ao proporcionar aos estúdios "um meio barato de veicular seus anúncios para as altas concentrações de adolescentes negros", como explicou um vice-presidente de marketing da Universal.[6] As inserções em mídia especializada, como o programa *The Box*, na tevê a cabo, que custam apenas uma pequena fração da publicidade em rede nacional, permitem que os estúdios lotem os cinemas nos "distritos étnicos" ao custo de "uns poucos centavos por pessoa".[7] Ao avaliar se vale ou não a pena colocar em produção esses filmes de baixo orçamento, os executivos calculam o número exato de centavos necessário para agregar um público lucrativo.

Antes de tomar a decisão de dar o sinal verde, os estúdios costumam apurar se os filmes podem receber patrocínio publicitário dos grandes parceiros de merchandising. Todos os estúdios mantêm contato, às vezes até mesmo arranjos contratuais, com cadeias de fast-food, empresas de bebidas, fabricantes de brinquedos e outros anunciantes dispostos a investir dezenas de milhões de dólares para promover um único filme, em troca da atenção que ele atrairá para os seus produtos. Por exemplo, vinte diferentes parceiros investiram 120 milhões de dólares em anúncios no filme *007: um novo dia para morrer* (*Die another day*), aproximadamente o triplo do próprio orçamento de publicidade dos estúdios.[8] Embora esses anúncios destaquem os produtos dos anunciantes, também ajudam a promover o filme.

Alguns dos maiores parceiros de merchandising firmam acordos exclusivos com algum estúdio para associar seus produtos à marca do estúdio. Em 1996, o McDonald's selou uma aliança de dez anos com a Disney, por meio da qual concordou em promover os desenhos animados do estúdio, e outros voltados para a família, multiplicando assim consideravelmente o orçamento de marketing da Disney. A gigante do hambúrguer investiu mais de 100 milhões de dólares – quatro vezes o orçamento de publicidade do estúdio – em um único filme, *Monstros S.A.*

Ao expandir extraordinariamente a percepção do público para o filme, o merchandising pode garantir grandes estréias, nas melhores datas, em mercados do mundo inteiro, bem como, mais adiante, aumentar significativamente a probabilidade de vendas dos vídeos e DVDs. Além de examinar o potencial do filme de se beneficiar desse imenso reforço de marketing, os estúdios avaliam o roteiro, tendo em foco os personagens que podem ser licenciados para os fabricantes de brinquedos, bonecas, jogos, vestuário, entre outros. Nesse caso, eles podem contar com a entrada de mais esses royalties na compensação de despesas.

A contribuição dos atores para a lucratividade do filme é mais difícil prever. Dois filmes com o mesmo astro nem sempre levam a resultados semelhantes. Leonardo DiCaprio, por exemplo, apareceu em três filmes num único ano: *Titanic*, *O homem da máscara de ferro* (*The man in the iron mask*) e *Celebridades* (*Celebrity*). *Titanic* foi o filme mais rentável de todos os tempos, arrecadando cerca de 900 milhões de dólares em cinemas do mundo inteiro, enquanto *O homem da máscara de ferro* faturou uma pequena fração disso – 80 milhões – e *Celebridades*, parcos 3 milhões. Essa imensa discrepância de resultado pode ser creditada a muitas variáveis – como as diferenças com respeito ao gênero dos filme, à história, aos diretores, papéis, coadjuvantes e campanhas de marketing –, mas permanece o fato de que a figura de DiCaprio, por si só, não é certeza de grande público na estréia, ainda que os dois outros filmes tenham sido lançados logo depois de *Titanic*.

Nem mesmo Julia Roberts, a atriz mais bem paga em 1997, é garantia automática de grande público, como ilustram os números relativos às duas comédias românticas consecutivas que ela estrelou em 1997. A primeira, *O casamento do meu melhor amigo* (*My best friend's wedding*) faturou 127,5 milhões de dólares nos cinemas, e o segundo, *Todos dizem eu te amo* (*Everyone says I love you*), arrecadou somente 12 milhões. A mesma estrela, o mesmo gênero, a mesma reviravolta romântica, o mesmo ano – com a exceção de que um filme atraiu dez vezes mais pessoas aos cinemas que o outro.

Essas notáveis oscilações ocorrem igualmente com os astros mais bem-sucedidos, como Tom Hanks, que em 1997 podia exigir uma remuneração de 29 milhões de dólares e 16,5% de participação na receita bruta de um filme. O ator apareceu em dois filmes consecutivos com resultados bastante diferentes: *The Wonder's: o sonho não acabou* (*That thing you do!*) faturou nos cinemas 14 milhões de dólares, enquanto *O resgate do soldado Ryan* ultrapassou os 200 milhões. Outro exemplo foi a estréia simultânea de dois filmes com Eddie Murphy em 2002, *As aventuras de Pluto Nash* (*The adventures of Pluto Nash*) e *Sou espião* (*I spy*). Embora ambos tenham custado aproximadamente 100 milhões de dólares, e em ambos Murphy encarne o papel de um civil combatendo criminosos, o público que foi à estréia de *Sou espião* superou em vinte vezes o de *Pluto Nash*. "O simples nome de um astro na marquise não é suficiente para chamar o público", disse um executivo da Fox, resumindo o que os números claramente demonstram.[9]

Os diretores são indicadores ainda mais imprecisos dos resultados. Diretores estreantes acarretam grandes riscos. Como observou um produtor, até que os diretores comprovem seu talento na prática, "não há como saber se eles têm a resistência emocional, a energia e a visão necessárias para concluir o projeto".[10] Contudo, nem mesmo diretores consagrados podem garantir que seus filmes reunirão um grande público. É o caso de Steven Spielberg, que dirigiu muitos dos maiores sucessos de bilheteria da história, entre eles, *O parque dos dinossauros*, *E.T.* e *Tubarão*. Apesar de todo o êxito, outros filmes seus – como *Inteligência artificial* (*Artificial intelligence: A.I.*), *1941: uma guerra muito louca* (*1941*), *Amistad*, *Além da eternidade* (*Always*), *A cor púrpura* (*The color purple*) e *Império do sol* (*Empire of the sun*) – renderam somente uma pequena parcela dessas receitas. Ainda assim, para os estúdios, os diretores que assinaram sucessos, mesmo que não tenham um histórico consistente, são elementos fundamentais, pois atraem estrelas para o projeto. Muitos, como Spielberg, trazem consigo também um séquito talentoso de designers de produção, músicos, diretores de fotografia, assistentes de direção, editores e outros profissionais com quem já trabalharam em filmes anteriores. Por mais atraente que seja o roteiro, sem diretores experientes, a tarefa de reunir o elenco e a equipe mais adequados pode se transformar num problema insuperável.

Apesar de todas as projeções e resumos financeiros à sua disposição, o executivo do estúdio não pode confiar unicamente na análise econômica dos custos e receitas. Ele deve levar em conta também o valor menos quantificável de um possível "hit", que, embora talvez não recupere os custos, pode, entretanto, gerar alta visibilidade para o estúdio dentro do setor, da comunidade e da imprensa. Em suas discussões com um consultor financeiro, Lew Wasserman enfatizou a necessidade de produzir os filmes que Hollywood considerava vencedores – capazes não só de ganhar nas bilheterias como de conquistar prêmios e sucesso entre os críticos –, nem que fosse apenas para aumentar o prestígio do estúdio dentro da comunidade hollywoodiana.[11]

Nesse contexto de "vencedor" citado por Wasserman, os executivos do estúdio devem ainda ponderar os custos de *não* dar o sinal verde. Em primeiro lugar, há o risco de que o projeto rejeitado se torne um hit de outro estúdio, o que poderia ser embaraçoso. Por exemplo, depois de levar mais de três anos desenvolvendo o roteiro de *Shakespeare apaixonado* (*Shakespeare in love*), a Universal Pictures finalmente decidiu não ir adiante com o projeto e liberá-lo para o mercado. A Miramax, subsidiária da Disney, comprou o roteiro e o produziu, e o filme acabou levando sete prêmios da Academia, inclusive o de Melhor Filme de 1998.

Ao recusar um projeto, o estúdio corre também o risco de afastar produtores, diretores e atores dos quais pode vir a precisar no futuro. O dano ao tecido social pode ser irreparável. "Vivemos no mesmo pequeno universo", dizia Steve Ross, referindo-se aos jogos de golfe, cerimônias de premiação, festas, jantares para arrecadação de fundos, eventos de divulgação e outras reuniões freqüentadas por executivos, produtores, diretores e atores.[12] Quando rejeita um projeto, o estúdio pode perder a boa vontade dos diretores, produtores e astros que o apóiam.

Em 1986, Ned Tanen, que então chefiava o estúdio da Universal, teve de enfrentar a difícil decisão entre aprovar um adicional de 4,5 milhões ao orçamento proposto para *Os intocáveis*, a fim de que o diretor Brian De Palma pudesse incluir Robert De Niro no elenco do filme (que já contava com os astros Kevin Costner, Sean Connery e Andy Garcia), ou rejeitar o projeto. De Palma disse a Tanen, segundo o produtor que estava presente na reunião: "É a nossa oportunidade de ter Robert De Niro no papel de Capone. Acho que ficar só no elenco que temos, [para] diminuir o cronograma e reduzir a escala do filme... não vai funcionar, e então não posso garantir que prosseguirei com o trabalho".[13] Em vez de perder De Palma, Tanen preferiu dar o sinal verde para a contratação de De Niro. "Qualquer que seja o cálculo financeiro", explicou um importante agente de Hollywood, "o diretor do estúdio precisa ter muita coragem para rejeitar um filme com astros que ele valoriza".[14]

O executivo do estúdio tem um motivo mais egoísta para não rejeitar filmes que envolvem grandes diretores, produtores e estrelas. "Não existe um preço real para o fracasso", explicou um ex-diretor financeiro de um estúdio. "Se escolhe o filme errado, o executivo do estúdio não fica desempregado, pois consegue contratos para vários filmes com os estúdios". Como produtores independentes, acrescenta ele, os ex-executivos podem ganhar mais do que ganhavam como empregados do estúdio. Em outras palavras, se um diretor de estúdio comete um erro e perde o emprego, não é nada difícil que ele passe a ganhar mais dinheiro como produtor independente. Uma vez que seu sucesso como produtor dependerá de sua relação com diretores e atores, ele pode colher os louros que acumulou em sua carreira como executivo de estúdio por não ter rejeitado projetos desses diretores e atores. Assim, normalmente, quando os astros desfrutam de suficiente importância na comunidade de Hollywood, seus filmes raramente não recebem o sinal verde.

NOTAS

1. Peter Bart e Peter Guber, *Shoot out: surviving fame and (mis)fortune in Hollywood*. Nova York: G. P. Putnam's Sons, 2002, p. 224.

2. Entrevista com o autor, 2002.

3. Art Linson, *A pound of flesh: perilous tales of how to produce movies in Hollywood*. Nova York: Grove Press, 1993, p. 116.

4. Citado por Mitch Tuchman, em entrevista de 1978, em *Steven Spielberg: interviews*, organizado por Lester D. Friedman e Brent Notbohm. Jackson University Press of Missisippi, 2000, p. 52.

5. Orçamento, *O exterminador do futuro 3*, 11 de março de 2002.

6. Entrevista com o autor, 2001.

7. Idem.

8. Marc Graser, "007's big ad-venture", *Variety*, 7-13 de outubro de 2002, p. 1.

9. Entrevista com o autor, 2003.

10. Jane Hamsher, *Killer instinct: how two young producers took on Hollywood and made the most controversial film of the decade*. Nova York: Broadway Books, 1997, p. 24.

11. Michael J. Wolf, *The entertainment economy*. Nova York: Times Books, 1999, pp. 156-57.

12. Entrevista com o autor, 1988.

13. Linson, *Pound of flesh*, pp. 137-38.

14. Entrevista com o autor, 2000.

7 PREPARA-SE A ILUSÃO

A PARTIR DO MOMENTO em que recebe sinal verde, o filme assume uma nova realidade, a de "produção" oficial. Após minutar e assinar os contratos com produtores, co-financiadores, diretores e outras pessoas-chave na produção, o estúdio deposita a parcela inicial dos fundos na conta destinada à produção.* Em seguida, nomeia a equipe de executivos que cuidará de assegurar que o roteiro se transforme num produto de entretenimento global que preencha os requisitos da companhia.

Cada produção é um empreendimento altamente especializado, ainda que efêmero, dedicado a gerar um único produto: um filme de aproximadamente duas horas. Para cumprir essa missão, a produção, geralmente constituída como empresa separada, contrata centenas de empregados temporários, entre eles, atores, artistas, técnicos, conotécnicos, motoristas, fornecedores de alimentação e assistentes pessoais. Grandes produções como *Godzilla*, *Matrix* e *O gladiador* (*Gladiator*) podem empregar milhares de pessoas. *Shakespeare apaixonado*, uma comédia relativamente barata, empregou quatrocentas.

Reunir temporariamente esse pequeno exército de indivíduos com habilidades tão especializadas não é tarefa fácil. É preciso persuadi-los a se comprometer contratualmente, em geral com seis meses de antecedência, com um trabalho que pode durar apenas algumas semanas e abrir mão de outras oportunidades. Eles têm de trabalhar por horas a fio, muitas vezes fora dos períodos habituais, com pessoas estranhas, que talvez não conheçam seus métodos e que, em alguns casos, lhes são hostis. E depois, concluída a sua tarefa, devem partir em busca de outro trabalho.**

Cada produção requer uma estrutura executiva própria. De maneira geral, a hierarquia inclui um produtor de linha (às vezes chamado de gerente de produção) que, diariamente, assegura ao diretor os recursos necessários para a realização do filme; o primeiro assistente de direção, ou first AD, que, entre outras tarefas, programa no set a entrada e saída dos atores e técnicos, para que o diretor

---

* Muitas vezes o estúdio dá o "sinal verde" apenas como distribuidor e fazendo pré-vendas internacionais do filme, dando ao produtor apenas uma carta de crédito, garantindo pagar o custo de produção quando o filme for entregue. Então, o produtor vai a uma seguradora, a "completion bond", que assegura o filme e, com esse aval, o produtor levanta o custo de produção em um banco, cujos juros e seguro já estão alocados. (N. do R. T.)

** Um filme pode levar de cinco a vinte semanas de filmagem, havendo sempre o período de preparação, nunca inferior a um mês. A diária de filmagem dura, em geral, de 11 a 12 horas, condicionando-se o reinício de filmagem no dia seguinte a 12 horas de descanso. (N. do R. T.)

possa filmar com eficiência; o diretor de fotografia, ou DP, que supervisiona a equipe de câmera e iluminação; o diretor de arte ou designer de produção, responsável por criar grande parte da ilusão visual nos sets e locações; o figurinista, encarregado de criar o vestuário de todos os atores; o produtor de locação, que cuida da logística de toda a filmagem feita fora do estúdio, chamadas locações; e o chefe contábil, cuja equipe registra as despesas, faz a escrituração contábil e providencia o pagamento das faturas.* São vários meses de preparação antes que a filmagem comece. Esses preparativos envolvem quatro tarefas principais.

A primeira delas é montar um detalhado cronograma de filmagem, chamado "plano de filmagem", levando em conta a agenda dos atores e, em seguida, o uso mais eficiente das locações caras e de outros recursos que estão condicionados ao tempo. Para os atores que têm outros compromissos, é fixada uma data limite, depois da qual eles não precisam comparecer. No caso de *Violação de conduta*, por exemplo, cujo cronograma de filmagem se estendeu de 26 de novembro de 2001 a 29 de janeiro de 2002, a data-limite para o ator Samuel L. Jackson era 11 de dezembro; assim, para que houvesse tempo de refazer tomadas, todas as suas cenas foram programadas para a primeira semana do início da filmagem.[1] Mesmo sem datas-limite, os atores geralmente restringem sua disponibilidade a certo número de semanas, o chamado "período de garantia", após o qual eles recebem um substancial aumento. Por exemplo, o contrato de Schwarzenegger para *O exterminador do futuro 3* estipulava que ele recebesse 1,4 milhão de dólares por semana – "rateados (1/5 para o estúdio; 1/6 para a locação) para períodos de menos de uma semana" – por quaisquer serviços que ele desempenhasse, inclusive divulgação, depois do período de garantia de 21 semanas.[2]

A geografia é outro fator importante na definição do cronograma de filmagem. Para evitar múltiplas viagens a uma única locação, todas as cenas a serem rodadas ali podem ser filmadas consecutivamente, a despeito do momento em que se desenrolam na história.

Ao se reorganizar o roteiro para atender a essas prioridades, raramente é possível manter as cenas – ou mesmo todas as tomadas que contêm – na sua devida seqüência. No thriller *A soma de todos os medos* (*The sum of all fears*), que termina com um tenso confronto entre o presidente dos Estados Unidos, Fowler (James Cromwell), e o presidente russo Nemerov (Ciaran Hinds), a parte americana da cena foi filmada quatro meses antes da parte russa.

---

* No Brasil, como os recursos financeiros para a produção são incentivados por lei, essa equipe tem de preparar também as prestações de contas finais. (N. do R. T.)

Quando o roteiro é reorganizado para tornar a filmagem mais eficiente – e quase todas as películas são rodadas fora da seqüência –, cada cena é transferida para uma planilha diária, uma folha de papel com cerca de sessenta centímetros de altura, na qual se utiliza um código de cores para indicar se a cena é interna ou externa, diurna ou noturna. O branco assinala que a cena é interna e diurna; o amarelo, externa e diurna; o azul, interna e noturna; o verde, externa e noturna. (Essa tarefa pode ser feita hoje por um programa de computador chamado Movie Magic.*) Com base nessa decomposição, a equipe de produção pode determinar quais atores, técnicos, figurantes, dublês, sets, locações, entre outros elementos, são necessários e quando.

Muitas produções fazem então o storyboard da seqüência. O storyboard consiste na representação desenhada de cada tomada, como se fosse uma história em quadrinhos, mostrando exatamente como os personagens e os cenários serão vistos pela câmera. O diretor Brian De Palma usou storyboards tão detalhados para *Os intocáveis* que, meses antes da filmagem, a equipe de produção já contava com uma "reprodução fiel em desenho do filme final", conforme descreveu um dos produtores.[3] O diretor de arte ou designer de produção, o diretor de fotografia, o cenógrafo, o responsável pelo elenco (casting), o coordenador dos dublês e outros responsáveis por preparar a ilusão utilizam o storyboard para planejar e coordenar seu trabalho.

O segundo elemento do processo de preparação é a definição do elenco principal. Se a essa altura já houver estrelas envolvidas no projeto, como geralmente é o caso, o diretor precisará então encontrar os coadjuvantes certos. Para ajudá-lo, ele contrata um diretor ou agente de casting, um consultor especializado em sugerir nomes para os papéis. A principal preocupação do agente de casting é encontrar coadjuvantes com a "química" correta – atores que, como expressou uma diretora de elenco, "tenham entre si uma sintonia visual na tela".[4] Enfatizando a importância do aspecto visual do ator, essa diretora compara a tarefa de encontrar o ator certo com a de encontrar "modelos para desfiles de moda". Ela explica: "De todas as virtudes que um ator possa ter, a mais importante é que ele se pareça com o personagem". Para isso, o casting geralmente seleciona milhares de fotos de rosto de seus próprios arquivos ou nos guias das agências de talentos. A pesquisa não se limita necessariamente a atores profissionais. Dependendo do papel, po-

---

* Atualmente pertence ao grupo Entertainment Partners (EP). Em www.entertainmentpartners. com/index.asp. (N. do R. T.)

dem ser necessários também atletas, cantores de música pop ou rap, modelos etc. Ao selecionar o elenco para o filme *Um domingo qualquer* (*Any given Sunday*, 1999), sobre futebol, os agentes de casting Mary Vernieu e Billy Hopkins apresentaram ao diretor Oliver Stone candidatos que incluíam mais de uma dúzia de atletas profissionais, como Joe Schmidt, e rappers, como LL Cool J.

O diretor, muitas vezes, tem os próprios candidatos, inclusive atores que ele conhece ou com os quais já trabalhou antes. Às vezes, ele procura atores que desempenharam papéis semelhantes em outros filmes, especialmente aqueles de sucesso comprovado. Por exemplo, em *Um domingo qualquer*, Stone escolheu Cameron Diaz para o papel da filha do dono do time, depois de vê-la encenar papel semelhante em *O casamento do meu melhor amigo*, de 1997.[5] Se o diretor achar que determinado ator ou atriz pode valorizar o filme, ainda que não se encaixe fisicamente no personagem, é comum ele pedir que o roteiro seja modificado para se adequar ao ator.

Em algum momento do estágio de preparação, os candidatos mais promissores terão de passar pelo teste de serem filmados. Os resultados são então avaliados pelo diretor, pelo produtor e pelos executivos do estúdio, e geralmente cabe ao diretor tomar a decisão final.

Aos atores selecionados são oferecidos contratos preparados pelos advogados da produção, nos quais se especificam os períodos em que deverão estar disponíveis para a filmagem e as subseqüentes sessões de dublagem e refilmagem. Às vezes, o ator escolhido não tem o atributo necessário para o papel, como um certo sotaque, a habilidade de dançar ou o conhecimento de artes marciais. Para corrigir essas insuficiências, designam-se profissionais que vão trabalhar com os atores enquanto o filme ainda está em fase de pré-produção. O processo de encontrar e treinar o elenco pode levar vários meses.

A terceira etapa da preparação consiste na criação dos cenários em que se desenrola a história. O diretor de arte ou designer de produção – que lidera o departamento de arte e supervisiona o cenógrafo, a equipe de decoração e de objetos e a equipe de construção – desenha os sets, os objetos de cena, o figurino e outros objetos para cada cena. Esses desenhos, geralmente renderizados, são então incorporados aos storyboards. Em seguida, cenotécnicos, pintores de cenários, os encarregados de comprar ou alugar os objetos de cena e outros especialistas criam ou encontram os ingredientes necessários para transformar esses desenhos em "realidade" tridimensional, em tamanho natural.

Ao mesmo tempo, é preciso recrutar pessoal para as várias equipes responsáveis para fotografar, iluminar, gravar e preparar os atores e os sets. O diretor de fotografia convoca operadores de foco, operadores de câmera, eletricistas e maquinistas com os quais ele gosta de trabalhar. O técnico de som direto* precisa contratar microfonista e auxiliares em conectar e transportar cabos. O eletricistachefe precisa de uma equipe de eletricistas e ajundantes de elétrica. Também são necessários maquinistas (com seu chefe-maquinista) para operar gruas e carrinhos com a câmera. Cabeleireiros, maquiadores e guarda-roupeiros são contratados.

Além da competência técnica, os membros dessas equipes devem ter habilidades sociais para trabalhar em proximidade com o diretor e os atores. Devem também estar dispostos a se comprometer com bastante antecedência com o início da filmagem.

Se houver cenas a serem rodadas fora do estúdio, uma equipe é convocada para pesquisar regiões do mundo, a fim de encontrar locações que atendam à direção de arte. Quando encontra um local que satisfaça os requisitos do design, essa equipe avalia os problemas que ele pode trazer à filmagem, como níveis de ruído, incômodos visuais, condições de luz, clima e acessibilidade do equipamento. São tomadas então medidas logísticas para a chegada do pequeno exército de técnicos e atores – tarefa de múltiplas etapas que demanda reservar acomodações em hotéis; providenciar refeições; alugar veículos, trailers e banheiros portáteis; contratar seguranças, paramédicos e brigada de incêndio; modificar a paisagem; instalar cabos de força, geradores e pistas para os carros usados em cenas com dublês; reformar edifícios; remover os obstáculos à fotografia; e obter as autorizações necessárias.

Finalmente, é preciso reunir a papelada necessária. Os advogados minutam os contratos de trabalho, os termos de isenção de responsabilidade, as autorizações de filmagem, os contratos de locação, os acordos de confidencialidade e as apólices de seguro, recolhendo em seguida as assinaturas. Para começar, deve haver uma hierarquia clara de controle sobre o roteiro, o que significa que todos os que deram sua contribuição a ele – à história, à propriedade intelectual ou às idéias em que ele se baseia – devem assinar documentos jurídicos, transferindo seu controle à produção. Em seguida, negociam-se dispensas com vários sindicatos nas locações em que as condições de trabalho para a equipe são problemáticas. Quando o roteiro requer a utilização de animais, até mesmo de insetos, são feitos contratos com os representantes dos direitos dos animais, garantindo que nenhum deles sofrerá maus-tratos durante a filmagem. Se houver atores ou figu-

---

* Assim chamado por gravar os diálogos ao vivo ou por gravar o som diretamente. (N. do R. T.)

rantes menores de idade, é necessária a autorização dos pais, e se o filme for rodado durante o período letivo, deve-se providenciar um professor para dar aulas ao ator mirim no set.

As grandes produções podem exigir até nove meses de preparativos antes do início da filmagem, mas, na maioria dos filmes, a pré-produção leva quatro meses. Esse período proporciona ao estúdio uma oportunidade a mais de alinhar os projetos às suas próprias prioridades. Nos idos tempos do sistema de estúdio, quando o estúdio controlava cada fase da pré-produção, Walt Disney podia, por exemplo, supervisionar pessoalmente não só a produção de cada quadro do storyboard, como cada detalhe relativo ao cronograma de produção. Embora hoje em dia os executivos dos estúdios tenham tarefas muito mais diversificadas e, para manter o filme sob controle, contem com a ajuda de seus subordinados para acompanhar as reuniões sobre roteiro, sets e definição do elenco, às vezes ainda encontram tempo para intervir nas decisões tomadas durante a pré-produção. Por exemplo, Michael Eisner, presidente da Disney, revisou o roteiro do filme *Garota veneno* (*The hot chick*), de 2002, assinalando vinte piadas que ele considerava incompatíveis com a imagem da Disney. Em seguida, por e-mail, endereçou as mudanças solicitadas para o executivo do estúdio encarregado do filme, que, por sua vez, as encaminhou ao produtor. É claro que as mudanças foram feitas.[6]

Mesmo que os produtores não sejam obrigados, por contrato, a efetuar as mudanças sugeridas pelos executivos dos estúdios, não podem se dar ao luxo de desconsiderar as pessoas das quais dependem para a distribuição e comercialização de seus filmes. Com incentivos assim tão eficazes, raramente as sugestões do estúdio são rejeitadas de maneira peremptória. Conseqüentemente, à medida que o projeto avança para a fase seguinte, da filmagem, há uma adesão cada vez maior aos valores do estúdio.

NOTAS

1. Production Underwriting Summary, *Basic*, 18 de outubro de 2001.
2. Oak Productions, contrato de prestação de serviços de atuação de Arnold Schwarzenegger para *O exterminador do futuro 3*, 10 de dezembro de 2001.
3. Art Linson, *A pound of flesh: perilous tales of how to produce movies in Hollywood*. Nova York: Grove Press, 1993, pp. 133-34.
4. Entrevista com o autor, 2001.
5. Entrevista com o autor, 2002.
6. Bruce Orwall, "Why Michael Eisner can be found laboring in Walt Disney's trenches", *Wall Street Journal*, 7 de novembro de 2001 (edição para a internet).

8 LUZES, CÂMERAS, AÇÃO

A FILMAGEM é uma corrida contra o tempo. Reunidos os atores, o elenco de apoio, os técnicos e outros especialistas, o relógio começa a correr. Cada dia de filmagem é extraordinariamente caro. Mesmo um filme de baixo orçamento, como a comédia *Crimes de um detetive* (*The singing detective*), de 2003, cujos custos abaixo da linha somavam 6 milhões de dólares, teve um custo diário de 80 mil dólares. Uma grande produção, como *O exterminador do futuro 3*, com custos acima da linha orçados em 57 milhões de dólares, custava 300 mil dólares por dia. Em 2000, o custo médio diário das filmagens girou em torno de 165 mil dólares.

Cumprir o cronograma não é apenas uma questão de dinheiro. Como já foi dito, atores, diretores e técnicos, com freqüência, têm outros compromissos e datas-limite estipuladas em contrato, que lhes permitem deixar a filmagem se esta ultrapassar o tempo previsto. Assim, cada atraso ocasionado por clima, doença, acidentes, disputas trabalhistas, conflitos de personalidade e outras circunstâncias inesperadas pode ser desastroso para o estúdio.

Cabe ao diretor – que é, em tese, quem comanda – estimular a equipe, formada basicamente por técnicos temporários. "O diretor também, na maioria das vezes, sente que está pisando em terreno pantanoso", escrevem Peter Guber e Peter Bart. "Pode ser que ele já tenha trabalhado antes com alguns elementos-chave da sua equipe... mas a maior parte é gente desconhecida. É provável que tenha passado uma ou duas semanas pesquisando os membros principais do elenco, mas ele sabe também que o comportamento deles é imprevisível" quando a filmagem começa.[1]

O diretor depende muito de seu primeiro assistente de direção (first AD), uma espécie de imediato que assegura que todos estejam nos seus lugares quando ele proferir a palavra mágica: "ação". A tarefa do primeiro assistente é preparar a "ordem do dia", que especifica a hora precisa em que os atores devem se apresentar no dia seguinte para a maquiagem, os eletricistas devem ajustar a iluminação e os demais envolvidos devem estar no set.

A filmagem, seja no estúdio ou numa locação isolada, geralmente começa num set bem preparado, iluminado cuidadosamente por luz artificial. Os atores (ou seus stand-ins*) assumem seu lugar para marcações de foco e medidas de luz.

---

* Nos Estados Unidos, os atores ensaiam com o diretor e saem do set para se concentrarem e serem maquiados. Nos sets, ficam os seus substitutos, os "stand-ins". (N. do R. T.)

Um microfone sustentado por um cabo é posicionado com precisão para captar suas palavras sem lançar nenhuma sombra que revele a presença do equipamento. Os técnicos medem a luz e o som ao redor. Os assistentes dos objetos de cena, os decoradores do set, os assistentes de figurino e os maquiadores dão os últimos retoques nos atores e no set para garantir que tudo esteja de acordo com o storyboard ou o que deseja o diretor. O diretor de fotografia (DP*) observa atentamente através de um visor para ter certeza de que nenhum vidro, espelho ou superfície refletora no set evidencia a presença da câmera ou da equipe. O continuísta tira fotos para mapear a posição exata dos atores e dos objetos para as futuras refilmagens, que assiduamente anota num diário.

Quando todos concordam que a ilusão está completa, o operador liga a câmera, o claquetista faz soar a claquete que identifica a cena, o diretor grita "ação!" e os atores começam a interpretar seus papéis. Alguns minutos (ou segundos) depois, o diretor diz "corta!", a câmera pára de filmar e a primeira "tomada" termina.

Então, o diretor examina uma versão digital bruta da tomada feita por uma camereta de vídeo. Se, como geralmente acontece, ele não estiver satisfeito com essa tomada, ordena que ela seja refeita. A câmera permanece na exata mesma posição (ou, se estiver presa a um carrinho ou grua, volta à posição original). Os atores retornam a suas marcas, e a equipe de maquiagem, cabelo e vestuário cuida para que eles tenham a mesma aparência inicial. A filmagem começa de novo, a claqueta sinaliza "Tomada nº 2" e, dada a "ação", os atores repetem suas falas e ações. As tomadas prosseguem, uma e outra vez, até que o diretor, o DP e o técnico de som estejam satisfeitos.

Inúmeras tomadas são a regra, mais que a exceção. Numa cena particularmente memorável de *Wall Street*, por exemplo, Daryl Hannah, que faz o papel de uma decoradora de interiores, tem a seguinte fala: "Quero fazer com a mobília o que Laura Ashley fez com os tecidos. Produzir uma linha de móveis em estilo antigo, de alta qualidade a baixo preço". Não contente com sua entonação, o diretor Oliver Stone ordenou uma nova tomada – e, em seguida, mais 25. A cada uma, depois que a equipe de maquiagem e cabelo recompunha a aparência da atriz, o técnico revia a iluminação, o técnico de som testava o áudio, Hannah olhava para a câmera e repetia as mesmas duas dúzias de palavras.[2]

---

* Conservaremos a abreviatura DP, em inglês, pois são chamados assim no Brasil também. (N. do R. T.)

O número de tomadas varia de acordo com o estilo de trabalho do diretor. Stanley Kubrick costumava usar mais de 30 tomadas para chegar ao resultado que queria, enquanto Sidney Lumet geralmente se satisfazia com menos de cinco. A maioria dos diretores utiliza, em média, entre cinco e dez tomadas para cada cena.

Durante esse processo, os atores podem retardar ainda mais o processo quando fazem objeções a suas falas. Às vezes, argumentam que as falas soam mal, que não conseguem dizê-las com o devido efeito, ou mesmo que são incompatíveis com sua imagem perante o público. Podem propor alterná-las com gestos. Os grandes astros fazem esse tipo de sugestão com freqüência. Por exemplo, durante a refilmagem de *Onze homens e um segredo* (*Ocean's eleven*), de Steven Soderbergh, Brad Pitt não apenas propôs novos diálogos para seu personagem, como também sugeriu que ele provasse a comida que deveria entregar numa das cenas (idéias que Soderbergh aceitou).[3]

Os diretores não podem ignorar esses pedidos sem correr o risco de ofender os atores e aumentar o nível de tensão no set. Eles geralmente prestam atenção a elas, negociam as alterações e concordam em fazer tomadas adicionais com as falas modificadas. Mesmo que essas tomadas não sejam selecionadas na edição final (na qual os atores não estão presentes), elas consomem um tempo considerável.

O DP também pode se opor à tomada se a ação dos atores interferir no reflexo de luz capturado pela câmera. Ele pode insistir para que se refaça a tomada e até mesmo mudar o figurino, os objetos de cena ou a movimentação dos atores. Em *A embriaguez do sucesso* (*Sweet smell of success*), o DP James Wong Howe, insatisfeito com as sombras no rosto do personagem principal, J. J. Hunsecker (Burt Lancaster), retardou a tomada ao testar com um fotômetro todas as posições possíveis para o rosto do ator. Em seguida, ele disse ao diretor, Alexander Mackendrick, que a única maneira de obter a sombra adequada no rosto do ator era se ele usasse óculos de armação grossa. Mackendrick pediu que a equipe de objetos de cena fizesse os tais óculos, e, horas depois, a filmagem prosseguiu.[4] Os diretores raramente recusam tais exigências do DP, mesmo que elas provoquem atrasos.

Os técnicos de som têm um poder de veto semelhante sobre as tomadas. A fim de balancear a trilha de diálogos com o som de fundo, que é gravado separadamente, o técnico de som precisa de gravações totalmente límpidas das falas de cada ator. Se houver algum ruído estranho no set, a tomada terá de ser refeita.

Além disso, os contratos de merchandising feitos pelos produtores também podem retardar a filmagem. No caso de *Assassinos por natureza* (*Natural born killers*), um produtor conseguiu que o diretor, Oliver Stone, e outros membros da produção recebessem gratuitamente dois pares de botas de cowboy em troca de mostrarem a marca das botas, Abilene, num caminhão em movimento. O caminhão faria sua aparição ao passar pelo conversível aberto dirigido pela personagem Mallory Knox (Juliette Lewis) num único plano. Isso significava que os dois veículos – o carro de Mallory e o caminhão das botas Abilene – tinham de vir de direções opostas e chegar à frente da câmera exatamente no mesmo instante. Repetidas vezes, os dois motoristas, partindo de um ponto a uns oitocentos metros de distância, tiveram de se orientar continuamente por meio de walkie-talkies, enquanto a câmera, montada numa grua, ia descendo. "É um plano difícil de executar", escreveu o co-produtor, "e se não conseguíssemos, nosso cronograma ficaria comprometido, porque se tratava de um plano geral essencial".[5] Contudo, para conseguir as botas gratuitas, Stone refez as tomadas necessárias para exibir a marca do calçado na cena.

Quando os diretores cobram mais velocidade dos atores para compensar os atrasos, podem ocorrer outros problemas. Como relata Jane Hamsher, produtora de *Assassinos por natureza*, Juliette Lewis "ficava tão exausta com a pressão que sofria no set" que Hamsher a encontrava "chorando nos elevadores do hotel"; certa manhã, como Lewis não acordara ao toque do telefone, Hamsher teve de pedir aos seguranças do hotel para "arrombarem a porta do seu quarto e assim conseguirem levá-la ao set".[6]

Os diretores também têm de levar em conta as limitações impostas pelas companhias de seguro, que, muitas vezes, colocam um representante no set. As apólices emitidas por elas, obrigatórias para qualquer produção em Hollywood, exigem que os "elementos essenciais" do projeto, o que geralmente inclui as estrelas principais, não sejam utilizados em determinadas situações. Por exemplo, desde que Nicole Kidman teve um problema crônico no joelho em 2001, as companhias de seguro proibiram-na de atuar em cenas em que ela ajoelhasse ou ficasse em alguma posição que pudesse desarticular seu joelho. O diretor teve de usar um dublê ou um dispositivo mecânico para erguer ou abaixar a atriz.

Contribuindo ainda mais para os atrasos, há os aspectos relativos ao tratamento dispensado aos empregados sindicalizados, que podem incluir a exigência de intervalos para refeições, preocupações com a segurança dos equipamentos e condições de trabalho adequadas na locação. Qualquer disputa em torno da aplicação das regras sindicais pode deter a produção até que se encontre um representante do sindicato e este fique satisfeito. Não espanta que as tomadas necessárias para realizar um único plano do roteiro consumam, muitas vezes, um dia inteiro.

Concluído aquele plano, se o diretor estiver satisfeito, parte-se então para o próximo posicionamento de câmera, ou setup. Por mais simples que seja a interação entre dois atores, geralmente são necessários, no mínimo, três *setups*: o "master", que estabelece a geografia básica da cena, e dois close-ups, um da perspectiva de cada ator. Se houver mais atores, ou se a cena for mais complexa, o diretor pode exigir muitos outros setups. Cada novo setup requer a participação de técnicos, câmeras, eletricistas e maquinistas – que normalmente trabalham sob regras sindicais – para mover as luzes, correr o cabo de alta voltagem, assentar trilhos e reposicionar os microfones e a câmera.

Os intervalos entre os *setups* podem chegar a três horas, e então os atores geralmente retornam ao seu camarim ou trailer. Durante esse "tempo ocioso", eles são rodeados por uma comitiva que pode incluir amigos, gurus, treinadores, personal trainers, massagistas, esteticistas, guarda-costas e personal shoppers. Durante a produção de *Violação de conduta*, na Flórida, em 2002, John Travolta incluiu em sua comitiva imediata dois pilotos, um cabeleireiro, um maquiador, um chef, um dublê, o presidente de sua empresa de produção, um motorista e cinco amigos (que receberam, a seu pedido, uma linha de diálogo cada no roteiro, qualificando-se assim para o seguro-saúde). Durante esse intervalo prolongado, os astros muitas vezes cuidam de seus assuntos pessoais ou de negócios – lêem documentos, realizam teleconferências, se exercitam em esteiras, se reúnem com amigos e se envolvem em outras atividades que nada têm que ver com o filme. Como é de vital importância manter a saúde física e mental dos astros durante a filmagem, a produção geralmente conta com médicos à disposição. Durante a filmagem de *Assassinos por natureza*, por exemplo, contratou-se um osteopata em período integral, um "Dr. Bem-Estar", que, segundo o produtor, administrava vários fármacos, inclusive "injeções de B12 e Vicodin".[7]

Os astros também podem receber a visita dos divulgadores e da equipe encarregada de fazer os kits eletrônicos de imprensa (CEPK, eletronic presskit). Trata-se, basicamente, de entrevistas, quase sempre roteirizadas, em que os atores discutem o making of do filme, tendo em vista sua divulgação na tevê e em outros meios eletrônicos.

Todas essas atividades podem distanciar ainda mais os atores da sua concentração no personagem e no filme.

Chegado o momento, um assistente de produção, geralmente posicionado fora dos camarins ou trailers, avisa aos atores que o setup foi concluído.* É hora

---

* Ou seja, o novo posicionamento de câmera está pronto, com as luzes e tudo mais. (N. do R. T.)

de voltar ao set, "a caráter", e os cabeleireiros, maquiadores e camareiros preparam os atores.

Quando estes retornam ao set e assumem novamente suas posições atrás das marcações, repete-se o trabalho de focar a câmera, testar o som, verificar o enquadramento para eliminar possíveis sombras da haste do microfone e, se necessário, reposicionar o equipamento para corrigir quaisquer problemas. Enquanto isso, o continuísta assegura que tudo esteja perfeitamente de acordo com as tomadas anteriores ou posteriores. O AD repassa com os atores as falas – que não podem diferir das do setup anterior quando se trata de uma nova tomada da mesma cena, feita de outro ângulo de câmera –, e o diretor mais uma vez comanda: "Ação".

No final de cada dia, o diretor e o AD, juntamente com os produtores, o DP, o diretor de arte e o editor, se dirigem para a sala de projeção para assistir ao material não editado do dia anterior de filmagem. O filme negativo copiado é revelado pelo laboratório em filme de trinta e cinco milímetros, geralmente tem de uma a duas horas de duração e consiste em planos repetidos, com poucas variações entre si. Com base nesse material, o diretor seleciona as tomadas que ele já considera prontas para o filme (às vezes nada além de uns poucos minutos), o DP e o diretor de arte confirmam se a qualidade das tomadas selecionadas está perfeita, o editor averigua se elas têm suficiente cobertura e flexibilidade para a edição final do filme, e o produtor se certifica de que a película satisfaz todos os requisitos especificados pelo estúdio e seus parceiros financeiros.*

Nesse ínterim, os executivos do estúdio revisam o mesmo material na privacidade de sua sala de exibição e comunicam ao produtor qualquer objeção que possam ter. Se houver problemas, o AD agenda a refilmagem da cena. Do contrário, a produção parte para os próximos setups e a próxima cena, que pode envolver novos sets, outros objetos de cena e mais atores.

Diferentemente da época do sistema de estúdio, quando toda a filmagem, ou grande parte dela, era feita no mesmo estúdio ou nos páteos internos dos estúdios, ao ar livre; os filmes de hoje raramente são rodados num único estúdio ou locação. *O gladiador*, por exemplo, foi filmado em cinco países diferentes: Estados

---

* Atualmente, o filme negativo é revelado, telecinado e sincronizado em fitas e mostrado em ilhas de edição, e não mais em cópias positivas de trinta e cinco milímetros, aqui chamados de "copião". Só se faz uma cópia positiva ou copião se for necessário esclarecer dúvidas como foco e iluminação, que a tela de um computador não consegue mostrar. Se o filme foi gravado em vídeo (HD) não há o processo de revelar o negativo (N. do R. T.)

Unidos (Califórnia), Grã-Bretanha (Surrey), Marrocos (Ouarzazate), Itália (Toscana) e Malta. A escolha das várias locações pode se basear numa série de considerações: subsídios fiscais – a minúscula república da ilha de Malta, que oferece esse tipo de subsídio, foi palco de setenta filmes –, condições climáticas, mão-de-obra barata e a relevância de certas paisagens para a trama do filme. O deslocamento de uma locação para outra pode ser um pesadelo no que se refere à logística, envolvendo documentação, bagagens, transporte aéreo de câmeras, lentes, guarda-roupa, kits de maquiagem, objetos de cena, material de efeitos especiais e outros equipamentos, além da incorporação de novos membros às equipes, motoristas, seguranças e fornecedores de alimentação, numa atividade de produção incessante. É preciso também tomar providências para atender à miríade de regras sindicais e de seguro, ao vestuário, à entrega de comida e às condições climáticas. Se o deslocamento for para um país estrangeiro, pode haver complicações adicionais com a língua com os costumes. Em cada novo lugar, podem ser necessários novos atores, dublês e técnicos. Em *O gladiador*, a produção utilizou diferentes diretores de arte, diretores de segunda unidade, cenógrafos, maquiadores, agentes de direitos autorais, equipes de efeitos especiais, eletricistas, tratadores de animais e equipes de câmera nos diferentes países.

Os próprios diretores não precisam filmar todas as cenas nem ir a todas as locações. Em vez disso, geralmente delegam aos diretores de segunda unidade a tarefa de filmar muitas das cenas que não exigem a presença dos principais atores. Essa divisão do trabalho acelera bastante a produção do filme, pois permite que diferentes partes sejam filmadas simultaneamente. No James Bond de 1997, *O amanhã nunca morre* (*Tomorrow never dies*), enquanto o protagonista Pierce Brosnan representava James Bond no Frogmore Studio, fora de Londres, uma segunda unidade filmava um dublê do personagem dirigindo um BMW no estacionamento do Brent Cross Shopping Centre, em Hendon, Inglaterra; outra segunda unidade, na Flórida, filmava outro dublê saltando de pára-quedas de um avião; uma terceira segunda unidade filmava outro dublê mergulhado num tanque no Pinewood Studio, também fora de Londres; e uma quarta segunda unidade, nas Bermudas, filmava outro dublê de Bond pilotando uma lancha. Se o diretor, Roger Spottiswoode, tivesse dirigido pessoalmente todas as cenas, a produção – que terminou em cinco meses – poderia ter se arrastado por anos. Além disso, Pierce Brosnan não poderia mesmo representar o agente em todas as cenas, pois atividades de risco, como saltar de pára-quedas, estavam proibidas pela apólice de seguro que cobria a produção. Na verdade, desde que Harold LLoyd quase perdeu dois dedos encenando suas proezas em 1920, as companhias de seguro, que terão de arcar com um prejuízo de dezenas de milhões de dólares se a produção for interrompida, quase sempre proíbem os atores de participar de cenas perigosas.

Assim, para as cenas que podem implicar riscos, como perseguições de carro, lutas e cavalgadas, são usados dublês. A ilusão funciona porque o rosto e outras características dos dublês são disfarçados por meio de roupas ou ângulos de câmera. Se a cena exige que se mostre o rosto do ator, este pode ser "colado" posteriormente ao corpo do dublê por um processo chamado "máscara digital".

A maior parte das cenas de risco é filmada pelas segundas unidades, que têm seus próprios diretores, operadores de câmera e equipes. Dependendo da ação prevista na cena, são contratados também coreógrafos de lutas, treinadores de artes marciais, equipes de efeitos especiais, dublês motoristas e outros especialistas. A produção de *Matrix*, por exemplo, contou com um grupo de dezesseis profissionais de Hong Kong cujo trabalho era puxar e sustentar os dublês por cabos de aço (depois eliminados digitalmente) para criar a ilusão de que os atores estavam voando.

Além dessas cenas de ação, as segundas unidades filmam também a maioria das cenas que não incluem os atores. Elas fotografam o segundo plano das cenas em que os atores serão inseridos depois, em laboratório; os planos de corte, como marcos de estrada, multidões, trânsito e outras cenas que mostram ao público para onde os personagens supostamente estão olhando; e alguns planos de paisagem, chamados planos gerais, como aqueles usados para estabelecer a geografia do ambiente, em que os dublês substituem os atores.

O diretor geralmente controla as filmagens feitas pelas segundas unidades por meio do storyboard, que retrata cada plano do ângulo em que deve ser filmado. Se a gravação não cumprir as especificações do diretor, ou se os requisitos mudarem, ele pode ordenar uma nova filmagem da seqüência.

As despesas relativas às segundas unidades, principalmente em grandes filmes de ação, podem ser enormes. Em *O exterminador do futuro 3*, o custo da equipe de câmera e de outros técnicos da segunda unidade ficou em 5,4 milhões de dólares.

Enquanto a produção avança, o estúdio mantém um meticuloso registro dos gastos, que podem chegar a centenas de milhares de dólares por dia. Os assistentes de produção e suas equipes de contabilidade apresentam a relação das despesas diárias ao diretor de produção do filme, um executivo que também é gerente de produção, que tem a ingrata missão de impedir que os custos ultrapassem o orçamento. Quando esse risco se apresenta, o estúdio geralmente pede ao produtor, cujo contrato muitas vezes o responsabiliza pelo excedente, que lide com o problema. Para evitar estouros maiores, o produtor – que não tem controle sobre o tempo que os atores, o diretor e as segundas unidades levam para concluir suas cenas – às vezes tem de lançar mão do recurso de cortar cenas do roteiro ainda não filmadas. Quando *Godzilla* começou a exceder o orçamento, o produtor Dean Devlin, cuja empresa de produção, a Centropolis, teria de prestar contas dos custos adicionais, eliminou do roteiro dez cenas de "desenvolvimento do personagem". "Os filmes de monstros não dependem, na verdade, do desenvolvimento do personagem", explicou ele.[8]

Embora os filmes-catástrofes, como *Titanic*, possam exigir mais de um ano de filmagens, tratam-se de raras exceções no dispendioso universo da filmagem. A maioria das produções termina as filmagens no prazo de três a cinco meses. Quando a filmagem está perto do fim, os executivos do estúdio revêem o material filmado por todas as unidades para se certificar de que todos os valores requisitados à produção foram registrados no filme. Se considerarem que o resultado é insuficiente, podem solicitar filmagens adicionais.

Quando o último ator completa sua tomada final, chega-se ao fim da filmagem. Se nada estiver faltando, a produção conclui essa etapa, as equipes são dispensadas e o equipamento e os trailers alugados são devolvidos. Mas a produção ainda está longe de terminar.

NOTAS

1. Peter Bart e Peter Guber, *Shoot out: surviving fame and (mis)fortune in Hollywood*. Nova York: G. P. Putnam's Sons, 2002, p. 83.

2. *Wall Street* (1987), DVD, comentário do diretor.

3. *Onze homens e um segredo* (2001), DVD, comentário do diretor.

4. John McDonough, "Movie directors? Who needs'em?", *Wall Street Journal*, 25 de março de 2002 (edição para a internet).

5. Jane Hamsher, *Killer instinct: how two young producers took on Hollywood and made the most controversial film of the decade*. Nova York: Broadway Books, 1997, p. 160.

6. Ibidem, pp. 165, 175.

7. Ibidem, p. 152.

8. Entrevista com o autor, 1998.

9 DE PEÇA EM PEÇA

Um filme são apenas fragmentos.
– François Truffaut, *A noite americana*

CONCLUÍDA A FILMAGEM, termina também a pressão financeira do dia-a-dia de gravação. Assim como a preocupação com a imprevisibilidade do clima, os acidentes no set e o egocentrismo dos astros. As seguradoras relaxam a disciplina que impõem durante os dias de filmagem. No entanto, faltam ainda partes essenciais da imagem e do som, que são criadas e depois incorporadas ao filme na fase de pós-produção.

IMAGENS ADICIONAIS

Em muitas produções, seqüências inteiras do filme são terceirizadas por empresas especializadas em computação gráfica, ou CG. Essas empresas, em vez de utilizarem filmagem ou desenhos, criam cenas, ou elementos de cenas, por meio da manipulação de dados em computadores.

Em seus primeiros filmes de animação, na década de 1930, Walt Disney desenvolveu a tecnologia das tiras de celulóides sobrepostas – as chamadas "cels" –, que podiam ser combinadas mecanicamente de diferentes maneiras, para que os artistas não tivessem de desenhar novamente o quadro inteiro toda vez que o personagem se movia. Mesmo com esse engenhoso artifício, o número de permutações era limitado, de modo que ainda eram necessários milhares de desenhos separados para um único desenho animado. Além disso, faltava ao resultado um elemento de realismo, já que os personagens não pareciam se mover num espaço tridimensional. Meio século mais tarde, o computador revolucionou a animação. Não só tornou a arte-final menos trabalhosa, como produzia um resultado bem mais realista – a chamada animação 3D.

Agora que é possível escanear os desenhos em formato digital no computador, seus diferentes elementos podem ser arranjados em combinações quase infinitas. Basta, para isso, acionar os comandos corretos e ter os programas que executam as tarefas repetitivas.

A primeira vez que os sucessores de Disney usaram a CG de maneira mais extensa foi na aventura espacial *Tron*, em 1980. À medida que os recursos computacionais foram ficando mais baratos, e os programas, mais sofisticados, a CG se tornou a principal opção, em diversos filmes, para a criação de seqüências de ação que demandam muito tempo. Assim como a animação convencional, a CG pode produzir cenas que dispensam locação, set, objetos de cena, figurino, diretor de fotografia, dublês ou atores. Além disso, pode misturar imagens geradas por computador com atores ao vivo, obtendo resultados muito mais convincentes que os obtidos com a animação convencional. Ela pode, por exemplo, preencher completamente um "set limbo" – assim chamado porque nele os atores ficam numa espécie de limbo –, "pintando" figurinos elaborados nos atores, enchendo de ornamentos as paredes e móveis atrás deles, ou inserindo monstros prestes a atacálos. Na produção de *A soma de todos os medos*, por exemplo, o ator Arnold McCuller cantou o hino nacional num set limbo, e, meses depois, os técnicos de CG criaram ao redor dele um estádio de futebol gigantesco, com milhares de torcedores vibrando e um céu repleto de fogos de artífico.

O trabalho de CG não é coisa miúda. Os filmes de ação de hoje têm mais cenas animadas por computador que filmadas e, em muitos casos, um orçamento de CG é maior que o da filmagem.

Em geral, essa parte da produção do filme é feita separadamente da filmagem, tanto no tempo como no espaço. Os storyboards de cada seqüência da ação são enviados aos estúdios de CG com as fotografias de cena dos atores, dos objetos de cena e da ambientação. Depois de passar o material para o computador, os técnicos de CG trabalham nele, pixel a pixel, para aproximá-lo dos personagens, do ambiente e da ação retratados nos storyboards. Para obter realismo nas cenas, um núcleo de "captura de movimentos" filma pessoas simulando os movimentos necessários. O estúdio de CG utiliza então seus programas de computador para transferir os movimentos para os personagens.

Como é possível enviar o trabalho instantaneamente ao diretor por e-mail, ele pode ser realizado em qualquer lugar do mundo. Contudo, apesar dos avanços na tecnologia de informática, o trabalho de CG ainda é extremamente caro. Para *O exterminador do futuro 3*, foram gastos 19,9 milhões de dólares com efeitos de CG. Em *Godzilla*, os monstros criados digitalmente pelos programas de CG custaram 9,5 milhões de dólares. Segundo estimativas do produtor, "o custo com CG foi maior que aquele com todos os atores juntos". "Na verdade", explicou ele, "existem hoje duas produções diferentes em andamento para o mesmo projeto: a filmagem da ação ao vivo, num estúdio ou locação, e o filme criado pela CG nos computadores".[1] Esse esforço conjugado explica por que a lista de créditos no final dos filmes aumentou tanto nos últimos tempos. (Em 1977, os créditos para o primeiro *Guerra nas estrelas* incluíram 143 técnicos; em 2003, em *O ataque dos clones*, feito em CG, listou 572 técnicos.)

Apesar do seu alto preço, a CG se tornou parte indispensável da produção cinematográfica de Hollywood. Ela permite ao diretor um controle maior sobre a ilusão do que a filmagem ao vivo – até mesmo nas seqüências sem ação –, pois não há limite para as alterações de dados possíveis no computador. Em *Titanic*, por exemplo, James Cameron usou a CG para decorar e mobiliar recintos inteiros do navio, como o salão de baile, e acrescentar aos náufragos a respiração congelada. Em *O gladiador*, ela foi usada para introduzir, em algumas cenas, a imagem do personagem Próximo, depois que Oliver Reed, o ator que desempenhava esse papel, faleceu durante as filmagens.

Como o trabalho da CG deve obedecer rigorosamente ao cronograma da pósprodução, é comum distribuir diferentes seqüências para várias empresas diferentes. *X-Men*, por exemplo, contratou oito empresas para o trabalho de CG.

Quando o material produzido pela CG está pronto, é avaliado pelo diretor, pelo diretor de arte, pelo editor e por outros técnicos. Se não corresponder ao material filmado, é enviado de volta para correções, o que geralmente implica aumento dos custos e atraso no lançamento. Quando a conclusão do filme é garantida por uma seguradora, como a International Film Guarantors (IFG)*, esta geralmente exige que os diretores separem o trabalho da CG na pós-produção em duas listas: uma dos planos que são "essenciais" e outra dos "desejáveis". Conforme explicou um executivo da área, os itens da primeira lista são feitos primeiro; depois, se a produção ultrapassar o orçamento, pede-se ao diretor para cortar os itens da segunda lista.

Quando se trata de retratar desastres complexos – como a explosão de um navio –, muitas vezes fica mais barato filmar um modelo em miniatura do evento do que usar a CG para criar a cena do nada. Como essa filmagem requer habilidades altamente especializadas, como pirotecnia, manipulação de bonecos e construção de maquetes, a produção geralmente contrata empresas de efeitos visuais com experiência específica nesse tipo de trabalho. Estas então produzem a imagem com base num storyboard aprovado pelo diretor e usando equipes e equipamentos próprios. Para simular a destruição de um porta-aviões americano em *A soma de todos os medos*, por exemplo, o estúdio de efeitos visuais Rhythm & Hues usou a pirotecnia para explodir um modelo em escala de seis metros de altura de uma torre de comando da embarcação, contra uma tela de fundo azul, den-

---

* Companhia muito conhecida no mercado, que faz o seguro de garantia de término da produção, conhecido como seguro de completion bond. (N. do R. T.)

tro do estúdio. Enquanto isso, uma equipe de filmagem aérea filmava embarcações reais no mar, que o laboratório depois acrescentou às áreas do plano demarcadas pela tela azul.

A produção costuma recorrer também à arte-final convencional, realizada por empresas terceirizadas, quando estas oferecem um trabalho mais rápido e barato que os estúdios de CG. Os artistas desenham as imagens ou esculpem modelos tridimensionais, que são então fotografados com lentes especiais para produzir a ilusão desejada. As seqüências de títulos, por exemplo, geralmente utilizam a animação convencional.

Os "planos de detalhe" muitas vezes exigem filmagem adicional. Podem incluir close-ups de mãos, cartões de visita, armas, manchetes de jornal ou outros objetos que o diretor preferiu não filmar durante a filmagem, para economizar tempo enquanto os atores estavam no set. Em alguns casos, podem ser planos de rótulos de produtos, para cumprir o contrato de colocação de um produto negociado pelo produtor. Como esses planos requerem um tipo de iluminação que leva tempo para montar, geralmente são designados a fotógrafos especializados, que têm lentes e aparelhos próprios para o trabalho de close-up. Se os detalhes são de partes do corpo, o fotógrafo recruta os dublês das partes necessárias.

Por fim, a produção pode solicitar trechos já filmados de cinejornais, programas de televisão, videoteipes amadores ou outros filmes. Por exemplo, em *O resgate do soldado Ryan*, de 1998, Steven Spielberg usou cenas de um cinejornal mostrando a invasão das praias da Normandia em 1944; em *Assassinos por natureza*, de 1994, Oliver Stone usou clipes da série de televisão *Leave it to Beaver* e o famoso videoteipe que mostra a polícia de Los Angeles espancando Rodney King; em *O estranho* (*The limey*, 1999), Steven Soderbergh usou excertos da performance de Terence Stamp no filme *A lágrima secreta* (*Poor Cow*, 1967) para mostrar o idoso personagem-título, Wilson (representado por Stamp), quando jovem. A produção compra os direitos desse material dos arquivos de estúdios de cinema, redes de televisão, museus e outras fontes.

SONS ADICIONAIS

É também na pós-produção que se completa a ilusão sonora. Grande parte dos diálogos entre os atores não pode ser gravada com perfeição durante a filmagem por causa da interferência dos ruídos externos. Mesmo as falas registradas sob perfeitas condições nos estúdios, com freqüência precisam ser "restauradas" para melhorar a clareza, o tom ou a comicidade. Às vezes, também, os diretores precisam ajustar as mudanças introduzidas no roteiro, gravando as falas que não constavam do material filmado – como piadas, esclarecimentos ou revelações. (Esses acréscimos, chamados *wild lines*, são introduzidos nos planos em que a boca do personagem que está falando não é visível ao público.) Quando o sotaque de um personagem não é suficientemente claro, suas falas também precisam ser regravadas. Só depois de terminada a filmagem de *Goldfinger* é que seu diretor, Guy Hamilton, descobriu que era difícil entender o ator alemão Gert Fröbe, que encenava o papel-título; todas as falas do personagem foram regravadas posteriormente por um dublê de voz inglês, Michael Collins, que imitava o sotaque alemão.

As vozes dos papéis secundários costumam ser acrescentadas depois da filmagem. Por exemplo, o som das conversas dos personagens num coquetel geralmente é gravado num estúdio por figurantes vocais, chamados, em inglês, de *walla walla groups*. Esse vozerio de fundo pode ser adquirido também de acervos de efeitos sonoros.

Nos longas-metragens de animação, cada personagem é dublado, um a um, num estúdio de som. (A remuneração máxima por esse trabalho, mesmo para os atores mais bem pagos, era de apenas 10 mil dólares por dia em 2003 – podendo, contudo, ser maior quando se trata de continuações.)[2]

A gravação do som na pós-produção é chamada *looping* ou anel, e os atores são chamados de volta para realizar essas sessões. Se não estiverem disponíveis, podem ser substituídos por dublês de vozes. O processo técnico pelo qual se introduz a voz dos personagens é conhecido como ADR (sigla em inglês para *automatic dialogue replacement*, substituição automática de diálogo e que em português se traduz simplesmente por dublagem). Esse trabalho é monótono, repetitivo. Sob a orientação do diretor e do supervisor de ADR, os atores ou seus dublês devem repetir cada fala do personagem várias vezes, até obterem o tom e a inflexão exatos pretendidas pelo diretor. As sessões de dublagem podem durar semanas, dependendo da agenda dos atores escalados.

Na transição do cinema mudo para o falado, os realizadores perceberam que o diálogo é apenas uma parte da ilusão sonora necessária para o filme. Descobriram que, por mais precisa que fosse a representação e a enunciação, e por mais clara que fosse sua reprodução, a voz humana gravada soava pouco natural ao público. Faltavam os ruídos de fundo que existiam na realidade – as conversas quase inaudíveis em um aposento, os passos distantes na rua, o murmúrio do vento no campo. Sem esses sons de fundo, sutilmente misturados ao diálogo, todo o filme parecia artificial.

O problema foi resolvido por Jack Foley, um engenhoso dublê que desenvolveu uma trilha separada para os ruídos de fundo, que, desde então, passaram a ser conhecidos como "efeitos foley", em português, "ruídos de sala". Para criar essa trilha, os técnicos de som, hoje chamados "artistas de foley" ou técnicos de ruído de sala, primeiro deletam quase todo o som natural que o técnico de som direto não conseguiu excluir da gravação no set ou na locação durante a filmagem, como o bater de portas, o farfalhar das roupas, a respiração dos atores. Ironicamente, esses efeitos não soam naturais nos filmes. Esses sons são então substituídos por efeitos sonoros artificiais, criados pelos técnicos de ruídos de sala, que, enquanto assistem ao material filmado em cabines acusticamente isoladas, usam seus próprios expedientes para produzir ruídos que pareçam realistas para o público. Por exemplo, a melhor maneira de reproduzir o som de passos na neve, em vez de passadas firmes no chão coberto da paisagem invernal, é captar o ruído produzido ao remexer areia em uma caixa, dessas destinadas aos excrementos dos gatos. Os artistas foley têm seus próprios arquivos de sons mais usados, como carros no trânsito, gritos, explosões, multidão em aeroportos e trinados de pássaros. Os designers de som também podem compor sons de fundo originais, num sistema computadorizado denominado synclavier, ou combinar uma mistura de sons pré-gravados para obter um novo efeito. Quando as trilhas de ruídos de sala estão prontas, são mixadas às trilhas de diálogos.

Por fim, é hora de criar ou comprar a música – que, para o dirigente de estúdio Peter Guber, é "o coração e a alma do filme".[3] A música geralmente inclui a partitura original, ou score (criada especialmente para o filme), e as canções, licenciadas de empresas musicais.

A partitura é usada para indicar ao público como ele deve reagir emocionalmente aos acontecimentos do filme. Se bem-feita, pode induzir no espectador sentimentos de ansiedade, alívio ou ameaça diante do que ele vê ou estão prestes a ver na tela. Ficou famoso o score lúgubre de Bernard Herrmann, utilizado por Alfred Hitchcock em *Psicose* (*Psycho*) para pontuar as aparições do psicopata Norman Bates (Anthony Perkins) de faca em riste.

Os scores são compostos, basicamente, da mesma maneira que as óperas, o que explica por que muitos dos compositores de ópera do século 20, como Igor Stravinsky, Erich Korngold, Sergey Prokofiev, Dmitry Shostakovich e Arthur Sullivan, também fizeram músicas para filmes. Assim como os operistas, os músicos que compõem para o cinema se baseiam na paixão, nos conflitos e nos tormentos vividos pelos protagonistas para desenvolver os temas que os prenunciam e exaltam. Ao contrário dos operistas, eles têm a vantagem de assistir às cenas antes de compor a música que as acompanha. Em seguida, o score é orquestrado, gravado por uma orquestra e sincronizado à ação do filme numa trilha separada.

As canções servem a uma outra função. Os trabalhos de artistas famosos, que o público geralmente associa a determinadas épocas, estilos e lugares, podem ajudar a criar um contexto para os personagens. Por exemplo, no filme *Quase famosos* (*Almost famous*), o diretor Cameron Crowe usou trechos de sucessos de Neil Young, Stevie Wonder, Cat Stevens e Elton John para criar a atmosfera de rock-and-roll do início da década de 1970. No entanto, obter as licenças para as canções pode custar muito caro. A Paramount registrou um gasto de 1 milhão de dólares para licenciar a canção original *I disappear*, da banda Metallica, para *Missão impossível 2* (*Mission: Impossible II*)[4], e, segundo um produtor, foram pagos mais de 2 milhões de dólares em direitos pelas canções utilizadas em *Assassinos por natureza*.[5]

Obtidas as licenças, as canções podem ser inseridas na própria história (quando, por exemplo, o personagem está ouvindo música no seu aparelho de som ou rádio do carro) ou usadas nas cenas de letreiros, às vezes com grande efeito – como no caso da canção de Madonna para *007: Um novo dia para morrer*. As canções são balanceadas com o score e gravadas numa trilha temporária à espera da edição final.

Nessa altura, todas as peças da ilusão já foram criadas, faltando apenas montá-las de maneira convincente.

NOTAS

1. Entrevista com o autor, 2002.
2. Nancy Griffin, "When A-list actors are happy to hide their faces", *New York Times*, 6 de julho de 2003 (edição para a internet).
3. Citado em John Natan, *Sony: the private life*. Boston: Houghton Mifflin, 1999, p. 200.
4. Tamara Connif e Carla Hay, "High costs have biz rethinking soundtracks", *Hollywood Reporter*, 7 de outubro de 2002, p. 1.
5. Jane Hamsher, *Killer instinct: how two young producers took on Hollywood and made the most controversial film of the decade*. Nova York: Broadway Books, 1997, pp. 184-185.

10 A ILUSÃO SE COMPLETA

"TRATA-SE, NA VERDADE, de três filmes diferentes", explicou certa vez o ator veterano Roy Scheider: "o que é escrito, o que é filmado e o que é editado".[1] Terminada a filmagem, e depois de reunido todo o material proveniente das segundas unidades, dos estúdios de computação gráfica, dos animadores, dos acervos de imagens e outras fontes, esse terceiro filme começa a tomar forma, a partir do quebra-cabeças de possibilidades. Um único momento do filme final pode conter elementos criados em vários locais e ocasiões diferentes, por várias equipes diferentes. No filme *007: O mundo não é o bastante* (*The world is not enough*), a seqüência da explosão de um oleoduto na Rússia exigiu close-ups de Pierce Brosnan (James Bond) filmados contra uma tela branca no Pinewood Studio pelo diretor Michael Apted; planos gerais de um oleoduto na locação de Gwynedd, no País de Gales, filmados pelo diretor de uma segunda unidade; a filmagem da explosão de uma maquete, feita por uma equipe de efeitos especiais em Hankley Common, Elstead, em Surrey, Inglaterra; inserções em CG de uma muralha de fogo feita pela Cinesite, do Reino Unido – tudo isso executado sob diferentes condições de iluminação; e sons gravados em sessões de dublagem, durante a pós-produção, no Pinewood Studio, criados por técnicos de ruídos e obtidos de acervos.

Antes mesmo de terminar a filmagem, o editor começa a montar o material filmado numa primeira edição bruta. Os elementos de computação gráfica, a animação, as inserções e outras cenas que faltam são marcados por um filme virgem em branco ou letreiros com os dizeres "Falta inserção". A primeira tarefa do editor é assegurar que o diretor tenha, para cada cena, um número suficiente de tomadas que podem ser usadas. Quando examina o material bruto, depois que este volta do laboratório, o editor pode encontrar problemas técnicos. Como escreveu um editor experiente, as possibilidades são inúmeras: "As tomadas saem de foco, o diretor perde a luz no final do dia ou não consegue obter os ângulos de que precisa, o negativo é danificado no laboratório".[2] Para corrigir esses problemas, o diretor às vezes tem de refilmar a seqüência ou reescrever o roteiro.

A tarefa mais ingrata do editor é reduzir a imensa quantidade diária de material filmado a proporções manuseáveis. A primeira coisa a fazer é escanear para o computador um videoteipe de baixa qualidade do material que chega, para registrar o time code de cada cena e sincronizá-las com o negativo. Esse videoteipe é então transferido para um computador especializado, chamado Avid, no qual o editor pode reorganizar os planos em diferentes combinações, sem ter de cortar o próprio filme. Antes da invenção do Avid, no começo da década de 1980, o editor tinha de cortar e emendar o filme fisicamente. Com o Avid, pode-se obter o mesmo resultado digitando-se algumas teclas – e, se o editor não gostar, pode gerar outra versão instantaneamente. Quando o editor e o diretor ficam satisfeitos com o resultado, o primeiro faz a montagem preliminar, que muitas vezes consiste numa pequena fração do material filmado.

O diretor acompanha esse processo de perto. Nessa etapa, ele está livre, finalmente, das exigências impostas pelos atores, diretores de fotografia, produtores executivos, assistentes e até mesmo do roteiro. Ele pode escolher as tomadas que preferir, eliminando ou reordenando os planos, as seqüências e os personagens como bem quiser. Ao editar *Cálculo mortal* (*Murder by numbers*, 2002), por exemplo, o diretor Barbet Schroeder eliminou toda a seqüência de abertura em que aparecia a estrela, Sandra Bullock (utilizando parte dela em flashbacks que ele inseriu em partes posteriores do filme). Trabalhando com o editor, o diretor pode visualizar todas as permutas possíveis até chegar ao encadeamento que narre a história da maneira que ele considera mais satisfatória. Quando se chega a essa composição, o que pode levar semanas, os editores fazem os cortes apropriados, produzindo a chamada "montagem do diretor".

O laboratório, sincronizando os time codes da versão em Avid com uma cópia do negativo, faz então os cortes na película real. O laboratório também cria as transições óticas (como as fusões e os fade-outs), preenche os espaços em branco atrás dos atores com as inserções de CG e acrescenta as outras partes do filme que ainda faltam.

Depois de combinar todo esse material, é preciso ainda corrigir a iluminação, especialmente se, como costuma acontecer quando a filmagem não obedece à seqüência do roteiro, partes diferentes das mesmas cenas foram filmadas sob diferentes condições. É de fundamental importância restaurar a ilusão de continuidade, ajustando o brilho, o contraste e a cor de cada cena. O chamado "balanceamento de cores" também demanda muito tempo. "Juntos, o DP e o diretor se sentam com o técnico que faz os ajustes, em sessões de trabalho intenso, que podem se estender por 16 a 24 horas", explicou um supervisor de pós-produção. "Eles têm de examinar todo o filme, acertar a cor de cada trecho, experimentar diferentes matizes e contrastes e, então, fazer cópias de teste a cada experiência".[3] Todo esse procedimento de tentativa e erro se repete novamente para as versões destinadas à televisão e ao vídeo doméstico, pois o balanceamento de cores varia de acordo com o formato.

Para evitar esse processo enfadonho, os estúdios recentemente começaram a converter o filme todo num arquivo de computador chamado "intermediário digital". Embora a conversão digital custe várias centenas de milhares de dólares, ela permite que o balanceamento de cores seja feito de maneira quase instantânea pelo colorista digital – ocupação que somente surgiu na indústria do cinema em 1999 –, com a ajuda de programas que harmonizam automaticamente a cor e a iluminação nas cenas. Se, por exemplo, o diretor decide mudar a cor de um rio de castanho turvo para um cintilante branco-azulado – como fez Kevin Costner em *Pacto de justiça* (*Open range*, 2003) –, ele simplesmente instrui o colorista a fazer a mudança e pronto!, o rio cintila em todas as cenas com sua nova cor.[4] E não é só isso. Os resultados podem ser traduzidos, pelo mesmo programa, para outros formatos, como o do vídeo doméstico e o da televisão. A desvantagem de mais esse avanço tecnológico no processo de produção dos filmes é a degradação da qualidade – "uma ligeira queda na resolução", nas palavras de um produtor –, pois, ao se escanear o filme para o computador, perde-se parte da informação digital original.[5]

Quando se conclui o balanceamento de cores, o som – incluindo os diálogos, a dublagem na pós-produção, os efeitos sonoros, a trilha musical e as canções, que foram mixados na trilha sonora final – encontra-se perfeitamente sincronizado ao filme. O produto resultante é a primeira cópia do filme mais próxima da ilusão que o público verá nos cinemas.*

Contudo, ainda não está completa a odisséia de transformar uma idéia num filme acabado. O estúdio quase sempre se reserva o direito de fazer o corte final. Em geral, isso está estipulado no contrato de produção, mas, mesmo quando não, o produtor e o diretor têm um forte incentivo para aquiescer a essa exigência: eles precisam do respaldo da máquina de marketing do estúdio para que o filme alcance sucesso comercial e de crítica.

Assim, os executivos dos estúdios agora examinam os produtos editados para terem certeza de que nada neles diminuirá as chances de um lançamento bem-sucedido nos cinemas. Não surpreende que essas questões sejam objeto de intensas negociações entre o estúdio, o produtor e o diretor. Desde o início da idéia até o corte final, a realização cinematográfica quase sempre requer uma série de conciliações. O processo exige que autores, roteiristas, produtores, diretores de arte, atores, compositores e diretores, por mais que prezem sua integridade artística, façam

---

* Em inglês, *answer print*, é a primeira cópia com som e imagem apresentada pelo laboratório à aprovação do cliente. (N. da T.)

os ajustes e concessões necessárias para que o filme prossiga. Quanto mais tempo e esforço investiram no projeto, mais forte é a motivação para se chegar a um meio-termo, especialmente se o problema, caso não seja resolvido, vier a impedir o lançamento oportuno do filme. Se a divergência não for solucionada e o filme estiver garantido por um seguro de conclusão, o emissor da apólice pode tomar a frente e fazer os cortes e acréscimos necessários para resolver a questão. Em todo caso, as exigências finais do estúdio quase sempre são cumpridas.

Feitas as mudanças e obtida a aprovação do estúdio, o laboratório monta o negativo e faz a duplicação para a produção de cópias destinadas aos cinemas. Enquanto isso, os contadores fecham o cálculo final do "custo de produção". Os advogados, por sua vez, se certificam de que todas as cessões, liberações e outros documentos legais foram assinados pelos produtores, diretores e outras partes relevantes.

Nessa altura, o filme entra para o estoque do estúdio, onde, juntamente com dezenas de outros ainda não lançados, aguardará sua distribuição ao público. Essa espera pode demorar meses, durante os quais a compensação de despesas do estúdio acrescenta juros à dívida da produção, à taxa de 10% ao ano. Durante esse período, se algum acontecimento real, como uma guerra, colidir com o enredo do filme a ponto de comprometer a receptividade do público a ele, o estúdio pode pedir novas mudanças.

Na época do lançamento, a maioria dos participantes do filme, entre eles, escritores, produtores, atores e diretores, já está envolvida com outras atividades. As doces e amargas experiências da produção, e as relações que eles possam ter desenvolvido entre si – amizades, romances e inimizades –, se chegam a ser lembradas, estão desbotadas a essa altura. Mas eles são chamados ainda mais uma vez, com seus videoclipes, kits de imprensa e fotografias de cena, para prestar um último serviço: divulgar o filme em programas de tevê, entrevistas a jornais, eventos promocionais e, se tudo correr às mil maravilhas, cerimônias de premiação.

NOTAS
1. Roy Scheider, comentário específico sobre uma cena de *All that jazz*, DVD (2003).
2. Paul Seydor, "Notes from the cutting room", *The Perfect Vision*, nº 26, setembro de 1999, p. 25.
3. Entrevista com o autor, 2003.
4. Mielikki Org e Anna Wilde Mathews, "Engineering blue skies", *Wall Street Journal*, 12 de agosto de 2003 (edição para a internet).
5. Entrevista com o autor, 2003.

PARTE 3

A criação do público

11 A MISSÃO DA CONSCIENTIZAÇÃO

NA ERA DO SISTEMA DE ESTÚDIO, quando Hollywood fabricava um só produto, filmes, a maioria dos americanos ia ao cinema do bairro uma vez por semana e se contentava com o que estivesse passando ali. Os estúdios não precisavam de nenhuma outra publicidade além do título do filme na marquise do cinema, o retrato dos astros nos cartazes expostos no saguão, um trailer de cenas da próxima estréia exibido nas telas do cinema (tudo isso sem nenhum custo para o estúdio) e anúncios nos jornais locais (pagos em parte pelos próprios cinemas).

Sob o novo sistema, porém, os estúdios têm de fabricar não só os filmes como o público a que eles se destinam. Num mundo dominado por uma variedade de opções de entretenimento doméstico, inclusive a televisão aberta, os estúdios têm de persuadir milhões de pessoas a sair de casa toda semana, ir a um cinema a quilômetros de distância e comprar ingressos para um filme do qual às vezes pouco ouviram falar, se é que ouviram. Tal façanha, que em muitos aspectos é um desafio tão grande quanto produzir o filme, se realiza por meio da campanha de marketing. "Hoje em dia, fornecemos aos multiplexes dois produtos diferentes, o filme e a campanha de marketing", explicou um alto executivo da Sony. "E, para a maior parte dos donos de grandes cinemas, o último é o mais importante".[1]

Se a campanha de marketing não produz o público esperado na semana de estréia, os multiplexes geralmente deixam de exibir o filme nas salas maiores – o que pode reduzir ainda mais as chances de sucesso do filme. Importante sobretudo para os estúdios, o sucesso do filme na semana de estréia ajuda a determinar seu futuro nas videolocadoras, já que os compradores das cadeias de lojas de vídeo baseiam o tamanho do pedido no tamanho do público da estréia (supondo que a campanha de marketing que trabalhou o público dos cinemas continuará a impulsionar as locadoras de vídeo).

Conseqüentemente, os estúdios gastam grande parte de seus recursos na campanha de marketing. Em 2002, para atingir o público de todas as partes do mundo, eles investiram em publicidade e cópias quase a mesma quantia gasta na produção dos filmes.

Essas campanhas são diferentes das utilizadas pelos produtos de marcas conhecidas, como Coca-Cola, Corn Flakes da Kellogg's e pasta de dente Colgate, pois estas não precisam alcançar seus resultados de imediato; podem condicionar as pessoas a responder à marca gradualmente, ao longo de um período de anos, e, à medida que o tempo passa, sua mensagem pode ser refinada com a ajuda do feedback dos consumidores. A mensagem publicitária de um filme tem de motivar o público a sair de casa, percorrer uma boa distância até o cinema – a média nacional, nos Estados Unidos, era de vinte e quatro quilômetros, em 2002 – e, chegando lá, selecionar, dentre todas as concorrentes, uma oferta específica. Como a mensagem visa a semana de estréia, não é possível refiná-la com base no comportamento do consumidor. Ou ela funciona naquele final de semana ou será um fracasso.

Como explicou o executivo de um dos estúdios: "As campanhas de marketing no cinema são iguais às campanhas eleitorais. Não só têm de levar o público a apoiar os seus candidatos, como fazê-los confirmar sua escolha no dia da eleição".[2] Para realizar esse feito, os estúdios primeiro precisam identificar o público potencial para cada filme. As categorias iniciais que eles utilizam coincidem com aquelas empregadas pelas emissoras e redes de televisão: homens ou mulheres abaixo ou acima dos 25 anos, brancos ou não. Com base nesses grupos, define-se, em linhas gerais, o público-alvo primário – por exemplo, homens brancos com menos de 25 anos. A divisão de marketing do estúdio trabalha então com grupos de discussão, entre outras ferramentas de pesquisa, para refinar o público mais provável de se interessar pelo filme. Parte-se do pressuposto de que cada filme tem um público potencial distinto. "Se lançamos vinte e oito filmes, precisamos criar vinte e oito públicos diferentes", explicou um executivo de marketing da Sony, o que requer "vinte e oito campanhas de marketing diferentes".[3]

O estúdio inicia suas ações de marketing assim que o projeto recebe o sinal verde. O departamento de marketing geralmente designa uma força-tarefa para supervisionar a criação de um público para esse filme que ainda não existe. Sua primeira incumbência é identificar a composição do público mais provável, com base na análise do roteiro, dos atores e da localidade. Com freqüência, meses antes de os atores entrarem no set, o público-alvo já está identificado.

O próximo objetivo da força-tarefa é fazer que parte significativa do público-alvo tome conhecimento do futuro filme. "Primeiro, os estúdios têm de preparar o campo de batalha", explicou o vice-presidente de marketing de um estúdio. "De nada adianta o bombardeio multimilionário de anúncios na tevê se os que estão sendo bombardeados não sabem ainda da sua existência".[4] A preparação do campo de batalha muitas vezes requer que se desenvolva no público algum nível de consciência, ainda que vaga, acerca do título do filme ou de seus astros, muito antes de se lançar a campanha de publicidade paga. Essa tarefa fica bem mais fácil quando o público já conhece o título ou os personagens de outro contexto. Por exemplo, graças ao imenso sucesso dos livros, os filmes de Harry Potter, muito antes de receberem o sinal verde, já contavam com uma alta consciência de seu público-alvo – meninos menores de 18 anos. Do mesmo modo, as produções que fazem parte de franquias bem-sucedidas – como *Homem-aranha 2*, *X-men 2*, *Duro de matar 2*, *Austin Powers* (*Austin Powers: the spy who shagged me*), a série *Guerra nas estrelas* e os filmes de James Bond – se beneficiam de serem bem conhecidas do seu público. Mesmo assim, o público precisa ser informado de que os personagens voltarão às telas em novo filme. Para a maioria das outras produções, contudo, cujos personagens são quase ou totalmente desconhecidos, a máquina de divulgação do estúdio precisa desenvolver essa consciência no público potencial a partir do zero.

A parte mais difícil do exercício de conscientização geralmente envolve pouca publicidade paga, às vezes, nenhuma. Quando o filme entra em produção, o estúdio encarrega os estrategistas de publicidade da missão de obter divulgação gratuita para ele. O principal meio que utilizam para isso é plantar notas na mídia de entretenimento – como *Entertainment Weekly*, *People*, *TV Guide* e o canal E!, todos pertencentes às matrizes corporativas dos estúdios –, que enchem suas páginas ou horários na tevê com fofocas sobre as celebridades. "É fácil criar publicidade em torno das estrelas", observou o executivo de um estúdio; "difícil é chamar a atenção para a produção".[5] Como as estrelas muitas vezes figuram em filmes concorrentes no mesmo período – Julia Roberts, por exemplo, estrelou, em 2001, filmes produzidos pela Sony, pela Warner Bros. e pela DreamWorks –, não basta simplesmente divulgá-las; a publicidade deve estar diretamente ligada ao filme a ser lançado. Para conseguir essas notas, portanto, os repórteres da mídia de entretenimento têm de concordar em incluir as referências ao título ou às estrelas, de maneira a aumentar a consciência do público sobre o futuro lançamento (omitindo as referências a filmes concorrentes protagonizados pelos mesmos nomes).

Muitas revistas também pedem fotografias dos astros para estampar na capa. Os estúdios geralmente reservam as oportunidades de fotografá-los a revistas que aceitam suas condições quanto à escolha do momento de publicar as fotos e quanto ao conteúdo das matérias que as acompanham. Não raro, a equipe de divulgação examina antes as matérias para se certificar de que elas não contêm nenhum item, como menção a filmes concorrentes, que possa atrapalhar a missão de conscientização. As publicações que aceitam essas condições são consideradas pelo estúdio "parceiros cúmplices", conforme descrição de um executivo.[6]

O principal instrumento de conscientização à disposição dos divulgadores, evidentemente, é a reputação dos astros do filme perante o público. A permissão para que o estúdio utilize sua reputação para divulgar o filme faz parte do contrato dos atores. Com essa finalidade, os estúdios redigem "histórias de fundo", reais ou inventadas, que misturam as atividades dos astros com as dos personagens que interpretam no filme. Para limitar o risco de que algum integrante do elenco espalhe informações discrepantes que possam arruinar essas histórias, os divulgadores trabalham junto com a produção para controlar os contatos dos atores com a mídia. Faz parte da rotina dos estúdios que toda a equipe e o elenco dos filmes assinem contratos de sigilo, que os obrigam a manter a confidencialidade. Enquanto isso, as histórias forjadas pelos divulgadores são sistematicamente plantadas nas revistas de fãs, nas agências de notícias, nas colunas de fofocas e outros meios escolhidos. Se bem-sucedidos, esses itens se acumulam na memória coletiva da mídia – nos arquivos de clippings eletrônicos – e podem ser reforçados em entrevistas durante as quais os próprios astros fazem alusão a eles.

Esse é o caso, por exemplo, de *Missão impossível 2*, que foi distribuído pela Paramount. Baseado numa série de televisão que foi ao ar por mais de dez anos e num filme anterior, o título *Missão impossível* já era bem conhecido do público antes de ser aprovada a produção do filme. Assim como o seu astro, Tom Cruise. A estratégia da campanha de marketing da Paramount foi criar um elo indissociável entre o ator e o título, de tal modo que toda a publicidade que Cruise recebesse nos meses anteriores ao lançamento fizesse o público se recordar do filme. Criou-se então uma história de fundo na qual Cruise era associado indistintamente a Ethan Hunt, o herói acrobático interpretado por ele, por via da afirmação de que ele, e não o dublê, fizera todas as cenas em que o personagem Hunt realiza façanhas perigosas, como saltar em queda livre, voar com a motocicleta, atravessar chamas, entre outras.

Essa história de fundo foi o tema de um curta publicitário, *Mission incredible* (Missão incrível), exibido na MTV e em outros canais a cabo pertencentes à matriz corporativa da Paramount. Feito no estilo documentário, contendo entrevistas com a equipe e o elenco de *Missão impossível*, traz o diretor John Woo expressando seu grande temor de que Tom Cruise se precipite para a morte ao saltar entre cumes de montanhas ou ser atingido pelo fogo em cenas de incêndio. A certa altura, Woo declara: "Tom não tem medo. Rezo por ele". Em outro curta publicitário, o diretor diz: "Tom Cruise faz a maioria das cenas arriscadas, por isso não precisamos de dublê".

Na produção real, havia pelo menos seis dublês para o papel de Tom Cruise. Mesmo que o ator tivesse as habilidades e o treinamento necessário para fazer ele próprio as cenas, e mesmo que o estúdio não fizesse objeção aos atrasos que uma tal prepotência provocaria nas filmagens, a companhia de seguros, que classificava Cruise entre os "elementos essenciais" da produção, não teria permitido que ele se arriscasse nem sequer a uma torção no tornozelo, menos ainda a perder a vida. Por mais que esse roteiro publicitário não correspondesse à realidade, no entanto, serviu ao propósito de fornecer uma história plausível para a mídia do entretenimento – "Tom Cruise é Ethan Hunt", e então a frase conclusiva, "Espere pelo impossível de novo".

Se bem-sucedida, uma campanha baseada numa sólida história de fundo aumenta a consciência geral entre os espectadores que acompanham a mídia de entretenimento. Alguns filmes, porém, especialmente os que tentam recrutar as crianças, precisam de um público muito mais amplo. Os estúdios muitas vezes buscam ampliar esse público por meio de merchandising. Como parte do esquema, cadeias de fast-food, como McDonald's, Burger King e Domino's Pizza, costumam distribuir brinquedos, jogos e suvenires baseados nos personagens dos futuros filmes e anunciam esses presentes aos clientes potenciais. Embora esse tipo de divulgação não esteja diretamente vinculado à data de lançamento do filme, serve, como explicou um executivo, "para alertar milhões de pessoas de que o filme será lançado em breve".[7] E tem a vantagem adicional de ser inteiramente pago pelo parceiro do merchandising.

O problema, do ponto de vista dos estúdios, é que o número de filmes que se qualificam para o merchandising é limitado pelos rigorosos requisitos do anunciante. Da perspectiva deste, o sucesso do merchandising está na associação entre seu negócio e o filme ou seus personagens. Qualquer filme que deprecie sua imagem corporativa – como os de violência, sexo, perversidade explícita, práticas políticas controvertidas ou uma visão de mundo irreverente – estará provavelmente fora de cogitação. Os que se qualificam, como os filmes animados da Disney, geralmente apelam ao público familiar e trazem personagens fáceis de admirar.

Outro meio de conscientizar o público sobre um filme são os teaser trailers. Ao contrário dos trailers convencionais, que anunciam as próximas atrações já programadas nos cinemas, o teaser, com chamadas do tipo "Estréia neste verão", é veiculado meses antes de o filme ser agendado (e, em alguns casos, antes mesmo de estar terminado) e, com freqüência, em cinemas que não o exibirão quando for lançado. Em geral, não tem mais que três minutos de duração e constitui, para o estúdio, uma forma de publicidade gratuita.

Na década de 1930, os trailers das próximas atrações sempre acompanhavam o primeiro filme de uma sessão dupla e simplesmente informavam o público semanal, geralmente com algumas poucas tomadas dos astros, sobre os filmes programados para a semana seguinte. Quando o público semanal começou a declinar, e os cinemas passaram a concorrer com outras mídias pela atenção do público, o trailer evoluiu para uma ferramenta de marketing mais sofisticada, cujas imagens, música e palavras se destinavam a estimular o apetite de determinado público para determinado filme: a próxima atração.

O pessoal de marketing começa a trabalhar no trailer já antes do fim da produção. Eles vasculham o roteiro, o storyboard e a montagem preliminar para encontrar imagens e palavras provocativas. Como seu propósito é capturar a atenção de um futuro público potencial, eles não têm escrúpulos de usar qualquer parte do material filmado, ainda que não venha a ser utilizada na montagem final.

Depois de definir o tema do teaser, eles geralmente contratam firmas especializadas em filmes promocionais para realizarem o trabalho de criar uma série de teasers e o trailer da próxima atração. Em 2001, os custos para produzir os trailers de um único filme giravam entre 300 e 800 mil dólares.

Os trailers são então exibidos para grupos de discussão e um público de amostra, com o objetivo de "determinar o grau de aderência daquele título à memória dos espectadores", conforme esclareceu um executivo do setor de pesquisa de público.[8] Se o título não tem a "aderência" necessária, acrescentou ele, os teasers são "refinados" ou "totalmente refeitos". Quando fica satisfeito com os resultados obtidos do público de teste, o estúdio encomenda o número necessário de cópias, o que pode ser dispendioso quando se trata de distribuí-las para milhares de cinemas. É preciso então persuadir os donos das cadeias de cinemas a usar o limitado tempo que reservam aos trailers para passar os anúncios dos próximos filmes do estúdio, que podem, no final, ser arrendados para cinemas concorrentes. "Conseguir que os multiplexes exibam nossos teasers para o público demográfico certo, no horário certo, é um negócio complicado", explicou o chefe de distribuição de um estúdio. "Às vezes, é preciso usar nosso poder de barganha."[9] Esse "poder de barganha" inclui, em alguns casos, negar aos cinemas os filmes mais procurados, a menos que concordem em exibir os teasers do estúdio. Por exemplo, quando a Warner Bros. lançou *Harry Potter e a pedra filosofal* (*Harry Potter and the sorcerer's stone*), com o qual os cinemas esperavam atrair um grande público, exigiu que as cadeias aceitassem exibir os teasers de outros filmes seus. E, embora os donos de cinemas freqüentemente se queixem da "pressão" que sofrem para divulgar esses trailers muito antes do lançamento dos filmes, geralmente acabam cedendo aos grandes estúdios.[10]

Enquanto esse processo se desenrola, o estúdio mede os resultados de sua campanha de conscientização semanalmente, por meio de pesquisas por telefone com os milhares de "freqüentadores assíduos de cinema", fornecidos pelo National Research Group (NRG). Como já vimos antes, o NRG determina a faixa etária, o sexo e, em alguns estudos, a origem étnica dos pesquisados. Seus analistas então dividem os resultados para cada filme em quatro grupos principais, ou "quadrantes": o público abaixo dos 25 anos, acima dos 25, do sexo masculino e do sexo feminino. (Em alguns casos, os pesquisados são divididos também por raça.) Em seguida, o NRG entrega ao estúdio relatórios regulares sobre os níveis de percepção do público para determinados filmes nesses diferentes quadrantes, juntamente com outros dados. Quando Peter Bart, então editor da revista *Variety*, teve permissão para observar esse processo, em 1999, descobriu que "os principais estúdios nadavam em dados sobre a percepção geral do público, bem como sobre a reação dos vários grupos demográficos à campanha, ao tema, até mesmo ao final, além de todas as outras iterações possíveis que a pesquisa pudesse inventar".[11]

A certa altura, embora a data de lançamento ainda não esteja definida, a equipe de marketing do estúdio decide que uma porcentagem significativa do público-alvo – geralmente, mais de 60% – tem suficiente conhecimento do filme para justificar o avanço para a próxima fase da campanha: a condução do público.

NOTAS

1. Entrevista com o autor, 2001
2. Entrevista com o autor, 1999.
3. Entrevista com o autor, 2003.
4. Entrevista com o autor, 2003.
5. Entrevista com o autor, 2002.
6. Entrevista com o autor, 2003.
7. Entrevista com o autor, 1999.
8. Entrevista com o autor, 1999.
9. Entrevista com o autor, 1998.
10. Nicole Sperling, "Trailer wars", *Hollywood Reporter*, 14-20 de maio de 2002, p. S30.
11. Peter Bart, "Knowledge is power, except in Hollywood", *Daily Variety*, 6 de maio de 1999, p. A1.

12 A CONDUÇÃO DO PÚBLICO

O ÚLTIMO ESTÁGIO da campanha de marketing – a "condução" do público – é um bombardeio publicitário que ganha força total nas duas semanas que antecedem a estréia. Ao contrário da sossegada missão de conscientização, que se beneficia das oportunidades de divulgação gratuitas, a tarefa de conduzir o público é breve e intensa, e se apóia, principalmente, nos anúncios veiculados pela tevê, que são extremamente caros. Derivando seu nome do esforço de conduzir o gado no Oeste americano, consiste em levar o rebanho de espectadores potenciais, já informados pela campanha de conscientização, a deixar o conforto do lar num determinado fim de semana e se dirigir ao cinema.

Esse ato final do roteiro de marketing é um desdobramento relativamente recente. Até então, quando os estúdios se viam diante da necessidade de criar público, seu esforço de marketing se limitava a usar os atores, e informações sobre eles, para gerar divulgação gratuita. Até meados da década de 1980, de acordo com um alto executivo de marketing, "o negócio era basicamente impulsionado pela divulgação".[1] Mas, com os multiplexes estreitando o espaço disponível para o filme depois das semanas de estréia, e os compradores de DVDs condicionando os pedidos antecipados ao resultado de público num período ainda menor, os estúdios já não podem contar apenas com a divulgação fortuita e o boca-a-boca favorável para atrair o público. Hoje em dia, como disse um executivo, os estúdios recorrem a spots publicitários "dirigidos ao público almejado".[2]

Os estúdios descobriram que o meio mais eficaz de chegar aos espectadores potenciais é a televisão. Geoffrey Ammer, presidente de marketing da Sony Pictures, explicou: "Quando se faz uma pesquisa para averiguar por que as pessoas vão ao cinema, a principal fonte [de informação] é sempre a televisão".[3]

Como as redes de televisão, e suas afiliadas, podem cobrir toda a audiência do país com inserções de mensagens comerciais em qualquer data, elas são hoje, como descreveu o executivo de um estúdio, o "principal propulsor" de todas as campanhas nacionais dos estúdios.[4] Em 2003, os estúdios gastaram 3,4 bilhões de dólares em anúncios na tevê.[5] Cerca de dois terços desse montante foi destinado às seis redes – NBC, CBS, ABC, Fox, UPN e Warner Bros. – e emissoras pertencentes às matrizes corporativas dos estúdios. Embora esse tipo de publicidade seja muito caro, permite que as divisões de marketing dos estúdios coordenem meticulosamente suas campanhas.

Dependendo do público que se tem em vista, os anúncios veiculados nas redes de televisão a cabo podem ser também uma boa aposta. A tevê a cabo, segundo um executivo, é mais "focada" em audiências específicas e, portanto, usada pelos estúdios quando o filme atrai principalmente um grupo identificável, como adolescentes do sexo masculino.[6] Em 2003, os estúdios gastaram 720 milhões de dólares com anúncios nessas tevês.[7]

Para que esses anúncios tenham um custo-benefício positivo, a força-tarefa de marketing deve criar um "gancho" adequado que, quando embutido num comercial breve, faça o espectador não somente querer assistir ao filme, mas decidir fazê-lo na estréia. O design de peças publicitárias também deve ser suficientemente bom para mobilizar os compradores impulsivos, como demonstrou ser, por exemplo, a imagem de Arnold Schwarzenegger empunhando um lança-foguetes e dizendo "Hasta la vista, baby" na venda de *O exterminador do futuro 2*. "O truque é apertar o botão certo na hora certa", explicou um executivo.[8]

A pesquisa do gancho envolve testes sofisticados, em que as imagens mais promissoras são apresentadas ao público-alvo por meio de entrevistas e grupos de discussão, e até mesmo exibições-teste, em que os indivíduos são conectados a um polígrafo que mede suas reações involuntárias. Quando encontra um gancho satisfatório, o estúdio pede à sua agência de publicidade que desenvolva o comercial de televisão, geralmente com duração de trinta segundos.

Em seguida, o diretor de marketing e outros altos executivos se reúnem num "conselho de guerra", como o denominou um vice-presidente de marketing, para decidir quanto dinheiro será empenhado nesse esforço – decisão que determinará a proporção do público-alvo a ser coberta, o chamado "alcance", e o número de vezes que os anúncios serão exibidos, a chamada "freqüência".[9] Como um único comercial de trinta segundos, veiculado durante um programa transmitido em rede de alcance nacional, pode custar em torno de 300 mil dólares – e, para ser eficaz, os estúdios calculam que o anúncio deve ter uma freqüência mínima de oito vezes –, essa decisão pode ser extremamente dispendiosa.

Para ajudar o conselho de guerra a definir o alcance e a freqüência dos anúncios, a força-tarefa de marketing monitora os dados enviados pelo NRG sobre sua eficácia nos mercados de teste. Se constatam que uma parcela significativa das pessoas que ouviram falar do filme não pretende ir vê-lo, consideram que o gancho no anúncio-teste não está funcionando. O conselho de guerra pode então decidir cortar o orçamento de publicidade e reduzir o número de salas onde será lançado, como fez a Warner Bros., em 2002, com *As aventuras de Pluto Nash*. Conseqüentemente, embora o filme trouxesse o grande astro Eddie Murphy, rendeu menos de 2,5 milhões de dólares em aluguéis no mercado mundial.

Por outro lado, se os resultados mostram que o gancho surtiu efeito com o público testado, o conselho de guerra pode autorizar uma "investida" total. Com uma cobertura oito vezes maior para atingir o público-alvo, os custos de publicidade para tal investida ficaram entre 15 e 20 milhões de dólares em 2002.

A publicidade na tevê é usada também para patrocinar programas de entrevistas, como *The Tonight Show with Jay Leno* e o *Late Show with David Letterman*, que mostram clipes e entrevistam os astros de filmes recém-lançados. Essa exposição não comercial é considerada particularmente valiosa para atrair adultos jovens. "Letterman e Leno são, para nós, empurrões muito eficazes, especialmente entre o público adulto jovem", explicou um executivo da Viacom, "por isso ficamos felizes em patrociná-los".[10]

Do mesmo modo, os estúdios investem pesado em anúncios na MTV e outros canais semelhantes para estimulá-los a exibir vídeos do filme durante a semana de estréia.

Todo esse esforço de conduzir o público ao cinema pode custar ao estúdio mais de 30 milhões de dólares. Antes de lançar-se a ele, o conselho de guerra precisa definir um fator de suma importância: a data da estréia.

NOTAS

1. Entrevista com o autor, 2003.
2. Entrevista com o autor, 2002.
3. Citado em Stephen Galloway, "Alternate angle", *Hollywood Reporter*, 14-20 de maio de 2000, p. S14.
4. Citado em Stephen Galloway, "Where the money went", *Hollywood Reporter*, 14-20 de maio de 2000, p. S8.
5. U.S. Entertainment Industry: MPA 2003 Market Statistics 2003, pp. 20-22.
6. Entrevista com o autor, 2002.
7. MPAA Market Statistics 2003, pp. 20-22.
8. Entrevista com o autor, 1999.
9. Entrevista com o autor (apresentação em PowerPoint), 1999.
10. Entrevista com o autor, 2001.

13 O DIA D

A DECISÃO MAIS IMPORTANTE a cargo da divisão de distribuição do estúdio é a data de lançamento do filme. "É o dia D para nós", disse um alto executivo de distribuição da Fox.[1]

A realidade que confronta a divisão de distribuição, em todos os estúdios, é que as datas de estréia não são iguais. Os nove meses entre setembro e maio, que é o período letivo das escolas nos Estados Unidos, prometem não mais que uma fração do público possível durante os três meses de verão, quando a grande população de crianças e adolescentes está livre para ir ao cinema todos os dias. (As únicas exceções a essa regra são o Natal, o Dia de Ação de Graças e outros feriados prolongados.) A diferença de bilheteria entre o verão e o resto do ano pode ser enorme. Os filmes lançados no final de semana do Memorial Day, por exemplo, contam com um público de estréia três vezes maior, pelo menos, que os lançados em outubro.

Os estúdios também podem ter no estoque filmes que só é vantajoso lançar em determinadas semanas. É sabido, por exemplo, que a melhor época para os filmes infantis são feriados como Natal e Ação de Graças, quando tanto as crianças, assim como seus pais, estão livres para ir ao cinema. O filme pode se adequar a feriados específicos, como *Independence Day*, *Meu papai é Noel* (*The Santa clause*) e *Halloween*, ou para estações inteiras, como o de surfe *A onda dos sonhos* (*Blue crush*) e o de esqui *Aspen: dinheiro, sedução e perigo* (*Aspen extreme*). Os estúdios podem ser obrigados a lançar os filmes com merchandising numa certa época que coincida com a programação de vendas do anunciante. A Warner Bros., por exemplo, combinou com os anunciantes de estrear *O exterminador do futuro 3* no dia 4 de julho de 2003. "Nosso trabalho é encontrar a melhor data disponível no calendário para cada filme", explicou um executivo de distribuição da Warner, "embora nem sempre seja possível consegui-la".[2]

O que impede um estúdio de conseguir as melhores datas para determinado filme é o eventual interesse de outro estúdio em lançar, na mesma data, um filme que disputa público da mesma idade, sexo e composição étnica. "Por que brigamos", diz a anedota que corre entre os distribuidores, "se todos queremos a mesma coisa?" A resposta, naturalmente, é que se dois estúdios planejam estrear filmes concorrentes na mesma data e almejam a mesma audiência, os anúncios que veiculam na tevê podem aparecer nos mesmos programas, no mesmo horário, confundindo, ou submetendo a uma "pressão cruzada", seu público-alvo. O resultado é que os dois filmes podem acabar com apenas uma parcela de um público total menor. "No confronto direto", disse um executivo da Disney, "ninguém sai ganhando".[3]

Para ganhar a briga, os estúdios evitam esse tipo de confronto, fazendo concessões entre si. Como as discussões entre os estúdios sobre a divisão entre eles das datas de lançamento correm o risco de violar os decretos antitruste, para coordenar a estréia de seus filmes, cada estúdio se baseia no relatório semanal de "posicionamento dos concorrentes" que recebe do NRG. Analisando o apelo relativo dos filmes a serem lançados entre grupos de diferentes faixas etárias, sexos e etnias, os estúdios conseguem visualizar como seus filmes se sairiam na disputa com filmes que atraem o mesmo segmento de público. Além disso, eles obtêm informações antecipadas dos cinemas e periódicos de divulgação sobre a época em que os concorrentes planejam lançar seus filmes.

Quando dois estúdios verificam que seus filmes estão indo na direção de estrear no mesmo final de semana, ambos têm de repensar a data, já que, como disse um executivo da Sony, "a campanha publicitária não está mais com o caminho livre".[4] O estúdio cujo filme desperta menos interesse no público-alvo se vê fortemente motivado a mudar de data, pois, se os números do NRG se confirmarem, a ele caberá a menor parcela do público confuso e dividido, o que provavelmente o levará ao fracasso. Ao transferir seu filme para outro final de semana, ainda que a data não seja tão boa no que se refere ao tamanho do público, o estúdio dá à sua campanha de marketing uma chance maior de conseguir atrair uma grande parcela desse público menor.

Para evitar a colisão, o estúdio com o filme menos atraente geralmente cede, mas nem sempre. Em alguns casos, os executivos dos estúdios concorrentes podem se reunir socialmente para chegar a um acordo. Por exemplo, em 2002, a Miramax, subsidiária da Disney, bateu de frente com a DreamWorks SKG quanto à data de lançamento de seus respectivos filmes, *Gangues de Nova York* (*Gangs of New York*) e *Prenda-me se for capaz* (*Catch me if you can*), ambos estrelando Leonardo DiCaprio e programados para estrear em 25 de dezembro. Embora, segundo o relatório de posicionamento dos concorrentes, o filme *Gangues*, da Miramax, contasse com um nível de "consciência" ligeiramente maior do quadrante "indivíduos do sexo masculino acima de 25 anos", a DreamWorks se recusou a ceder. Foi então que o presidente da Miramax, Harvey Weinstein, e o co-fundador da DreamWorks SKG, Jeffrey Katzenberg, se encontraram para um café-da-manhã em Nova York a fim de discutirem "a data de estréia" de seus filmes, como Katzenberg explicou mais tarde numa entrevista ao *The New York Times*. "[Weinstein] e eu conversamos muito sobre as desvantagens, para as duas empresas, de lançar os filmes no mesmo dia... já que ambas fizeram um grande investimento em Leo DiCaprio".[5] Alguns dias depois, a Miramax transferiu *Gangues de Nova York* para outra data, menos favorável. Quaisquer que sejam os meios de persuasão empregados, o resultado é que os filmes que competem diretamente entre si raramente são lançados no mesmo fim de semana.

Uma vez decidida a data de lançamento, os elementos finais do cenário rapidamente se definem. Para começar, a divisão de distribuição inicia os arranjos com os cinemas onde o filme vai estrear. Essa não é uma tarefa fácil. A estréia geralmente requer o arrendamento de algo em torno de 1.500 a 3.500 salas de exibição, dependendo do seu tamanho. Para minimizar a concorrência pelo mesmo público, os estúdios dividem o país em zonas geográficas, contendo entre 100 e 400 mil pessoas cada. Em cada zona, um cinema, que pode ter muitas salas, recebe licença exclusiva para exibir o filme.

Os distribuidores negociam principalmente com as cadeias. Em 2002, mais de dois terços dos multiplexes nos quais os filmes estrearam pertenciam a cinco cadeias nacionais – Cineplex Odeon, KKR Regal, Carmel, AMC e United Artist Cinemas –, que negociaram com afinco, entre outras coisas, a divisão da receita da bilheteria; a "concessão da casa", que é a soma fixa a ser paga aos cinemas independentemente da venda de ingressos; e a duração mínima da temporada de exibição. Embora os distribuidores sejam proibidos, pelo acordo de consenso antitruste, de vincular essas negociações à promessa de filmes futuros, eles exercem uma forte e tácita influência sobre as cadeias de cinema, já que estas dependem deles para favorecê-las com os filmes arrasa-quarteirão. Assim, os grandes estúdios quase sempre conseguem as salas de que necessitam para a estréia.

Enquanto isso, o staff da divisão de distribuição encarregado das relações com os cinemas entra em ação, fornecendo a cada um deles os cartazes para serem afixados no saguão, os kits de imprensa para os repórteres locais e outras parafernálias que podem promover o filme. Essa equipe põe na rua dúzias de representantes que dedicarão seu tempo a cultivar os gerentes de cinema, a fim de assegurar que eles levem adiante essas promoções, inclusive exibindo o trailer da próxima atração em horários de destaque.

O estúdio tem ainda de providenciar o número necessário de cópias para entregar aos cinemas em tempo para a estréia. O custo das cópias depende da duração do filme, mas, em 2003, saía em média por 1.500 dólares por filme. As cópias são, então, enviadas às distribuidoras do estúdio pelo país para serem transferidas para os rolos, examinadas para assegurar que não têm defeitos e aguardar o dia D.

Nesse ínterim, os compradores de mídia do estúdio estão febrilmente comprando espaço nos programas em rede e canais a cabo que alcançam grande parte do público-alvo. Se, por exemplo, estão buscando o público adolescente de classe média, comprarão horários em programas como *The O.C.*; se estão atrás do público masculino, colocarão anúncios em programas esportivos, como *SportsCenter*; se o que querem é o público negro jovem, comprarão espaço em programas a cabo como *Music Box Videos*.

Por fim, para dar suporte ao bombardeio, os estúdios investem pesado em anúncios no jornal pouco antes da estréia. Além dos locais e horários de exibição, esses anúncios geralmente trazem comentários de críticos e repórteres da mídia de entretenimento que os divulgadores selecionaram de resenhas. Os maiores beneficiários desses anúncios são dois jornais: *The New York Times*, que em 2001 recebeu 156 milhões de dólares dos estúdios, e o *Los Angeles Times*, que recebeu 106 milhões.[6] Embora a publicação de anúncios nesses jornais possa não atingir mais que uma pequena parcela do público-alvo, especialmente quando se trata de filmes voltados para os jovens, esses periódicos são importantes para Hollywood, por causa do prestígio que suas sessões de entretenimento de domingo podem conferir aos filmes. Como observou um executivo de marketing da Sony, eles "não dão apenas visibilidade ao filme: é em Nova York e Los Angeles que vivem os astros e diretores".[7] Por essas razões, os estúdios muitas vezes se vêem obrigados, até por contrato, a anunciar nesses jornais e cooptar sua boa vontade. À medida que se aproxima o dia D, o departamento de marketing faz todo o possível para aumentar ainda mais a consciência do público. As medidas incluem a criação de websites específicos para cada filme, o aluguel de outdoors e a distribuição de camisetas. Para antecipar reportagens e análises críticas, os estúdios muitas vezes levam os repórteres de avião a excursões em hotéis ou lugares especialmente escolhidos, onde os atores e outras celebridades do filme lhes concedem breves entrevistas "de elevador". Antes da estréia, em 1996, da fantasia extraterrestre *Independence Day*, por exemplo, os divulgadores da Twentieth Century-Fox transportaram, de ônibus, mais de uma centena de jornalistas a Rachel, Nevada, onde fica a Área 51, na Highway 375 – lugar onde os militares americanos haviam conduzido um "projeto ultra-secreto de estudo de alienígenas", segundo um boletim do estúdio. Tal projeto nunca existiu, na verdade, mas, como parte do "evento jornalístico", os divulgadores conseguiram que o governador de Nevada, Bob Miller, consagrasse a Highway 375 como "Rodovia dos Extraterrestres", onde os alienígenas encontrariam um porto seguro. O estúdio também inaugurou diante da imprensa um monumento destinado a servir de farol para guiar os alienígenas até Nevada. A viagem da imprensa pode ter sido absurda, mas foi também um sucesso, resultando em mais de uma centena de matérias na mídia antes do lançamento do filme.

Os divulgadores organizam também centenas de exibições para os críticos de cinema e distribuem kits eletrônicos de imprensa para as emissoras de tevê. Se tiverem êxito em sua missão, os astros aparecerão em capas de revistas, reportagens nos noticiários de entretenimento e programas de entrevista na televisão.

Pouco antes do dia D, o público-alvo é submetido, várias e várias vezes, aos mesmos spots, veiculados nos programas de tevê. Então, na noite anterior à estréia, os rolos são enviados por caminhões da UPS a milhares de multiplexes em todo o país.

Uma única coisa decide se o esforço de condução do público foi um sucesso ou um fracasso: o número de "eleitores" que compareceram ao cinema no final de semana de estréia.

NOTAS

1. Entrevista com o autor, 2000.
2. Entrevista com o autor, 2000.
3. Entrevista com o autor, 2003.
4. Entrevista com o autor, 2003.
5. Laura M. Holson, "Miramax blinks", *New York Times*, 11 de outubro de 2002, caderno de Economia, p. 1.
6. Randall Tierney, "Top heavy", *Hollywood Reporter*, 14-20 de maio, 2002, p. S28.
7. Entrevista com o autor, 2002.

PARTE 4

A lógica econômica de Hollywood

14 A ECONOMIA DA PIPOCA

AO ESTREAR SEUS FILMES nos cinemas dos Estados Unidos e do Canadá, os estúdios têm pouco controle sobre como seus produtos serão exibidos, já que as cadeias que administram os multiplexes têm uma lógica econômica própria.

Na época do sistema de estúdio, os cinemas, que pertenciam aos estúdios ou eram controlados por eles, tinham um único propósito: angariar ingressos para os filmes. Com essa finalidade, eles consistiam em amplos palácios, com capacidade para acomodar vários milhares de pagantes numa única sessão – o Paramount Theater de Nova York, por exemplo, tinha 4 mil lugares. E, para atrair o público, apresentavam também nos palcos performances ao vivo de cantores famosos, como Frank Sinatra; bandas renomadas, como a de Duke Ellington; e espetáculos musicais, como o Roxy Ice Show. Podiam também prolongar a temporada de exibição de um filme enquanto ele gerasse receita para o estúdio – às vezes, durante nove meses ou mais. Nesse esquema, até mesmo os cinemas de bairro serviam de pontos-de-venda para os produtos dos estúdios.

Os multiplexes que substituíram esses cinemas pertencem, em sua maior parte, a meia dúzia de cadeias nacionais e têm uma relação muito diferente com os estúdios. Eles atuam em três ramos de negócio distintos e às vezes conflitantes. Primeiro, o da concessão, no qual retêm para si todos os lucros da venda de pipocas, refrigerantes e outras guloseimas. Segundo, o da exibição de filmes, pelo qual pagam aos distribuidores uma grande parcela das receitas que obtêm com os ingressos*. Por fim, a publicidade, vendendo espaço na tela para a promoção prévia dos filmes a serem lançados.

Sua principal fonte de lucro não é a venda de ingressos ou publicidade nas telas, mas a venda de lanches. A pipoca, graças à imensa quantidade produzida com uma porção relativamente pequena de grãos – na elevada proporção de 60 para 1 –, rende mais de 90% de lucro sobre cada dólar recebido. Além disso, deixa os consumidores com sede de refrigerante – outro produto com alta margem de lucro –, especialmente quando a pipoca está muito salgada. Como observou um executivo de cinema, o "segredo" para uma cadeia de multiplexes bem-sucedida está naquela porção extra de sal acrescentada à pipoca.

---

* No Brasil, descontados os impostos que incidem em cada ingresso, 50% de seu valor fica para o exibidor e o restante vai para o distribuidor, que desconta os custos de comercialização em seu conjunto e repassa o valor ao produtor. (N. do R. T.)

Não é por acaso que a maioria dos cinemas é projetada para fazer que o público passe pela lanchonete ao se dirigir para o auditório. "Nosso negócio se baseia na movimentação de pessoas", explicou o dono de um cinema. "Quanto mais pessoas conseguimos fazer passar pela pipoca, mais dinheiro ganhamos."[1] Ele descreveu o porta-copos montado em cada assento, que permite aos clientes descansar o refrigerante enquanto voltam ao balcão para buscar mais pipoca, como "a inovação tecnológica mais importante desde a sonorização".[2]

Esse lucrativo comércio de pipoca é ameaçado toda vez que a venda de ingressos declina. Não importa que outros méritos o filme possa ter, ou quão favoráveis sejam as críticas, os multiplexes não podem se dar ao luxo de mantê-lo no melhor auditório se ele não gerar tráfego suficiente. Nesse caso, os multiplexes geralmente o transferem para salas menores (caso sejam obrigados, por contrato, a exibi-los), reduzem o número de sessões ou suspendem totalmente sua exibição. É aqui que o interesse da cadeia de cinemas em maximizar o comércio de pipoca e o interesse dos estúdios (que não têm participação no negócio da pipoca) entram em conflito. Os estúdios, que gastaram dezenas de milhões de dólares em cópias e publicidade, querem manter seus filmes nos auditórios maiores, pelo máximo de tempo possível, para assim recuperarem seu investimento. Exibir seus filmes e trailers num auditório parcialmente cheio é melhor que vê-los substituídos por produtos concorrentes.*

Assim, os estúdios oferecem aos cinemas um incentivo monetário para que prolonguem a exibição de seus filmes, dando aos proprietários uma parcela progressivamente maior da bilheteria para cada semana que o filme fica em cartaz. Em geral, o esquema consiste em destinar ao cinema apenas 10% da bilheteria na semana de estréia, além da "concessão da casa", que corresponde a um aluguel fixo pelo uso da sala. Assim, o estúdio geralmente fica com 70% a 80% da receita da bilheteria nas primeiras duas semanas. Então, aumenta-se a porcentagem do cinema – normalmente, 10% por semana – até que, na quarta ou quinta semana, este retém a maior parte da bilheteria (modelo aplicado nos Estados Unidos).

Apesar de sua participação menor na semana de estréia, as cadeias de multiplexes geralmente arrecadam muito mais dinheiro durante esse período, pois a publicidade veiculada na televisão pelo estúdio costuma atrair uma parcela maior dos principais consumidores de pipoca: os adolescentes. Quando termina o bom-

---

* Cada sala de cinema tem uma média de espectadores por semana. Se ela não é atingida, o filme é retirado da sala. (N. do R. T.)

bardeio publicitário – em geral, depois da semana de estréia –, a venda de pipoca começa a diminuir. Por isso, as cadeias de cinemas trocam os filmes logo depois da estréia. Em 2001, o tempo médio durante o qual um filme permanecia em cartaz nos multiplexes era de apenas três semanas.

Por mais bem-sucedida – ou não – que seja a estréia, se ocorre uma queda significativa de público no segundo final de semana de exibição, os donos dos multiplexes consideram que o boca-a-boca não é eficaz e rapidamente transferem o filme para uma sala menor ou o substituem por outro recém-lançado. Nem mesmo os filmes que quase batem recordes na estréia – como *Godzilla* – escapam a esse destino cruel, que é ainda mais cruel para os filmes que não estréiam bem. Mesmo quando os estúdios exigem, por contrato, um número mínimo de finais de semana, os multiplexes geralmente conseguem cancelar as exibições sem sofrer nenhuma conseqüência legal, principalmente porque os estúdios precisam manter com eles uma boa relação, pois disso dependem seus próximos filmes. (Às vezes, como aconteceu com *Casamento grego* (*My big fat Greek wedding*), o boca-a-boca continua a gerar público mesmo depois de encerradas a divulgação e as entrevistas em programas de tevê. Mas, na maioria dos casos, o público diminui, e os multiplexes acabam devolvendo as cópias à distribuidoras do estúdio. Isso marca o início do fim da distribuição interna desses filmes.)

Para que sua estratégia de maximização do público funcione, os multiplexes precisam ter várias salas de exibição, ou "telas", com diferentes capacidades. Os filmes que geram grande comércio de pipoca podem ser exibidos em várias salas, em sessões diferentes, para produzir um fluxo constante de consumidores de guloseimas. *O mundo perdido: Jurassic Park* (*The lost world: Jurassic Park*), por exemplo, estreou, em vários multiplexes, em quatro salas adjacentes, com sessões iniciando a cada meia hora.

Muitos multiplexes têm, hoje, vinte ou mais cinemas com capacidade relativamente pequena (no Brasil, são raros os multiplexes com mais de dez salas). Essa configuração se deve, em grande parte, à lei das pessoas portadoras de deficiência, aprovada nos Estados Unidos em 1990, que exige que os cinemas com mais de trezentos lugares forneçam acesso com cadeira de rodas a todos os assentos. Como tal acesso requer um terço mais de espaço para as rampas necessárias, os donos de cinemas evitam construir auditórios com capacidade superior a 300 lugares. O tamanho mínimo é determinado pela distância entre a cabine de projeção e a tela. Como geralmente equivale a dez fileiras de dez assentos, pelo menos, os multiplexes raramente têm menos de cem lugares.

Mesmo com várias telas, os cinemas conseguem manter os custos baixos usando um único projecionista para certa quantidade de filmes. Com freqüência, cada projecionista se encarrega de oito filmes, uma economia de escala que poupa sete salários. Embora os projecionistas consigam trocar o rolo de um filme enquanto outros estão sendo exibidos sem sua assistência, ao fazer isso correm o risco de que esses outros se enrosquem no projetor e sejam queimados pela lâmpada do aparelho. Para prevenir esses contratempos caros, os multiplexes orientam os projecionistas a aumentar um pouco a distância entre o mecanismo que sustenta o filme e a lâmpada. O resultado dessa medida de segurança é que os filmes muitas vezes são exibidos ligeiramente fora de foco. "A eficiência implica algumas perdas", explicou o dono de um multiplex com oitocentas salas, na opinião do qual "o público adolescente não liga para a imagem embaçada desde que o filme tenha muita ação e esteja repleto de efeitos especiais".[3] A mesma suposição leva muitos gerentes de multiplexes a adiar a troca da lâmpada do projetor quando esta já não produz o nível adequado de brilho na tela. Com trocas menos freqüentes, as cadeias de multiplex economizam centenas de milhares de dólares ao ano, já que cada lâmpada custa mais de mil dólares. Assim, naturalmente, os filmes são mais escuros do que pretendiam os diretores.

Embora essa "eficiência" beneficie os cinemas, pode prejudicar os estúdios, que dependem do boca-a-boca positivo quando o filme estréia. Se a qualidade da imagem é degradada pela falta de foco e pela projeção mais escura, a apreciação do público pode ficar comprometida – assim como sua disposição de recomendar o filme aos outros –, e, portanto, o filme passa a valer menos a pena. Entretanto, no que diz respeito à boa projeção, os estúdios dependem da cooperação dos cinemas e de seus critérios de qualidade.

O negócio de publicidade dos cinemas também constitui uma fonte potencial de conflitos com os estúdios. Os cinemas obtêm lucros substanciais com a venda de anúncios nas telas, exibidos durante cerca de 20 minutos antes do início do filme. (no Brasil, a publicidade em salas de cinema é mais recente e ocupa menos tempo.) Uma única empresa, como a Coca-Cola, pode pagar anualmente às cadeias de cinema mais de 50 mil dólares por tela para anunciar seus produtos. Como praticamente não há custos envolvidos na veiculação dos anúncios, os ganhos entram diretamente na linha de lucros líquidos dos cinemas.

Os estúdios, por sua vez, têm um evidente interesse em anunciar seus próximos filmes nas telas de cinema durante esse breve período entre uma sessão e outra. Como eles não pagam aos cinemas pela exibição dos trailers – acordo que vigora desde a época em que os estúdios eram os donos dos cinemas –, trata-se de "publicidade gratuita", como descreveu o proprietário de uma cadeia.[4]

Alguns desses trailers beneficiam diretamente as cadeias, já que promovem filmes programados para estrear em seus cinemas, mas nem sempre é assim. Por exemplo, como vimos antes, os teasers podem se referir a filmes que serão lançados em cinemas concorrentes. Esses trailers não só colocam os cinemas na incômoda situação de ceder tempo gratuito para o anúncio de filmes que eles não vão exibir, como ocupam o espaço que poderia ser lucrativamente vendido a anunciantes que pagam pela veiculação.

Qualquer que seja o caso, no que concerne aos estúdios, o retorno gerado pela maioria dos filmes exibidos nos multiplexes rapidamente decresce. Não só sua participação na bilheteria é menor a cada semana, como se torna cada vez mais difícil para os estúdios coletar as taxas de arrendamento. Não raro, os donos dos cinemas retêm os pagamentos – alegando problemas reais ou fictícios – e solicitam aos estúdios uma renegociação do contrato. Como a indenização legal é geralmente inviável, e os estúdios precisam das telas de cinema para veicular os trailers que anunciam seus próximos filmes, sempre se acaba chegando a um acordo, ou os estúdios simplesmente assumem o ônus sozinhos. "Chega um momento em que fica mais barato recolher as cópias", observou um ex-executivo da Fox.

Como os donos de cinema operam de acordo com uma lógica econômica própria, baseada na venda de pipoca, os estúdios têm de levar isso em conta ao realizar os filmes. Uma de suas preocupações é a duração do filme. Se esta excede 128 minutos, os cinemas perdem uma exibição a cada noite. Com isso, o "giro" do público noturno nos finais de semanas cai de três para dois, o que significa 33% a menos de clientes. Além de perder receita de bilheteria (que é repartida com os estúdios), os cinemas também correm o risco de perder uma parcela significativa das vendas de pipoca e bebidas, nas quais se baseia seu lucro. Quando se trata de uma grande produção baseada em fatos reais, como *Pearl Harbor*, da Disney, que vem acompanhada de uma divulgação maciça, os multiplexes podem até se dispor a encarar esse risco, mas, em outros casos, talvez prefiram reservar os filmes mais longos para as salas menores, reduzindo assim as chances de que estas atraiam um grande público na semana de estréia. Conseqüentemente, os estúdios costumam pedir aos diretores para cortar o filme, de modo a evitar que ultrapasse os 128 minutos.

Outra preocupação é a classificação indicativa. Quase todos os filmes recebem uma classificação, emitida pela MPAA, a que os cinemas devem obedecer. As classificações G (público geral) e PG ou PG-13 (a critério dos pais) permitem que qualquer um compre o ingresso para ver o filme. As classificações restritivas – R, que exclui todas as crianças e adolescentes jovens desacompanhados de um adulto, e NC-17, que exclui todos com menos de 17 anos – geralmente são atribuídas quando o comitê de classificação considera que o filme apresenta cenas de nudez muito explícitas, violência excessiva ou linguagem imprópria.*

As classificações restritivas podem ser um grande problema para os multiplexes, porque eles são juridicamente responsáveis por excluir parte do público. Na prática, isso significa que alguns empregados do cinema, que poderiam estar vendendo pipoca e refrigerante, devem ser recrutados para inspecionar os documentos de identidade do público adolescente. Essas restrições não só reduzem o público, como podem ocasionar disputas com os fregueses regulares. Para evitar esse prejuízo ao negócio e o transtorno para o público, especialmente durante os feriados, quando a freqüência é mais alta, muitos cinemas resistem em exibir tais filmes – pelo menos nas salas maiores. Além disso, se um filme recebe classificação PG-13, R ou NC-17, a Nickelodeon, a Disney e outros canais voltados para o público infantil não aceitam que ele seja anunciado na tevê. Assim, os estúdios descobriram que, quanto mais restritiva for a classificação indicativa, menos dinheiro o filme provavelmente vai gerar no cinema.[5]

Por isso, antes de aprovar o lançamento, os executivos dos estúdios consultam o comitê de classificação. Por meio de negociações às vezes longas e árduas, eles determinam quais palavras, imagens ou mesmo cenas inteiras devem ser eliminadas para que o filme obtenha a classificação desejada. Em seguida, exigem que o diretor ou o produtor faça os cortes necessários. Até mesmo os diretores que reivindicam o direito de fazer a "montagem final", como Oliver Stone, acabam cedendo às exigências. Em *Assassinos por natureza*, por exemplo, os produtores receberam um memorando detalhado do estúdio, a Warner Bros., especificando qual era o conteúdo inadequado. Stone fez os cortes indicados, e o filme foi novamente submetido à MPAA, que, no entanto, apontou novas objeções. "No fim, tivemos de voltar à MPAA cinco vezes e efetuar cento e cinqüenta cortes no filme para conseguir a classificação R, que éramos obrigados a obter", comentou o a produtora Jane Hamsher. "Isso arruinou por completo o andamento e o ritmo do filme."[6] Em al-

---

* No Brasil, a "censura", hoje, é chamada polidamente de "classificação indicativa" e ainda é feita por um órgão governamental com faixas de restrição diversas: livre, 10, 12, 14, 16 e 18 anos. (N. do R. T.)

guns casos, essas modificações são extremamente caras. Para obter a classificação R para *De olhos bem fechados* (*Eyes wide shut*), de Stanley Kubrick, a Warner Bros. teve de pagar para um estúdio de CG inserir digitalmente no filme figuras que obscureciam a nudez frontal num cena de orgia. O preço desse traje digital foi tudo menos modesto: segundo registros, ficou em mais de 500 mil dólares.[7]

A terceira preocupação dos estúdios é garantir que os filmes dirigidos ao importantíssimo público adolescente do sexo masculino tenha suficiente número de seqüências de ação para não o desapontar. Faz parte da "missão" do estúdio, como explicou um executivo da Universal, fornecer aos multiplexes, "durante as férias escolares, filmes que atraiam os adolescentes do sexo masculino – de quem eles precisam para movimentar suas lanchonetes".[8] Como demonstraram os vários anos de observação do público de teste formado por jovens, esse segmento específico prefere mil vezes a ação ao diálogo; assim, os estúdios podem exigir que os diretores acrescentem seqüências sem diálogos aos filmes de férias que carecem da cota mínima de ação pura e simples. Por exemplo, quando a Universal já havia programado a estréia de *A identidade Bourne* (*The Bourne identity*) para junho de 2002, seus executivos descobriram, com base nos resultados obtidos com um grupo de teste, que o filme não tinha o número de cenas de ação necessário para levar o público jovem do sexo masculino ao cinema durante as férias. O diretor Doug Liman foi instruído a reunir o elenco em Paris novamente para filmar cenas adicionais, incluindo um tenso confronto numa ponte, um incêndio e uma troca de tiros numa escadaria de cinco andares, criada digitalmente. As cenas extras exigidas pelo estúdio, que levaram duas semanas para ser filmadas, substituíram quase vinte minutos de cenas mais cerebrais e deram ao filme o desfecho repleto de ação que o qualificaria, pelo menos aos olhos dos donos de multiplexes, como filme de férias.[9]

Finalmente, além do objetivo de agradar aos donos de cinemas, os estúdios têm também a preocupação de criar uma percepção favorável de seus produtos nos próprios freqüentadores de cinema, já que, para ter sucesso no lançamento, o filme precisa não apenas recrutar o público inicial por meio da publicidade, mas também fazer que este, ao deixar o cinema, o recomende a outras pessoas. Segundo os estúdios, o boca-a-boca negativo diminui significativamente o público futuro, já na noite seguinte ao fim de semana da estréia – diferença especialmente pronunciada quando se trata do público adolescente. Além disso, os estudos de audiência mostram que grande parte da reação negativa está ligada diretamente à insatisfação do público com o desenlace da história – por exemplo, se o destino do herói é a vida ou a morte, o amor ou a rejeição, a prisão ou a liberdade. Para evitar o possível descrédito, os estúdios testam a reação do público-alvo às primeiras versões do filme, muitas vezes mudando o final. *Atração fatal* (*Fatal attraction*), por exemplo, foi testado com nada menos que quatro finais diferentes. Quando o público de teste visivelmente demonstra mais insatisfação com o desfecho original que com os alternativos, os executivos do estúdio costumam pedir aos diretores que troquem o final.

APESAR DE TODAS AS TENSÕES, a economia da pipoca é uma realidade com a qual os estúdios aprenderam a conviver. Na verdade, ao atender aos multiplexes, eles favorecem grande parte dos seus próprios interesses – especialmente se conseguem atingir na semana da estréia os elevados números que estão esperando: o comparecimento de um grande público é amplamente divulgado na imprensa especializada e tem o efeito de impressionar os guardiães dos mercados estrangeiros, entre eles, o de vídeo.

NOTAS

1. Entrevista com o autor, 1997.
2. Entrevista com o autor, 1997.
3. Entrevista com o autor, 1997.
4. Entrevista com o autor, 1997.
5. Kimberley A. Strassel, "Movie-goers toon out sex and violence", *Wall Street Journal*, 10 de outubro de 2000, p. 28.
6. Jane Hamsher, *Killer instinct: how two young producers took on Hollywood and made the most controversial film of the decade*. Nova York: Broadway Books, 1997, p. 217.
7. Entrevista com o autor, 1998.
8. Entrevista com o autor, 1997.
9. Doug Liman, *The Bourne identity*, DVD, comentário do diretor (2002).

15 EM TERRITÓRIO ESTRANHO

COMO OS GANHOS OBTIDOS com o filme no mercado interno são contrabalançados pelo custo maciço da campanha de publicidade inicial, os estúdios têm de buscar o mercado externo para começar a recuperar os enormes investimentos. Embora distribuam seus filmes em mais de uma centena de países, apenas alguns deles respondem pela parcela significativa de seus lucros no exterior. Em 2003, oito países – Japão, Grã-Bretanha, Alemanha, França, Espanha, México, Itália e Austrália – forneceram aos estúdios a maior parte da sua receita (Tabela 4). Conseqüentemente, é neles que se concentra o foco principal dos estúdios.

TABELA 4
RECEITA DOS GRANDES ESTÚDIOS NOS OITO MAIORES
MERCADOS ESTRANGEIROS EM 2003[1]

PAÍS	ALUGUEL DE CINEMAS (EM MILHÕES DE DÓLARES)
Japão	450
Alemanha	392
Grã-Bretanha	344
Espanha	248
França	242
Austrália	166
Itália	154
México	124
Total (nos oito países)	2.120
Total mundial (excluindo o Canadá)	3.272

Para assegurar uma boa posição nesses mercados, os estúdios contam com as subsidiárias de distribuição sob seu controle. Dois deles, a Paramount e a Universal, dividem o controle da maior distribuidora estrangeira, a United International Pictures (UIP). Além dos filmes dos dois estúdios, a UIP distribui os produtos da DreamWorks, USA, Lion's Gate e de outras produtoras independentes. Os demais estúdios têm seus próprios distribuidores – Buena Vista International, da Disney; Columbia TriStar Film Distributors International, da Sony; Fox International, da News Corporation; e Warner Bros. Pictures International, da Time Warner (que também distribui filmes da New Line e da HBO). Esses cinco distribuidores internacionais, trabalhando sozinhos ou por meio de empresas locais, distribuem no exterior quase toda a produção cinematográfica americana. As únicas exceções são as chamadas pré-vendas, casos em que determinado mercado é vendido para levantar financiamento. Por exemplo, os produtores de *O exterminador do futuro 3* venderam o mercado japonês para a Tojo Films por 12 milhões de dólares, enquanto o restante da distribuição estrangeira foi para a Sony.

Assim como as divisões de distribuição interna dos estúdios, seus distribuidores internacionais reservam cinemas, organizam campanhas de marketing, põem as cópias em circulação e coletam o dinheiro arrecadado. Ao contrário, porém, de seus congêneres nacionais, eles têm de criar campanhas distintas para cada um dos oito principais mercados. Estes, embora potencialmente lucrativos, são bem mais complicados de atender. Primeiro, os distribuidores precisam assegurar que seus filmes obedeçam às normas locais. Por exemplo, na Alemanha, onde os filmes americanos foram responsáveis por mais de 85% da bilheteria em 2003, as leis de censura locais restringem a exibição de cenas de violência realistas, embora não de nudez. Na Itália, por outro lado, as leis locais permitem a violência, mas não a nudez explícita. Além de atender à censura federal, os distribuidores precisam ter certeza de que nenhuma parte do filme entrará em conflito com os tabus religiosos, sociais ou políticos de alguma das culturas em que será exibido. Não raro, os estúdios editam o filme de modo a adequá-lo aos diferentes mercados. Em alguns casos, podem até acrescentar material – na versão para o Japão de *Independence Day*, por exemplo, a Fox adicionou uma cena de entrevista coletiva com a imprensa japonesa –, mas geralmente a reedição consiste apenas em eliminar as cenas que possam ofender o público de determinado país.

Os distribuidores têm de lidar também com as barreiras de linguagem. Não só precisam dublar ou legendar os filmes, como traduzir o material de divulgação. Essas traduções devem ser cuidadosamente examinadas, para garantir que as palavras ou expressões idiomáticas não transmitam nenhum sentido indesejado. Para cada versão, é preciso ainda remixar as trilhas sonoras.

Em seguida, os distribuidores precisam produzir centenas de cópias novas para todos os grandes mercados (com a possível exceção dos países de língua inglesa, como Grã-Bretanha e Austrália). Precisam colocá-las no seguro, despachá-las por frete aéreo e liberá-las na alfândega. Isso requer um enorme investimento antecipado. Para *60 segundos*, foram gastos 12,7 milhões de dólares para cobrir os custos de tradução, produção das cópias, envio e liberação na alfândega.[2]

A programação também é complexa. Os distribuidores têm de levar em conta o clima, os feriados e outras particularidades de diferentes partes do mundo. Por exemplo, em países da Ásia, da África e da América Latina, que têm muitos cinemas ao ar livre, a estação das chuvas pode criar o que um executivo chamou de "deserto" sazonal.[3] Mesmo no Japão, onde os ingressos são os mais caros do mundo, muitos cinemas não têm ar-condicionado, de modo que, nos verões tórridos, as salas ficam inóspitas. Assim, os distribuidores programam os filmes de maior potencial para datas situadas nos feriados que ocorrem nos meses mais frios, como o ano-novo, no inverno, e a Semana Dourada, na primavera.

Para conseguir as melhores datas, os distribuidores, muitas vezes, têm de negociar com cadeias de cinemas que praticamente detêm o monopólio na região. No Japão, por exemplo – que em 2003 proporcionou aos estúdios americanos um sétimo do total das receitas estrangeiras –, duas cadeias de cinema, Tojo e Schokeda, controlam cerca de 90% das salas para filmes internacionais. Não só exercem uma espécie de duopólio dos cinemas, como também produzem filmes para eles. Para persuadi-los a ceder as melhores datas aos filmes de Hollywood, os distribuidores internacionais têm de oferecer produções que tenham comprovado apelo ao seu público principal, os adolescentes. (Para fornecer uma alternativa às condições ofertadas pelo duopólio, um dos distribuidores, a UIP, na década de 1990, começou a construir cinemas próprios no Japão.)

Finalmente, quando os filmes são contratados, os distribuidores têm a tarefa hercúlea de organizar campanhas distintas na Europa, na Ásia e na América Latina. É preciso encontrar, em cada país, compradores de mídia, agências de publicidade, divulgadores e uma mensagem ou "gancho". Além disso, os distribuidores dispõem de recursos limitados para essa tarefa. Os estúdios geralmente destinam ao marketing externo apenas uma fração do montante orçado para os Estados Unidos e o Canadá. Isso porque, entre outras coisas, para atingir o público estrangeiro, a publicidade é menos eficiente que para atingir o público americano. "Para conseguir no exterior a mesma cobertura de público que nos Estados Unidos, por meio da televisão", disse um executivo da Fox, "teríamos de gastar mais 50 milhões por filme, o que liquidaria com nossos lucros lá fora".[4]

Retomemos o elucidativo exemplo de *60 segundos*. Para a América do Norte, a Disney gastou 42 milhões de dólares em publicidade e divulgação. Para o resto do mundo, 25,2 milhões, dos quais 6,5 milhões para o Japão, 3,1 milhões para a Alemanha, 2,5 milhões para a Grã-Bretanha, 1,4 milhão para a França, 1,1 milhão para a Austrália, 997 mil para a Espanha, 915 mil para a Itália, 820 mil para a Coréia do Sul, 769 mil para o Brasil, 648 mil para o México e 520 mil para Taiwan. Os restantes 6 milhões foram gastos em sessenta outros mercados.[5] Para aumentar essas despesas no exterior a ponto de alcançar a mesma cobertura que nos Estados Unidos, a Disney precisaria ter desembolsado, segundo o cálculo de um produtor, mais 60 milhões de dólares.

Até mesmo nos mercados mais importantes, como Japão, Alemanha e Grã-Bretanha, os distribuidores raramente contam com dinheiro suficiente para cobrir o público-alvo da televisão da mesma maneira que nos Estados Unidos. Os estúdios geralmente não têm condições de se expor a tal risco no exterior, mesmo quando se trata de seus filmes mais promissores.

Conseqüentemente, os distribuidores internacionais têm pouca escolha a não ser confiar na divulgação gratuita para suplementar a publicidade paga. O veículo mais eficaz para isso é a fama – e, de preferência, a presença – dos astros do filme. Se o filme não traz nenhuma grande estrela de apelo internacional, dificilmente consegue datas de exibição favoráveis no exterior e, portanto, perde dinheiro. É o caso, por exemplo, do drama *Meia-noite no jardim do bem e do mal* (*Midnight in the garden of good and evil*), dirigido por Clint Eastwood. Os atores principais do filme – John Cusack, Jude Law e Kevin Spacey – eram pouco conhecidos em vários mercados estrangeiros. A produção de 39 milhões de dólares estreou em meia dúzia de cinemas no Japão, na Austrália, na Coréia, na Itália, no Brasil e em outros mercados importantes; e embora o distribuidor, a Warner Bros. International, tivesse despendido 6 milhões de dólares em publicidade e cópias, o filme só arrecadou 3,1 milhões nas bilheterias estrangeiras, deixando a Warner Bros. com um prejuízo de 2,9 milhões.[6]

Os astros reconhecidos são o principal meio de os estúdios aumentarem sua participação nas rendas externas, especialmente se eles estão dispostos a fazer aparições públicas. Com freqüência, essas aparições estão estipuladas em contrato. O contrato de Arnold Schwarzenegger para *O exterminador do futuro 3*, por exemplo, exigia que o ator "ficasse à disposição por pelo menos dez dias, incluindo os dias de viagem (mínimo de sete dias para o exterior e de três dias para dentro do país), para participar de atividades de divulgação e promoção associadas ao lançamento do filme nos cinemas, tanto em território nacional como estrangeiro". O contrato especificava ainda que as apresentações promocionais incluíam "aparições em televisão e rádio, sessões de fotos, entrevistas, aparições em premières, aparições em internet (ou seja, entrevistas on-line e salas de bate-papo) e atividades semelhantes".[7] (Mesmo quando o contrato estipula aparições "ilimitadas", os astros geralmente têm o direito, como fez Schwarzenegger, de aprovar a "seleção e a programação de todas as atividades de promoção e divulgação", cláusula que lhes confere considerável poder de decisão sobre quando e onde cumprirão suas obrigações contratuais.)

Quando os estúdios não podem exercer pressão contratual sobre os astros, têm de apelar ao seu interesse pessoal. Os atores que têm participação na renda bruta dos aluguéis, ou nos lucros líquidos, obviamente ganham mais se o filme tiver um bom desempenho lá fora. Para tentar convencer os atores a participar da divulgação externa, um executivo sênior da Fox utilizou uma apresentação em PowerPoint para demonstrar aos agentes por que os estúdios não tinham condições de pagar oito vezes a quantia gasta nos Estados Unidos para atingir o público-alvo no exterior. Sua mensagem era a seguinte: se os atores não cooperassem, suplementando a limitada verba de publicidade com aparições públicas gratuitas, seus ganhos, e os dos agentes, seriam bastante reduzidos.

Se essa lógica é bem recebida ou não pelos astros, o fato é que os estúdios têm conseguido recrutá-los para turnês de divulgação em alguns países, quando não em todos. "Os estúdios esperam que, em troca dos 20 milhões que pagam aos astros, estes os ajudem a lançar seus filmes no exterior", explicou o diretor de uma importante agência de talentos. "Ainda que isso não esteja escrito no contrato, faz parte do acordo".[8] Quando os atores se comprometem antecipadamente a fazer essas viagens, contribuem não só com a divulgação, mas também com a distribuição, já que a presença dos astros favorece a obtenção de datas melhores para a estréia.

Outra dificuldade na estratégia de marketing dos distribuidores estrangeiros é que as viagens de divulgação para fora do país geralmente acontecem um ano depois, ou mais, do término da produção do filme, e as estréias lá fora podem ocorrer com vários meses de intervalo entre si. Para isso, os astros muitas vezes têm de interromper seu trabalho em produções mais recentes para viajar a lugares distantes uns dos outros, a fim de divulgar personagens dos quais talvez já nem se lembrem bem. Embora contem com jatos privativos, grandes suítes em hotéis e outras comodidades durante a viagem, muitos deles consideram "oneroso" esse aspecto do trabalho, conforme declarou o diretor de uma agência.[9]

Apesar das árduas exigências dos mercados estrangeiros e de suas particularidades – entre elas, encontrar atores dispostos a cooperar com os complexos esquemas de marketing em meia dúzia de países –, os benefícios compensam os custos. As estréias estrangeiras, quando bem-sucedidas, não só trazem receita para os estúdios – de fato, a receita estrangeira em 2003 ultrapassou a nacional –, como também constituem parte essencial do alicerce das vendas globais de licenciamento de vídeos e televisão, entre outras, que sucedem o lançamento do filme nos cinemas.

NOTAS

1. MPAA All Media Report, 2003.

2. Participation Statement, Schedule 10, 31 de dezembro de 2003.

3. Mark Zoradi, citado em Michael Schneider, "Pic launch is world shaking", *Variety*, 17-23 de julho, 2000, p. 71.

4. Entrevista com o autor, 1999.

5. Participation Statement.

6. Warner Bros. Distribution Report #5, *Midnight in the garden of good and evil*, 30 de junho de 2000.

7. Oak Productions, contrato de prestação de serviço de Arnold Schwarzenegger para *O exterminador do futuro 3*, 10 de dezembro de 2001.

8. Entrevista com o autor, 2000.

9. Entrevista com o autor, 2000.

16 A REVOLUÇÃO DO DVD

NOS TEMPOS DO SISTEMA de estúdio, os filmes eram exibidos nos cinemas de estréia e então, meses depois, migravam para os cinemas de bairro. No atual sistema, os filmes passam nos multiplexes por algumas semanas apenas e são relançados, meses depois, nas videolocadoras. Em 2002, uma média de 50 milhões de americanos por semana – mais de duas vezes o público semanal dos cinemas – se dirigiu a uma das mais de 30 mil videolocadoras do país para alugar um filme, gastando cerca de 24 bilhões de dólares, aproximadamente quatro vezes o que gastaram na compra de ingressos para o cinema.[1] (No exterior, a proporção foi ainda maior.) Além disso, os vídeos hoje são vendidos em supermercados e outras lojas de varejo. Sumner Redstone descreveu essa situação como "a bonança que salvou Hollywood da falência".[2]

Embora pouca gente conteste a avaliação de Redstone, no início, os grandes estúdios não viam os vídeos com bons olhos. Na verdade, quando o videocassete foi lançado, em meados da década de 1970, os estúdios, liderados por Lew Wasserman, da Universal, consideraram a inovação uma ameaça à freqüência dos cinemas, que caíra de 90 milhões por semana, em 1948, para menos de 22 milhões em 1978.[3] Preocupados com que os vídeos domésticos afastassem ainda mais o público potencial dos cinemas, os estúdios tentaram sufocar a nova mídia com litígios judiciais. Eles não tinham percebido ainda que o deslocamento do público dos cinemas para a exibição em casa era irreversível e que, portanto, seu futuro estava no entretenimento doméstico. Em 1979, a Fox vendeu os direitos de produção em vídeo do seu acervo por modestos 8 milhões de dólares a uma empresa chamada MagnaFilms (os quais teve depois de comprar de volta); a Columbia, após rejeitar uma proposta para criar uma divisão de vídeos, depois que seu presidente, Fay Vincent, comparou o negócio de vídeos com "pornografia", cedeu à RCA os direitos de converter seu acervo em vídeos; a MGM vendeu esses mesmos direitos a Ted Turner; e a Disney se recusou a ceder seu acervo de longas-metragens animados para a produção de vídeos.

Não fosse pela ferrenha determinação de Akio Morita, da Sony, que enfrentou os estúdios nos tribunais americanos e venceu, o videocassete talvez não tivesse se alastrado pelos lares americanos e talvez hoje não existisse o maciço mercado de vídeos que sustenta os próprios estúdios que o tentaram eliminar.

A REVOLUÇÃO DO VÍDEO

Antes da decisão de 1984 do Supremo Tribunal, menos de 10% dos americanos possuíam um aparelho de videocassete, e grande parte dos vídeos a que assistiam eram ou de pornografia ou de ginástica, vendidos por lojas pequenas (geralmente localizadas em áreas de baixa renda e que não se preocupavam com os aspectos legais do processo de apelação). Com o desenvolvimento do comércio de vídeos nas duas décadas seguintes, os estúdios adaptaram suas estratégias de marketing para incorporá-lo. De início, os estúdios não tiveram escolha a não ser aceitar o fato de que a maioria dos americanos preferia alugar vídeos por uma noite nas videolocadoras do bairro a comprá-los. Tampouco podiam exercer algum controle efetivo sobre os preços praticados nas lojas, já que a chamada "doutrina da primeira venda", sustentada pelos tribunais americanos, dava aos compradores o direito de alugar, compartilhar ou revender os produtos que compravam. Assim, os estúdios cobravam tão caro por seus títulos – 100 dólares ou mais – que, embora algumas pessoas pudessem comprá-los, eram geralmente as lojas que os adquiriam com a finalidade de locação, recuperando seu investimento ao alugá-los repetidas vezes aos clientes. Em geral, elas encomendavam os títulos de uma só vez nos atacadistas, que os compravam em grande quantidade logo após o lançamento, ao preço reduzido de 60 a 85 dólares a cópia. Como o custo de fabricar e embalar o vídeo não passava de uns poucos dólares, e as encomendas de filmes populares podiam chegar a centenas de milhares de cópias, o negócio da locação – apesar das dúvidas iniciais de Steve Ross sobre um negócio em que os estúdios tinham pouco controle sobre a locação de seus produtos – revelou-se altamente lucrativo para os estúdios.

No final da década de 1980, a Paramount experimentou uma estratégia alternativa para a venda de vídeos, reduzindo bastante o preço unitário para permitir que os consumidores pudessem comprá-los em vez alugar. Seu primeiro sucesso, *Ases indomáveis* (*Top Gun*), foi vendido no atacado a apenas 12 dólares – cerca de um sexto do preço que as videolocadoras geralmente pagavam pelos vídeos. Para compensar o preço mais baixo, a Paramount tinha de vender pelo menos seis vezes as 200 mil cópias que teria vendido para locação ao preço de 72 dólares. Como ficou claro, mais tarde, a aposta valeu: *Ases indomáveis* vendeu 3 milhões de cópias. Essa estratégia de venda ao varejo, que ficou conhecida como sell-through, era geralmente reservada aos filmes muito populares, que prometiam vender milhões de cópias. Embora o título certo pudesse vender mais de 5 milhões de cópias, os estúdios preferiam não assumir tal risco com a maioria dos filmes. (A única exceção era a Disney, que podia vender número suficiente de cópias dos filmes infantis nos seus parques temáticos, nas lojas Disney e em outros pontos-de-venda, o que justificava o risco.) Conseqüentemente, exceto por um punhado de filmes com preços de sell-through, as videolocadoras continuaram a comprar as cópias ao preço mais caro, e raramente adquiriam quantidade suficiente para atender à enorme demanda na época do lançamento dos títulos.

Lembremos que, no final da década de 1990, Sumner Redstone introduziu ainda uma outra estratégia, chamada "divisão de receita", para atender a esse gargalo na oferta. Sob o novo sistema, os estúdios licenciavam – ou, de fato, emprestavam – um grande número de cópias às videolocadoras em troca de uma participação nas taxas de locação. A inovação de Redstone, que ele persuadiu todos os outros estúdios a adotar, finalmente deu aos estúdios um extenso controle sobre o negócio da locação.

ENTRA EM CENA O DVD

A versão digitalizada do vídeo, ou DVD, resultou de um feliz casamento dos estúdios americanos com a indústria de eletrônicos japonesa. A tecnologia a laser que a Sony e a Philips haviam desenvolvido em 1982 para ler as depressões e saliências no CD como 1 ou 0, não se prestava somente à música. Era o equivalente hi-tech de uma receita culinária, destinado a armazenar qualquer informação de maneira a ser utilizado várias e várias vezes, sem perder sua qualidade. Embora tivesse conseguido, em meados da década de 1980, digitalizar imagens gravadas em fita (colocando no mercado, em 1986, um gravador de vídeo digital), a Sony enfrentou uma formidável dificuldade ao tentar inserir um longa-metragem num disco ótico do tamanho do CD: o espaço de armazenamento. Para que a enorme quantidade de informação em formato digital se acomodasse num disco de seis polegadas, era preciso comprimi-la por meio de uma tecnologia chamada "processamento de sinal digital", de tal modo que não se percebesse nenhuma perda de qualidade na imagem. Essa magia digital, por sua vez, exigia chips e circuitos possantes que, naquela época, eram caros demais para serem incorporados a produtos de consumo doméstico. Assim, embora Norio Ohga, o brilhante protegido e sucessor de Morita, reconhecesse as "possibilidades ilimitadas" da tecnologia de vídeo digital – tendo inclusive adquirido conteúdo para ela no final da década de 1980 –, sua implementação total teve de esperar até a década de 1990.[4] Só então, com o crescimento exponencial da capacidade da informática e a queda no preço dos chips, foi possível criar um aparelho doméstico para reprodução do disco digital audiovisual, ou, como se tornaria conhecido, o DVD.

Embora a Sony (em parceria com a Philips) detivesse as principais patentes do segmento de áudio digital do CD, ela não era a única no encalço do DVD. Sua rival, a Toshiba, trilhava o mesmo caminho. Sua equipe de engenheiros e pesquisadores tinha vislumbrado a possibilidade do DVD já em 1982, e, no começo da década de 1990, a Toshiba iniciou negociações para comprar parte da Time Warner Entertainment por 1 bilhão de dólares. Essa "parceria estratégica" daria à Toshiba acesso a um dos maiores acervos de filmes de Hollywood, o que favoreceria bastante o lançamento de um novo produto de vídeo. Para fortalecer essa aliança, a Toshiba despachou para os Estados Unidos Koji Hase, o executivo que fora o grande responsável pelo imenso sucesso da Toshiba com um disco ótico semelhante, para computadores, o CD-ROM. Hase se encontrou com Warren Lieberfarb, presidente da Time Warner Home Entertainment, em seu escritório em Los Angeles.

Para a sorte de Hase, o disco que ele propunha respondia a uma preocupação que Lieberfarb já identificara: a qualidade de imagem inferior do VHS em comparação com a nova transmissão digital por satélite que acabava de ser introduzida nos Estados Unidos.[5] Hase explicou que o disco digital não só podia produzir uma imagem tão boa quanto a da televisão por satélite, como ainda contava com recursos que a transmissão por satélite não podia oferecer, como pausar o filme, passear pelas cenas e reiniciar a reprodução. Lieberfarb recorda: "Perguntei se era possível armazenar 135 minutos digitais [num disco]".[6] Quando Hase respondeu que sim, Lieberfarb prolongou a reunião por quase cinco horas e o convidou para jantar. Quando voltou a Tóquio, Hase levava consigo o compromisso de Lieberfarb de colocar todo o prestígio da Warner Bros. a serviço do projeto.

A Toshiba teve de atender ao pedido de Lieberfarb de comprimir um filme inteiro num disco de seis polegadas de dois lados, o que demorou até 1993. Nessa época, porém, a Sony e a Philips também haviam desenvolvido um disco digital de seis polegadas para vídeo que, embora tivesse menos capacidade de armazenamento, apresentava uma vantagem para os computadores pessoais: tinha um lado só. Enquanto isso, outra gigante dos eletrônicos no Japão, a Matsushita, que comprara a Universal e por isso também tinha acesso a um grande acervo de filmes, igualmente acalentava planos de lançar uma versão do DVD.

Lieberfarb concluiu que a guerra de formatos digitais entre os fabricantes japoneses seria desastrosa. Não só os consumidores ficariam confusos, como as lojas resistiriam a ter duas versões do mesmo filme. Para ser um sucesso, o DVD teria de ter um formato comum. Assim, ele pessoalmente telefonou para os diretores das divisões de entretenimento doméstico dos grandes estúdios e pediu-lhes para se juntarem à Time Warner numa frente comum chamada Ad Hoc Studio Committee. Todos aceitaram, embora a Fox se recusasse a se reunir com os outros estú-

dios porque, como explicou mais tarde um executivo, "isso poderia ser considerado uma violação da lei antitruste".[7] Essa preocupação não deteve Lieberfarb. Ele
conseguiu que o grupo não só exigisse um formato único, como publicasse uma
"lista de sugestões" que favorecia o formato da Toshiba. Em seguida, advertiu a
Sony de que o Departamento de Justiça dos Estados Unidos poderia intervir se
esta recorresse ao seu controle das patentes de áudio do CD para obstruir a aceitação de um formato comum. Sob essa pressão, a Sony e a Toshiba (além de outros
fabricantes japoneses) se reuniram no Havaí, em agosto de 1995, e concordaram
com um formato único para o disco versátil digital, ou DVD, cuja patente seria
compartilhada por todos.

A introdução do DVD em 1996 foi, como expressou um executivo de um dos
estúdios, "o começo do fim do sistema de aluguel de vídeos"[8] – que desde o início
dominara o mercado do vídeo doméstico. O apelo da locação de DVD é menor,
tanto por causa de sua vulnerabilidade a partículas de sujeira e arranhões ocasio-
nados por mau uso (já que, ao contrário dos vídeos, não está protegido pelo cartu-
cho), como pelo seu preço relativamente baixo no varejo (que o consumidor pode
comparar com o transtorno de devolver a cópia alugada e o custo extra das taxas
de atraso). Além disso, ao contrário da fita VHS, que precisa ser gravada, o DVD é
impresso, o que permite uma economia de escala muito maior quando se trata de
produzir milhões de cópias para o mercado global. Para atingirr esse volume, a
Time Warner e a Sony, que juntas forneceram quase todos os títulos durante o
primeiro ano, resolveram dar ao DVD o preço de sell-through – entre 14 a 18 dólares a unidade –, estratégia que foi adotada pelo setor. Os estúdios, portanto, ganham hoje todo o seu dinheiro vendendo DVDs sell-through (embora as videolocadoras ainda possam alugar os DVDs que compram a esse preço).

Na Viacom, essa estratégia de preço estabeleceu um conflito direto entre suas
divisões Blockbuster Entertainment e Paramount. Os executivos da Blockbuster,
receando que a política de sell-through comprometesse a viabilidade de suas 10 mil
videolocadoras, opôs-se a que a Paramount distribuísse qualquer título em DVD. Conseqüentemente, os filmes da Paramount ficaram mais de dois anos sem sair em DVD.

Em 1999, o DVD representava 11% da receita dos estúdios com o entretenimento doméstico, e a locação de vídeos, 30%. Em 2003, o DVD representava 76%
da receita dos estúdios com o entretenimento doméstico, e a locação de vídeos,
apenas 6%. Como demonstra a Tabela 5 [9], o negócio de locação de vídeos foi decli-
nando rapidamente (embora ainda produzisse mais de 1 bilhão de dólares de receita para os estúdios em 2003).

EDWARD JAY EPSTEIN

TABELA 5
RECEITA DOS ESTÚDIOS COM VÍDEOS, 1999-2003
(EM BILHÕES DE DÓLARES)

ANO	DVD	VHS SELL-THROUGH	VHS LOCAÇÃO	LOCAÇÃO (%)
1999	1	5,2	3,4	35
2001	5,7	4,1	2,6	21
2002	10,4	4,1	1,8	11
2003	14,9	2,7	1,3	7

Hoje em dia, em que o entretenimento doméstico consiste principalmente num negócio sell-through, o vídeo (seja em DVD ou VHS) costuma ser anunciado apenas um mês, mais ou menos, depois que o filme sai de cartaz nos cinemas, e seu lançamento é programado para três a seis meses mais tarde. Além dos cartazes e outras parafernálias fornecidas às videolocadoras, os estúdios gastam pouco dinheiro com publicidade dos vídeos, e os astros raramente são chamados a divulgá-los. Em vez disso, os estúdios contam com a consciência remanescente criada pela campanha publicitária para o cinema. Como sabem que essa consciência residual vai diminuir com o passar do tempo, eles têm um forte motivo para entregar os filmes às videolocadoras enquanto ainda resta na lembrança do público algum resíduo da publicidade veiculada na tevê e das ações de divulgação. "Pode parecer perverso", disse um executivo de marketing, "mas, quanto mais bem-sucedida a campanha de marketing, e quanto maior a receita bruta da semana de estréia no cinema, maior a pressão para converter o filme em vídeo".[10] *O exterminador do futuro 3*, por exemplo, estreou nos cinemas dos Estados Unidos e do Canadá em julho de 2003, e nos outros grandes mercados do mundo, em julho e agosto; em 4 de novembro do mesmo ano, foi lançado em vídeo e DVD.

A transição para o vídeo é ainda mais rápida quando os filmes fazem pouco sucesso. Depois de gastar 27,6 milhões em publicidade na tevê para *Meia-noite no jardim do bem e do mal*, a Warner Bros. suspendeu a exibição do filme no cinema – que arrecadou apenas 10,3 milhões em venda de ingressos – para transferi-lo rapidamente às videolocadoras, onde ele faturou 24 milhões.[*][11] Ao contrário dos

---

* O fato também ocorre quando um filme vai mal no lançamento nos Estados Unidos. Em outros países, como o Brasil, o filme pode ser distribuído diretamente em DVD sem passar pelos cinemas. (N. do R. T.)

idos tempos do sistema de estúdio, quando se podia medir o sucesso de um filme pela duração de sua permanência em cartaz, hoje o sucesso de um filme depende de seu lançamento em vídeo, que se beneficia de seguir de perto o lançamento no cinema. Assim, tanto os estúdios como os donos das cadeias de cinema, que, como vimos, tentam aumentar a venda de pipoca obtendo filmes novos, são favorecidos pela curta temporada de exibição nos cinemas.

O mercado internacional de vídeos funciona basicamente como o doméstico, com o lançamento em vídeo programado para ocorrer logo após a estréia no cinema. Como a tradução, a dublagem, a legendagem, a reedição e a liberação na alfândega já foram feitas para o lançamento no cinema, a preparação dos vídeos para o público estrangeiro envolve pouca despesa adicional; a publicidade fica quase toda a cargo das lojas.

Embora nem todos americanos tenham aparelho de DVD, este já provou ser o novo mais bem-sucedido produto de consumo desde a televisão (veja Tabela 6[12]). Mesmo antes de se estabelecer totalmente nos lares americanos, o DVD "alterou radicalmente a equação da indústria cinematográfica", conforme observou um executivo da Viacom. Em 2004, passada menos de uma década desde que Sumner Redstone argumentara que os estúdios de Hollywood dependiam, para sua sobrevivência, do negócio de vídeos da Blockbuster Entertainment, a Viacom tomou a iniciativa de se desfazer desse negócio. Com um número menor de clientes indo às lojas de vídeos para alugar e devolver vídeos, estas estavam se tornando bem menos importantes para a venda de DVD dos estúdios que os revendedores atacadistas. Os estúdios precisavam agora disputar espaço nas prateleiras de varejistas como Wal-Mart, Best Buy e Circuit City.

TABELA 6
PENETRAÇÃO DO DVD, 1998-2003

ANO	CASAS COM TV (MILHÕES)	CASAS COM DVD (MILHÕES)	PENETRAÇÃO (%)
1998	99,4	1,2	1,2
1999	100,8	4,6	4,5
2000	102,2	13	12,7
2001	105,2	24,8	23,6
2002	106,7	38,8	36,4
2003	108,4	46,7	43,1

Esses varejistas, no entanto, não têm os mesmos interesses que as lojas de vídeo. Para eles, a venda de DVDs não é um fim em si mesmo, mas um meio para alcançar outro fim: aumentar a circulação dos outros itens que comercializam. De fato, os DVDs geralmente são vendidos por um preço inferior ao do atacado, sendo "líderes de perdas". Para que essa estratégia funcione, os varejistas escolhem os títulos que, a seu ver, atrairão os compradores prováveis para outras ofertas da loja, mais lucrativas. O Wal-Mart, por exemplo, adotou a política de avaliar os DVDs, vídeos e CDs de acordo com seus próprios critérios do que é conteúdo obsceno, sexual ou seja lá o que for que possa ofender os "valores familiares".[13] Se os estúdios quiserem um espaço de destaque nas prateleiras do Wal-Mart – que vendeu mais de 5 bilhões de dólares em DVDs e vídeos em 2003, constituindo a maior fonte isolada de receita dos estúdios –, têm de levar em conta esses critérios. De acordo com um alto executivo da divisão de entretenimento doméstico da Warner Bros., às vezes é possível atender a esses critérios com mudanças simples no roteiro, por exemplo, "substituindo lutas de kung fu sangrentas por outras mais realistas" ou, em alguns casos, "modificando um pouco o enredo".[14] Isso significa que os estúdios agora estão alterando seus produtos não apenas para as cadeias de cinema mas também para as cadeias varejistas. "A produção de filmes não pode mais contemplar apenas o público de cinema", explicou o executivo da Warner Bros.

A imensa capacidade de armazenamento de um disco de DVD introduziu novas mudanças na indústria do entretenimento doméstico. Por um lado, os estúdios podem incluir no DVD material que não diz respeito ao filme, como videoclipes, trailers de outros filmes, jogos, cenas cortadas e comentários do diretor. (Alguns "extras" são gravados apenas para o DVD.) Ao adicionar essas características a lançamentos anteriores, os estúdios podem rotulá-los de "edições especiais" e vendê-los como produtos novos. Em 2003, a Disney adicionou à "edição especial" em DVD do filme *Rei leão* (1994) duas horas de material inédito, incluindo uma segunda versão do filme (apenas um minuto mais longa que a original), uma "novíssima canção", quatro jogos de animação, cenas cortadas, comentários do diretor e o videoclipe da canção *Can you feel the love tonight*, executada por Elton John. O DVD vendeu 11 milhões de cópias (e atraiu mais de 200 milhões de dólares para a Disney).

O DVD também agregou novo valor ao acervo dos estúdios. No início, quando os estúdios controlavam os cinemas, seus acervos rendiam dinheiro através da redistribuição dos principais filmes aos cinemas. A televisão praticamente pôs fim às reexibições nos cinemas, e, na década de 1960, o principal negócio do acervo dos estúdios era o licenciamento de filmes antigos – e, mais tarde, dos programas de televisão que eles produziam ou adquiriam – para as emissoras locais. O VHS proporcionou então uma outra fonte de renda para os acervos: a venda dos títulos mais antigos para as videolocadoras. Mas como estas compravam poucas cópias desses filmes (que então podiam alugar milhares de vezes sem pagamento adicional), o lucro era pouco.

Com o DVD, a história foi diferente. Graças à facilidade de navegação por qualquer parte do disco, os estúdios descobriram nos consumidores um mercado pronto para as coleções retiradas do acervo. A Paramount, por exemplo, combinou num único estojo os DVDs dos filmes *O poderoso chefão* (*The godfather*, 1972), *O poderoso chefão II* (*The godfather part II*, 1974) e *O poderoso chefão III* (*The godfather part III*, 1990), além de um documentário promocional intitulado *The godfather family: a look inside*, de 1971. As diferentes possibilidades de combinação desse material – incluindo continuações, entrevistas de divulgação, curtas-metragens, trailers, testes de tela e cenas cortadas – oferecem infinitas oportunidades de lucro para os títulos do acervo. Um alto executivo explicou ao *Wall Street Journal*: "Percebemos que podíamos incrementar o valor do acervo com novas e constantes promoções e embalagens dos títulos".[15]

O formato DVD também proporciona aos estúdios um novo meio de extrair mais ouro dos acervos de televisão. As coleções que trazem séries televisivas permitiram a eles obter grandes lucros, tanto com temporadas recentes de seriados do tipo *Família Soprano* como com materiais de décadas atrás, como a temporada de 1966 de *Jornada nas estrelas*. O resultado disso é que a venda de acervos cresceu, respondendo, em 2003, por quase um terço do enorme fluxo de receita proveniente dos DVDs. "É como achar dinheiro", explicou um executivo, especialmente porque "os títulos mais antigos geralmente dispensam o pagamento de grandes talentos".[16]

O alvorecer do formato DVD lançou uma luz brilhante sobre a grande tela de Hollywood. Embora a hoje inevitável transição do videoteipe para o DVD mal tivesse ultrapassado a metade do caminho em 2004, já então havia aumentado a fortuna dos estúdios ao gerar uma profusão de novos e lucrativos produtos com a simples reembalagem de filmes antigos, séries de televisão e outras propriedades intelectuais que se acumulavam em seus acervos. Na verdade, desde a introdução do DVD até 2004, o acervo da Time Warner fora valorizado em aproximadamente 7 bilhões de dólares, segundo um executivo de sua unidade HBO.[17] É de presumir que os demais estúdios com grandes acervos tenham se beneficiado também desse tremendo golpe de sorte. O fato de que esse enriquecimento multibilionário seja menos visível ao mundo externo que os prejuízos amplamente divulgados dos fracassos de bilheteria não diminui a importância cada vez maior do papel que ele representa na nova Hollywood.

NOTAS

1. Alexander & Associates, pesquisas de vídeo.

2. Entrevista com o autor, 2000.

3. Gene Brown, *Movie time: a chronology of Hollywood and the movie industry from the beginning to the present*. Nova York: Macmillan, 1995, pp. 193, 337.

4. Norio Ohga e Gerald Cavanaugh, entrevista ao autor, 2004, e Norio Ohga, *The melody of Sony*. Tóquio: Nihon Keizai Shimbun, 2003.

5. Robert L. Cutts, *Toshiba*. Londres: Penguin Books, 2002, p. 143. Também, Koji Hase, entrevista ao autor, 2004.

6. Warren Lieberfarb, palestra na Wharton School of Business, "Knowledge at Wharton", 13 de março de 2002. Disponível em http://knowledge.wharton.upenn.edu/index.cfm?fa=viewArticle&id=530.

7. Executivo da Viacom, entrevista ao autor, 2004.

8. Entrevista com o autor, 2003.

9. *MPA All Media Revenue Report*, 1999, 2000, 2001, 2002 e 2003.

10. Entrevista com o autor, 2003.

11. Warner Bros. Distribution Report #5, *Midnight in the garden of good and evil*, 30 de junho de 2000.

12. MPA, Worldwide Market Research, "U.S. Entertainment Industry: 2003 MPA Market Statistics", pp. 29-31.

13. Gary Younge, "When Wal-Mart comes to town", *The Guardian*, 18 de agosto de 2003 (edição para a internet).

14. Entrevista com o autor, 2003.

15. Merissa Marr e Martin Peers, "MGM's library of old movies puts it in spotlight", *Wall Street Journal*, 7 de julho de 2004, p. A1.

16. Correspondência do autor com a fonte, 2004.

17. Entrevista com o autor, 2004.

17 A ABENÇOADA TELEVISÃO

O FATO DE QUE OS ESTÚDIOS invistam, em média, muito mais dinheiro na publicidade dos filmes do que recuperam com a venda dos ingressos não é um desafio tão grande à lógica econômica como parece. Como salientou Steve Ross: "Não estamos apenas no negócio de filmes, estamos no negócio da propriedade intelectual".[1] Os maciços investimentos em marketing só são compensadores quando conseguem criar alguma forma de propriedade intelectual – seja uma saga com continuações, como *Jornada nas estrelas*, um personagem animado, como Mickey Mouse; os dinossauros T. Rex de *Jurassic Park;* ou uma trilha sonora, como a de *Branca de Neve e os sete anões* – que possa ser vendida várias vezes para outras mídias. A maior e – para os estúdios – mais lucrativa dessas mídias é a televisão.

No início, como vimos, Hollywood via a televisão mais como ameaça do que bênção. Embora apenas 2 milhões de residências tivessem um aparelho de tevê no final da década de 1940, o novo veículo tinha uma vantagem inquestionável sobre os cinemas: era gratuito.

Para combater a ameaça, os estúdios recorreram a duas táticas principais. A primeira foi recusar seus produtos. Embora o licenciamento de filmes para as redes de televisão pudesse trazer aos estúdios – financeiramente combalidos naquele início da década de 1950 – a receita de que tanto necessitavam, todos os grandes se negaram a fazê-lo. Eles se recusaram até mesmo a permitir que as redes alugassem seus sets, equipamentos e empregados para a produção de programas de televisão.

Essa tática se mostrou desastrosa quando as empresas de produção menores correram para preencher o vazio da programação. Foi Walt Disney que abriu as comportas ao negociar o já mencionado contrato de sete anos para a produção do programa semanal *Disneylândia*, de uma hora de duração, para a rede ABC.[2] Seguindo o exemplo de Disney, Lew Wasserman pôs a MCA para produzir filmes para a tevê em ritmo acelerado.[3] Desde muito antes, outras produtoras independentes vinham fornecendo às redes competições de luta livre, programas de jogos, desenhos animados, partidas de beisebol e seriados. Em meados da década de 1950, estava claro que o boicote dos estúdios, além de não conseguir impedir a televisão de crescer, só servira para diluir ainda mais seu controle sobre a produção de filmes.

A outra tática dos estúdios visava diferenciar seu produto do conteúdo exibido pela televisão. Em vez de continuar fornecendo aos cinemas programas de notícias, esportes e desfiles de moda, que podiam agora ser vistos na tevê, os estúdios fecharam sua divisão de cinejornal e se concentraram na produção de sagas espetaculares em formato de tela panorâmica, formato diferente do formato da tela dos televisores da década de 1950.[4] Em vez do formato 4:3 usado na televisão, os estúdios introduziram um formato maior, chamado CinemaScope. Surgiram outros sistemas inovadores, como o cinerama, que empregava três projetores para exibir cenas panorâmicas em telas setorizadas; o 3D, que fornecia ao público óculos polarizados que criavam a impressão de que os objetos saltavam da tela; e o Smell-O-Vision, que liberava aromas durante a projeção para acompanhar o banquete visual do espectador.

Apesar de acentuarem a experiência cinematográfica com a expansão do formato e o acréscimo de seis ou mais canais de som,* essas inovações tecnológicas não foram suficientes para trazer o público de volta. Os estúdios se empenharam então em produzir filmes que fossem considerados, em si e por si sós, um acontecimento. Embora esse esforço tenha gerado alguns épicos extraordinários – como *A ponte sobre o rio Kwait* (*The bridge on the river Kwait*), em CinemaScope, *A conquista do Oeste* (*How the West was won*), na tela tripla do cinerama, e *Lawrence da Arábia* (*Lawrence of Arabia*), em Super Panavision 70 –, não alterou o fato básico de que o número de lares com televisão crescera de menos de 1 milhão em 1948 para 55 milhões em 1962 e que, ao longo desse mesmo período, Hollywood perdera metade do seu público.

Diante dessa deserção em massa, os estúdios não tiveram escolha a não ser inverter sua estratégia. Um a um, começaram a usar suas instalações para produzir programação nova para a tevê e a licenciar seu acervo de filmes para as redes.

A primeira medida se revelou especialmente lucrativa para os estúdios, graças à regulamentação instituída pela FCC em 1970, denominada Financial Interest and Syndication Rule, ou fin-syn, que proibiu as redes de televisão, mas *não* os estúdios de cinema, de ter lucro financeiro com os programas transmitidos por redes e então vendidos para as emissoras locais em regime de agenciamento. Ao excluir as três redes do negócio de licenciamento, a FCC mudou radicalmente o panorama econômico da televisão. Como não era vantajoso produzir séries de tevê para exibição original sem deter os direitos de vendê-las em agenciamento, as redes simplesmente desistiram de fazê-lo. Os estúdios de cinema puderam então dominar a produção e a propriedade dos programas de tevê, que eles depois

---

* Chamado, na época, de som "esterotônico". (N. do R. T.)

licenciavam às redes para a exibição original e, em seguida, já que não estavam impedidos pela regra do fin-syn, vendiam em agenciamento para emissoras locais e estrangeiras.

Com o crescimento desse negócio lucrativo, os estúdios passaram a aceitar uma taxa de licenciamento por episódio que não chegava a cobrir os custos de produção, já que, uma vez que a série se estabelecesse na mente do público e encerrasse sua exibição na rede, eles poderiam licenciá-la, várias e várias vezes, para emissoras locais e estrangeiras, com grande lucro. Na década de 1990, quando a receita proveniente da transmissão televisiva foi quinze vezes maior que a arrecadada nos cinemas, as emissoras puderam se dar ao luxo de gastar somas generosas para comprar programas em agenciamento.[5] Um único episódio de *Plantão médico* podia ser vendido por cerca de 1,5 milhão de dólares. A Sony Pictures, que possuía nada menos que 350 séries de tevê – incluindo sucessos internacionais como *Ilha da fantasia*, *Starsky e Hutch*, *As panteras*, *Maude*, *All in the family* e *Designing women* –, obteve dois terços de seus ganhos, na década de 1990, com o licenciamento desses programas para emissoras de televisão e redes a cabo espalhadas pelo mundo. Sumner Redstone relatou que os 125 episódios do *The Cosby Show*, pertencente à Viacom, faturaram meio bilhão de dólares durante esse período.[6]

Os estúdios descobriram uma galinha dos ovos de ouro ainda mais fecunda no licenciamento de seus próprios filmes para a televisão. Se não conseguiam arrancar os espectadores da frente da tevê, podiam mais do que compensar a bilheteria perdida licenciando seus filmes para as redes. Em 2003, os seis estúdios ganharam cerca de 2,9 bilhões de dólares dessa maneira.[7]

Para maximizar seus lucros com a televisão, os estúdios dividiram o licenciamento de filmes em períodos de tempo distintos, chamados "janelas". A primeira janela (após o lançamento do vídeo) é o pay-per-view, que permite aos assinantes de tevê a cabo e por satélite solicitar os filmes diretamente por meio de um empreendimento conjunto que licencia os títulos de todos os grandes estúdios. No início, essa janela estava programada para abrir cerca de 210 dias depois da estréia no cinema, para evitar atrasos ou concorrência com o lançamento do vídeo. Porém, no final da década de 1990, quando os estúdios começaram a lançar os DVDs – mais lucrativos –, a janela teve de ser transferida e encurtada. Apesar das expectativas de que o pay-per-view fosse mais uma fonte abundante de dinheiro, os ganhos dos seis estúdios com ele continuaram relativamente modestos. Em 2003, o total arrecadado pelos estúdios com essa janela foi de apenas 367 milhões de dólares.[8]

A segunda janela, que se abre um ano após o lançamento do filme no cinema, é a tevê por assinatura. Existem três compradores: a HBO, da Time Warner; a Showtime, da Viacom; e a Starz, da Liberty Media (empresa que tem aliança estratégica com a News Corporation). Essa janela permanece aberta por um ano. Em 2003, a taxa de licenciamento para exibir o filme por um número ilimitado de vezes pelo período de um ano girava em torno de 13 milhões de dólares para os lançamentos dos grandes estúdios. Naquele ano, os seis estúdios ganharam, ao todo, 1,5 bilhão de dólares com a tevê paga nos Estados Unidos.[9]

A terceira janela, a televisão em rede, abre dois anos depois da estréia no cinema. Como as redes também produzem seus próprios filmes, elas só compram alguns títulos dos estúdios. Em 2003, por exemplo, compraram apenas vinte, o que significa que aproximadamente duzentos outros filmes dos estúdios foram ignorados por esse mercado. Entretanto, pelos filmes para os quais obtêm licença, as redes pagam taxas relativamente altas. Em 2003, desembolsaram entre 20 e 45 milhões de dólares por título, em geral por três exibições, cada uma por um período de três anos, o que rendeu aos estúdios um pagamento total de 750 milhões.

A próxima janela são as demais televisões. Se houver venda em rede, ela se abre um ano após a tevê em rede (do contrário, logo depois da janela da tevê paga). O estúdio geralmente licencia às redes a cabo o direito de exibir o filme quantas vezes elas quiserem, por sete anos. O preço médio pago pela licença, em 2003, foi cerca de 5 milhões de dólares.

Para as emissoras locais, o preço por exibição é relativamente modesto – alguns milhares de dólares. Os títulos podem ser licenciados para centenas de emissoras todos os anos, unitariamente ou em conjunto, várias e várias vezes. Os estúdios, com milhares de títulos, têm lucros formidáveis com essas vendas contínuas. Em 2003, eles faturaram, no total, 426 milhões de dólares.

O licenciamento para a tevê é igualmente lucrativo no exterior. Sem a restrição das leis antitruste americanas, os estúdios podem vender seus filmes em pacotes de seis a dez títulos para as redes estrangeiras. A taxa de licenciamento pelo pacote, como vimos, é distribuída entre os títulos a critério do estúdio – esquema que permite transferir os ganhos, na câmara de compensação, dos títulos com saldo positivo (cujos lucros futuros talvez tenham de ser divididos com participantes externos) para os títulos que ainda se encontram no vermelho (para os quais, por enquanto, não há distribuição dos lucros). Cada estúdio produz apenas alguns carros-chefes por ano, mas um único deles pode render mais de 110 milhões nas vendas para as televisões pagas e públicas de outros países. Os principais compradores dos estúdios, na tevê estrangeira, são os canais pagos controlados pela News Corporation, pela Vivendi (Canal Plus) e pela Sony. Como indica a Tabela 7[10], em 2003, essas três companhias responderam por mais de dois terços do bolo de 1,76 bilhão de dólares.

TABELA 7
VENDAS DOS ESTÚDIOS PARA A TV PAGA
ESTRANGEIRA EM 2003

PAÍS	RENDA (EM MILHÕES DE DÓLARES)	MAIOR PARTICIPAÇÃO
Grã-Bretanha	468	News Corp.
Japão	228	Sony, News Corp.
Espanha	179	News Corp., Canal Plus
França	148	Canal Plus
Alemanha	118	Kirch, News Corp.
Itália	91	News Corp.
Venezuela	66	News Corp.
Austrália	58	News Corp.
Brasil	56	News Corp.
Total internacional	1,760	

Além disso, os seis estúdios faturaram 1,8 bilhão, no mesmo ano, com vendas para as emissoras e redes convencionais em mais de uma centena de outros países.[11]

O que torna o licenciamento particularmente vantajoso para os estúdios, tanto dentro quanto fora dos Estados Unidos, é o fato de que, ao contrário da renda obtida com os filmes para cinema, quase todas as despesas envolvidas para colocar no mercado um programa de televisão são pagas pela rede ou pela emissora. É verdade que, em muitos casos, os atores, diretores e escritores ficam com uma parcela das taxas, a título de "pagamento residual", mas quase todo o resto permanece na câmara de compensação do estúdio. Um exemplo foi a divisão das taxas de licenciamento de *60 segundos* para a tevê paga. Esta pagou à Disney 18,2 milhões de dólares para exibir o filme por dois anos. Desse montante, o estúdio separou 2,7 milhões para distribuir aos que tinham direito a pagamento residual e 149 mil dólares para seguro, impostos, reedição, fotos e divulgação. O restante, 15,35 milhões de dólares, foi embolsado pelo estúdio.[12]

Na década de 1990, os estúdios, cada vez mais dependentes da televisão para obter lucro, tentaram também conseguir acesso à sua entrada principal: as redes de transmissão. Assim, quando a FCC suspendeu o fin-syn, em 1995, as matrizes corporativas dos estúdios passaram a comprar as grandes redes. (Rupert Murdoch, que se beneficiara de uma isenção do fin-syn porque a FCC não considerava que suas emissoras Metromedia formassem uma rede, já havia criado a Fox Network.) A Disney comprou a rede ABC, em 1995; a Time Warner criou a rede Warner Bros., em 1995 (e, no ano seguinte, incorporou a Turner Broadcasting); a Viacom assumiu o controle total da UPN, em 1996 e da CBS, em 1999; e a General Electric fundiu a Universal com a NBC, em 2003. (Por ser uma empresa estrangeira, a Sony é proibida pela lei americana de possuir uma rede.) As matrizes corporativas dos estúdios estenderam essa estratégia de integração vertical, tanto dentro quanto fora dos Estados Unidos, para as televisões a cabo, pagas e por satélite. O veículo que Hollywood tentara, de início, deixar à míngua, não só sobreviveu como prosperou – e Hollywood dele hoje se farta com abundância.

NOTAS

1. Entrevista ao autor, 1988.
2. Richard Schickel, *The Disney version: the life, times, art and commerce of Walt Disney*. Chicago: Elephant Paperbacks, 1997, p. 315.
3. Dan E. Moldea, *Dark victory: Ronald Reagan, MCA, and the mob*. Nova York: Viking Press, 1986, pp. 176-77.
4. Raymond Fielding, *The American newsreel–1967*. Norman: University of Oklahoma Press, 1972, p. 308.
5. Cynthia Littleton, "Columbia TV turns into global success", *Variety*, edição de 75º aniversário da Columbia Pictures, janeiro de 1999, p. 18.
6. Judith Newman, "Fort Sumner", *Vanity Fair*, novembro de 1999, p. 248.
7. "Hollywood's haul", MIPCOM, *Variety*, 7-13 de outubro, 2002, p. A4b.
8. *MPA All Media Revenue Report*, maio de 2004.
9. Ibidem.
10. Ibidem.
11. Ibidem.
12. Participation Statement, 31 de dezembro de 2003.

18 LICENÇA PARA O MERCHANDISING

OS ESTÚDIOS LICENCIAM o merchandising em muitos mercados periféricos nos quais seus filmes e programas de televisão geram interesse. Desde os tempos de Walt Disney, os principais beneficiários desse tipo de licença são as empresas que fabricam produtos voltados para o entretenimento e a diversão de crianças, pré-adolescentes e adolescentes.

O estúdio de Walt Disney, lembremos, foi o primeiro a explorar essas oportunidades de licenciamento. Em 1930, quando era ainda uma pequena empresa de animação, a Disney começou a licenciar a imagem do Mickey Mouse, primeiro para fabricantes de relógio e, em seguida, para publicações e indústrias de brinquedos e de vestuário. Em 1935, os royalties provenientes dos personagens de desenhos animados davam mais lucro que os filmes em que eles apareciam; e, nos vinte anos seguintes, com a criação de mais personagens e mais canais de licenciamento, esse fluxo de receita (puro lucro, praticamente) continuou a se expandir. Hoje, além dessa receita de licenciamento, a Disney também vende, diretamente aos consumidores, bilhões de dólares de seus produtos nos seus parques temáticos, lojas de varejos e site na internet. Nesses pontos-de-venda, a margem de lucro chega a 80%.

Os parques temáticos da Disney começaram a ser inaugurados em meados da década de 1950 – primeiro na Califórnia, depois na Flórida e, em seguida, no Japão e na França – e contribuíram para aumentar significativamente o público infantil para os produtos de merchandising do estúdio. Em 2000, por exemplo, cerca de 80 milhões de pessoas compraram ingressos para passar o dia no que poderia ser descrito como um shopping center totalmente dedicado a vender mercadorias licenciadas – e, em muitos casos, fabricadas – por uma única empresa: a Disney. Outras 250 milhões de pessoas fizeram compras nas 700 lojas Disney, todas estrategicamente localizadas, que venderam, naquele ano, 13 bilhões de dólares em mercadorias (mais do que faturaram as bilheterias pelo mundo).[1] Só as taxas de licenciamento – cerca de 6% a 8% das vendas no varejo – para roupas, livros, brinquedos e jogos agregam, anualmente, cerca de 500 milhões de dólares aos lucros da Disney. Um único filme, *Rei leão*, gerou mais de 1 bilhão em vendas no varejo.[2]

Os grandes estúdios seguiram os passos da Disney, mas somente depois do colapso do sistema de estúdio. Na verdade, em alguns casos, o negócio de licenciamento surgiu mais por obra do acaso do que por um objetivo planejado. A MGM, por exemplo, só depois de muita relutância concordou em licenciar, em 1964, o

personagem Pantera Cor-de-Rosa, popularizado pelos créditos de abertura do filme, para então descobrir que os direitos de licenciamento davam mais lucro que o
próprio filme.[3] Outros estúdios, no começo, usavam os personagens para só promover os filmes, sem almejar fazer receita com o licenciamento (já que, de maneira
geral, não detinham os direitos de licenciamento de personagens que tinham origem, por exemplo, em histórias em quadrinhos, revistas e livros infantis). Quando
lançou *Guerra nas estrelas*, em 1977, a Twentieth Century-Fox cedeu os direitos de
licenciamento aos anunciantes que se responsabilizassem pelas campanhas de
publicidade dos produtos. Essa estratégia de merchandising, embora tenha aumentado o tamanho do público de *Guerra nas estrelas*, perdeu a receita que poderia ter obtido com o licenciamento dos personagens do filme. Como explicou um
executivo da Fox: "Ninguém fazia idéia de que eles seriam tão lucrativos".[4]

Como mais tarde se viu, foram vendidos mais de 4 bilhões em produtos relacionados com o filme, o que, a um royalty de 6% sobre o preço no atacado, teria
gerado 120 milhões em taxas de licenciamento. Depois do sucesso de merchandising de *Guerra nas estrelas*, os principais estúdios aprenderam a lição e mudaram
de estratégia, visando tirar o máximo proveito do potencial dos filmes de vende-
rem brinquedos, camisetas e outros produtos.

Na Warner Bros., como vimos, Steve Ross posicionou o estúdio para se beneficiar plenamente dessa estratégia de licenciamento ao adquirir, na década de
1980, a National Licensing Corporation e a DC Comics, que detinha os direitos de
Batman, Super-homem e outros heróis dos quadrinhos. Os demais estúdios gradualmente seguiram seu exemplo, comprando ou criando personagens. Em 1990,
todos os grandes estúdios tinham divisões de licenciamento, mas a Disney desfrutava de uma situação mais vantajosa entre os varejistas por causa de seus parques temáticos. Com milhões de crianças passando pelos parques, o estúdio podia dar garantia segura aos fabricantes de que os brinquedos inspirados em seus
personagens teriam tamanha exposição que as lojas de varejo sem dúvida lhes
dariam um espaço de destaque nas prateleiras na época do Natal. Nenhum outro
estúdio podia fazer tal promessa, e sem isso os fabricantes de brinquedos se sen-
tiam pouco motivados a assumir grandes compromissos antecipados com produtos de apelo incerto.

Conseqüentemente, os filmes da Disney são a única exceção à regra geral dos
fabricantes de brinquedos de só comprarem licenças de personagens depois que o
filme se firmar como sucesso de público. Essa barreira constitui outra importante
razão para que os estúdios invistam em filmes-franquias – como *Batman*, *Super-*

homem, *Jornada nas estrelas* e as seqüências de *Guerra nas estrelas* – já que, depois que o filme inicial estabelece a franquia, os estúdios conseguem obter o compromisso antecipado dos fabricantes de brinquedos para as continuações.

Embora somente uma pequena parte dos filmes contenha personagens licenciáveis, esses poucos personagens exercem enorme influência sobre as vendas no varejo. Em 2000, por exemplo, os personagens inspirados em filmes geraram 40 bilhões de dólares em vendas globais pelo mundo e responderam por mais de um terço das vendas para a indústria do licenciamento.[5] Como esses personagens quase sempre sobrevivem aos filmes que lhes deram origem, o fluxo de taxas de licenciamento pode enriquecer a câmara de compensação do estúdio por muitas décadas.

Os jogos eletrônicos são outro nicho de licenciamento para os estúdios. Como rodam tanto DVDs como jogos, os jogos baseados em personagens do cinema podem ser combinados com os próprios filmes. Por meio dessa tecnologia, os filmes se tornaram agentes de marketing para os jogos, cujas vendas no varejo se aproximam da venda global de ingressos para o cinema e cuja vida, especialmente entre os jogadores adolescentes, excede em muito a dos filmes dos quais se originaram.

Os estúdios também licenciam a música original das trilhas sonoras dos filmes para as empresas de música. Depois que se tornou possível gravar o som diretamente no filme, os estúdios começaram a orquestrar a "música ambiente", como ficou conhecida, para ressaltar a ilusão na tela. Grande parte desse material era retirado, no início, do domínio público e reunido em acervo, para minimizar os royalties devidos aos compositores segundo o regime da ASCAP (American Society of Composers, Authors and Publishers), que então vigorava na venda de música.

Embora nessa época cada estúdio tivesse sua própria editora musical, os produtores começaram a utilizar música original, como o cativante "Tema de Lara", de *Dr. Jivago* (*Dr. Zhivago*), para ajudar a emplacar seus filmes. Em 1967, *A primeira noite de um homem* (*The graduate*) se tornou o primeiro filme a incorporar à trilha sonora canções já lançadas – como "The sound of silence", de Simon e Garfunkel. No final da década de 1970, com o advento do audiocassete, que permitiu às pessoas ouvir música no carro e ao caminhar, os estúdios de repente encontraram um público maciço para suas trilhas sonoras. Enquanto as vendas anteriores dos LPs com as trilhas sonoras raramente ultrapassavam 10 mil cópias, os cassetes (e, mais tarde, os CDs) das canções originais de filmes como *Grease: nos tempos da brilhantina (Grease: is the word)*, *Embalos de sábado à noite (Saturday night fever)* e *Ritmo quente* (*Dirty dancing*) vendiam milhões. Em 2000, embora as trilhas sonoras tivessem um papel bem menos relevante em atrair o público ao cinema (especialmente porque os filmes agora ficavam em cartaz apenas algumas semanas), os estúdios estavam amealhando somas consideráveis com o licenciamento para as gravadoras. Por exemplo, a trilha do filme *E aí, meu irmão, cadê você?* (*O brother, where art Thou?*), dos irmãos Coen, vendeu 72 milhões de discos, ultrapassando em 2002 a renda global obtida na bilheteria, de 55 milhões. Tamanho sucesso é raro, no entanto. Estima-se que somente 10 a 15 filmes por ano produzam um álbum "de ouro", capaz de vender mais de 1 milhão de cópias.[6] Ainda assim, esses poucos proporcionam ao estúdio um fluxo de caixa que perdura por muito tempo depois que o próprio filme desapareceu das telas.

NOTAS

1. Bruce Orwall, "Disney aims for bigger share of retailing with revamp of stores and new products", *Wall Street Journal*, 4 de outubro de 2000, p. 8.
2. John Horn, "Can anyone dethrone Disney?", *Los Angeles Times*, 1 de junho de 1997, p. 4.
3. Ed Kirchdoerffer, "Licensing diary: The Pink Panther", *Kidscreen*, junho de 1997, p. 18.
4. Entrevista com o autor, 2002.
5. Jill Goldsmith e K. D. Shirkani, "Properties from pics, tv nearly half of toy market", *Daily Variety*, 11 de fevereiro de 2000, p. 1.
6. Tamara Coniff e Carla Hay, "High costs have biz rethinking soundtracks", *Hollywood Reporter*, 7 de outubro de 2002, p. 13.

19 O PODER DA INFORMAÇÃO

OS ESTÚDIOS ESTÃO EM FINA SINTONIA com as redes de informação. Com base nos constantes relatórios sobre a reação do público de diferentes mercados a seus filmes e outros produtos, eles analisam vários elementos – como o marketing, os atores e a música – e, conforme obtêm as informações, ajustam suas decisões futuras.

Logo depois que os filmes são lançados no cinema, os estúdios ficam sabendo quantas pessoas, aproximadamente, foram assisti-lo na semana de estréia. (Para ter certeza de que os cinemas não estão fornecendo relatórios inexatos sobre o número de ingressos vendidos, eles contratam fiscais secretos, que compram ingressos numerados na primeira e na última exibição em cinemas escolhidos aleatoriamente.) Também ficam sabendo muita coisa sobre a composição do público por meio de pesquisas realizadas na saída do cinema, semelhantes às utilizadas em eleições para determinar raça, idade e sexo do público em diferentes regiões geográficas. Com esses dados em mãos, seu departamento de marketing pode avaliar em que medida a publicidade voltada para a televisão foi eficaz em recrutar determinado público. (As informações sobre o tamanho e as características demográficas do público de tevê coberto pelos anúncios são fornecidas pelo serviço de medição do índice de audiência da A. C. Nielsen, que instala medidores nos aparelhos de tevê dos espectadores.)*

Se uma grande porcentagem das pessoas que compareceram aos cinemas corresponde demograficamente ao grupo definido como alvo nos anúncios de tevê, o estúdio avalia que o filme tem alta "negociabilidade", o que significa apenas que a publicidade conseguiu mobilizar determinado público e, provavelmente, surtirá o mesmo efeito em outros mercados. Se o filme continua a atrair um público grande depois que termina o bombardeio de anúncios na tevê, o que geralmente acontece após o final de semana de estréia, ele é considerado de alta "exibilidade", ou seja, as pessoas que o assistiram estão recomendando a seus conhecidos. Quando o filme atrai um grande público na estréia mas, então, a freqüência rapidamente diminui, ele tem, no jargão do departamento de marketing, "alta negociabilidade e baixa exibilidade", o que, como explicou um vice-presi-

---

* No Brasil, existe uma publicação especializada, a *Filme B*, voltada para exibidores, distribuidores e produtores, que sai às terças-feiras com os dados do último fim de semana e dados cumulativos. (N. do R. T.)

dente de marketing, "é um ponto a nosso favor, pois revela que fizemos um bom trabalho com um filme ruim".[1]

Por outro lado, se os anúncios não criam um público inicial grande, não importa que outras virtudes ele tenha, suas chances de sucesso em outros mercados, como o do vídeo, são pequenas, pois lhe falta "negociabilidade". Logo, a negociabilidade é um fator de extrema importância para os rendimentos futuros.

Se a campanha publicitária na televisão atrai para o final de semana de estréia uma porcentagem de público considerada satisfatória, o estúdio conclui que os elementos contidos nos anúncios – como dois astros em conflito, certas passagens do diálogo, trechos musicais etc. – funcionaram bem e podem ser usados em combinações semelhantes nos próximos filmes. Por exemplo, quando a Dimension Films, subsidiária da Disney, relançou *Todo mundo em pânico* (*Scary movie*), em julho de 2000, descobriu que seus anúncios de 30 segundos na tevê a cabo, que misturavam visualmente cenas de horror com paródias cômicas, atingiram o público de mulheres brancas com menos de 25 anos de idade, que produziram uma considerável bilheteria na estréia. Embora a chamada nos anúncios fosse "Sem perdão. Sem piedade. Sem continuação", a Dimension fez duas continuações baseadas no mesmo conceito de marketing, *Todo mundo em pânico 2* e *Todo mundo em pânico 3*.

Quando o filme não consegue atrair o público esperado na estréia, os executivos do estúdio tendem a culpar não o filme em si, mas a maneira como foi anunciado nas semanas cruciais que antecedem a data de lançamento. Consideram que o boca-a-boca não pode ter sido o fator significativo, já que quase ninguém assistiu ao filme antes da estréia, e supõem que as críticas, a essa altura, têm um efeito apenas limitado sobre o público, especialmente quando se trata de filmes dirigidos aos adolescentes – suposição geralmente confirmada pelas pesquisas realizadas na saída do cinema. Assim, o primeiro suspeito são os anúncios na tevê. Por exemplo, quando o filme de animação *Planeta do tesouro* (*Treasure planet*), da Disney, terminou em quarto lugar nas bilheterias no final de semana de Ação de Graças, em 2002, o presidente do estúdio, Richard Cook, explicou o fracasso da seguinte maneira: "Tudo indica que, com respeito a esse final de semana de Ação de Graças, em particular... por alguma razão, não conseguimos chamar suficiente atenção para o filme".[2]

Nem mesmo a presença dos principais astros nos anúncios da tevê garante um público grande. Na verdade, como parte dos freqüentadores de cinema são adolescentes, a imagem dos astros acaba sendo menos eficaz que cenas de carros explodindo ou outros efeitos especiais. Basta ver o resultado de dois filmes de ação lançados na mesma semana, em junho de 2003: *Divisão de homicídios* (*Hollywood homicide*), da Sony, e + *Velozes* + *furiosos* (*2 fast 2 furious*), da Universal. Os anúncios de *Divisão de homicídios* traziam imagens do astro Harrison Ford, enquanto os anúncios de + *Velozes* + *furiosos* – filme que não contava com nenhum astro – exibiam imagens de acidentes de carro. Embora os dois estúdios tenham gasto praticamente a mesma verba em anúncios, e estes tenham sido veiculados em programas de tevê semelhantes, o filme da Universal alcançou um enorme sucesso na estréia (50 milhões de dólares), ao passo que *Divisão de homicídios* teve um desempenho fraco (11,1 milhões de dólares).

Quando o filme não atrai o público esperado na estréia, os estúdios então realizam o que um executivo de marketing chamou de "uma penosa reavaliação", a fim de descobrir por que motivo determinada campanha fracassou. Revêem os anúncios, os resultados dos grupos de discussão, e de outros testes anteriores ao lançamento, as campanhas de marketing dos concorrentes. Ao compará-los com os anúncios bem-sucedidos de filmes semelhantes que apelam para o mesmo público, surge a pergunta: "O que há de errado com a isca?", conforme expressou um executivo de marketing da Sony.[3] No caso de *Divisão de homicídios*, o executivo de marketing concluiu: "Os adolescentes ficam mais empolgados com acidentes de carro do que com um grande astro – mesmo que este seja avaliado em 20 milhões de dólares".

Os estúdios também logo ficam sabendo se os videoclipes derivados dos filmes tiveram sucesso entre o público almejado. Em muitos filmes, especialmente os que são baseados em conflitos urbanos, os produtores recrutam cantores populares – como Puff Daddy (P. Diddy), Ice Cube e DMX – para papéis secundários, com a intenção de incorporar as tomadas em que eles aparecem nos videoclipes, que podem ser distribuídos para canais como MTV, VH1 e The Box. Essa divulgação gratuita pode gerar público entre os adolescentes que assistem a esses programas. Por exemplo, a exibição constante do vídeo de Eminem baseado no filme *8 Mile: rua das ilusões* (*8 Mile*), de 2002, foi responsável, segundo o seu distribuidor, a Universal, pelo grande público que compareceu à estréia. Naquele final de semana, cerca de 10 milhões de pessoas compraram ingressos em 2.450 cinemas, e, de acordo com as pesquisas de opinião feitas na saída do cinema, a maioria delas foi atraída pelo videoclipe veiculado na tevê paga. Portanto, a freqüência de exibição dos videoclipes constitui um importante feedback e, em muitos casos, é monitorada pelo departamento de marketing por meio de relatórios diários. Com base na freqüência com que vão ao ar, os vídeos são considerados um sucesso ou um fracasso.

Os estúdios também ficam conhecendo o apelo relativo de seus produtos nos principais mercados estrangeiros antes de serem lançados. Suas subsidiárias de distribuição externa geralmente reservam lugar para os filmes no exterior muito antes da estréia, usando para isso pouco mais que seus elementos de maior destaque. Por exemplo, *Minority report: a nova lei* (*Minority report*) foi descrito como um "thriller de ficção científica de Spielberg com Tom Cruise"; *Noiva em fuga* (*Runaway bride*), como "uma deliciosa comédia romântica com Julia Roberts e Richard Gere"; e *Sou espião*, como "um filme sobre dois amigos, um branco e um negro, com Eddie Murphy e Owen Wilson, baseado na série de tevê distribuída internacionalmente". Essas apresentações muitas vezes especificam que astros visitarão os países estrangeiros para divulgar o filme, o orçamento de marketing e, se o filme já foi lançado nos Estados Unidos, a receita bruta da bilheteria no final de semana da estréia. Os distribuidores costumam manter estreitas relações com as cadeias de cinemas estrangeiras e, assim, ficando sabendo pelos seus executivos quais fatores – como elenco, elementos do enredo ou gênero do filme – têm mais peso sobre sua decisão de conceder ao filme um espaço favorável ou desfavorável.

Por meio da já mencionada parceria com a Blockbuster e outras importantes redes de videolocadoras, o departamento de vídeos e DVDs dos estúdios tem acesso diário às tabulações computadorizadas das várias locadoras. Esses resultados permitem verificar o desempenho da locação de vídeos em bairros demograficamente heterogêneos e fazer conjeturas sobre o aumento – ou o declínio – do apelo exercido por diferentes astros. Por exemplo, ao constatar que os vídeos estrelados por Eddie Murphy, em dois filmes consecutivos – *Sou espião* e *Pluto Nash* de 2002 –, tiveram pouca procura nas regiões urbanas, o estúdio deduziu que o ator estava perdendo seu apelo entre o público negro. Quando compara esse declínio na locação com o desempenho de outros vídeos do mesmo gênero, o departamento de vídeos e DVDs do estúdio pode tirar outras conclusões sobre os resultados, a saber, se eles se devem a fatores idiossincráticos ou a um fenômeno mais geral.

Outra fonte de feedback é o pequeno público de executivos das redes de tevê e canais pagos, cujas taxas de licenciamento constituem a maior parcela de lucro dos estúdios. Os estúdios mantêm com eles um relacionamento contínuo – em muitos casos, porque pertencem à mesma corporação. É o caso, por exemplo, da relação da Disney com a ABC, da Paramount com a MTV, da Fox com a B-Sky Television, da Warner Bros. com a HBO.

Esses executivos monitoram de perto seu público (inclusive os anunciantes) e, após definirem os tipos de filme que mais agradam os telespectadores, passam essa informação a seus colegas nos estúdios. Suas solicitações dizem respeito não apenas a filmes específicos, mas também a gêneros de filmes. A tevê paga Star, que pertence à matriz corporativa da Fox, pediu a esse estúdio "filmes de ação com menos de 2 horas de duração, pouco diálogo e heróis e vilões universalmente reconhecidos".[4] É fácil entender que esse tipo de solicitação tem grande peso.

Os estúdios também recebem informações constantes das cadeias nacionais e regionais de multiplexes nos Estados Unidos e no Canadá. Além de obter informes sobre a bilheteria, os executivos da distribuição mantêm contato telefônico quase diário com os responsáveis pela contratação de filmes dos cinemas, a fim de conhecer suas queixas e tratar das costumeiras solicitações para a renegociação dos acordos sobre a divisão das receitas arrecadadas na bilheteria. Também se reúnem com eles em suítes de hotéis, durante as convenções de exibidores – como a ShoWest e a ShowEast –, onde, entre drinques e petiscos, ouvem suas críticas específicas aos filmes. Por exemplo, na ShoWest de 1998, em Las Vegas, os executivos da Buena Vista ouviram reclamações de que os filmes não animados da Disney não atraíam o público masculino na faixa entre 15 e 19 anos porque, como expressou o dono de um cinema, "eram excessivamente verborrágicos", "demoravam demais para entrar na ação" e "não derramavam sangue".[5]

O departamento de marketing dos estúdios ouve também outros profissionais de fora – como agentes de publicidade, compradores de mídia, divulgadores, consultores, analistas financeiros, parceiros de merchandising e serviços de medição de audiência – que se utilizam de pesquisas de opinião, grupos de discussão e modelos estatísticos para desenvolver teorias sobre por que certos filmes, ou uma categoria inteira de filmes, são um sucesso ou um fracasso em vários mercados. Por exemplo, a animação *Era do gelo* (*Ice age*), produzida pela Fox em 2002, foi concebida originalmente como um drama dirigido para adultos jovens, mas, depois de verificarem o fraco desempenho do filme nos testes feitos com o público-alvo, os executivos pediram que ele fosse reeditado e regravado para converter-se numa comédia infantil.

Por fim, é claro, não faltam críticos, especialistas, comentaristas nos jornais de segunda-feira, associações comerciais como a MPAA, associações de atores e outros grupos, cujas opiniões são levadas em conta pelos executivos dos estúdios.

Todo feedback proveniente dessas múltiplas fontes, seja na forma de comentários ou de estatísticas, é então filtrado por meio de inúmeras reuniões, telefonemas e outros tipos de comunicação entre os executivos. A maior parte do que eles julgam relevante é retransmitida, ao longo do processo de aprovação do projeto, aos envolvidos no desenvolvimento de novos produtos. Isso pode ser feito de várias formas. Pode ser um comunicado explícito, por meio de um memorando estratégico enviado pelo diretor do estúdio, ou algo implícito, como a divulgação de trechos da sabedoria proverbial atribuída a "trunfos" não nomeados da empresa. Em alguns casos, pode não passar de rumores, não confirmados, de que alguém influente no estúdio não aprecia determinado ator, diretor, roteirista ou outro nome cogitado. Essa informação é então transmitida aos produtores, diretores, roteiristas e agentes que estão prestes a fechar seus próximos contratos.

O feedback positivo facilita o financiamento dos filmes que são continuações. Por exemplo, *O exterminador do futuro 3: a rebelião das máquinas*, com um orçamento estimado em 166 milhões de dólares, era o filme mais caro da história do cinema quando entrou em produção, em 2002. A Toho-Towa, de Tóquio, estava disposta a investir 12 milhões no projeto em troca dos direitos para o mercado japonês, visto que o filme anterior da série se tornara uma marca tão sólida na indústria de jogos eletrônicos que a distribuidora japonesa estava confiante de poder recuperar seu dinheiro só com os direitos subsidiários. Por sua vez, a Sony também estava disposta a pagar 77,4 milhões pelo direito de distribuir o filme em quase todos os demais mercados estrangeiros, por causa do imenso sucesso de bilheteria da produção anterior em oito mercados particularmente – Alemanha, Grã-Bretanha, França, Austrália, Itália, Espanha, Brasil e Hong Kong – e do contínuo reconhecimento do produto nesses países, conforme asseguravam as pesquisas de opinião. A Time Warner se dispunha a pagar 51,6 milhões pelo direito de distribuir o filme nos Estados Unidos e no Canadá, pois, entre outras razões, a continuidade das vendas do filme anterior em DVD convencera seu departamento de vídeos e DVDs de que o produto tinha tantos fãs que os direitos subsidiários, por si sós, podiam garantir o retorno do investimento, qualquer que fosse o desempenho do filme nos cinemas. O diretor, os produtores e outros participantes concordaram em adiar o recebimento de 10 milhões de dólares em honorários mediante a promessa de que esse montante, no fim, seria pago pelos anunciantes interessados em colocar seus produtos no filme, os quais, por seu turno, haviam se comprometido com esses fundos devido à força da marca *O exterminador do futuro*. Finalmente, a Intermedia Entertainment, que montou o acordo, forneceu o restante do dinheiro, retirado do próprio caixa, com base na confiança que tinha na franquia.[6] Quando se trata de um filme original, para o qual não se conta com o apoio de feedback, os investimentos, se chegam a ser feitos, são bem mais arriscados.

O GRANDE FILME

O feedback também orienta as produções futuras, ao estimular ou desestimular certas escolhas em matéria de elenco, enredo, cenário étnico ou final. Por exemplo, *A filha do general* (*The general's daughter*) foi concebido, de início, como um drama de mistério sobre a investigação da morte da filha de um general-comandante pelo suboficial Paul Brenner (John Travolta). Porém, quando os executivos da Paramount informaram que o último filme de ação de Travolta, *A outra face* (*Face/off*), estava fazendo um extraordinário sucesso nos mercados externo e de vídeo, os produtores acrescentaram ao roteiro uma seqüência anterior ao título – em que Travolta, como agente secreto, se envolve num prolongado tiroteio com contrabandistas de armas – que continha explosões e outros efeitos especiais em quantidade suficiente para justificar que a Paramount apresentasse o filme como um "thriller de ação".

Quando transmitido de maneira eficiente, o feedback completa a ligação entre a compensação de despesas do estúdio, encarregada de medir a lucratividade, e os processos criativos da produção. Pelo menos naquele momento, ele torna a lógica econômica claramente visível para os que estão selecionando novos produtos. Estes podem agir com base nela ou, como veremos, desconsiderá-la em favor de objetivos não-econômicos.

NOTAS

1. Entrevista ao autor, 2002.
2. Citado em Rick Lyman, "Box-office letdown", *New York Times*, 5 de dezembro de 2000, p. C2.
3. Entrevista ao autor, 2003.
4. Entrevista ao autor, 2003.
5. Entrevista ao autor, 2003.
6. Acordo entre IMF, *Terminator 3*, Union Bank of California, Warner Bros., Columbia TriStar, Intermedia, International Film Guarantors *et al.*, 28 de dezembro de 2001, arquivos do autor.

20 A FÓRMULA DE MIDAS

ENTRAM EM CENA os homens dos números – os tesoureiros, contadores, auditores e seus assistentes – que, chegado o momento, totalizam o dinheiro recebido ou devido pela compensação das despesas do estúdio. Quando esse cálculo termina, a realidade que se evidencia é menos que confortável: apesar das elaboradas estratégias de marketing, do rigoroso controle de produção e das sofisticadas pesquisas, pouquíssimos filmes contribuem significativamente para os lucros do estúdio. Na verdade, os filmes arrasa-quarteirão – termo usado para se referir a filmes com impacto explosivo, que produzem longas filas nos cinemas – não são novidade, mas seus equivalentes no século 21, cruzando as fronteiras de múltiplos mercados pelo mundo, conseguem gerar tamanho lucro que um único deles pode sustentar o estúdio inteiro por anos. "Graças a um único filme em 2002, *Homem-aranha*, a Sony se livrou de ter o segundo pior ano da sua história", comentou um executivo de um estúdio concorrente.[1] Após atrair para a compensação das despesas da Sony a quantia de 1,1 bilhão de dólares, *Homem-aranha* entrou para "o clube dos bilionários", como disse um executivo da Sony.[2] E a expectativa é de que ele continue faturando somas substanciais por décadas ainda.

Os filmes qualificados a ingressar nesse clube, embora sejam muito poucos numericamente falando, apresentam semelhanças notáveis em vários aspectos, como demonstram os filmes que, no período de 1999 a 2004, arrecadaram 10 bilhões de dólares (Tabela 8).[3]

Esses filmes seguem uma fórmula semelhante. Todos eles:

1. se baseiam em contos infantis, histórias em quadrinhos, seriados, cartuns ou, como é o caso de *Piratas do Caribe* (*Pirates of the Caribbean*), atrações de parques temáticos.
2. trazem como protagonista uma criança ou adolescente.
3. têm um enredo de conto de fadas em que um jovem fraco ou desajeitado se transforma num herói poderoso e determinado.
4. retratam o relacionamento entre os sexos de maneira casta, para não dizer estritamente platônica, sem nenhuma nudez sugestiva, carícias de cunho sexual, linguagem provocativa, nem mesmo indícios de paixão consumada.
5. apresentam personagens coadjuvantes excêntricos e de aparência bizarra, próprios para serem licenciados a fabricantes de brinquedos e jogos.

TABELA 8
FILMES COM FATURAMENTO BILIONÁRIO, 1999–2004

FILME	CINEMAS NOS EUA (EM MILHÕES DE DÓLARES)	CINEMAS NOS OUTROS PAÍSES (EM MILHÕES DE DÓLARES)	VÍDEO E DVD MUNDIAIS (EM MILHÕES DE DÓLARES)	TV DOS EUA (EM MILHÕES DE DÓLARES)	TV ESTRANGEIRA (EM MILHÕES DE DÓLARES)	OUTROS DIREITOS (EM MILHÕES DE DÓLARES)	TOTAL (EM MILHÕES DE DÓLARES)
Harry Potter e a Pedra Filosofal	259	329	436	87	86	52	1.249
Homem-aranha	202	209	464	80	82	60	1.097
As duas torres	170	298	484	84	90	84	1.210
A sociedade do anel	157	276	396	88	90	86	1.093
O retorno do rei	183	176	500	80	80	110	1.129
Harry Potter 2	131	304	496	90	95	88	1.204
Procurando Nemo	170	182	500	80	80	110	1.122
Piratas do Caribe	155	180	510	85	80	112	1.122
Ataque dos clones	155	172	480	85	95	100	1.087
A ameaça fantasma	220	240	440	90	95	100	1.185

6. retratam o conflito de maneira suficientemente irreal (porém deslumbrante, grandiosa e barulhenta), sem derramamento de sangue, para que sua classificação indicativa não seja mais restritiva que PG-13.*

7. têm final feliz, o herói derrota vilões poderosos e forças sobrenaturais (a maioria dos quais sobrevive para possíveis continuações).

8. utilizam a animação convencional ou digital para criar artificialmente seqüências de ação, forças sobrenaturais e cenários elaborados.

9. contratam atores que não são astros – pelo menos no sentido de que não exigem participação na receita bruta. Tobey Maguire, por exemplo, embora fosse um ator já reconhecido, recebeu apenas 4 milhões de dólares por seu papel em *Homem-aranha*, além de uma parcela dos "lucros líquidos" (que, como vimos, não derivam das receitas que entram na compensação das despesas).

O advento do DVD, da tevê paga e dos jogos de computador nos últimos anos agregou considerável valor à fórmula de Midas, mas a verdade é que essa fórmula

---

* No Brasil, indicação livre ou, no máximo, 12 anos. (N. do R. T.)

vem gerando grandes lucros para Hollywood – especialmente depois do sistema de estúdio – desde o lançamento, na década de 1930, de *Branca de Neve e os sete anões* de Walt Disney. Se a Disney é hoje um império, isso se deve em grande parte ao fato de os sucessores de Disney terem seguido à risca essa fórmula. De fato, o filme que inaugurou o clube dos bilionários foi *Rei leão*, lançado pelo estúdio em 1994, antes mesmo do surgimento do DVD.

Embora os demais estúdios tenham demorado para seguir a trilha de Disney, os diretores e empresários da geração do pós-guerra, muitos dos quais se divertiram na infância com produtos Disney, se apoderaram da fórmula e a aprimoraram. Entre eles, George Lucas. Nascido em 1944 e criado numa fazenda produtora de nozes, em Modesto, Califórnia, o jovem Lucas sonhava ser piloto de corridas – ambição que ele abandonou depois de um acidente quase fatal em 1962. Ingressou na escola de cinema da Universidade do Sul da Califórnia, ganhou uma bolsa de estudos de 3 mil dólares da Warner Bros. trabalhando como aprendiz na produção da fantasia musical *O caminho do arco-íris* (*Finian's rainbow*), em 1967, e então escreveu e dirigiu *Loucuras de verão* (*American graffiti*) – filme sobre adolescentes indicado para o Oscar de Melhor Filme de 1974. Depois desse sucesso, começou a trabalhar na adaptação para o cinema de uma história de ficção científica com a qual planejava preencher um grande vazio que ele identificava em Hollywood: sagas de fantasia sem violência nem sexo. O resultado foi *Guerra nas estrelas* (1977), suas duas continuações e a trilogia subseqüente (1980–2004), 32 videogames diferentes e mais de 3 bilhões de dólares em produtos licenciados. Com os lucros da franquia *Guerra nas estrelas*, Lucas transformou sua subsidiária de computação gráfica, a Industrial Light & Magic, na principal empresa de efeitos visuais da indústria cinematográfica e implantou nos multiplexes o THX, marca pela qual ficou conhecido seu sistema de som *surround* .[4]*

Outro diretor a desenvolver a fórmula de maneira brilhante foi Steven Spielberg. Nascido em Cincinnati, em 1946, deixou a Universidade de Long Beach para trabalhar em Hollywood como estagiário do núcleo de televisão do estúdio da Universal. Depois de seu sucesso espetacular na direção de *Tubarão* (1975), *Contatos imediatos do terceiro grau* (1977) e *Caçadores da arca perdida* (*Raiders of the lost ark*, 1981), passou a se dedicar ao projeto que ele descreveu como sua "ressurreição pessoal" – *E.T.: o extraterrestre*, filme de fantasia sobre a amizade de uma criança

---

* No Brasil, há THX nos multiplexes conhecidos como Kinoplex; normalmente, há apenas uma sala em cada multiplex. (N. do R. T.)

com um alienígena, desenvolvido a partir da ótica infantil. Inspirado em parte na Mãe Noite de Disney em *Fantasia* – "sussurros da minha infância", como ele explicou[5] –, o filme, que se revelou um fenomenal sucesso de bilheteria (e licenciamento), enfatizou ainda mais o enorme potencial dos filmes dirigidos às crianças.

Steve Jobs, embora não fosse um realizador, também contribuiu para a fórmula. Nascido em 1955, Jobs cresceu em meio a um pomar de damascos em Los Altos, Califórnia. Aos 21 anos, foi co-fundador da Apple Computer e, dez anos mais tarde, da Pixar Animation Studios, pioneira na animação por computador. Os ganhos acumulados de seus primeiros cinco filmes – *Toy story 1* e *2*, *Vida de inseto*, *Monstros S. A.* e *Procurando Nemo* – ultrapassaram os 2 bilhões de dólares, e o sucesso do conceito aumentou o valor de mercado da empresa para 3,7 bilhões de dólares.

Embora os filmes que seguem a fórmula de Midas sejam produções caras – o custo médio dos filmes listados na Tabela 8 foi de 105 milhões de dólares –, a realização de filmes de ação que não adotam essa fórmula mas trazem no elenco atores famosos pode ser igualmente dispendiosa. Os filmes recentes dessa categoria incluem *Bad boys 2* (130 milhões), *O último samurai* (*The last samurai*, 100 milhões), *Gangues de Nova York* (100 milhões), *Pearl Harbor* (135 milhões), *O patriota* (*The patriot*, 110 milhões), *Códigos de guerra* (*Windtalkers*, 115 milhões), *Violação de conduta* (105 milhões) e *O exterminador do futuro 3* (176 milhões) – todos com classificação indicativa R. A classificação R restringia não só o público que poderia assistir a esses filmes no cinema como os canais de tevê autorizados a exibi-los ou até mesmo veicular seus anúncios, além dos anunciantes dispostos a associar seus produtos a eles. Assim, suas chances de atingir o ponto de equilíbrio eram menores que as dos filmes adeptos da fórmula de Midas. E, mesmo que atingissem esse ponto, a renda teria de ser dividida com os astros cujo contrato estipulava uma participação na receita bruta, como Arnold Schwarzenegger, diminuindo ainda mais o resultado líquido dos estúdios. Por isso, os filmes que não seguem a fórmula têm pouca probabilidade de ingressar no clube dos bilionários.

Apesar dos incontestáveis argumentos econômicos a favor da fórmula de Midas, os estúdios muitas vezes se desviam dela, e, quando tal desvio resulta em lucros insuficientes, pode gerar tensões no nível mais alto da corporação. Quando o sobrinho de Walt Disney, Roy – então vice-presidente da empresa e diretor de sua divisão de filmes animados, além de seu maior acionista individual – e Stanley Gold, seu sócio de longa data na empresa, se demitiram da diretoria da Disney, em dezembro de 2003, dirigiram duras críticas ao presidente da Disney, Michael Eisner, por se afastar das estratégias tradicionais da companhia, produzindo dessa maneira "resultados desanimadores". Uma de suas preocupações era o enorme investimento da Disney em filmes caros com classificação indicativa R – como *Gangues de Nova York*, *Kill Bill* e *Cold mountain* –, que fugiam à fórmula.

Harvey Weinstein, diretor da Miramax – a subsidiária da Disney que gastou 100 milhões de dólares para produzir *Cold mountain* e mais 30 milhões para colocá-lo no mercado – resumiu, em poucas palavras, a lógica não-econômica em que se baseiam tais desvios. Com uma visão mais ampla acerca dos investimentos da empresa em filmes não inspirados em "histórias em quadrinhos", ele explicou: "O problema do mundo dos negócios americano, hoje em dia, é que não nos permitimos assumir os riscos que as artes exigem". Se tivesse feito um "filme de histórias em quadrinho", admitiu ele, "a única motivação teria sido ganhar dinheiro". Mas *Cold mountain*, filme que não segue a fórmula, "não foi feito para dar lucro", disse ele.[6]

A disposição de assumir riscos com filmes mais artísticos é reforçada por uma consideração de ordem prática: atrair os melhores realizadores. "Não se conseguem diretores do calibre de Anthony Minghella [*Cold mountain*], Martin Scorsese [*Gangues de Nova York*] e Quentin Tarantino [*Kill Bill*] para trabalhar em filmes cujo objetivo é fazer as crianças comprarem brinquedos e arrastarem seus pais aos parques temáticos", explicou um alto executivo da Disney. "São esses os diretores que ganham os prêmios da Academia."[7] Esses filmes e diretores de prestígio também ajudam a consolidar a posição do estúdio na comunidade hollywoodiana. Portanto, desviar-se da fórmula tem suas vantagens, além dos riscos. Por mais persuasiva que seja do ponto de vista dos ganhos, a fórmula não satisfaz o apetite de prestígio, reconhecimento e expressão criativa dos membros da comunidade. São essas as necessidades que impulsionam a lógica não econômica de Hollywood – que, apesar de menos visível, é surpreendentemente poderosa.

NOTAS

1. Entrevista ao autor, 2003.

2. Entrevista ao autor, 2003.

3. Estimativa dos aluguéis fornecida pelos estúdios, estimativa dos vídeos fornecida pela Alexander & Associate, estimativa da tevê fornecida pelos estúdios.

4. Pollock, *Skywalking: the life and films of George Lucas*. Nova York: Da Capo Press, 1999, p. 133.

5. Entrevista concedida em 1982 a Michael Sragow, em *Steven Spielberg: interviews*, por Lester D. Friedman e Brent Notbohm. Jackson: University Press of Mississippi, 2000, p. 112.

6. Citado em Sharon Waxman, "The Civil War is a risky business: Miramax's bet on *Cold mountain*", *New York Times*, 17 de dezembro de 2003 (edição para a internet).

7. Entrevista ao autor, 2003.

PARTE 5

A lógica social de Hollywood

21 *HOMO LUDENS*

> *Não faço filmes só para ganhar dinheiro.*
> *Ganho dinheiro para fazer mais filmes.*
> – Walt Disney[1]

UM DOS PRINCIPAIS CONSTRUTORES da economia clássica é o *Homo economicus*, ou homem econômico, entidade concebida como uma espécie de calculadora humana. Ou seja, após avaliar o ganho ou prejuízo monetário das escolhas ao seu dispor, ele seleciona aquela que lhe dará o máximo retorno. Embora essa entidade seja considerada meramente um "tipo ideal", os economistas ainda a utilizam para quantificar o comportamento humano. Tudo que eles precisam fazer para prever as escolhas que o homem econômico fará é calcular o resultado monetário das várias alternativas que se apresentam. Assim escreve o teórico econômico austríaco Ludwig von Mises: "O *Homo economicus* da teoria clássica, do qual tanto se fala, é a personificação do homem de negócios. O homem de negócios quer sempre obter o maior lucro possível: quer comprar pelo preço mais barato que puder e vender pelo preço mais caro possível"[2]*.

O *Homo economicus* serve também para explicar, de maneira simples, como funcionava o sistema de estúdio de Hollywood: ganhar o máximo de dinheiro possível. Em seu livro *An empire of their own*, Neal Gabler descreve como "os judeus que inventaram Hollywood"[3] eram todos preocupados com dinheiro. Para os fundadores dos estúdios – Jack Warner, Harry Warner, Louis B. Mayer, Marcus Loew, Adolph Zukor, Harry Cohen, William Fox e Carl Laemmle –, todos oriundos de famílias extremamente pobres, essa preocupação tinha razão de ser. Para escapar ao seu destino de pobreza, eles tinham de ganhar dinheiro. Além disso, sendo judeus, tinham de realizar essa façanha num mundo altamente competitivo, no qual o anti-semitismo limitava seu acesso às oportunidades econômicas mais tradicionais, como finanças, indústria e comunicações.

Na busca de concretizar o sonho de uma vida melhor, não podiam se dar ao luxo de se preocupar com o opróbrio social. Embora a exibição de filmes fosse considerada, pelos negociantes mais bem estabelecidos, como pouco mais que um re-

---

* O filósofo Johan Huizinga escreveu *Homo Ludens* em 1938, obra desde então referência, cujo conceito é utilizado aqui na análise do mundo cinematográfico. (N. do R. T.)

les peep show*, eles viram nela sua oportunidade de aplicar ao novo mercado de massas as habilidades de comerciantes que haviam desenvolvido negociando tecidos, peles e outras mercadorias. O negócio exigia pouco capital – apenas algumas centenas de dólares para abrir uma sala – e atendia a uma demanda potencialmente vasta: a sede de entretenimento visual da população analfabeta. Ao contrário dos espetáculos de *vaudevile* e do teatro ao vivo, em que os atores tinham de ser pagos a cada apresentação, os filmes podiam ser exibidos repetidas vezes, com pouco custo adicional. Como podiam vender dezenas de milhares de ingressos para o mesmo produto, seu lucro dependia de manterem o produto barato e a casa cheia.

A transferência de suas instalações de produção para Hollywood foi outra decisão baseada em considerações econômicas. Como em Hollywood os tribunais eram complacentes e os sindicatos trabalhistas não estavam ainda estabelecidos, ali eles poderiam fugir às tentativas da Edison Trust de cobrar-lhes royalties e baixar significativamente os custos da mão-de-obra. Organizaram fábricas de filmes extremamente eficientes, que chamaram de estúdios para diminuir o estigma industrial do empreendimento, e começaram a fabricar produtos para os seus próprios cinemas.

A imagem dos *moguls* de Hollywood foi reforçada também pelos salários extravagantes que eles recebiam de seus estúdios. Em meio à Grande Depressão da década de 1930, Louis Mayer, da MGM, era o executivo mais bem pago do mundo; e, mais do que isso, dos 25 outros executivos mais bem pagos do mundo, 19 eram dos estúdios de Hollywood.[4] Essas taxas de remuneração alimentaram a arenga anti-semita de que os empresários judeus, motivados unicamente pelo amor ao dinheiro, depreciavam os valores americanos. O jornal de Henry Ford, *Dearborn Independent*, que já publicara o fraudulento documento "Os protocolos de Sion" – que descrevia uma conspiração global dos judeus para controlar o mundo –, acusava os negociantes judeus pelas "influências banalizadoras e desmoralizantes" encontradas nos filmes.[5] Num editorial de 1921, o jornal ataca: "Assim que os judeus assumiram o controle dos filmes, começamos a ter problema com os filmes... É da índole dessa raça criar problemas de ordem moral em qualquer negócio no qual eles predominem".

Muitos historiadores, embora não compartilhassem das opiniões anti-semitas, também argumentavam que a produção de Hollywood era determinada pelo cálcu-

---

* Peep show: originalmente, entretenimento barato que consistia numa caixa de madeira, com um pequeno visor, dentro da qual se sucedia uma série de imagens que o observador ou o próprio exibidor ia mudando mediante a ação de uma manivela. Os temas das imagens incluíam paisagens e animais exóticos, cenas do teatro clássico e, mais tarde, fotos obscenas. (N. da T.)

lo de lucro dos *moguls*. Em seu clássico estudo sobre a indústria do cinema na década de 1930, Tino Balio relata que eram os executivos financeiros de Nova York, e não os executivos dos estúdios de Hollywood, que tomavam a maior parte das decisões importantes sobre escolha, elenco e projeto dos filmes, "por estarem mais próximos da principal fonte de renda – os ingressos de cinema". Ele observa também que "a presença, na diretoria, de banqueiros e empresários de fora do setor demonstrava que os ativos dos maiores [estúdios] eram principalmente os cinemas".[6]

Como esses executivos corporativos podiam contar com um público semanal para comprar ingressos nos seus cinemas, sua principal preocupação era assegurar que o custo das produções não excedesse os lucros que esperavam recolher das bilheterias. De acordo com Balio, esses executivos controlavam os custos, especificando não apenas o elenco, o set, a locação e outros elementos da produção, como também a quantidade de páginas do roteiro que os diretores deveriam filmar por dia.[7] Com essas medidas, o *Homo economicus* que dirigia os estúdios reduzia o entretenimento a um produto baseado não na estética, mas no ábaco do custo–benefício.

A preocupação de que o homem econômico, personificado pelos *moguls* de Hollywood e seus assessores de confiança, rebaixassem a arte cinematográfica não se restringia aos críticos. Em 1919, os atores Charlie Chaplin, Douglas Fairbanks e Mary Pickford – juntamente com o diretor D. W. Griffith – fundaram a United Artists como alternativa artística aos estúdios plutocráticos. Como escreve Tino Balio em sua história sobre essa iniciativa: "Não havia a expectativa de que a United Artists desse lucro, mas que funcionasse como uma organização de prestação de serviços que operasse a preço de custo". Os talentos criativos – Griffith, Chaplin, Fairbanks e Pickford – atuariam como produtores, para que pudessem controlar os aspectos artísticos de seus filmes. Então, a United Artists os distribuiria aos cinemas, assim como outros filmes independentes de boa qualidade. O problema dessa tentativa de escapar à pressão econômica era que o estúdio, com seus poucos astros, não conseguia produzir um volume de filmes suficiente para persuadir os cinemas – que contratavam os filmes dos grandes estúdios com meses de antecedência – a lhes ceder datas de exibição favoráveis. Em 1924, à beira da falência, a United Artists teve de se reorganizar numa empresa mais convencional.[8]*

---

* A United Artists teve muitos sucessos importantes em sua história, mas em 1980 o filme *O portal da glória* (*Heaven's gate*) levou-a ao colapso, sendo absorvida pela MGM no ano seguinte. Atualmente, está em mãos do ator Tom Cruise. A história do desastre desse filme está relatada no livro *Final cut*, de Steven Bach. (N. do R. T.)

Contudo, mesmo na época do sistema de estúdio – mais cioso dos resultados econômicos do negócio –, nem todos os financiadores da indústria cinematográfica se encaixavam na categoria de *Homo economicus*. Alguns chegavam a Hollywood não em busca de dinheiro, mas de diversão, status, poder e até mesmo arte. Foi esse o caso, por exemplo, de William Randolph Hearst e Howard Hughes, ambos herdeiros de imensa fortuna antes de ingressarem no negócio de filmes. Se existe um tipo ideal para representá-los, este não é o *Homo economicus*, mas o *Homo ludens*, ou homem lúdico.

William Randolph Hearst, que herdou sua fortuna (proveniente da mineração da prata) quando ainda era criança e com ela construiu seu império jornalístico, chegou em Hollywood em 1918. Contava então com 24 anos e queria promover a carreira de atriz de sua amante, Marion Davies. Com sua enorme riqueza, criou uma companhia cinematográfica, a Cosmopolitan Pictures, que co-produzia e lançava filmes por meio da Paramount, da MGM, da Warner Bros. e da Twentieth Century-Fox. Como os colunistas de fofoca dos jornais de Hearst tinham grande influência em Hollywood, os estúdios abriram espaço para ele durante sua aventura no cinema pelos vinte anos seguintes. Foi uma extraordinária troca de benefícios intangíveis. Hearst queria agradar sua amante e, ao mesmo tempo, aproveitar as vantagens advindas da produção de filmes, como a presença de astros nos banquetes, festas e passeios de iate que ele organizava. Por sua vez, os *moguls* do estúdio – entre eles Adolph Zukor, Louis Mayer e Jack Warner –, ainda inseguros quanto ao seu status na sociedade americana, recebiam publicidade favorável nos jornais de Hearst. Em decorrência dessa colaboração, a Cosmopolitan Pictures produziu mais de uma centena de filmes importantes, como *Os perigos de Paulina* (*Perils of Pauline*), *Janice Meredith*, *The five o'clock girl* e *Delírio de Hollywood* (*Going Hollywood*). Também fundou uma companhia de cinejornal, a Hearst-Metronome News, que inventou o formato dos segmentos de notícias, esportes e moda mais tarde adotado por grande parte dos noticiários televisivos.*

Howard Hughes chegou em Hollywood em 1926, quando tinha apenas 20 anos. Como Hearst, Hughes herdara sua vasta fortuna do pai (cuja empresa, a Hughes Tool, era um verdadeiro monopólio de brocas de perfuração de poços de petróleo), e, também como Hearst, ingressou na indústria cinematográfica para satisfazer suas paixões. Em 1926, criou uma companhia independente, a Caddo

---

* Hearst foi recriado de maneira não lisonjeira no importante filme *Cidadão Kane* (*Citizen Kane*) (N. do R. T.)

Productions, assinou um contrato de distribuição com a United Artists e começou a produzir filmes que – graças a sua grande riqueza pessoal – não eram tolhidos pelas restrições financeiras que desafiavam os grandes estúdios. Uma das paixões de Hughes eram os vôos arriscados. Em *Anjos do inferno* (*Hell's angels*, 1930), ele mesmo pilota os aviões acrobáticos, descumprindo o orçamento para poder pilotar em mais cenas ousadas. Gostava também de zombar da soberba das instituições do establishment, e seu filme *A primeira página* (*The front page*, 1931) deu-lhe a chance de ridicularizar jornalistas e políticos. Outra paixão a que Hollywood permitiu que ele se entregasse foi a paixão em si – Hughes às vezes usava suas produções para promover seus romances com belas estrelas em ascensão. Em *O proscrito* (*The outlaw*, 1943), ele dirige Jane Russell, seu caso amoroso, em cenas de sexo que desafiaram todo o sistema de censura de Hollywood.

A capacidade de Hughes de financiar filmes sem nenhuma preocupação com o retorno econômico também lhe permitia ser generoso com os amigos. Um desses amigos era o diretor Preston Sturges, que, como Hughes, fora aviador. Antes de se tornar diretor, Sturges fez fortuna com a invenção de um batom à prova de beijo. Satisfeito porque Sturges o utilizara como modelo para o personagem hollywoodiano Sully Sullivan (Joel McCrea) em *Contrastes humanos* (*Sullivan's travels*, 1941), Hughes criou para ele uma companhia cinematográfica completa, a California Filmes, além de financiar suas comédias.

Ao longo de todo seu envolvimento com Hollywood, Hughes deu pouca atenção às questões econômicas. Como observou Preston Sturges certa vez: "O acordo que selamos foi que eu faria filmes para a companhia... e ele daria o dinheiro para os filmes".[9] Embora Hughes tenha se desapontado com Sturges mais tarde e rompido o acordo, os motivos foram pessoais, não financeiros. O que atraiu Hughes para Hollywood não foram os lucros; as recompensas que ele almejava – e obteve – não eram dinheiro, mas prestígio, status e diversão.

Hughes expandiu seu parque de diversões em 1948, ao comprar o estúdio descartado por David Sarnoff, a RKO. Como ele dirigia a RKO para satisfazer os próprios interesses, sem pensar nos resultados financeiros da empresa, não surpreende que esta tenha perdido grandes somas de dinheiro. Em 1955, quando Hollywood já não lhe proporcionava o mesmo prazer, ele vendeu a RKO para a General Tire and Rubber Company (que comandou sua liquidação).

Embora estivessem só se divertindo, Hearst e Hughes exerceram grande influência sobre Hollywood. Produziram, no conjunto, uma grande parcela dos filmes independentes da era do sistema de estúdio e, igualmente importante, abriram um precedente para os muitos milionários que depois se transferiram para Hollywood atrás de recompensas que não o dinheiro. Consideremos, por exemplo, quem foram os compradores da MGM depois do colapso do sistema de estúdio. Primeiro, Edgar Bronfman pai, que se tornou presidente da companhia depois que sua destilaria de uísque, a Seagram, adquiriu 40 milhões de dólares em ações da MGM em 1969. De acordo com a biografia da família – *King of the castle, the making of a dynasty: Seagram's and the Bronfman Empire* –, Samuel Bronfman perguntou ao seu filho Edgar: "Você está comprando todas essas ações da MGM só para transar?" (Ao que Edgar, então presidente da MGM, respondeu: "Não é preciso pagar 40 milhões de dólares para transar".)[10] Mais tarde, em 1990, o financista italiano Giancarlo Parretti comprou a MGM por 1,6 bilhão de dólares e disse a Alan Ladd Jr., diretor do estúdio: "Você só cuida dos filmes; das atrizes cuido eu".[11]

Depois que Parretti foi à falência, a MGM passou a ser controlada pelo grande banco francês Crédit Lyonnais. Ao examinar as queixas apresentadas contra essa aquisição, o juiz Irving Shimer, do Tribunal Superior da Califórnia, sugeriu que os banqueiros que emprestaram dinheiro à MGM "não estavam interessados em fazer filmes. Estavam interessados em conquistar garotas... É para isso que os banqueiros vêm a Hollywood".[12] Embora o juiz Shimer talvez tenha usado "garotas" para se referir metaforicamente a prazeres em geral, as evidências que ele examinou mostraram que os banqueiros do Crédit Lyonnais, como Parretti e Edgar Bronfman antes deles, haviam fornecido poucas provas de que seu investimento na MGM fora motivado por interesses monetários.

Uma longa procissão de outros bilionários, vindos dos mais diversos ramos de negócios, seguiu os passos de Hearst e Hughes ao investir em empresas de Hollywood. Entre eles, o investidor em commodities Marc Rich, o prospector de petróleo Marvin Davis, o magnata da mídia australiana Kerry Packer, o dono de shopping centers Mel Simon, o financista Ronald Perelman, o operador de fundos de cobertura Michael Steinhardt, o magnata do setor imobiliário Sam Belzberg, e o co-fundador da Microsoft, Paul Allen. Parte do seu prazer, não resta dúvida, vinha do fato de serem, como descreveu Ben Stein, meros "*voyeurs*" em Hollywood;[13] outra parte, de participarem da criação de fantasias filmadas; e uma terceira parte, do desejo de ganharem dinheiro, como já haviam feito em seus outros negócios. Esse misto de motivações, quaisquer que fossem suas exatas proporções, parecia encaixar-se mais precisamente no perfil do *Homo ludens* que do *Homo economicus*.

Os forasteiros ricos não são os únicos a ver na indústria cinematográfica um parque de diversões. Os que habitam o centro do establishment da Hollywood de hoje também tomam muitas de suas decisões profissionais visando maximizar o prazer, não as recompensas monetárias. Assim, a escolha de aprovar ou rejeitar um filme geralmente é feita com base em razões muito diferentes daquelas que os executivos de estúdio usavam antigamente para justificar seus êxitos e fracassos para os acionistas, analistas financeiros e, em muitos casos, jornalistas da mídia de entretenimento.

Até mesmo as decisões que definem o futuro do estúdio podem ter origem em considerações não-econômicas – como, por exemplo, a decisão de Walt Disney de transformar seu estúdio numa distribuidora internacional, em 1953. Até então, era a RKO que distribuía todos os filmes de Disney. Em vez de arcar com as despesas de manter uma grande empresa para levar seus filmes ao cinema, Disney pagava à RKO uma porcentagem da receita arrecadada nas bilheterias em troca desse serviço. Embora esse acordo tenha sido altamente lucrativo para o estúdio na maioria dos filmes, a RKO não conseguiu manter o documentário *O drama do deserto* (1953) por muito tempo nos cinemas. A distribuidora decidira que esse tipo de documentário não era comercialmente vantajoso, pois não atraía suficiente interesse do público.

Para Disney, no entanto, seus documentários não eram meros empreendimentos comerciais. Às vezes, ele ordenava que a equipe de operadores de câmera permanecesse na locação durante anos, a um custo altíssimo para o estúdio, com o objetivo de registrar a fauna em seu processo, muitas vezes lento, de desempenhar ações parecidas com as dos seres humanos. Na sua opinião, *The living desert* e o subseqüente *Vanishing prairie* (1954) eram obras de arte e, como tal, mereciam ser vistas por um vasto público, ainda que o distribuidor perdesse dinheiro com as campanhas de publicidade e marketing. Para assegurar que seus futuros documentários tivessem um destino melhor nos cinemas, Disney subitamente rompeu seu lucrativo acordo com a RKO e criou uma distribuidora, a Buena Vista Distribution, embora isso significasse que sua companhia teria de produzir muito mais filmes por ano para amortizar o aumento de despesas. Essa decisão crucial, que obrigou o estúdio a uma total reformulação, não partiu de um cálculo econômico, mas da paixão pessoal de Disney de realizar sua arte.

Até mesmo os primeiros *moguls* judeus, que reuniam tantos dos atributos do homem econômico, às vezes agiam motivados pelo status. Na tentativa de se livrar de suas raízes étnicas, usavam sua nova posição para forjar uma imagem de plutocratas americanos. Como observa Neal Gabler: "Eles viviam em casas grandes e suntuosas e tornaram-se sócios de um luxuoso clube de campo chamado Hillcrest, uma imitação dos clubes gentios nos quais não podiam ingressar".[14] Também usavam a máquina de publicidade de seus estúdios para retratá-los como homens abastados.

Para os membros da sua comunidade, a Hollywood que substituiu o sistema de estúdio tem medidas de sucesso ainda mais ambíguas e um misto de incentivos mais matizado, que inclui não só aumentar a riqueza, mas também fortalecer os laços comunitários, elevar o status social, ampliar o prestígio das celebridades, buscar o deleite e o respeito artístico, assim como agradar aos gurus intelectuais e espirituais. Trabalhando às vezes em sentido contrário, às vezes no mesmo sentido, são essas motivações que impulsionam a lógica social surpreendentemente poderosa de Hollywood.

NOTAS

1. Charles Snow, *Walt: backstage adventures with Walt Disney*. Los Angeles: Communications Creativity, 1979.
2. Ludwig von Mises, "Epistemological problems of economics". Disponível em: http://www.mises.org/epofe.asp.
3. Neal Gabler, *An empire of their own: How the jews invented Hollywood*. Nova York: Anchor Books, 1989, p. 5.
4. Ibidem, p. 316.
5. Citado em ibidem, p. 277.
6. Tino Balio, *Grand design: Hollywood as a modern business enterprise, 1930-1939*, vol. 5. Berkeley: University of California Press, 1995, p. 7.
7. Ibidem, p. 7.
8. Ibidem, p. 10.
9. Preston Sturges, *Preston Sturges: His life in his words*. Nova York: Touchstone Books, 1991, pp. 304-305.
10. Citado em Kathryn Harris, "Edgar in Hollywood", *Fortune*, 15 de abril de 1996 (edição para a internet).
11. Alan Ladd Jr. e Giancarlo Parretti, entrevistas ao autor, 1989.
12. David McClintick, "Predator", *Fortune*, 8 de julho de 1996 (edição para a internet).
13. Ben Stein, *Hollywood days, Hollywood nights: the diary of a mad screewriter*. Nova York: Bantam, 1988, p. 154.
14. Gabler, *An empire of their own*, p. 6.

22 O INSTINTO DE COMUNIDADE

DESDE SUA COLONIZAÇÃO, no início do século XX, por empresários do cinema e suas equipes de apoio, Hollywood tem sido bem mais que um lugar. Representa, pelo menos na cultura popular, uma sociedade de elite que compartilha não só uma forma de arte, mas gostos, valores políticos, causas filantrópicas e amizades; é um círculo mágico de celebridades, como executivos de estúdios, astros, diretores, entre outras.

Ao discutir a comunidade, em 1978, Steven Spielberg explicou: "A gente se encontra quando convém e troca roteiros, comenta a montagem preliminar uns dos outros... Bisbilhotamos bastante, especulando sobre como estará o setor daqui a vinte anos".[1]

Um alto executivo europeu transferido para Hollywood em 2001 descreveu-a como um "sistema feudal": "Um pequeno número de príncipes, completamente obcecado com a lealdade pessoal, firma alianças temporárias para controlar territórios, incluindo os astros e os direitos sobre as continuações", e, então, "recruta mercenários para lutar por ele".[2] Mesmo os que freqüentam o lado menos glamoroso de Hollywood, pelo fato de trabalharem para um estúdio e terem alguma proximidade com astros aclamados, podem se vangloriar de fazer parte do universo que cria o entretenimento mundial – um benefício exclusivo de Hollywood.

Por mais itinerantes e informais que pareçam, essas trocas sociais têm conseqüências profundas para a indústria do cinema. Ao decidirem sobre quais filmes vão realizar, os executivos de Hollywood não se orientam apenas por considerações financeiras, mas também pelo desejo de consolidar seu prestígio nessa comunidade de pessoas célebres.

Reais ou imaginárias, as fronteiras da comunidade hollywoodiana foram traçadas, em parte, como resposta aos forasteiros que tentaram sitiá-la durante seus primeiros cinqüenta anos de existência. Alguns desses forasteiros, como os advogados da Edison Trust, queriam ficar com uma parcela dos seus lucros, enquanto outros, como a Legião da Decência, desejavam regular a moral retratada em seus filmes. Havia também políticos que queriam limitar o controle dos estúdios sobre os cinemas independentes; órgãos governamentais, como o Gabinete de Informações de Guerra, que almejavam usar os filmes para fazer propaganda;[3] e líderes sindicais que queriam controlar as práticas trabalhistas.

Muitas dessas interferências tinham matizes anti-semitas. O congressista Martin Dies, que mais tarde assumiria a direção do Comitê de Atividades Antiamericanas para investigar um "foco de comunismo" na indústria cinematográfica, pediu que se vigiasse Hollywood, sob a alegação de que "a maioria dos produtores era judeu".[4] As alusões à religião dos líderes da comunidade de Hollywood não se limitavam a políticos demagogos. Os intelectuais também lançavam farpas contra os *moguls* judeus, que, por controlarem os estúdios, eram acusados de forjar boa parte da cultura americana. F. Scott Fitzgerald certa vez se referiu a Hollywood como "uma festa para os judeus, uma tragédia para os gentios".[5]

Sitiados, os donos dos estúdios da nascente Hollywood buscaram maneiras de se proteger das interferências em seu novo território. Uma de suas estratégias foi colocar parentes e amigos de seu antigo meio em cargos de poder nos estúdios. (O nepotismo tinha suas vantagens: se os parentes e amigos fossem reprovados no teste de lealdade pessoal, podiam ser descartados com a mesma arbitrariedade com que haviam sido contratados.) Na Columbia Pictures, por exemplo, o *mogul* Harry Cohn colocou seus três irmãos, Jack, Max e Nathan, e um amigo vizinho, Sam Briskin, para dirigir a companhia. Briskin, por sua vez, contratou seu irmão, Irving, e seus dois cunhados, Abe Schneider e Leo Jaffe. Com a saída de Cohn, Schneider assumiu a presidência e contratou seu filho, Bert Schneider, como produtor. Jaffe tornou-se presidente e contratou seus filhos, Ira e Stanley, como chefes executivos.

Na Warner Bros., os quatro irmãos Warner contrataram mais de uma dúzia de parentes, muitos dos quais por matrimônio, como Mervyn Leroy, que aos 24 anos se tornou o "menino prodígio" do estúdio e acabou dirigindo mais de 70 filmes da Warner. Na Universal, Carl Laemmle nomeou seu filho, Carl Jr., chefe do estúdio quando ele completou 25 anos. Na MGM, Louis B. Mayer delegou grande parte da produção ao genro David O. Selznick – o que levou a *Variety* a publicar a irresistível manchete "E agora brilha o genro"* – e, mais tarde, ajudou outro genro, William Goetz, a se tornar o executivo da recém-criada Universal International, fruto da fusão da Universal com a International Pictures. Quando o produtor e financiador Joseph M. Schenck assumiu o controle da United Artists, em 1924, ele tinha apenas três astros contratados: Norma Talmadge, sua esposa; Constance Talmadge, sua cunhada; e Buster Keaton, seu cunhado.[6]

Os donos de estúdio também contavam com parentes e amigos para lidar discretamente com sindicatos recalcitrantes, investigações movidas pelo Congresso,

---

* Em inglês, "The son-in-law also rises", provável alusão ao filme *The sun also rises* (no Brasil, *E agora brilha o sol*) – lançado pela Twentieth Century-Fox em 1957 –, revelando uma brincadeira com a homofonia das palavras *son* (de *son-in-law*, genro) e *sun* (sol). (N. da T.)

órgãos governamentais e os problemas de bastidores. Advogados, como Sidney Korshak, banqueiros, como Serge Semenenko, e rabinos, como Edgar Magnin, também faziam parte dessa comunidade expandida.

Aceito cada vez mais como parte integrante da comunidade de Hollywood (até os dias de hoje), o nepotismo serviu para fortalecer o valor da lealdade pessoal. Consta que até mesmo Rupert Murdoch, que se dedicou a construir uma empresa extremamente eficiente nos três continentes, chegou a declarar: "Acredito piamente no nepotismo".[7] Mas o nepotismo também seu preço. Uma das conseqüências de se nomearem pessoas com base nos relacionamentos pessoais é que a comunidade deprecia o valor dado ao mérito propriamente dito. Atores, diretores e escritores acabam se convencendo de que as oportunidades de trabalho são mais uma questão de contatos pessoais que de talento. Quando não são escolhidos, podem atribuir sua exclusão às possíveis ligações ocultas – por sexo, tráfico de drogas, entre outras – de um rival com os executivos do estúdio. Quando se aceita o nepotismo, os iniciantes são levados a acreditar que, mais do que desenvolver seu talento, precisam cultivar boas relações.

Para responder aos ataques à sua legitimidade como árbitro da cultura popular, a comunidade adotou uma estratégia de autocelebração que continua a dar frutos. Em 1928, Louis B. Mayer sugeriu que os estúdios criassem uma entidade que inspirasse prestígio, a chamada Academia de Artes e Ciências Cinematográficas, para conceder prêmios anuais aos filmes e, assim, "estabelecer a indústria na mente do público como uma instituição respeitável".[8] Foi então que se realizou a primeira cerimônia de premiação da Academia, na qual estatuetas denominadas Oscars foram entregues a astros, diretores e outros representantes contratados pelos estúdios. O espetáculo de gala que passou a acontecer anualmente – repleto de discursos preparados, agradecimentos emocionados, clipes promocionais dos filmes e elogios – alcançou tanto sucesso que se tornou um dos destaques da programação de tevê e deu origem a várias outras premiações, como a do Globo de Ouro, a da Associação dos Críticos de Cinema de Nova York e a do Festival de Cinema de Hollywood.

Na verdade, o valor da autocongratulação pública se tornou tão arraigado na cultura de Hollywood que um produtor se queixou: "Essas cerimônias tomaram conta da nossa vida social. Quase toda semana, vestimos trajes formais, atravessamos o corredor dos paparazzi para entrar no mesmo salão de sempre, premiamos uns aos outros por tudo, dos filmes ao conjunto da obra, e depois nos aplaudimos".[9] Até o processo de aprovação foi afetado pelo espírito da autocelebração, já que os executivos estão sempre procurando projetos que – por tratarem de temas sociais, políticos, ambientais ou culturais – possam atrair prêmios, ainda que o filme não tenha o potencial de gerar grandes lucros financeiros.

A comunidade também sanciona – e muitas vezes favorece – os filmes que expressam valores artísticos em detrimento dos meramente comerciais. Esse pendor da comunidade para se ver engajada numa forma de arte séria atingiu o seu ápice durante a Segunda Guerra Mundial, com a afluência para Hollywood de refugiados oriundos dos centros artísticos e cinematográficos europeus. Ao contrário dos pioneiros da indústria, que tinham pouca instrução formal ou educação artística, os recém-chegados – como Michael Curtiz, Billy Wilder, Fritz Lang, Anatole Litvak e Otto Preminger, entre tantos outros – tinham formação cosmopolita e credenciais culturais sólidas, tendo já realizado filmes de peso na Europa.[10] Para muitos desses exilados, Hollywood estava longe de ser o paraíso, para não dizer que era totalmente destituída de cultura. Na opinião do produtor *bon-vivant* Sam Spiegel, era simplesmente "uma fábrica ao sol";[11] para Bertolt Brecht, "o mercado das mentiras".[12] Apreensões à parte, muitos não somente conservaram a confiança em si mesmos como artistas como levaram essa confiança à comunidade. Haviam sido treinados em técnicas que refletiam os movimentos de vanguarda da arte mundial, como o expressionismo e o surrealismo, e o valor que atribuíam ao cinema como forma de arte legítima passou a fazer parte do vocabulário de Hollywood. As "razões artísticas" se tornaram a explicação mais comum dada pelas pessoas de divulgação a quase todas as decisões tomadas em Hollywood. Por exemplo, quando Tom Cruise recusou um dos papéis principais em *Cold mountain*, ele informou, por intermédio de um porta-voz, que decidira não fazer o filme por razões artísticas, não financeiras.[13]

O colapso do sistema de estúdio também mudou radicalmente o panorama social da comunidade. Como vimos, grande parte da riqueza que antes ia para os estúdios começou então a contemplar os astros, diretores, escritores e músicos. Os pagamentos multimilionários que eles hoje recebem por um único filme geralmente excedem a remuneração anual dos altos executivos dos estúdios. Essa redistribuição da riqueza em Hollywood deu origem a novas elites, cujos valores constituem parte essencial da lógica social do novo sistema.

NOTAS

1. Citado em entrevista de 1978 concedida a Mitch Tuchman em *Steven Spielberg: interviews*, organizado por Lester D. Friedman e Brent Notbohm. Jackson: University Press of Mississippi, 2000, p. 39.

2. Entrevista com o autor (por e-mail), 2004.

3. Clayton R. Koppes e Gregory D. Black, *Hollywood goes to war: how politics, profits, and propaganda shaped World War II movies*. Berkeley/Los Angeles: University of California Press, 1990, p. 61.

4. Otto Friedrich, *City of nets: a portrait of Hollywood in the 1940's*. Berkeley: University of California Press, 1986, p. 52.

5. Citado em Neal Gabler, *An empire of their own: How the jews invented Hollywood*. Nova York: Anchor Books, 1989, p. 2.

6. Tino Balio, *United Artists: the company that changed the film industry*. Madison: University of Wisconsin Press, 1987, p. 11.

7. Neil Chenoweth, *Rupert Murdoch: the untold story of the world's greatest media wizard*. Nova York: Crown Business, 2001, p. 110.

8. Mason Wiley e Damien Bona, *Inside Oscar: The unofficial history of the Academy Awards*. Nova York: Ballantine Books, 1993, p. 3.

9. Entrevista com o autor, 2003.

10. Friedrich, *City of nets*, pp. 44-45.

11. Citado em Natasha Fraser-Cavassoni, *Sam Spiegel: the incredible life and times of Hollywood's most iconoclastic producer*. Nova York: Simon & Schuster, 2003, p. 62.

12. Ibidem, p. 61.

13. Sharon Waxman, "The Civil war is a risky business: Miramax's bet on *Cold mountain*", *New York Times*, 17 de dezembro de 2003 (edição para a internet).

23 AS NOVAS ELITES

OS ASTROS

GRANDE PARTE DO FASCÍNIO ligado à comunidade de Hollywood vem de seus astros. No início, antes que a indústria cinematográfica se transferisse para o ambiente mais ensolarado e menos litigioso do Sul da Califórnia, os principais atores nem sempre tinham uma persona pública; na verdade, seus nomes muitas vezes nem sequer eram mencionados nos créditos de abertura dos filmes. Em vez de tentar gravar os atores na mente do público, os estúdios do começo da década de 1900 davam aos produtos o seu próprio nome. A primeira atriz de cinema famosa, Florence Lawrence, era citada nos releases de imprensa como "a Garota da Biograph", durante o período em que trabalhou para a Biograph; e, mais tarde, como "a Garota da IMP", quando foi contratada por Carl Laemmle, em 1909, para trabalhar na IMP (Independent Motion Pictures).

A criação de astros de renome – embora geralmente se tratasse de nomes fictícios – foi, em parte, uma iniciativa dos próprios estúdios, como tática para se defender das ações judiciais movidas pela Edison Trust. Para contestar as alegações da Trust de que o valor dos filmes provinha dos equipamentos de filmagem patenteados por Thomas Edison, os realizadores argumentavam que o valor comercial de seus filmes se devia aos atores que neles estrelavam. Para fortalecer sua posição no tribunal da opinião pública, começaram a destacar os atores famosos nos cartazes, anúncios e marquises – conferindo-lhes, assim, celebridade instantânea. Mary Pickford, por exemplo, rapidamente ficou conhecida como "Little Mary", e logo surgiram outras estrelas de renome.[1]

Na época em que os *moguls* organizaram seus estúdios na Califórnia, o sistema de estrelato já ganhara força total. Para atender a esse esquema, os estúdios criavam personas públicas para seus astros, escalando-os para sucessivos papéis semelhantes e divulgando suas personalidades na tela. Ao fixar os atores como marcas na imaginação popular, os estúdios favoreciam sua posição (e seus lucros), já que os astros permaneciam ligados a eles por contratos de longa duração, por mais populares que se tornassem.

Nesse sistema, os atores renomados eram, de fato, propriedade dos estúdios, da mesma forma que Mickey Mouse, Pluto e outros personagens de desenho criados por Disney eram propriedade de seu estúdio de animação. Apesar da semelhança conceitual e de sua vinculação jurídica, no entanto, os atores tinham pelo menos uma vantagem sobre os personagens dos cartuns: podiam usar seu status de celebridade para ganhar poder dentro da comunidade de Hollywood, mesmo que fosse apenas para freqüentar jantares, piqueniques e outras funções sociais oferecidas por pessoas poderosas, como William Randolph Hearst.

O advento do filme falado, no final da década de 1920, mudou o ganha-pão dos atores. Nos filmes mudos, os astros tinham apenas de ser parecidos com o personagem. Podiam ser ex-peões de rodeio, ex-dublês, ex-modelos ou ex-dançarinas de *vaudevile*. Já nos filmes falados, os astros, além de ser parecidos com os personagens, deviam também falar como eles, na tela e fora dela. Por causa desse requisito, os estúdios passaram a recrutar novos atores com habilidades vocais, o que os levou a buscá-los nos teatros de Nova York, Chicago e Londres.

Ao dar voz aos atores, no lugar das legendas do cinema mudo, a nova tecnologia elevou também o seu status. Seus personagens na tela – que o público era levado a acreditar que correspondiam aos próprios atores – podiam agora ser sagazes, atrevidos, coquetes, comoventes e, com a ajuda do roteiro adequado, politicamente engajados. E suas personas fora da tela podiam exibir esses mesmos atributos em pelo menos dois outros meios falados: o rádio – que na década de 1930 tinha um imenso poder de prender a imaginação dos americanos – e os cinejornais, que então contavam com um público cativo: mais da metade da população que ia aos cinemas. Embora grande parte do noticiário de entretenimento fosse um produto fabricado pela máquina de divulgação dos estúdios, ela dava aos astros uma enorme exposição, assim como suas requisitadas aparições em eventos de caridade, comícios políticos e festas sociais. Eles se tornaram a face pública de Hollywood.

Ao contrário dos ex-peões de rodeio, ex-dublês, mímicos e outros astros do cinema mudo que eles substituíram, os atores do cinema falado desfrutavam de uma situação que lhes permitia exercer maior controle sobre suas personas públicas – e, com a aclamação do público, foram se sentindo cada vez mais motivados a tirar proveito de sua nova condição. Os executivos dos estúdios ainda tinham o poder de editar o que os astros diziam nos filmes e nas aparições públicas, mas o descontentamento gerado entre eles – que, com razão, começaram a esbravejar contra isso – passou a comprometer cada vez mais a credibilidade na qual a comunidade estava apoiada. Por exemplo, em 1936, quando a atriz Bette Davis, ganhadora do Oscar, rejeitou um papel, o estúdio a processou por quebra de contrato, sob a alegação de que, como declarou Jack Warner no tribunal, ela era uma criação do estúdio, que "praticamente a tirara do anonimato".[2] Davis não teve escolha senão voltar a trabalhar para a Warner Bros., mas a argumentação frankensteiniana do estúdio não caiu bem para os atores de Hollywood. Nem tampouco a cláusula contratual que prorrogava seu tempo de serviço para o estúdio caso, por alguma razão, rejeitassem o trabalho. Se um ator se rebelasse, como fez Olivia De Havilland quando se recusou a atuar num filme da Warner Bros., não encontraria emprego em nenhum dos outros estúdios, que temiam ser acionados judicialmente por conivência com a quebra de contrato. Em 1944, um tribunal da Califórnia, numa decisão favorável a De Havilland, declarou inválida a cláusula de prorrogação do contrato, alegando que ela constituía "servidão involuntária". Essa decisão marcou o início do fim da condição que fazia dos astros propriedade privada dos estúdios.

Com o término do sistema de estúdio e a substituição de seus *moguls* por conglomerados corporativos, os astros se tornaram a principal força da comunidade de Hollywood. Sua remuneração subiu astronomicamente, estimulada pela guerra de ofertas salariais entre os estúdios e as produtoras independentes. Em 2003, os atores mais renomados não só receberam honorários de mais de 20 milhões de dólares por filme e pacotes de benefícios multimilionários, como também uma porcentagem substancial da renda de aluguel auferida com o filme, o vídeo, o DVD, a televisão, a colocação de produto e os direitos de licenciamento quando o faturamento do filme excedia os honorários estipulados. Arnold Schwarzenegger, já vimos, recebeu pelo *O exterminador do futuro 3* uma remuneração fixa de 29,25 milhões de dólares, 1,25 milhão em benefícios e mais 20% de toda a receita bruta gerada pelo filme em outras partes do mundo, depois de atingido o ponto de equilíbrio financeiro. Esses contratos podem levar meses de negociação e gerar despesas jurídicas superiores a 800 mil dólares por filme.

Os dez maiores astros de 2003 ganharam em média, por filme, cerca de trinta vezes o que receberam os astros de 1948, sob o sistema de estúdio (mesmo após a correção da inflação). É verdade que menos de 1% dos 8 mil atores da Screen Actors Guild recebeu salários multimilionários, mas para os poucos privilegiados – e para os inúmeros outros que sonham com tal remuneração – esses valores ajudam a estabelecer seu lugar no topo da hierarquia da comunidade.

Com esses salários enormes, os astros começaram a criar empresas de produção próprias, que se tornaram seus feudos. A produtora de Tom Cruise, Cruise-Wagner Productions, por exemplo, não só co-produziu vários filmes do ator – como *Vanilla sky*, *Missão impossível* e *O último samurai* – como alguns dos filmes feitos por sua ex-mulher, Nicole Kidman, entre eles, *Os outros* (*The others*). Muitas dessas companhias se assemelham a versões em miniatura dos estúdios da era dos *moguls*. Da mesma maneira que os estúdios faziam anteriormente, essas companhias alugam seus astros para outras produtoras. A Oak Productions, de Arnold

Schwarzenegger, por exemplo, "arrendou" os serviços do astro para a produção do filme *O exterminador do futuro 3*. Assim, o acordo contratual de prestação de serviços de atuação e divulgação foi feito com o arrendador, e não diretamente com o ator.[3] Esse esquema permite que o ator protele o pagamento de seus impostos estaduais e federais como pessoa física se o arrendador demorar a desembolsar o dinheiro. É comum que os astros utilizem esses veículos corporativos para pagar grande parte de sua comitiva, que pode incluir advogados, contadores, gerentes comerciais, analistas de roteiros, treinadores, massagistas, guarda-costas, pilotos e cozinheiros. Não raro, amigos, esposas e parentes são incluídos na folha de pagamento da empresa como produtores, escritores e consultores.

Mesmo quando não atuam como co-produtores, os astros muitas vezes têm o direito contratual de escolher, ou vetar, muitas das pessoas que vão trabalhar na produção. Em *O exterminador do futuro 3*, por exemplo, Schwarzenegger pôde "pré-aprovar" não só o diretor (Jonathan Mostow) e o elenco principal, como seu cabeleireiro (Peter Toothbal), seu maquiador (Jeff Dawn), seu motorista (Howard Valesco), seu stand-in* (Dieter Rauter), seu dublê (Billy Lucas), sua assessora de imprensa (Sheryl Merin), seu médico (Dr. Graham Waring) e seu cozinheiro (Steve Hunter).[4]

Os astros também podem emprestar seu prestígio a realizadores independentes, como fizeram Tom Hanks, ao figurar como produtor de *Casamento grego*, e Robert Redford, ao ajudar na criação e patrocínio do Sundance Film Festival [recebendo "agradecimentos especiais" por inúmeros filmes independentes, como *Os irmãos McMullen* (*The brothers McMullen*)]. A mera utilização de seu nome pode deixar os atores, diretores e técnicos em ascensão em dívida com os astros.

Os astros geralmente esperam lealdade e fidelidade em troca de seu apoio. Eles também exigem que os seus protegidos sejam extremamente discretos, especialmente quando se trata de revelações que possam quebrar o mito que os cerca. Todos os que participam de seus filmes e empresas de produção são solicitados a assinar um contrato de confidencialidade, cujo rigor só é comparável ao que havia no auge do sistema de estúdio – ou na própria CIA. Os produtores, distribuidores e até mesmo as seguradoras também devem se comprometer a não liberar informações não autorizadas. Os produtores de *O exterminador do futuro 3*, por exemplo, tiveram de concordar em não "liberar, disseminar, divulgar, publicar, nem

---

* Pessoa que substitui o ator antes da filmagem para a preparação do set e os ajustes da montagem técnica, como iluminação, posicionamento das câmeras etc. Às vezes, o próprio dublê serve também de stand-in. No Brasil, raramente usam-se stand-in. (N. da T.)

autorizar ou permitir a liberação, disseminação, divulgação ou publicação (nem mesmo por meio de artigos em jornais, revistas ou livros, seja de ficção ou não-ficção) de nenhuma informação médica ou outra informação material [sobre o astro, Arnold Schwarzenegger] a que seus representantes autorizados venham a ter acesso".[5] Para assegurar o controle dos astros sobre sua biografia, os contratos freqüentemente proíbem qualquer gravação ou filmagem deles nos bastidores sem prévia autorização e lhes conferem poder de veto sobre o uso de suas fotografias em anúncios e releases de divulgação envolvendo seu nome.

Os astros se empenham em proteger sua persona pública porque, embora sejam qualificados para desempenhar muitos papéis diferentes, sua capacidade de ganho depende, em grande parte, de sua habilidade de se enquadrar numa única imagem, tanto dentro quanto fora da tela. Por exemplo, quando veio a público que seu pai, Charles Voyde Harrelson, tinha sido preso por vários assassinatos, inclusive pela morte encomendada de um juiz federal, o ator Woody Harrelson – que se projetara fazendo na tevê o papel de um genial bartender – passou a ser recrutado pelos estúdios para encenar papéis de prisioneiro ou criminoso, como em *Assassinos por natureza*, *Crime em Palmetto* (*Palmetto*), *Mera coincidência* (*Wag the dog*), *O povo contra Larry Flynt* (*The people vs. Larry Flynt*), *Quem vai pagar o pato* (*Scorched*) e *Assalto sobre trilhos* (*Money train*).

Apesar do histórico de nepotismo em outros setores de Hollywood, os principais astros conquistam prestígio graças inteiramente ao próprio esforço. Dos que recebem salários de 20 milhões de dólares – os chamados "superastros", no jargão dos agentes –, poucos, se é que algum, vieram de uma situação de vida privilegiada, herdaram fortuna ou freqüentaram escolas de elite.

A maioria deles também não completou a educação formal, tendo abandonado a faculdade e até mesmo o ensino médio para perseguir a carreira de ator. "Isso significa que começaram cedo", observa o roteirista William Goldman em suas memórias de Hollywood. "E quando se começa cedo no show business, há uma simples verdade que se aplica a todos e qualquer um: ele se apodera da sua vida."[6]

Foi o que aconteceu, por exemplo, com os superastros da última década do século 20: Tom Hanks, Tom Cruise, Arnold Schwarzenegger, Harrison Ford, Mel Gibson e John Travolta. Todos nasceram em famílias modestas e passaram a infância se mudando de um lugar para outro. Nenhum deles concluiu os quatro anos de faculdade. Thomas Cruise Mapother passou por nada menos que quinze escolas diferentes antes de abandonar um seminário católico aos 15 anos e o ensino médio numa escola pública aos 18. Procurou, então, trabalho como ator e foi escalado para o papel de um adolescente em *Amor sem fim* (*Endless love*). Tom Hanks teve uma sucessão de padrastos e freqüentou uma série de escolas primárias durante a infância. Após desistir de cursar a Universidade Estadual da Califórnia, fez várias pequenas atuações antes de ser convidado para o elenco da série de televisão *Bosom buddies*. Harrison Ford, após ser expulso do Ripon College, na Califórnia, trabalhou em vários seriados de tevê antes de um agente de casting chamá-lo para *Loucuras de verão*.

Na adolescência, Mel Gibson se mudou de Peekskill, Nova York, para Nova Gales do Sul, na Austrália, porque seu pai, que ganhara um prêmio em dinheiro no programa de perguntas *Jeopardy*, não queria que Gibson fosse recrutado para lutar na guerra do Vietnã. Na Austrália, Gibson se matriculou no National Institute of Dramatic Art de Sidney e, após alguns papéis menores, foi selecionado para o papel principal em *Mad Max*, devido à sua notável aparência física.

Arnold Schwarzenegger, filho de um policial austríaco, tornou-se campeão mundial de fisicultura graças a um regime de exercícios extremamente disciplinado, ganhando várias vezes o título de Mr. Universo. Em 1970, seus atributos físicos lhe valeram o papel-título em *Hércules em Nova York* (*Hercules in New York*), filme de orçamento barato, sob o pseudônimo de Arnold Strong. Em seguida, representou a si mesmo no documentário *Pumping iron*, e finalmente, depois de pequenas atuações como homem musculoso e instrutor de ginástica, ganhou o papel principal em *Conan, o bárbaro* (*Conan the barbarian*). Sempre disposto a trabalhar noite adentro, se necessário, para completar uma tomada, tornou-se um dos favoritos dos grandes diretores de filmes de ação, como James Cameron, Richard Fleischer e John McTiernan.

Apesar da evidente importância de sua aparência, esses atores alcançaram o estrelato na comunidade não somente por causa da facilidade de encarnar seus personagens – a qualquer hora é possível encontrar em Hollywood uma infinidade de atores e modelos capazes de se adequar a estereótipos semelhantes –, mas também por adotarem prontamente os valores da comunidade.

Entre esses valores, destaca-se a ética profissional de que "o show deve continuar". "Os superastros não chegaram onde estão por suas explosões de temperamento, por fugirem de suas obrigações no set ou por não respeitarem a direção", explicou o diretor de uma importante agência de talentos de Hollywood. "Ao contrário do que as pessoas costumam pensar, seu sucesso se deve ao fato de serem profissionais extremamente disciplinados, que trabalham com afinco."[7] Quase todos os filmes que recorrem a financiamento externo ou a parceiros acionistas precisam contratar seguro dos "elementos essenciais" para os astros. Isso dá aos produtores o direito legal de abandonar o projeto inteiro se, por alguma razão, os astros não conseguirem concluir a filmagem de seus papéis e de obter da seguradora o reembolso de todos os custos diretos da produção. Se, por exemplo, Arnold Schwarzenegger não terminasse as filmagens de *O exterminador do futuro 3*, a seguradora teria de pagar 168 milhões de dólares aos produtores. A seguradora só concede esse tipo de apólice se tiver certeza de que os astros não têm nenhum histórico de problemas médicos, psicológicos ou de consumo de drogas. Para obter o seguro da Fireman's Fund, Brad Pitt teve de se submeter a um exame toxicológico durante a filmagem de *Confissões de uma mente perigosa* (*Confessions of dangerous mind*), no qual foi aprovado.[8] A seguradora também faz questão de que a produção concorde em usar dublês ao filmar quaisquer cenas de ação que possam resultar até numa simples torção do tornozelo, e, mesmo quando não estão filmando, os astros devem concordar em não praticar nenhuma atividade arriscada, como pilotar aviões, dirigir motocicletas ou fazer esqui aquático. Embora a seguradora não possa se precaver contra todas as contingências, tenta minimizar seus riscos, recusando o seguro para atores com histórico de problemas de temperamento, depressão, comportamentos de risco, entre outros.

Se a produção não consegue obter seguro para os astros, também não consegue a garantia de conclusão do projeto exigida pelos bancos e financiadores externos. Se os atores não se qualificam para o seguro, então, por mais respeitados que sejam, não podem ser astros em filmes que dependem de financiamento externo ou de co-produtores. Nicole Kidman é um exemplo. Em 2000, ela machucou o joelho durante as filmagens de *Moulin Rouge!,* na Austrália, acarretando para a seguradora um prejuízo de 3 milhões de dólares, e depois, em 2001, desistiu de fazer *O quarto do pânico* (*Panic room*), o que obrigou a seguradora a pagar 7 milhões de dólares pela substituição da atriz (o papel foi dado a Jodie Foster). Em conseqüência disso, apesar da aclamação de público e crítica da atriz, a Miramax teve dificuldade de obter para ela um seguro para o filme *Cold mountain*, cujo orçamento se aproximava dos 100 milhões de dólares. Para conseguir a tal apólice, Kidman concordou em depositar 1 milhão de dólares do próprio salário numa conta-caução (escrow account), que seria confiscada caso ela não cumprisse o cronograma da produção ou não usasse um dublê para todas as cenas que a seguradora considerasse arriscadas para o seu joelho. A seguradora finalmente aceitou conceder a apólice, mas só depois que um dos co-produtores depositou mais 500 mil dólares na conta-caução e que a International Film Guarantors, companhia que forneceu a garantia de conclusão do projeto, assegurou que "Kidman está plenamente ciente de que deve concluir o filme sem incorrer em nenhum problema. Ela tem total clareza disso e não permitirá que nada a impeça de levar esse trabalho à conclusão".[9]*

Mesmo quando os filmes não dependem de financiamento externo – e, portanto, não exigem seguro dos elementos essenciais –, os estúdios geralmente dão preferência aos astros que demonstram, por meio de suas ações, que "não permitirão que nada os impeça" de terminar o filme dentro do prazo. Como cada dia extra de filmagem, numa grande produção, custa em torno de 100 mil a 250 mil dólares, os estúdios têm um forte motivo para selecionar atores que, desde o início e regularmente, se mostram capazes de chegar pontualmente no set sempre que solicitados, para a maquiagem e outros preparativos, e permanecer o tempo que for necessário para concluir o dia de filmagem, mesmo sob condições adversas. Reese Witherspoon, que começou sua carreira aos 15 anos, orgulhava-se de chegar ao set de *Legalmente loira* (*Legally blonde*) às 6 horas da manhã, dando à equipe de maquiadores duas horas e meia para preparar seu visual, e de permanecer, se necessário, até tarde da noite.[10]

Seguindo essa mesma lógica, os produtores evitam usar astros com a reputação de causar atrasos. Essa preocupação foi dramatizada no filme *Simone*, de 2002, que trata da dificuldade dos realizadores atuais de contar com a cooperação de estrelas temperamentais, caprichosas e egocêntricas. Quando a estrela narcisista retratada no filme, Nicola (Winona Ryder), começa a retardar a filmagem com suas exigências de um trailer melhor, o produtor-diretor Victor Taransky (Al Pacino) a demite. Lamentando-se, ele explica à chefe do estúdio (Catherine Kenner) que as coisas eram bem melhores na época do sistema de estúdio: "Sempre tivemos astros, mas eles eram nossos astros. Éramos nós que dizíamos o que eles deviam fazer, vestir ou quem namorar. Estavam presos a nós por contrato". Apesar de concordar com ele, a chefe do estúdio exige que ele encontre uma nova atriz ou abandone o filme. Taransky resolve o dilema criando, no computador, uma atriz que incorpora as melhores características de antigas estrelas, como Marlene Dietrich, Audrey Hepburn e Lauren Bacall.

A criação, chamada Simone, é então programada para fazer tudo que Taransky lhe pede. Ao substituir a atriz por uma imagem de computador, ele consegue cumprir o cronograma de produção do estúdio; e a diretora do estúdio sugere que ele considere a possibilidade de substituir todos os demais astros por simulações.

---

* As companhias que garantem o término de um filme e o seguram aos estúdios ou distribuidoras, intervindo quando for necessário com poderes maiores do que um grande produtor, são conhecidas no meio cinematográfico como Completion Bond Companies. (N. do R. T.)

Embora a idéia de atores gerados por computador pudesse talvez atender às preces dos estúdios, estes, na verdade (e suas seguradoras), não têm muitos problemas para encontrar astros dispostos a cooperar com eles e evitar atrasos no set e nas locações. Com a ajuda tácita das agências de talentos, os estúdios eliminam, logo de início, as pessoas que não compartilham com a ética profissional da comunidade, por melhores que sejam suas outras virtudes como atores.

Outro requisito para o estrelato é a disposição "de manter-se no personagem" – em programas de tevê, entrevistas para revistas, apresentações cerimoniais e eventos de premiação, entre todas as outras aparições públicas. Como disse um alto executivo de marketing da Sony: "A coerência entre sua imagem na tela e sua imagem fora da tela é o que torna os astros particularmente vendáveis".[11] Para realizar esse feito, os astros muitas vezes seguem os roteiros ou as pautas preparados pelos assessores de imprensa para reforçar suas personas cinematográficas. Se desempenham heróis românticos na tela, por exemplo, eles têm de aproveitar alguma ocasião para mencionar relações que não aconteceram, às vezes até com pessoas de um sexo que não lhes agrada.

Não só podem ser orientados, nas entrevistas roteirizadas, a divulgar mentiras, como, para torná-las convincentes, geralmente têm de ocultar a verdade. Não é por coincidência que termos como "casamento de fachada",[12] usados para se referir às relações pessoais forjadas pelos assessores de imprensa dos estúdios para esconder a homossexualidade, entraram em voga durante a era do sistema de estúdio. Um exemplo conhecido é o de Rock Hudson (nascido Roy Scherer), que morreu de aids em 1985. Por mais de trinta anos, para preservar sua imagem de ator romântico em filmes como *Confidências à meia-noite* (*Pillow talk*), *Sublime obsessão* (*Magnificent obsession*) e *Volta, meu amor* (*Lover come back*), Hudson teve de esconder as relações homossexuais de sua vida particular, embora elas fossem bem conhecidas na comunidade de Hollywood. Com esse disfarce público, ele conseguiu se manter no personagem como um tipo de herói romântico forte e calado. Quando circunstâncias públicas inevitáveis, como prisões ou ações judiciais, impedem os atores de continuar no personagem, sua carreira como astros pode sofrer sérios prejuízos, até mesmo ser destruída. A condenação de Winona Ryder por furto em uma loja, no ano de 2002, criou um conflito com a persona "inocente" que ela desenvolvera, e, em razão disso, ficou difícil escalá-la para os papéis que ela vinha desempenhando até então.

Outro requisito para o estrelato é a disposição de fazer concessões para favorecer o negócio inerente de Hollywood: os acordos. As agências de talentos, as produtoras independentes e os estúdios são os "magos" dos acordos. Para facilitá-los, eles muitas vezes precisam que os atores cedam em suas "cotas" – que é o nome dado pelos agentes aos honorários fixados – ou em suas objeções ao roteiro, ao diretor, ao elenco ou às locações. Se os atores resistem a fazer concessões, as agências não podem incluir outros clientes no "pacote", as produtoras não conseguem obter o sinal verde, que as libera para desenvolver outros projetos, e os executivos dos estúdios não podem dar andamento aos seus próximos filmes. "Se os astros não são parceiros, esse negócio simplesmente não funciona", explicou o diretor de uma agência de talentos.[13] Assim, os agentes favorecem os clientes que eles consideram "parceiros de equipe" – os quais farão o que for necessário para que o projeto avance, mesmo que isso signifique aceitar condições desfavoráveis para si mesmos – em vez daqueles que têm padrões rígidos. Os produtores e os executivos dos estúdios também têm um interesse mútuo em privilegiar os "pragmatistas", conforme os descreveu o presidente de um estúdio.[14] Esses astros são aqueles com quem se pode contar nas circunstâncias desfavoráveis. Por exemplo, quando o orçamento de *O exterminador do futuro 3* apresentou problemas, Arnold Schwarzenegger se ofereceu para ajudar a financiar o custo das cenas a serem refilmadas, abrindo mão de 3 milhões de dólares do próprio salário.[15]

Os atores que alcançam as posições mais altas do estrelato, portanto, têm qualidades que vão além de suas habilidades de representação e de sua aparência física, entre as quais se destaca a capacidade de se identificar com os valores da comunidade de Hollywood. Essa virtude é descrita, nas solenidades de premiação da Academia e em outras ocasiões cerimoniais, como "profissionalismo". Enquanto puderem recrutar astros com essa virtude, os estúdios não terão de recorrer a simulações do tipo *Simone*.

Por sua vez, os astros introduzem seus valores na comunidade, como demonstra, por exemplo, o valor quase icônico atribuídos aos jatos particulares. Em seu ensaio *The ultimate power*, Tom Wolfe descreve o jato particular como "um dos últimos grandes objetos que simbolizam o poder", referindo-se ao uso que os astros de cinema fazem dele.[16] O Gulfstream IV de Tom Cruise, que custou 28 milhões de dólares, tem três cabines e uma Jacuzzi. John Travolta não só tem um jato como também a licença para pilotá-lo. Ao descrever o que mais parece uma companhia de aviação particular, ele disse: "Sempre pilotamos o Gulfstream com três pilotos, eu inclusive", além de "um engenheiro de vôo e um ou dois comissários de bordo. A maioria das empresas de aviação não tem uma tripulação de cabine como a nossa".[17] Os astros que não possuem jatos próprios costumam exigir que a produção frete um para seu uso exclusivo durante as filmagens. O contrato de Schwarzenegger para *O exterminador do futuro 3* especificava que o ator tivesse à sua disposição, "para seu uso exclusivo, um jato G-4SP para viagens pela América da Norte e um G-5 para viagens ao exterior".[18]

Mesmo quando não estão filmando, os astros geralmente têm acesso aos jatos do estúdio, como um gesto de boa vontade. Gwyneth Paltrow explicou que a New Line, subsidiária da Time Warner, ganhou sua preferência ao oferecer, a ela e a seu cachorro, uma viagem de Nova York a Los Angeles no jato da corporação, em junho de 2002: "Foi logo depois de setembro [11], eu estava receosa de voar para lá e queria levar meu cachorro. Então, Bob Shay, diretor da New Line, que eu adoro, me mandou um avião, o que me deixou muito emocionada. Esse foi o meu pagamento [por *O homem do membro de ouro* (*Goldmember*)]. Ganhei uma viagem num avião particular."[19]

Os executivos dos estúdios logo perceberam que podiam usar os jatos particulares para aumentar seu prestígio entre os astros. Por exemplo, Robert Evans, que era diretor da Paramount em 1972, tentou convencer Marlon Brando a comparecer à estréia de *O poderoso chefão* fazendo-lhe uma oferta "que nem mesmo Marlon poderia recusar – um jato particular para ele e Christian [seu filho]".[20] (Ainda assim, Brando a recusou, como se viu então.) Steve Ross empregou a mesma lógica para justificar a aquisição de uma pequena frota de jatinhos para a Warner Bros., que poderiam ser emprestados a astros como Clint Eastwood, Steven Spielberg, Barbra Streisand e Madonna. David Wolper, sócio comercial de Ross, explicou: "Steve descobriu que o principal bônus que se pode dar a Madonna [não são] jóias, limusines ou suítes de hotéis luxuosas. Essas coisas são ninharias. É o jato corporativo que prende [os astros] à Time Warner." E acrescentou: "A primeira coisa que os produtores Peter Guber e Jon Peters (ex-Warner Bros.) fizeram quando chegaram na Columbia-Sony foi comprar um jato corporativo".[21]

Uma vez estabelecidos como símbolo de sucesso entre os astros, os jatos particulares se infiltraram na comunidade, passando a ser requisitados por diretores e outros. Por exemplo, Barry Sonnenfeld, um dos maiores diretores de Hollywood, tocou no assunto quando se apresentou no programa de David Letterman, em 2003, onde se queixou de gastar grande parte de sua renda alugando jatos particulares para ir e vir de suas casas em East Hampton, em Nova York, e Telluride, no Colorado.[22]

A posição hoje central dos astros na hierarquia de Hollywood significa que quaisquer objetos ou causas que eles valorizem se tornarão importantes também para a comunidade em geral. A força gravitacional dos astros, boa parte da qual deriva de seu perspicaz reconhecimento das relações de interdependência que vigoram em Hollywood, contribui para determinar a posição relativa dos diretores, produtores, escritores, agentes e outros integrantes-chave da comunidade.

OS DIRETORES

Hoje em dia, os diretores, ainda mais que os astros, são essenciais para a produção de filmes que energiza a comunidade de Hollywood. É possível fazer um filme sem astros – na verdade, muitos dos mais lucrativos deles não têm astros –, mas, sem o diretor, nenhuma produção obtém o sinal verde do estúdio. Lembremos que os diretores nem sempre tiveram esse papel fundamental. Na era do sistema de estúdio, eles não passavam de simples empregados – e mesmo os mais afamados diretores da época eram tratados como tal. Na MGM, Louis B. Mayer não tinha nenhum escrúpulo em dar um soco na cara de diretores como Erich von Stroheim e Charlie Chaplin quando estes lhe diziam algo que desaprovava.[23] Além disso, eram geralmente empregados temporários. Chegavam no início da filmagem – depois de concluído o roteiro, escalado o elenco, contratados os técnicos, aprovados os sets, coreografados e ensaiados os números musicais – e partiam ao seu término, antes mesmo da edição do material, da mixagem das trilhas sonoras e da criação da partitura original. A tarefa mais importante do diretor durante a filmagem era fazer cumprir o cronograma de produção, garantindo que os atores completassem a cota diária de filmagem determinada pelo roteiro de filmagem. O material era então examinado diariamente pelos executivos de supervisão do estúdio, que ordenavam ao diretor que providenciasse novas tomadas das cenas de que não haviam gostado. A qualquer momento, se avaliassem que a produção estava atrasada, os executivos do estúdio mandavam o diretor acelerar o processo. Se ele não conseguisse ou não quisesse obedecer, o que raramente acontecia, era substituído.

Havia, é claro, exceções notáveis, como Orson Welles, que não só dirigiu seu primeiro filme, *Cidadão Kane* (*Citizen Kane*, 1941), como o co-escreveu, co-produziu, co-editou e, ainda, desempenhou o papel principal. Apesar de ser um fenômeno, porém, nem mesmo Welles, que tinha a própria companhia de atores e produção, a Mercury Players,* conseguiu manter o controle sobre seu próximo filme, *Soberba* (*The magnificent Ambersons*, 1942). A RKO o dispensou após a filmagem, contratando novos escritores para reformular o roteiro, três outros diretores para regravar cenas e dois editores para montar o filme de acordo com as orientações do estúdio.

---

* Era mais uma companhia de teatro do que de cinema. (N. do R. T.)

Enquanto isso, na Europa, os diretores desfrutavam de uma posição muito diferente, assumindo a autoria de todo o produto, desde o início até a edição final. Na tradição européia, os filmes eram considerados uma obra de arte indissociável de seus diretores ou "*auteurs*", como a eles se referia a revista parisiense *Cahier du Cinéma*. Segundo a teoria do *auteur*, que se desenvolveu em torno deles, eram os diretores, não os escritores ou os atores, os únicos responsáveis pelo sucesso ou fracasso artístico dos filmes. Quando muitos desses diretores *auteurs* fugiram da Europa para escapar de Hitler, levaram com eles esse conceito para Hollywood.*

Após o colapso do sistema de estúdio, os diretores de Hollywood conquistaram um papel cada vez mais importante no processo de realização dos filmes. Ao se reorganizarem, os estúdios cederam a eles uma medida de controle bem maior sobre o conteúdo criativo dos filmes, não porque tivessem se convertido repentinamente à teoria européia do *auteur*, mas por falta de escolha. Livres de seus contratos, os astros começaram a fazer questão de aprovar os diretores – como faziam os financiadores externos, com os quais os estúdios mantinham então uma relação de forte dependência, e os avalistas das garantias de conclusão de projeto, dos quais dependiam os financiadores. Para conseguir astros e dinheiro, os estúdios tinham agora de se comprometer a contratar determinado diretor. Os diretores, aproveitando ao máximo sua nova condição, passaram a insistir em aprovar o roteiro e o elenco. Assim, os estúdios já não podiam substituir os diretores, nem quaisquer pessoas aprovadas por eles, sem atrair grandes problemas. Embora os estúdios se reservassem o direito de fazer a montagem final, em meados da década de 1950, diretores como John Ford, Howard Hawks e George Stevens participavam de todo o processo criativo, desde o desenvolvimento do roteiro, na etapa de pré-produção, até a edição, os efeitos visuais e a partitura musical, na pós-produção.

Assim como seus colegas europeus, os diretores, hoje, muitas vezes são também co-escritores e co-produtores. Mesmo quando os escritores recebem todo o crédito pela história e pelo roteiro, os diretores encontram maneiras de atestar sua autoria. Foi o que aconteceu, por exemplo, com o filme *A identidade Bourne*. Robert Ludlum, autor do romance, escrito em 1980, e da série de televisão que foi ao ar em 1988, assim como os roteiristas Tony Gilroy e W. Blake Herron, receberam o crédito

---

* De fato, a teoria dos autores (*auters*) é muito posterior à Segunda Guerra Mundial, nascendo na França ao final dos anos 1950. Jean Renoir e René Clair, famosos diretores franceses reconhecidos posteriormente como autorais, emigraram para os Estados Unidos durante a Segunda Guerra, quando a teoria dos autores ainda não havia sido formulada. (N. do R. T.)

oficial pelo roteiro. Mas o diretor Doug Liman conseguiu para si um crédito ainda mais grandioso: "Um filme de".* Na seção de comentários do diretor no DVD, Liman declarou que, embora tivesse "adorado o livro na época da escola" e levado mais de dois anos para adquirir de Ludlum os direitos para filmá-lo, ele "descartou quase tudo do livro, exceto a premissa, não só para modernizá-lo, mas também para alinhá-lo com minha visão política, que está mais à esquerda que ao centro".

Com exceção dos roteiristas e autores de livros, a maioria dos integrantes de Hollywood tem poucas razões para contestar o conceito artístico de direção "autoral". Os estúdios, de seu lado, acham conveniente que os diretores recebam publicamente o crédito pela autoria criativa, mesmo quando o crédito pertence por direito a outra pessoa. Além de os diretores servirem de base para a organização do elenco e do roteiro, eles constituem também uma espécie de pára-choque entre os astros e o estúdio (e são bodes expiatórios oportunos quando o filme fracassa ou recebe críticas desfavoráveis). As agências de talento têm um interesse semelhante em promover o conceito de direção autoral, pois assim podem usar seus clientes diretores como pedra fundamental para a criação de "pacotes", que incluem astros, propriedades literárias, escritores e outros talentos representados por elas. Para as produtoras, a noção de direção autoral pode dar maior credibilidade ao histórico do diretor e se tornar um meio adicional de persuadir os investidores a participarem. Por fim, os críticos encontram na direção autoral um foco para suas resenhas e comentários. Todas essas partes têm, portanto, motivos independentes, mas complementares, para emprestar seu apoio ao culto do diretor.

Os diretores, é claro, lucram muito com a idéia de autoria do filme. Se no sistema de estúdio eles raramente recebiam mais que 80 mil dólares por filme, em 2003 eram comuns salários superiores a 4 milhões de dólares. John McTiernan recebeu 5,3 milhões por seu trabalho em *Violação de conduta*;[24] Roger Donaldson, 4,4 milhões pela direção de *O novato* (*The recruit*);[25] e Jonathan Mostow, quase 5 milhões por *O exterminador do futuro 3* (parte dos quais teve de ser retirada das taxas cobradas para a inserção de produtos no filme).[26]

Além de ganharem mais dinheiro, os diretores têm hoje também o direito à presunção, especialmente com o advento dos comentários do diretor no DVD. Em muitos desses comentários, os diretores se atribuem poderes de Pigmalião, por transformarem fisicamente os atores e controlá-los. Alan Pakula, por exemplo,

---

* De há muito tempo, os diretores assinam seus filmes como "um filme de nome do diretor"; assim trata-se da normalidade atual, não de uma exceção (N. do R. T.)

O GRANDE FILME

conta que depois de Meryl Streep ter "literalmente" implorado de joelhos pelo papel de Sofia em *A escolha de Sofia* (*Sophie's choice*), ele exigiu que ela fizesse uma dieta de líquidos para perder 4 quilos, se submetesse a um trabalho dentário para mudar seus dentes, usasse uma peruca e interpretasse sua personagem em alemão, língua que ela não compreendia. Em *Paixões violentas* (*Against all odds*), o diretor Taylor Hackford afirma ter operado uma transformação física em Jeff Bridges, que estava "um verdadeiro leitão", e na atriz que contracenava com ele, Rachel Ward, que parecia "frágil demais". Ele fez Bridges perder catorze quilos e usar máscara adesiva para atenuar as rugas ao redor dos olhos, e Ward teve de "cortar o cabelo curto". Já o diretor Adrian Lyne relata que, para sua versão de *Lolita*, ele exigiu que os dois astros, Jeremy Irons e Melanie Griffith, ganhassem peso, e Irons teve ainda de parar de fumar. Para *A identidade Bourne*, Doug Liman ordenou que o astro Matt Damon "avolumasse" o corpo se submetendo a um rigoroso regime diário de musculação durante "três ou quatro meses". Para *Sedução fatal* (*Eye of the beholder*), Stephan Elliott afirma ter feito o ator Ewan McGregor "beber conhaque" para conseguir uma representação mais inebriada.

O cabelo, ou a falta dele, é outro meio que os diretores utilizam hoje em dia para demonstrar seu absoluto poder sobre os atores. Michael Caton-Jones disse em seu comentário no DVD que ordenou que Richard Gere removesse todos os "pêlos faciais" para *O chacal* (*The jackal*). Em *Ana e o rei* (*Anna and the king*), o diretor Andy Tennant exigiu que a atriz chinesa Ling Bai, que, desde que chegara aos Estados Unidos, usava seus lindos cabelos longos até a cintura, "raspasse completamente a cabeça" por causa de uma única cena. Para *Crimes em primeiro grau* (*High crimes*), Carl Franklin pediu que o autor do livro, Joe Finder, raspasse todo o cabelo para ganhar um papel sem diálogo no filme. E a diretora Betty Thomas explica que todos os figurantes negros em *Sou espião* tiveram de raspar a cabeça "porque achei que seria divertido".

Embora os diretores exerçam de fato um grande poder de manipulação e creditem a si mesmos, nos DVDs e nas entrevistas para a televisão, uma autoria exclusiva, eles têm de enfrentar uma realidade tácita no set: precisam da cooperação dos outros – em especial, dos astros – para concluir seus filmes dentro do prazo. A maior parte deles não tem o poder de impor essa cooperação. Por exemplo, não podem demitir os astros por não seguirem suas instruções. Tampouco podem forçá-los, na prática, a realizar ensaios e tomadas sem fim. O contrato padrão limita os serviços dos atores a certo número de semanas para a filmagem e geralmente uma semana, mais ou menos, para os ensaios da pré-produção e as refilmagens da pós-produção. O contrato de Arnold Schwarzenegger para *O exterminador do futuro 3* estipulava que ele estaria disponível durante uma semana para os ensaios, mas não exclusivamente, e cinco dias para as refilmagens. Tentar pressionar os astros a fazer interpretações que eles considerem erradas ou impróprias pode ser um grande risco para a carreira do diretor, já que ele depende da prévia aprovação deles em futuros projetos.

Há limites também para as exigências que o diretor pode fazer aos que trabalham com ele, como os diretores das segundas unidades, que filmam sozinhos as seqüências de ação, e os realizadores de efeitos digitais, que criam, independentemente, muitas das cenas que estão faltando. Em tese, ele pode ordenar que as seqüências sejam refeitas, mas, na prática, qualquer filmagem substancial das cenas produzidas pelas segundas unidades e a recriação do material digital acarretam o risco de se aumentar demais o orçamento, o que, por sua vez, requer a aprovação dos executivos do estúdio. Assim, a realização de um filme é, antes de tudo, um esforço coletivo.

Alexander Mackendrick, que dirigiu clássicos como *A embriaguez do sucesso* e *O quinteto da morte* (*The ladykillers*), assinala esse aspecto com grande ênfase. Ele explica que só conseguiu fazer filmes tão diferentes quanto os dois acima porque "cada um deles foi um produto do seu conjunto. Diferentes escritores: William Rose para *O quinteto da morte*, Clifford Odets para *Embriaguez do sucesso*; diferentes diretores de fotografia, Otto Heller e James Wong Howe; músicas diferentes, Boccherini e Bernstein; atores diferentes, locações diferentes".[27] O fato de que dois filmes tão díspares tenham sido filmados, um logo após o outro, pelo mesmo diretor não chega a demonstrar, como Mackendrick conclui de maneira provocativa, que "o diretor não faz diferença", mas certamente destrona a reivindicação de autoria individual dos diretores*. Até mesmo um perfeccionista como Stanley Kubrick, que pode passar anos supervisionando pessoalmente cada detalhe de cada tomada de um filme e pedir até sessenta novas tomadas, teve de se render no final aos astros Tom Cruise e Nicole Kidman em *De olhos bem fechados*. E mesmo um diretor tão poderoso como Steven Spielberg, que de fato controla o próprio estúdio, reconhece que seus filmes são um "trabalho de colaboração".[28]

O sucesso da maioria dos diretores depende de sua habilidade de articular o consenso dos outros. Para essa tarefa, eles precisam ter um tipo de diplomacia que lhes permita levar os participantes a ceder em seus pontos de vista e colaborar como equipe pelo tempo que durar a produção. Se conseguem persuadir os escri-

---

* David Chase, criador de *A família Soprano*, série de enorme repercussão da Warner, afirma em entrevista em um dos DVDs da 1ª temporada que, em determinadas circunstâncias, um diretor pode até ser dispensável. (N. do R. T.)

tores, atores e outros envolvidos na produção de que sua visão está inalienavelmente associada à integridade artística do produto, e de que é assim que será percebida pelo público, pelos críticos e pelos premiadores, os diretores geralmente obtêm deles grande apoio. "Se os atores acreditam que podemos ganhar prêmios para eles, é muito mais provável que acatem o nosso julgamento",[29] explicou um diretor. "O truque é construir a confiança." Nesse sentido, a projeção da integridade artística é essencial para o controle do diretor.

Para realçar essa percepção de que a direção é uma forma de arte com uma tradição própria, os diretores atuais costumam incluir em seus filmes "homenagens" a diretores de outrora – como Alfred Hitchcock, Federico Fellini e John Ford – e discutir seus filmes em entrevistas, cerimônias de premiação e palestras sobre estudos cinematográficos no contexto dos clássicos do passado. De fato, a cada passo, dentro e fora da comunidade, eles trabalham para cingir, com uma aura de dignidade estética, a própria percepção que a comunidade tem de si mesma.

OS AGENTES

Com a desintegração do sistema de estúdio, um novo participante da comunidade se deslocou da periferia para ocupar o palco central: a agência de talentos. Como os estúdios já não tinham mais atores presos a eles por contratos de longo prazo e precisavam agora disputar seus serviços com os concorrentes, os agentes se tornaram intermediários vitais na comunidade. Na década de 1950, agentes como Lew Wasserman atrelavam seus astros a diretores, produtores e escritores, oferecidos aos estúdios em pacote. Enfrentando uma competição acirrada com a televisão, Hollywood precisava de astros renomados, mesmo que isso significasse delegar grande parte da seleção do elenco aos agentes. Assim, estes não só passaram a representar os astros, como a negociar para eles os contratos, efetivamente substituindo os estúdios na tarefa de administrar a carreira de seus clientes.

Alguns agentes se beneficiaram dessas valiosas relações, conquistando altos cargos nos estúdios. Ted Ashley, por exemplo, tornou-se diretor de estúdio da Warner Bros.; David Begelman, presidente da Columbia Pictures; Ron Meyers, diretor da Universal; e Michael Ovitz, presidente da Disney. Outros agentes se tornaram executivos de produtoras independentes, como Paula Wagner na Cruise-Wagner Productions, Jack Rapke na Image Movers e Gareth Wigan na Ladd Company. Nas agências, nos estúdios ou em produtoras independentes, esses profissionais se encarregavam basicamente da mesma tarefa: intermediar acordos entre o pequeno número de astros, necessários aos filmes por seu prestígio, e os diretores, necessários para garantir o financiamento e a distribuição. Qualquer que fosse o título afixado em suas portas, eram todos, na verdade, facilitadores que atendiam a uma necessidade básica da comunidade: concatenar os serviços de indivíduos poderosos, idiossincrásicos e temperamentais. Para se saírem bem nessa delicada tarefa, tinham de conquistar a confiança não só dos "talentos", mas também de seus advogados, gerentes comerciais, seguradoras e, em muitos casos, cônjuges e gurus.

No final do século XX, os agentes haviam se estabelecido como uma força formidável na comunidade de Hollywood. "Falando exclusivamente em números, eles não só dominam as negociações como também a imprensa de Hollywood",[30] disse o ex-diretor de um estúdio. Estima-se que, em 2003, eram 6 mil agentes empregados, representando cerca de 120 mil clientes.

A maior parte dos honorários profissionais se destina a umas poucas dúzias de grandes agentes, que representam quase todos os maiores astros. Esses "superagentes", como são chamados na imprensa especializada, são quase todos sócios das cinco principais agências – Creative Artists Agency (CAA), International Creative Management (ICM), William Morris, United Talent Agency (UTA) e Endeavor. Só a CAA, que reúne o maior número de astros e diretores, esteve envolvida na negociação de mais da metade dos filmes produzidos pelos estúdios em 2003.[31]

A própria natureza do trabalho das agências – estabelecer o elo entre os fornecedores e os compradores de serviços de criação – faz dos agentes os porteiros não-oficiais da comunidade de Hollywood. São os agentes que normalmente organizam a agenda dos seus clientes, marcando reuniões pessoais, teleconferências, jantares de negócios e outros compromissos. Designam os lugares convenientes para as reuniões, às vezes oferecendo o próprio escritório e até mesmo sua casa, além de escolherem restaurantes e clubes. E enviam convites para eventos sociais, como exibições, coquetéis, vernissages e atividades filantrópicas.

Os agentes também são os confidentes de seus clientes. Como são eles que negociam os contratos, geralmente estão a par de sua situação financeira, disponibilidade de tempo e – quando é preciso contratar seguro para o elenco – problemas de saúde. Durante a época em que presidia a MCA, Lew Wasserman oferecia aos clientes um cardápio completo de serviços. De acordo com Peter Bart e Peter Guber, ele chegava até mesmo a "mediar acordos de divórcio para os seus superastros".[32]

Para cumprir suas várias responsabilidades, os agentes mantêm relações profissionais com os advogados pessoais, gerentes comerciais, consultores fiscais, corretores imobiliários e outros consultores que trabalham para seus clientes. Muitas vezes, participam discretamente de teleconferências, e são encarregados de obter permissões informais para seus clientes nas produções – os pedidos especiais podem incluir acomodação e outros benefícios para amantes, treinadores, gurus, nutricionistas pessoais, babás de animais de estimação e outros integrantes da comitiva dos clientes. Como disse um importante agente da Creative Artists Agency: "Há pouquíssimos segredos entre nossos clientes e nós".[33]

Os agentes também atuam como relações-públicas ocultos de seus clientes, fornecendo informações extra-oficiais para as revistas *Variety* e *The Hollywood Reporter*. Como explicou um ex-diretor de estúdio: "Eles estão sempre sussurrando nos ouvidos da mídia qualquer história, verdadeira ou falsa, que beneficie seus clientes".[34] Alguns agentes afirmam ter particular influência sobre os jornalistas do entretenimento graças à sua arma secreta: o poder de recompensá-los com tentadoras ofertas para escreverem roteiros. Dizem que Michael Ovitz, quando dirigia a CAA, teria comentado: "Não me preocupo com a imprensa. Tudo o que esses caras querem é escrever roteiros para Robert Redford".[35] Embora tais extravagâncias raramente se apóiem em fatos, dão aos clientes a sensação de estarem a salvo da imprensa hostil e, nesse sentido, servem para aumentar o poder dos agentes na comunidade.

Como facilitadores, os agentes podem ajudar os clientes a obter serviços que não têm relação direta com sua carreira profissional. É o caso, por exemplo, de Jay Moloney, agente da CAA que, antes de se suicidar, em 1999, chegou a representar diretores do calibre de Steven Spielberg e Martin Scorsese. Em 1986, então com 21 anos, Moloney, filho do roteirista James Moloney, foi contratado pela CAA, onde trabalhou para o principal executivo da agência, Michael Ovitz. Entre outras tarefas, Ovitz o incumbia de conseguir reservas para os astros no Spago e em outros restaurantes pertencentes a Wolfgang Puck. De acordo com a escritora Nikki Finke, que passou trinta horas entrevistando Moloney para seu livro sobre a CAA, Moloney se tornou "supervisor de reservas não-oficial de Puck, verificando para o *maître* do Spago quem era merecedor das melhores mesas em determinada noite".[36] Quando finalmente se tornou agente na CAA, Moloney e seus convidados, escreve Finke, "iam ao Morton's ou ao Spago para jantar, ao Peninsula Hotel para tomar drinques, ao Matsuhisa para comer sushi", e "jogavam golfe no Havaí, faziam rafting no Colorado ou se bronzeavam nas Bahamas"; além disso, "quando se cansavam de suas andanças pelas colinas de Hollywood e Malibu, ele alugava uma casa em Santa Barbara onde davam festas". Os serviços que Moloney prestava a seus clientes incluíam providenciar cocaína e outras drogas. De novo, segundo Finke: "Moloney não só consumia drogas como as ostentava em cada clube e restaurante badalado de uma costa a outra... cheirando cocaína em frascos de vidro". Um roteirista que era cliente da CAA durante esse período conta que o tráfico de drogas de Moloney, apesar de "barra-pesada", tinha também uma função comercial: fazia parte da "ligação" agente–cliente. "Como todos os agentes cobram a mesma taxa de 10%, o único incentivo que podem oferecer aos clientes é sua dedicação pessoal",[37] explica o escritor. "Ao se tornarem íntimos deles, demonstram que as ambições e os problemas de seus clientes são idênticos aos seus".

O fato é que, projetando um poder espantoso – qualquer que seja sua base real –, os agentes ajudam a mitigar as incertezas intrínsecas da indústria cinematográfica. Em 1989, durante um painel de discussão sobre o tema "O que faz realmente um agente?",[38] Jeremy Zimmer, ocupando então um alto cargo na ICM, disse: "As grandes agências são como animais, rapinando e pilhando, entra dia, sai dia. Estamos todos aí fora fazendo negócios. É um meio muito competitivo. E, no final do dia, a pergunta é sempre a mesma: quem está fazendo o que para quem, por quanto estão fazendo, e quando irão fazê-lo para mim". Exageros à parte, as observações de Zimmer ganharam a primeira página do jornal *Daily Variety*, pois correspondiam exatamente a uma crença generalizada em Hollywood: de que os agentes exercem um poder predatório em nome dos talentos da comunidade.

O prestígio dos agentes na comunidade está diretamente relacionado à percepção que os estúdios têm de seus clientes. Quando essa percepção enfraquece, por alguma razão, como a atuação decepcionante de seus clientes em algum filme, seu status também declina. "Os agentes vivem no próprio casulo sociopático"[39], declararam Peter Bart e Peter Guber, ex-executivos de estúdio. "Eles se dedicam à premissa de que percepção é realidade." O que os torna especialmente valorizados numa comunidade dedicada, em grande medida, à mesma premissa.

OS ESCRITORES

Os escritores sempre ocuparam um lugar especial, ainda que controverso, nessa comunidade. Na década de 1930, os filmes falados trouxeram a Hollywood uma nova classe de escritores, muitos dos quais – como Nathanael West, F. Scott Fitzgerald, William Faulkner, Raymond Chandler, Dorothy Parker, Aldous Huxley e Ben Hecht – já firmados no mundo literário. Outros eram novelistas, ensaístas e roteiristas de Nova York, Chicago, Boston e outros centros intelectuais, que lutavam por um lugar ao sol. A maioria deles vinha para o Oeste atraído por interesses pecuniários. De maneira geral, achavam que, durante a Depressão, podiam ganhar mais fazendo roteiros para filmes, ou simplesmente acrescentando os diálogos, do que escrevendo artigos, revistas ou livros.

Com freqüência, ficavam desapontados. Os escritores que trabalhavam para os estúdios eram pagos por semana ou, em alguns casos, por dia. Se não conseguissem produzir um número suficiente de páginas para atender ao departamento de criação de roteiro, eram sumariamente demitidos. Em meados da década de 1930, com o agravamento da Depressão, os estúdios fizeram cortes significativos no salário dos escritores, e, se algum torcesse o nariz, era simplesmente substituído. Um estúdio demitiu todos os escritores na véspera do Dia de Ação de Graças e voltou a contratá-los no dia seguinte ao feriado para economizar um dia de pagamento.[40]

Tampouco havia muita glória em ser escritor de estúdio. Para supervisionar os roteiros, eles não recebiam nenhum crédito, e os créditos por escrevê-los eram geralmente divididos. Dificilmente podiam considerar seu produto uma extensão de sua arte literária, já que ele normalmente era reescrito por outras mãos, de produtores, diretores e atores. Essa atmosfera vexatória foi bem ilustrada, de maneira sucinta, por Irving Thalberg, o grande executivo da MGM, que certa vez perguntou: "O que tem de mais nesse negócio de ser escritor? É só colocar uma palavra depois da outra".[41]

Os escritores também derivavam pouca satisfação de suas tentativas de introduzir conteúdo político nos roteiros. Em muitos casos, suas opiniões políticas serviam apenas para isolá-los da comunidade maior. Foi o que aconteceu, por exemplo, com John Howard Lawson,[42] que, depois de escrever para o periódico marxista *New Masses*, procurou um público mais amplo em Hollywood. Ele não fazia segredo de suas convicções políticas, declarando-se abertamente membro do Partido Comunista, e foi o primeiro presidente de esquerda da Screenwriters Guild of America (SWG). Embora tentasse inserir mensagens marxistas em seus roteiros e pedisse aos outros escritores da SWG que fizessem o mesmo, ele nada mais conseguiu que infiltrar umas poucas imagens simbólicas em seus filmes, como um personagem assobiando *A marselhesa*. Lawson descobriu, como os demais escritores, que quase todo material politicamente polêmico era reescrito pelos produtores do estúdio ou, se chegasse a ser filmado, cortado pelos editores ou censurado pelo Hays Office. Quando o Comitê de Atividades Antiamericanas intensificou suas investigações em Hollywood, Lawson e vários outros escritores da SWG foram colocados na lista negra dos estúdios, onde já não conseguiam emprego.

Com poucas exceções, os escritores naquela época viviam na periferia da colônia de Hollywood. Na maioria dos casos, eles se consideravam a ralé da hierarquia social, evitados por astros e diretores e tratados pelos executivos como incômodos necessários. Nathanael West assim descreve a amarga condição dos escritores: "Todos os escritores se sentam em pequenas celas enfileiradas, e, assim que a máquina de escrever pára, alguém vem bisbilhotar na porta para ver se você está pensando".[43]

Sob tais circunstâncias, qualquer que fosse a motivação original de um escritor, ele acabava se vendo como um pobre peão num sistema movido a dinheiro. Seus textos sobre Hollywood – como *O que faz Sammy correr?* (*What makes Sammy run?*), de Budd Schulberg, *O último magnata* (*The last Tycoon*), de F. Scott Fitzgerald*; *O dia do gafanhoto* (*The day of the locust*), de Nathanael West; e *Golden Land*, de William Faulkner – com freqüência expressam desprezo, se não total aversão, pelos valores dos estúdios. Um dos temas principais desses trabalhos era a destruição sistemática da integridade artística dos filmes em virtude das considerações meramente financeiras. Note-se que o mesmo desprezo também impregnou os filmes sobre Hollywood realizados ao longo dos anos: em *A grande chantagem* (*The big knife*), *Assim estava escrito* (*The bad and the beautiful*), *Barton Fink: delírios de Hollywood* (*Barton Fink*), *O jogador* e *Deu a louca nos astros* (*State and Main*), o estúdio é sempre dirigido por filisteus que buscam maximizar seus lucros à custa da integridade do escritor. Em *O desprezo* (*Le mépris*), de Jean-Luc Godard (1963), o ultraje tem conseqüências danosas: a heroína, Camille (Brigitte Bardot), sente tamanho desprezo por seu marido roteirista (Michel Piccoli), que não consegue mais viver em sua companhia após ele escrever um filme para um produtor de Hollywood.

Com o colapso do sistema de estúdio, na década de 1950, a situação financeira dos escritores melhorou – embora não sua falta de apreço pelo processo. As produtoras independentes substituíram muitos departamentos de criação de roteiro dos estúdios e assumiram boa parte do seu trabalho de iniciar projetos, encomendando e desenvolvendo roteiros que atraíssem os astros e diretores solicitados pelos estúdios. Assim, começaram a procurar escritores capazes de fornecer roteiros que satisfizessem astros e diretores.

Embora nunca tenham faltado roteiristas, somente uns poucos escolhidos – como Robert Towne, que escreveu *Chinatown*; Ernest Lehman, autor de *Intriga internacional* (*North by northwest*); William Goldman, de *Butch Cassidy e Sundance Kid*;** e Shane Black, de *Máquina mortífera* – têm o histórico de persuadir astros e

---

* Foi traduzido recentemente no Brasil *Os desencantados* (*The disenchantet*, 1951), de Budd Schulberg, romance em que relata sua experiência como jovem escritor de Hollywood ao lado de seu ídolo, F. Scott Fitzgerald, ao tentar escrever um roteiro na década de 1930. Schulberg é autor do roteiro de *Sindicato de ladrões* (*On the waterfront*). (N. do R. T.)

** William Goldman escreveu um livro crítico do ponto de vista de um roteirista sobre Hollywood, *Adventures in the screen trade*, em que inclui o roteiro de *Butch Cassidy*, citado pelo autor nas notas. (N. do R. T.)

diretores a se engajarem em certos projetos. Como os escritores qualificados para isso quase sempre vendem seus serviços por meio das agências de talentos – as mesmas, em geral, que representam os astros e diretores que pretendem atrair –, o preço pago pelos roteiros pode ser astronomicamente alto. Por exemplo, os honorários de Shane Black, que em 1987 foram de 250 mil dólares por *Máquina mortífera* e, em 1991, de 1,75 milhão por *O último boy scout: o jogo da vingança* (*The last boy scout*), saltaram para 4 milhões em 1996, por *Despertar de um pesadelo* (*The long kiss goodnight*). Com tais proventos, os principais escritores de Hollywood podem pagar pelos paramentos da comunidade, que incluem casas na praia, chalés em estações de esqui e Ferraris. Além da remuneração milionária pelos roteiros, eles recebem ainda os chamados pagamentos residuais ou porcentagens pelo licenciamento dos filmes para televisão e vídeo. Podem também ganhar até 150 mil dólares por semana para dar assessoria em outros roteiros, reescrevendo o trabalho de outros escritores. Robert Towne, por exemplo, teve participação (mas não crédito) nos trabalhos de roteiristas como William Goldman, em *Maratona da morte* (*Marathon man*); David Newman e Robert Benton, em *Bonnie e Clyde*, Elaine May, em *O céu pode esperar* (*Heaven can wait*); Oliver Stone, em *Morrer mil vezes* (*8 million ways to die*); Norman Mailer, em *A marca do passado* (*Tough guys don't dance*); e Stirling Silliphant, em *Os novos centuriões* (*The new centurions*). Embora somente uma parcela dos honorários do escritor deva ser paga a título de adiantamento, os custos crescentes do roteiro esgotam os recursos limitados da maioria dos produtores, especialmente dos que desejam ter um portfólio com vários projetos. Assim, eles procuram escritores que aceitem adiantamentos menores pela encomenda, cultivando sua amizade e oferecendo-lhes solidariedade social e prestígio na comunidade.

O roteirista John Gregory Dunne descreve da seguinte maneira a "tapeçaria social" de Hollywood: "O mantra dos executivos diz 'Não só trabalho com esses caras... como eles são meus amigos'".[44] Dale Launer recorda que, depois que seu roteiro para *Por favor, matem minha mulher* se tornou um filme de sucesso, em 1986, "os produtores correram para me incluir em seu círculo social com convites para jantares e cinema em casa".[45] E acrescenta: "Eles tentam se aproximar de qualquer escritor que consiga fazer um filme de sucesso".

É comum os produtores oferecerem aos escritores créditos como produtor-executivo, produtor-associado ou mesmo co-produtor. Como isso eleva o status do escritor na comunidade, muitos deles se tornam, pelo menos nominalmente, produtores. Em 2002, por exemplo, mais de dois terços dos roteiristas cujos filmes foram indicados para o Oscar levaram crédito de produtores.

Por mais que desfrutem os benefícios da gorda compensação financeira e da inclusão social, os escritores ainda têm de lidar com o "problema da alienação",[46] como explicou um bem-sucedido escritor. Eles se vêem alienados de seu produto, o que vai de encontro à sua auto-imagem de criadores. Depois que o roteiro encomendado é definitivamente comprado – o que ocorre, em geral, quando a produção recebe o sinal verde do estúdio –, o escritor deixa de ter controle sobre ele. Essa é uma realidade com a qual mesmo os principais escritores têm de aprender a conviver. Se houver necessidade de reformulações, os diretores preferem contratar escritores que não recebem crédito para introduzir as mudanças que eles desejam, ou então eles próprios fazem isso. Dessa maneira, não só evitam as objeções que o escritor original possa levantar às alterações que prejudiquem a integridade da história, como fortalecem a própria reivindicação de autoria. Em muitos casos, os diretores nem sequer permitem que os roteiristas originais visitem o set durante a filmagem, ou que vejam a montagem preliminar durante a pós-produção. Em *Chinatown*, por exemplo,[47] o escritor Robert Towne foi impedido de entrar no set e de assistir ao material gravado diariamente.

A alienação, na verdade, tem suas vantagens. Uma delas é que os roteiristas – ao contrário dos diretores, atores, designers, coordenadores de dublês, editores e outros envolvidos no esforço coletivo de concluir o filme sob a pressão de um cronograma – não precisam se adequar ao mesmo padrão de obediência e transigência tão valorizado na comunidade. Em vez disso, os escritores têm permissão para se comportar de maneira idiossincrásica e anti-social. Robert Towne, por exemplo, ficou conhecido por aparecer descalço nas reuniões com os executivos. O diretor de estúdio da Paramount, Robert Evans, o descreveu como "letárgico, disperso e sempre atrasado"[48].

Assim como faz com as exibições de individualismo, a comunidade também tolera os roteiristas que menosprezam os valores artísticos aceitos por Hollywood. Mesmo depois de ter escrito (e publicado na revista *Premiere*) uma carta aberta a Michael Ovitz, censurando as práticas grosseiras de Hollywood, o roteirista Joe Ezterhas continuou a receber importantes encomendas de trabalho.[49] Se a comunidade concede tal abertura aos escritores, é porque seus abusos geralmente são justificados como acessos de vaidade intelectual. Essa aparente tolerância com os escritores, inclusive, é uma forma de a comunidade salientar a futilidade de seus protestos, reforçando assim o valor que ela atribui ao pragmático meio-termo.

A situação peculiar do escritor – ao mesmo tempo um membro e um forasteiro nessa comunidade – é explicada por Peter Guber, que, antes de fundar a sua produtora, a Mandalay, comandou a Warner Bros. e, depois, a Sony, e por Peter

Bart, ex-vice-presidente da MGM e editor da *Variety*. "O escritor é, ao mesmo tempo, reverenciado e desdenhado",[50] eles observam. "É tratado como o senhor da casa-grande, mas obrigado a comer na mesa dos serviçais. Pode vender um roteiro por 5 milhões de dólares e, ainda assim, não conseguir falar com seu agente ao telefone." Tratados dessa maneira, os escritores compartilham um "complexo de perseguição" que "tem fundamento na realidade".

Mas, embora a posição dos escritores na comunidade seja ambígua, ela tem suas conseqüências. Além de trabalhar nos filmes, os escritores também redigem grande parte do conteúdo das cerimônias de premiação e outros eventos – incluindo discursos, piadas autodepreciativas e comentários nostálgicos. No final das contas, são eles ainda que escrevem as linhas que os outros falam. E essas linhas ajudam a estabelecer os valores da comunidade de Hollywood.

OS PRODUTORES

O produtor é o grande mago da comunidade. Manipulando habilmente fundos pessoais, investidores privados, relacionamentos sociais, agências de talentos e outros recursos, ele pode conjurar os elementos de Hollywood – entre eles, astros, diretores, escritores e os interesses dos estúdios – a se reunirem num projeto.

Em vez de um único produtor, como acontecia na época do sistema de estúdio, os filmes de hoje exibem meia dúzia ou mais de produtores em seus créditos. Muitos desses indivíduos, quaisquer que fossem suas realizações, tinham pouco que ver (às vezes, nada) com a produção do filme – não, pelo menos, no sentido em que aqui se utiliza a palavra "mago". A categoria de "produtor", na verdade, é hoje ampla o bastante para exigir subcategorias: produtores de linha (que são, na verdade, gerentes de produção que acompanham a filmagem diária), produtores-executivos (que podem ter pleiteado esse crédito em troca de algum direito que detinham) e produtores-associados (cuja relação com a produção pode ser apenas marginal). Embora o público em geral talvez ignore as distinções entre os vários tipos de produtor, elas indicam a existência de nítidas gradações de poder dentro da comunidade, ainda que sutis.

No filme *Deu a louca nos astros*, de David Mamet, quando o personagem do escritor (Philip Seymour Hoffman) pergunta: "O que faz exatamente um produtor-associado?", o diretor (William Macy) responde: "Esse é o título que você oferece à sua secretária quando não tem dinheiro para lhe dar um aumento." Mesmo o ostentoso crédito de produtor pode significar pouco mais que a retribuição de um favor. Por essa razão, o produtor Edward R. Pressman, de *O reverso da fortuna* (*Reversal of fortune*) concordou em ceder o crédito de produtor a Oliver Stone, que, apesar de ter tido pouco envolvimento com a produção, fez a Pressman o favor de chamar Glenn Close para atuar no filme. Por outro lado, Stone se recusou a dividir o crédito de produtor em *Nixon* com Eric Hamburg, que desenvolvera o roteiro. Hamburg, que teve de se contentar com o crédito de co-produtor, mais tarde se queixou: "Era inevitável que isso acabasse se tornando mais um de seus jogos de poder tortuosos e doentios, e que ele o negaria só porque eu queria. No mundo real, ninguém sabe nem se importa com a diferença [entre 'produtor' e 'co-produtor'], e, na maioria dos casos, não existe de fato diferença. É só uma questão de quem tem mais poder em Hollywood e consegue ficar com o melhor crédito para si (ou sua mulher, amante, agente ou cabeleireiro)".[51]

À parte a inflação de "produtores" fictícios, existe ainda um bom número de produtores legítimos na comunidade de Hollywood. Em 2003, a Producers Guild of America, que tem padrões exigentes, contava entre seus membros cerca de 1800 produtores.

Os produtores recebem remunerações consideráveis – que variam entre 2 e 5 milhões de dólares – quando, e se, os filmes recebem o sinal verde dos estúdios. Mas, se o valor é dividido entre vários produtores, o ganho de cada um pode ser bem inferior ao do roteirista, e como são eles que arcam com as despesas de desenvolvimento do roteiro, às vezes o lucro restante é pequeno. Ainda assim, os produtores mais bem estabelecidos, graças a seus contratos com os estúdios ou a fundos privados, geralmente têm amplos recursos para financiar um padrão de vida extravagante. É claro que estilo de vida de magnatas não tem relação com suas funções de mago. Oferecendo jantares, brunches, exibições e outras reuniões na comunidade, eles conseguem reunir as pessoas de que precisam em ambientes propícios para a formação de alianças viáveis para futuros projetos. Ao promover essas redes sociais, os produtores contribuem para fortalecer os elos que ligam a comunidade.

OS EXECUTIVOS

Os grandes estúdios empregam entre cento e cinqüenta e duzentos e cinqüenta executivos seniores – ou "trunfos", como são sarcasticamente chamados pelos escritores, diretores e produtores – para gerenciar suas extensas operações. Somente uma pequena parcela desses executivos pertence à comunidade de Hollywood, e esse contingente, por incrível que pareça, raramente representa as divisões que mais contribuem para a lucratividade do estúdio – como entretenimento doméstico, produção para a tevê, distribuição internacional e licenciamento. Uma das razões para essa disparidade entre pertencer à comunidade e gerar lucros para o estúdio é simplesmente a geografia. Os executivos das divisões mais lucrativas geralmente não moram em Hollywood, mas em Nova York, e os que se transferem para Hollywood nem sempre consideram o lugar socialmente ameno. Por exemplo, quando a Warner Bros. mudou sua divisão de entretenimento de Nova York para Los Angeles, o diretor dessa unidade, Morton Fink, pediu demissão da companhia porque ele – e sua noiva – achavam que a vida em Hollywood poderia deixá-los "muito isolados".[52]

A distância física é apenas uma das razões. O que realmente separa os executivos dos estúdios daqueles que trabalham nas divisões de entretenimento doméstico, televisão e licenciamento estrangeiro é a distância mental desses últimos com relação ao que mais interessa à comunidade: a criação e a celebração de filmes e astros. Embora enriqueçam os estúdios e suas matrizes corporativas, não são eles que negociam os filmes que fazem prosperar os produtores, astros, escritores, diretores, agentes e outros membros da comunidade. Tampouco são eles que administram as finanças, a contabilidade, as funções jurídicas, o trabalho de pesquisa, os contratos de merchandising, as relações com os cinemas e as propriedades físicas do estúdio. Por outro lado, os executivos que participam diretamente das "reuniões criativas", bem como os que estão em contato com a produção, são aceitos como membros da comunidade – do mesmo modo que seus superiores no estúdio e qualquer um na organização que tenha poderes para, como declarou um produtor, "levar nossos filmes à realização".[53] William Goldman falava da perspectiva da comunidade quando escreveu que o princípio elementar da importância do executivo do estúdio é o seu poder de dar o sinal verde.[54]

Os executivos que pertencem à comunidade chegam a ela por diferentes caminhos. Alguns nasceram e foram criados na cultura de Hollywood, como filhos ou netos de atores, diretores, produtores ou outras pessoas do meio cinematográfico. Freqüentam as mesmas escolas, aulas de arte dramática, cursos de cinema e eventos sociais. Outros vão a Hollywood para deixar sua marca como artistas e intelectuais do cinema, passando os primeiros anos de sua carreira tentando vender idéias, fazendo testes para papéis menores ou trabalhando em filmes de amigos. Outros ainda começam como "contínuos", abrindo seu caminho desde as proverbiais salas de correspondência das agências de talentos ou como assistentes em escritórios de advocacia especializados em direito do entretenimento. Por fim, muitos provêm de setores não relacionados ao cinema, como bancos de investimento, que, embora proporcionem grandes rendimentos anuais, não podem prometer o tipo de satisfação oferecida por Hollywood. Apesar de suas diferentes origens, e dos diferentes graus de aspiração econômica ou lúdica que os motivam, todos compartilham um só objetivo: fazer parte da cultura de celebridade de Hollywood.

Robert Evans faz o seguinte relato de suas conquistas como executivo da Paramount no período de 1967 a 1974: "Eu era um homem importante na indústria [cinematográfica], morava numa casa grande" – e era casado com a estrela Ali MacGraw –, mas "não conseguia pagar meus impostos".[55] Ele continuou se dedicando à indústria mesmo quando, apesar de seu empenho, se viu reduzido à condição de pedir dinheiro emprestado ao irmão para manter seu estilo de vida na comunidade – que incluía o convívio social com "amigos" famosos, como Warren Beatty, Marlon Brando, Jack Nicholson, Al Pacino e Sir Laurence Olivier. Assim ele resume sua carreira: "Todos que você imaginar, lá estava eu... me reunia com eles... trabalhava com eles, brigava com eles, contratava-os, demitia-os, ria com eles, gritava com eles, fodia com eles no sentido figurado, fodia com eles no sentido literal".[56] Segundo Evans, esse tipo de satisfação só a cultura de Hollywood pode proporcionar.*

As relações sociais e o prestígio profissional dos altos executivos nem sempre terminam quando eles deixam seus cargos no estúdio ou são demitidos. Eles normalmente mantêm suas funções na comunidade – continuam a comprar roteiros, recrutar atores e produzir filmes para as próprias companhias. Depois que saiu da Paramount, Robert Evans produziu filmes sob o selo da Robert J. Evans Company. Do mesmo modo, quando deixou a Universal, Sidney Sheinberg, sucessor de Lew Wasserman, criou a Bubble Factory; quando deixou a Columbia, Ray Stark montou a Rastar Films; quando deixou a MGM, Daniel Melnick montou a IndieProd; quando deixou a Sony, Peter Guber montou a Mandalay Films; quando deixou a Disney, Joe Roth montou a Revolution Studios. Bajulações também não faltam a esses executivos quando eles se desligam dos estúdios. Quando John Goldwyn – neto de Samuel Goldwyn, o *G* original da MGM – não teve seu contrato renovado com a Paramount, em 2003, ele teve a franqueza de admitir: "Seria mentira dizer que esse [o desapontamento da Paramount com os resultados da bilheteria] não foi um dos motivos". Contudo, o co-presidente da Paramount, Sherry Lansing, ao premiar Goldwyn, na sua partida, com um contrato de vários anos como produtor, generosamente declarou à imprensa especializada: "John é um executivo brilhante. Eu realmente não teria feito esse trabalho sem ele... Estou entusiasmado de poder continuar trabalhando com ele [como produtor]".[57]

Ao se tornarem produtores, os ex-executivos de estúdio podem tirar vantagem pessoal da boa vontade que semearam entre os astros (e seus agentes) ao

---

* Robert Evans é retratado muito bem no documentário em DVD lançado no Brasil como *O show não pode parar* (*The kid stays in the picture*, 2002), citado como livro nas notas do autor. (N. do R. T.)

darem o sinal verde para seus filmes quando trabalhavam no estúdio. Como a habilidade desses executivos em fechar acordos e produzir filmes se baseia mais em sua capacidade de construir relações com os astros e diretores do que em seu tino administrativo nas atividades corporativas, eles geralmente descobrem que a solidariedade com a comunidade é um patrimônio mais valioso que o título que ostentavam no estúdio. Como escreveu um ex-executivo da Paramount: "Uma vez assegurada sua afiliação à comunidade, você podia passar tranqüilamente de um estúdio para outro quando mudava o regime. Você ainda jogava golfe em Hillcrest, jantava no Ma Maison e fazia sessões de cinema privadas na sua casa".[58]

OS GURUS

Embora movida por celebridades, a comunidade de Hollywood sempre se apoiou em conselheiros menos notórios para dar forma a seu espírito, corpo e imagem. É o caso, por exemplo, de Edgar Magnin, que, tanto literalmente como no sentido figurado, era o rabino do executivo do estúdio da MGM no auge do sistema de estúdio. Ele acabou por se tornar tão influente em organizar redes de religiosos judeus, clubes de campo e arrecadação de fundos – que ajudavam a manter unida a comunidade –, que Louis B. Mayer chegou a lhe oferecer um alto cargo na companhia (que Magnin prontamente recusou). Escreve Neal Gabler: "Em meados da década de 1930, quando desfrutava de um poder inquestionável, o rabino Magnin passou a exercer muitas funções entre os judeus de Hollywood: além de amigo, era ele que dava legitimidade à assimilação, que constituía o elo seguro com o passado, que levantava fundos e que fazia a mediação com a comunidade maior de judeus".[59] À medida que, com a extinção do sistema de estúdio, a orientação espiritual da comunidade se tornou mais complexa, seus "rabinos" transcenderam a qualificação religiosa tradicional e passaram a incluir outras figuras de autoridade, pessoas que prometiam convincentemente melhorar, enriquecer e até mesmo prolongar a vida dos membros da comunidade, por meio de uma variedade de métodos menos ortodoxos. Entre esses novos gurus, contavam-se não apenas líderes religiosos e de culto, mas mestres de ioga, astrólogos, nutricionistas, cirurgiões plásticos, teóricos políticos e outros detentores de conhecimentos especiais.

"Eminências pardas" bem relacionadas atuam como gurus ao dotar os membros da comunidade – especialmente aqueles que já se consideravam além das fronteiras (e regras) comuns da sociedade – com um senso exaltado de merecimento, seja por ajudá-los a matricular seus filhos em escolas da elite, obter licença de trabalho para seus empregados ou revogar indigestas acusações por porte de drogas. Os membros da comunidade investem sua confiança em facilitadores, como os advogados Mendel Silberberg, conhecido por sugestionar a nomeação de juízes na Califórnia; Greg Bautzer, conhecido por sua influência sobre a Casa Branca durante a administração Reagan, na década de 1980; e Sidney Korshak, que exercia enorme poder sobre as relações trabalhistas e empresariais em Hollywood.

Alguns membros da comunidade se deleitam com o poder atribuído a seus conselheiros. Em sua autobiografia, Robert Evans descreve seu *consigliere*, Sidney Korshak, da seguinte maneira: "Ele era um advogado que vivia na Califórnia sem ter escritório. Quem eram seus clientes? Bem, digamos simplesmente que basta um aceno de Korshak para que o Teamsters* substitua sua administração. Um aceno de Korshak, e o Santa Anita** fecha... Um aceno de Korshak, e Las Vegas pára".[60] Não raro, a comunidade mantém sua fé numa eminência parda mesmo quando os poderes de guru que lhe são creditados se revelam incongruentes com a realidade. Evans, por exemplo, continuava fiel a Korshak embora este tenha sido incapaz de conservar seu emprego na Paramount, intervir no seu acordo de divórcio desfavorável com Ali MacGraw ou ajudá-lo a evitar a sentença de culpado numa acusação de porte de cocaína.

A comunidade é suscetível também a gurus que oferecem iluminação em vez de poder. A carreira de Steven Seagal em Hollywood é ilustrativa nesse sentido. Nascido em 1951 numa família judia de classe média, em Lansing, Michigan, Seagal se mudou para Osaka, Japão, em 1975, onde se casou com Miyako Fujitani, cuja família era proprietária de uma escola de artes marciais, onde ele ganhou a faixa preta em aiquidô, adotando o nome de Mestre Take Shigemichi. Ao retornar aos Estados Unidos, em 1982, abriu uma academia de aiquidô em West Hollywood e passou a ensinar artes marciais a vários atores, entre eles Sean Connery, Elke Sommer e James Coburn. "As pessoas vêm aqui [a Hollywood] porque querem ser adoradas, querem ser amadas", ele explicou mais tarde no *The Larry King Show*. "Quando esse véu se rompe, [os atores] vêem que as ilusões são de fato ilusões e que a única coisa que temos é a mente e o coração... Quando cada um encontra seu caminho, [o aiquidô] se torna um método para o seu aperfeiçoamento."[61]

Em meados da década de 1980, enquanto oferecia esse tipo de orientação espiritual aos atores, Seagal conheceu Michael Ovitz, então diretor da CAA. "Michael era uma das pessoas para quem eu ensinava artes marciais",[62] conta Seagal,

---

* É o maior sindicato do setor privado nos Estados Unidos. Representa motoristas de caminhão, choferes e trabalhadores de setores relacionados, como a aviação. (N. da T.)
** Santa Anita Park, um hipódromo famoso da Califórnia. (N. da T.)

que logo depois se tornou o guru de Ovitz. Em 1986, vestindo calças pretas folgadas e uma túnica branca, Seagal se apresentou diante de Terry Semel, então co-diretor da Warner Bros., e Mark Canton, executivo de estúdio, numa demonstração de suas habilidades marciais arranjada por Ovitz. Em resultado dessa exibição, Semel e Canton ofereceram a ele o papel de astro num filme de ação, dizendo, como se recorda Seagal: "Gostaríamos que você fizesse parte desta família".[63] Foi assim que Seagal deixou de ser um guru espiritual para representar um na tela, no filme *Nico: acima da lei* (*Above the law*), dirigido por Andrew Davis, que também era aluno de Seagal. Ao discutir o filme que retrata Seagal como um ex-assassino da CIA que ensina artes marciais no Japão, Davis disse ao entrevistador: "O que de fato estamos fazendo aqui com Steven é um documentário."[64] (Depois de passar de guru a personagem de filme, Seagal, embora continuasse como consultor de aiquidô em sua academia de Hollywood, atuou em mais dezessete filmes, além de um documentário para tevê sobre sua carreira como *sensei* na academia de sua sogra, em Osaka.)

Outros gurus têm um apelo mais materialista. Dana Giacchetto, consultor financeiro cuja companhia, a Cassandra Investment Fund, tinha sede em Nova York, afirmava ter o dom especial de fazer os membros da comunidade ganharem grandes fortunas no mercado de ações. Sua reputação de consultor cresceu na década de 1990, depois que Jay Moloney, agente da CAA, o apresentou a seu chefe, Michael Ovitz. Em 1998, além de Ovitz, Giacchetto tinha discípulos – ou, pelo menos, investidores – como Leonardo DiCaprio, Matt Damon, Ben Affleck, Courteney Cox, Ben Stiller e Cameron Diaz. Ele não só administrava seu dinheiro como viajava com eles. DiCaprio, por exemplo, hospedou-se no loft de Giacchetto em Manhattan e o levou como seu convidado para a Tailândia, em 1999, enquanto trabalhava no filme *A praia* (*The beach*).[65] O fluxo constante de clientes célebres pelo loft de Giacchetto deixou um dos convidados impressionado: "Você estava ali conversando com Leo [DiCaprio] e, então, Alanis Morissette vinha pedir para você segurar seu drinque por um minuto para que ela pudesse cantar, e, quando se virava para o outro lado, lá estava Mark Wahlberg convidando você para dançar".[66]

O status de Giacchetto como guru findou com sua prisão por apropriação indébita do dinheiro dos clientes. Em 7 de fevereiro de 2001, um tribunal distrital dos Estados Unidos o sentenciou a cinqüenta e sete meses de reclusão numa penitenciária federal e ao pagamento de 9,87 milhões de dólares para o ressarcimento das vítimas, algumas das quais seus clientes de Hollywood.[67]

Intelectuais, espirituais ou financeiros, os gurus são apenas membros transitórios da comunidade. Sua aceitação dura somente enquanto puderem manter a crença em seus pretensos conhecimentos especializados. Ainda assim, durante o tempo em que exercem seu domínio, eles contribuem para aumentar não só o nível de conforto dos membros da comunidade como seu senso de poder pessoal.

NOTAS

1. David Puttnam, *Movies and money*. Nova York: Alfred A. Knopf, 1998, pp. 49-50.
2. Otto Friedrich, *City of nets: a portrait of Hollywood in the 1940's*. Berkeley: University of California Press, 1986, p. 194.
3. Acordo firmando entre T-3 Productions, Intermedia Films Equities e Oak Productions, sobre a prestação de serviços de atuação de Arnold Schwarzenegger, 10 de dezembro de 2001.
4. Ibidem.
5. Ibidem.
6. William Goldman, *Adventures in the screen trade: a personal view of Hollywood and screenwriting*. Nova York: Warner Books, 1984, p. 29.
7. Entrevista com o autor, 2003.
8. Memorando, Fireman's Fund: Modified Cast Coverage, Brad Pitt, 2002.
9. Memorando, Fireman's Fund, *Cold mountain*.
10. *Legalmente loira* (2001), DVD, comentários do diretor.
11. Entrevista com o autor, 2003.
12. David Plotz, "Celebrity dating", *Slate*, 3 de julho de 2003 (edição para a internet).
13. Entrevista com o autor, 2003.
14. Entrevista com o autor, 2003.
15. *O exterminador do futuro 3*, relatórios orçamentários semanais.
16. Tom Wolfe, "The ultimate power: seeing them jump", *The power game*, organizdo por Clay Felker. Nova York: Simon & Schuster, 1968, p. 238.
17. Citado em Grant McLaren, "Star turn for executive jets", *Rolls-Royce Magazine*, junho de 1998 (edição para a internet).
18. Oak Productions, contrato para prestação de serviços de atuação de Arnold Schwarzenegger em *O exterminador do futuro 3*, 10 de dezembro de 2001, cláusula E.
19. Citado em Meredith Bodgas, "The goods on Gwyneth", Univercity.com. Disponível em www.univercity.com/sept02/gwynethpaltrow.html.
20. Roberts Evans, *The kid stays in the picture*. Nova York: Hyperion, 1994, p. 6.
21. Citado em Richard M. Clurman, *To the end of time: the seduction and conquest of a media empire*. Nova York: Simon & Schuster, 1992, p. 331.
22. Barry Sonnenfeld. *Late Show with David Letterman*, CBS, 2 de janeiro de 2003.
23. Friedrich, *City of Nets*, p. 13.
24. *Violação de conduta*, orçamento preliminar, 1 de novembro de 2001.
25. *The Farm* (título original), orçamento final, 6 de dezembro de 2001.
26. Segundo aditamento contratual, 2 de maio de 2002.
27. John McDonough, "Movie directors: who needs 'em?" op.ed., *Wall Street Journal*, 25 de março de 2002 (edição para a internet).

28. Steve Poster em entrevista de 1978. In: Lester D. Friedman e Brent Notbohm (orgs.), *Steven Spielberg: Interviews*. Jackson: University Press of Mississippi, 2000, pp. 62-3.

29. Entrevista com o autor, 2001.

30. Entrevista com o autor, 2000.

31. E-mail com o autor, 8 de dezembro de 2003.

32. Peter Bart e Peter Guber, *Shoot out: surviving fame and (mis)fortune in Hollywood*. Nova York: G.P. Putnam's Sons, 2002, p. 137.

33. Entrevista com o autor, 2002.

34. Howard A. Rodman, "Talent brokers", *Film Comment*, vol. 26, nº 1, janeiro-fevereiro de 1990.

35. Citado em Nikki Finke, "Wasted", *New York*, 29 de novembro de 1999 (edição para a internet).

37. Entrevista com o autor, 2002.

38. Rodman, "Talent brokers".

39. Bart e Guber, *Shoot out*, p. 136.

40. Friedrich, *City of Nets*, p. 73.

41. Bernard Weintraub, "Screenwriters may walk out over film credit and respect", *New York Times*, 16 de janeiro de 2001, p. 1.

42. Victor S. Navasky, *Naming names: the social costs of mccarthyism*. Nova York: Viking Press, 1980, pp. 295-302.

43. Citado em Friedrich, *City of Nets*, p. 8.

44. John Gregory Dunne, *Monster: living off the big screen*. Nova York: Random House, 1997, p. 8.

45. Dale Launer, entrevista ao autor por e-mail, 4 de fevereiro de 2003.

46. Entrevista com o autor, 2003.

47. Evans, *Kid Stays*, p. 264.

48. Ibidem.

49. *Premiere*, janeiro de 1989.

50. Bart e Guber, *Shoot out*, p. 63.

51. Eric Hamburg, *JFK, Nixon, Oliver Stone and me*. Nova York: Public Affairs, 2001, p. 132.

52. Entrevista com o autor, 2003.

53. Entrevista com o autor, 2003.

54. Goldman, *Adventures*, p. 39.

55. Evans, *Kid Stays*, p. 255.

56. Ibidem, p. 410.

57. Citado em Gregg Kilday, "Goldwyn out at par, in as producer", *Hollywood Reporter*, 24 de novembro de 2003 (edição para a internet).

58. Peter Bart, citado em Bart e Guber, *Shoot Out*, p. 7.

59. Neal Gabler, *Empire of their own*. Nova York: Anchor Books, 1989, p. 291.

60. Evans, *Kid Stays*, p. 68.

61. Steven Seagal, entrevista, *Larry King Alive*, 31 de agosto de 1997.

62. Ibidem.

63. Seagal, entrevista ao *Los Angeles Times*.

64. Ibidem.

65. Christine Dugas e Chris Woodyard, "How broker to the stars came to be behind bars", *USA Today*, 17 de abril de 2000 (edição para a internet).

66. Citado em Anne-Marie O'Neill, Steve Erwin, Joseph Tirella, "Dana Giacchetto", *People*, 20 de novembro de 2000 (edição para a internet).

67. SEC, *Administrative Proceedings*, Release nº 1957, 31 de julho de 2001, File nº 3-10542.

24 TRABALHO E DIVERSÃO EM HOLLYWOOD

OS MEMBROS DA COMUNIDADE de Hollywood, assim como a maioria das outras pessoas, geralmente consideram o trabalho o preço a pagar pela diversão. Quando indagado, numa entrevista na televisão, sobre o que pretendia fazer com seu salário de oito dígitos, George Clooney – a combinação perfeita, talvez, do homem que trabalha e do homem que se diverte – respondeu: "Comprar mais brinquedos para mim".[1] Mas se, nos cálculos de Clooney e de vários outros integrantes da comunidade de Hollywood, a remuneração multimilionária é parte indiscutível da equação, ainda que apenas como indicador de sua posição relativa na hierarquia, a outra parte dessa equação é o valor pessoal que eles obtêm do extravagante culto à celebridade de Hollywood e do brilho que o acompanha. O cálculo, muitas vezes, é um equilíbrio, do tipo Dr. Jekyll e Mr. Hyde, entre o *Homo economicus* e o *Homo ludens*, tendo de um lado os filmes que se faz para ganhar dinheiro e, do outro, os filmes feitos por prazer ou gratificação pessoal.

Steven Soderbergh, por exemplo, entre dirigir o remake de *Onze homens e um segredo* para a Warner Bros. – que rendeu mais de 90 milhões de dólares em bilheteria – e sua continuação, também comercial, *Doze homens e outro segredo* (*Ocean's twelve*), decidiu realizar "um filme de arte experimental" chamado *Full frontal*. Ele o descreveu como parte do "pacote de *Onze homens*", explicando nos seus comentários no DVD que, como se sentira culpado com o sucesso comercial de *Onze homens*, que ele considerava "o filme menos desafiador que já fiz", quis "sucedê-lo imediatamente com algo mais provocativo". Decidiu também que o faria com um orçamento baixo, para desfrutar assim de "uma liberdade de criação" maior. Para realizar *Full frontal*, ele levantou 2 milhões de dólares com a Miramax e rodou o filme em dezoito dias, num estilo trepidante que ele denominou "*faux vérité*". Para lhe dar o aspecto de um filme amador, ele não só dispensou a iluminação artificial e deliberadamente filmou as cenas fora de foco, como instruiu o laboratório a escurecer parte do filme para deixá-lo granulado. Conseqüentemente, muitos elementos, incluindo o rosto dos atores, ficam às vezes irreconhecíveis. Soderbergh adotou essa "degradação visual", como a chamou, porque ela reforçava o propósito de chamar a atenção para o fato de que os filmes, qualquer que seja seu "estilo estético", são "todos falsos".

Os atores do filme – entre eles, Julia Roberts, David Duchovny e Nicky Katt – concordaram em trabalhar por 630 dólares por dia (o salário mínimo exigido pelo sindicato), porque, além da remuneração simbólica, Soderbergh lhes ofereceu, conforme ele mesmo disse, "diversão, queiram ou não".[2] Permitiu, por exemplo, que Julia Roberts intencionalmente "atuasse mal" no papel de atriz de Hollywood e heroína romântica do filme que se desenrolava dentro do filme, chamado "Rendezvous". Permitiu que Nicky Katt improvisasse seu diálogo como Adolf Hitler, o herói romântico da peça dentro do filme, chamada "The sound and the Führer" (O som e o führer). E permitiu que David Duchovny brincasse com um saco plástico enquanto fazia o papel de um produtor de filme que era masturbado por uma massagista atraente, depois que Duchovny lhe disse: "Adoro sacos plásticos".[3] (A imagem desse personagem, encontrado nu com o saco plástico sobre a cabeça, dá nome ao filme, *Full frontal*.) Embora o filme, como era previsto, tenha perdido dinheiro em sua breve estréia no cinema, Soderbergh avaliou que seu treinamento na videoarte, assim como o prazer que sentiu ao fazê-lo, "valiam os dois milhões de dólares" de prejuízo.

Harvey Weinstein, que dirige a Miramax, subsidiária da Disney que, por sinal, pagou por *Full frontal*, aplicou a mesma lógica – ou, pelo menos, a mesma justificativa – numa escala bem maior ao fazer *Gangues de Nova York*. Quando o drama histórico dirigido por Martin Scorsese ultrapassou o orçamento de 94 milhões de dólares no seu terceiro ano de produção, Weinstein, que se envolvera pessoalmente na aventura, argumentou que todos os prejuízos que o filme sofresse seriam compensados por outros filmes, mais bem-sucedidos comercialmente, produzidos por seu irmão, Bob Weinstein, em sua companhia, a Dimension Films (também subsidiária da Disney). Harvey Weinstein explicou: "Não há risco [com *Gangues de Nova York*] enquanto houver *Halloween*, *Pequenos espiões* [*Spy kids*] e outras porcarias que ele [Bob Weinstein] faz".[4]

Harvey Weinstein declarou que estava disposto a incorrer nos possíveis grandes prejuízos com o filme de Scorsese porque ele satisfazia sua paixão pelo "cinema", conforme disse a um redator do *The New Yorker*. "A coisa mais gratificante que me aconteceu ao lado de Marty Scorsese é que, ao fazer *Gangues de Nova York*, Marty me dava um filme para ver todo sábado à noite, algum filme que o influenciou na realização do filme. Em três anos, assisti a oitenta filmes."[5] Assim, *Gangues* proporcionou a Weinstein uma maneira – cara, sem dúvida – de se entregar ao seu amor pelo cinema.

Os astros às vezes também se dispõem a sacrificar o ganho monetário pela satisfação pessoal de dirigir um filme que lhes traga prazer. Um exemplo é Mel Gibson, que, como ator, ganha bem mais de 20 milhões de dólares por um único filme. Em 2002, ele resolveu recusar as lucrativas ofertas de atuação e, em vez disso, dirigir, em troca de nenhuma compensação financeira, *A paixão de Cristo* (*The passion of the Christ*), uma história sobre as últimas quarenta e quatro horas da vida de Jesus, baseada nos relatos de Saint Anne Catherine Emmerich, do século XVIII. Considerando o filme um trabalho de amor, Gibson visitou pessoalmente as locações na Itália, encomendou a tradução do roteiro para o aramaico e o latim a um erudito jesuíta e distribuiu os papéis entre atores que estavam dispostos a representá-los nessas línguas antigas, sem legendas. Como nenhum estúdio financiaria o projeto, ele investiu 25 milhões de dólares do seu dinheiro, explicando: "Acham que sou maluco. Talvez eu seja. Mas talvez seja um gênio. Quero exibir o filme sem legendas. Espero conseguir transcender as barreiras lingüísticas com a narrativa visual."[6] Quando indagado por um jornalista italiano se esperava obter lucro com o filme, ele respondeu, em italiano: "*Sarà un film buono per l'anima ma non per il portafoglio*" – será um filme bom para a alma, mas não para o bolso. Sua recompensa, acrescentou, seria a "*anima*", ou a elevação espiritual. "Sinto uma profunda necessidade de contar essa história",[7] disse aos repórteres da *Time*. "Os evangelhos contam em linhas gerais o que aconteceu; quero saber o que realmente se passou." Ironicamente, pouco antes da estréia, *A paixão* desencadeou um grande furor na mídia, depois que Abraham H. Foxman, diretor da Anti-Defamation League (ADL), sugeriu que o filme "podia inflamar o ódio, a intolerância e o anti-semitismo"[8]. Em meio à maciça publicidade gerada por essas acusações, o filme se tornou uma inesperada fonte de lucro para Gibson.

O diretor Stephan Elliott também trocou o interesse monetário pelo princípio do prazer quando, em 1994, propôs a Jeffrey Katzenberg, da DreamWorks, o filme *Sedução fatal*, no qual os dois protagonistas são uma assassina serial e um *voyeur* que a observa cometer os crimes. Embora Elliott tivesse dirigido antes o bem-sucedido *Priscilla, a rainha do deserto* (*Adventures of Priscilla, queen of the desert*), Katzenberg rejeitou *Sedução fatal*, explicando a Elliott: "Você não pode fazer um filme imoral".[9] Mesmo sabendo que o filme não seria lucrativo, Elliott foi em frente e passou os seis anos seguintes dedicado a realizá-lo, sem contar com nenhum apoio e financiando-o, em grande parte, com o próprio dinheiro. Conforme o previsto, o filme, lançado em meia dúzia de cinemas dos Estados Unidos, deu prejuízo. Apesar do resultado decepcionante – "Nunca coloque dinheiro seu num filme", ele aconselhou mais tarde –, Elliott ficou satisfeito com o "prazer" do que ele denominou "cinema de guerrilha". Nos comentários inseridos no DVD, ele explicou: "Onde mais, senão no cinema, você pode decidir que gostaria de ver um Rolls-Royce ser demolido por um caminhão e, então, introduz isso no roteiro e vê acontecer", acrescentando: "Eu o golpeei com uma marreta".

Durante a produção de *Nixon*, o diretor Oliver Stone também realizou algumas tomadas para seu deleite pessoal. De acordo com seu co-produtor, Eric Hamburg, depois de concluir a filmagem de uma cena em que aparecem manifestantes hippies no Lincoln Memorial, Stone ofereceu às mulheres figurantes mais 100 dólares cada "para tirarem a parte de cima das roupas",[10] a fim de que ele pudesse filmar cenas de nudez que não chegaram a ser utilizadas no filme – e que, na verdade, nem se tinha a intenção de usar. Hamburg concluiu que Stone "provavelmente fez isso por puro prazer".

É por prazer também que os membros da comunidade participam às vezes de projetos de seus colegas, mesmo quando são produções concorrentes. É o caso, por exemplo, de Steven Spielberg, Gwyneth Paltrow e Tom Cruise que, de boa vontade, fizeram pontas no filme *O homem do membro de ouro*, da New Line, uma paródia de *007 contra Goldfinger*, estrelando Mike Myers no papel do agente Austin Powers. Embora o filme fosse concorrer diretamente na bilheteria com dois filmes seus – *Parque dos dinossauros 3* e *Minority report* –, Spielberg não hesitou em fazer uma aparição (gratuita) nele. Sua única compensação foi a gratificação de representar a si mesmo, com o Oscar na mão, e ser citado por Austin Powers (Mike Myers) como "o diretor mais *groovy* da história do cinema".[11]

Spielberg disse que concordou em aparecer no filme gratuitamente depois de ler o "frenético" roteiro. "Não costumo dizer sim, mas Mike [Myers] é um grande amigo meu, e a cena era realmente engraçada", explicou Spielberg numa entrevista. "Ele incluíra também uma ponta para Gwyneth Paltrow, que é como uma filha para mim. Já conhecia Gwynnie antes de ela nascer... Enviei as páginas para o Tom [Cruise] e a Gwynnie, e ambos concordaram em participar."

A participação gratuita de Paltrow consistia em descer de uma motocicleta usando uma roupa de couro apertada, apresentar-se como "Dixie Normous" ao personagem desempenhado por Tom Cruise e dar-lhe um beijo apaixonado. "Foi tão divertido", ela explicou mais tarde. "Nunca faço esse tipo de coisa. Mike Myers e sua mulher, Robin, são bons amigos meus. Quando me pediram para fazer isso, eu disse 'É claro! Farei qualquer coisa que quiserem'. Então a figurinista apareceu com a prova da roupa e disse 'Você vai usar um macacão de couro', e eu pensei 'Puxa, não é o que costumo vestir numa quarta-feira à tarde', mas foi muito divertido. Achei incrível que todos tenham concordado em participar. Foi um dia especial, sabe, namorar o Tom Cruise."[12]

Tom Cruise, que geralmente recebe bem mais de 20 milhões de dólares para emprestar seu nome a um filme, também não cobrou nada para representar um ator. "Foi uma festa", disse ele, "muito divertido mesmo"[13].

Esses incentivos pessoais – "uma festa", "namorar" um astro, usar uma roupa justa, agradar um amigo próximo, participar de uma cena "muito divertida" e ser bajulado na tela como "o diretor mais *groovy* da história do cinema" – podem contrabalançar os aspectos financeiros para atores e diretores astros. Cruise e Spielberg, por exemplo, receberam uma parcela da receita bruta de *Minority report*, que, conforme dissemos, disputaria público com *O homem do membro de ouro*. O sucesso desse segundo filme poderia custar a eles uma soma de dinheiro considerável. É evidente, no entanto, que, para ambos, o risco monetário era superado pelo prazer e gratificação que lhes proporcionaria o set de filmagem do amigo.

Tampouco é incomum que os astros abram mão de sua remuneração multimilionária para atuar em filmes que consideram artisticamente compensadores. A lista de astros que participaram de filmes de Woody Allen em troca apenas do piso salarial estipulado pelo sindicato é longa e impressionante: Alan Alda, Dan Aykroyd, Alec Baldwin, Drew Barrymore, Elizabeth Berkley, Jason Biggs, Helena Bonham Carter, Kenneth Branagh, Michael Caine, Stockard Channing, Billy Crystal, John Cusack, Danny DeVito, Leonardo DiCaprio, José Ferrer, Hugh Grant, Melanie Griffith, George Hamilton, Goldie Hawn, Mariel Hemingway, Helen Hunt, Téa Leoni, Madonna, Tobey Maguire, John Malkovich, Demi Moore, Edward Norton, Sean Penn, Christina Ricci, Julia Roberts, Winona Ryder, Cybill Shepherd, Mira Sorvino, Meryl Streep, Charlize Theron e Robin Williams.

Mas nem todos em Hollywood se entregam à cultura da diversão. A produção para a tevê, por exemplo, que constitui parte substancial da remuneração dos donos das corporações, guarda mais semelhanças com o antigo sistema de estúdio que com a moderna indústria cinematográfica, movida a celebridades. Como outras ocupações industriais, o sistema de produção para a televisão exige a realização de tarefas repetitivas, o cumprimento de cronogramas precisos e horas de trabalho exaustivas. Os atores de tevê geralmente trabalham sob contratos de longa duração; os diretores trabalham sob a supervisão direta dos estúdios e podem ser substituídos se não conseguem atender ao cronograma; os episódios são quase todos filmados dentro do próprio estúdio, de modo que os diretores de produção controlam os custos de perto; as despesas de pós-produção, como as inserções digitais, são mantidas num patamar mínimo; os censores e advogados examinam cuidadosamente todo o material gravado para se certificar de que está de acordo com os padrões das redes; e o produto final é editado segundo os critérios de tempo. "Ao contrário dos filmes, os episódios para a tevê nunca ultrapassam um segundo sequer além do estipulado em contrato – nem obtêm classificação restritiva"[14], explicou um executivo da Fox. "É um negócio muito disciplinado." Constituem também uma abundante fonte de lucros: uma única série animada, *Os Simpsons*, faturou para a Fox, em 2004, mais de 2 bilhões de dólares em merchandising e receitas de licenciamento.

Apesar de sua imensa contribuição para o resultado financeiro das corporações, os que trabalham nos setores menos deslumbrantes do arquipélago de Hollywood – como as divisões de entretenimento doméstico, de produção para a tevê e de operações de licenciamento – geralmente ficam afastados, quando não inteiramente isolados, da cultura das celebridades. Como a maioria das pessoas, eles trabalham sobretudo para pagar suas contas, colocando diversão e prazer em segundo plano. Para os que trabalham nos setores mais glamorosos da realização de filmes, nos quais os benefícios do reconhecimento, da camaradagem e da fruição do culto à celebridade agem como contrapeso aos interesses econômicos de criar um produto de 100 milhões de dólares, nem sempre é fácil distinguir os incentivos – ou pressões – do parque de diversões do *Homo ludens* daqueles do escritório contábil do *Homo economicus*.

NOTAS

1. Entrevista concedida por George Clooney a Dan Rather, *Sixty minutes*, CBS, 8 de janeiro de 2003.
2. *Full frontal* (2002), DVD, regras (em "Special Features").
3. Citado em *Full frontal*, DVD, comentários do diretor.
4. Citado em Kim Masters, "Harvey, Marty and a jar full of ears", *Esquire*, fevereiro de 2002.
5. Ken Auletta, "Beauty and the Beast", *New Yorker*, 16 de dezembro de 2002, p. 70.
6. Citado em Isabella Marchiolo, "Passion", *TuttoQui-Cinema*, 21 de setembro de 2002 (edição para a internet).
7. Richard Corliss e Jeff Israely, "The Passion of Mel Gibson", *Time*, 27 de janeiro de 2003 (edição para a internet).
8. "ADL concerned Mel Gibson's 'Passion' could fuel anti-semitism if released in present form", ADL, *press release*, Nova York, 11 de agosto de 2003.
9. Citado por Stephan Elliott, *Eye of the beholder* (1999), DVD, comentários do diretor.
10. Eric Hamburg, *JFK, Nixon, Oliver Stone and Me*. Nova York: Public Affairs, 2001, p. 167.
11. "Spielberg confirms Goldmember cameo", *release* da Associated Press, 6 de junho de 2002.
12. Citado em Meredith Bodgas, "The goods on Gwyneth", Univercity.com. Disponível em www.univercitycom/sept02/gwynethpaltrow.html.
13. Citado em "Extra", *Daily News*, Nova York, 3 de junho de 2002 (edição para a internet).
14. Entrevista com o autor, 2003.

25 A CULTURA DA ILUSÃO

Entrevistador: *O que o atraiu a fazer* Tubarão?
Spielberg: *Posso falar a verdade?*
Entrevistador: *Vamos lá, diga a verdade.*
Spielberg: *Posso me meter em encrencas se disser a verdade.*
– Steven Spielberg em entrevista a David Helpern[1]

O PRINCIPAL PRODUTO que sustenta Hollywood – desde quase os seus primórdios – é o astro celebrizado. Para transformar seus astros em celebridades, os donos dos primeiros estúdios tiravam proveito do emergente conceito de relações públicas. Na última metade do século XIX, o negócio da divulgação se limitava, em geral, ao objetivo relativamente modesto de conseguir que os jornais fizessem menção a produtos que já existiam.[2] Com essa finalidade, assessores de imprensa autônomos, pagos de acordo com o número de "menções", forneciam aos editores dos jornais locais material para encher suas páginas ou, em alguns poucos casos extremos, como o sensacionalista P. T. Barnum, forjavam pseudoeventos para atrair os repórteres aos produtos.

No início do século XX, porém, as relações públicas começaram a se expandir rumo à meta mais ambiciosa de dar forma a um produto recém-definido: a opinião pública – ou, pelo menos, o que parecia ser a opinião do público – sobre certos assuntos. Os *moguls* dos estúdios promoveram bastante esse novo conceito ao empregar equipes de assessores de imprensa para ajudar a organizar – e, muitas vezes, criar – a imagem de seus astros perante o público. Essas operações, como vimos antes, envolviam inventar para os astros biografias fictícias e roteirizar para eles entrevistas e declarações que corroborassem essas biografias. As relações públicas, da maneira como eram praticadas pelos estúdios, tornaram-se assim um eufemismo para a prática de iludir o público. Na época em que o som foi introduzido nos filmes, no final da década de 1920, cada estúdio contava com um departamento de divulgação bem organizado para desempenhar essa função.

Esses departamentos recém-criados tinham à sua disposição três recursos formidáveis. Em primeiro lugar, os estúdios produziam os próprios cinejornais, vistos por uma audiência semanal de cerca de 80 milhões de pessoas, nos quais podiam inserir clipes lisonjeiros dos astros cuja imagem queriam realçar na mente do público.[3] Os estúdios possuíam também, ou controlavam, as principais fanzines, em que podiam veicular histórias sobre seus astros. Na década de

1930, essas revistas atingiam dezenas de milhões de freqüentadores de cinema. Por fim, os divulgadores tinham uma relação simbiótica com os colunistas mais importantes, como Hedda Hopper e Louella Parsons; por meio dos quais conseguiam manter um fluxo constante de informações que promoviam a imagem dos astros.

Os astros, por sua vez, aceitavam totalmente a ficcionalização de sua vida, dentro e fora da tela – ficcionalização que podia ser teatral. Por exemplo, a atriz de *vaudevile* Theodosia Goodman, judia-americana de Cincinnati, foi transformada em Theda Bara, a filha egípcia de uma princesa árabe e um artista francês. A licença dos atores para mentir sobre sua vida para o bem do espetáculo foi retratada com inteligência num dos clássicos sobre Hollywood: *Cantando na chuva* (*Singin'in the rain*), de Gene Kelly e Stanley Donen. O filme começa na Hollywood de 1927, no auge do cinema mudo, com Don Lockwood (Gene Kelly), um grande ídolo das telas, contando ao repórter de um jornal a história de sua ascensão ao estrelato e de seu romance com a atriz Lina Lamont (Jean Hagen), com a qual ele contracena. Sua história, porém, é uma lenda arquitetada pela máquina de divulgação do estúdio. Enquanto Lockwood dá a versão oficial, o filme mostra a história verdadeira do personagem.

Embora a disparidade entre a vida real e a fictícia possa ser menos impressionante fora da tela, a licença para introduzir dados falsos na biografia dos atores para dar mais credibilidade à sua imagem não foi revogada. Por exemplo, de acordo com a *The Encyclopedia of Gay Culture*, Raymond Burr, que não era casado, inventou duas esposas falecidas e um filho morto, declarando que sua primeira mulher morrera num acidente de avião e que a segunda e o filho (imaginários) haviam morrido de câncer.[4]

Com o aperfeiçoamento do sistema de relações públicas ao longo das décadas, e os estúdios estendendo sua influência por quase toda a mídia de entretenimento, a reputação dos astros tornou-se uma moeda cada vez mais valiosa para eles e para os estúdios. Hoje em dia, a vida e a experiência dos astros – reais ou forjadas – podem ser embaladas, vendidas, licenciadas e promovidas em dimensões vertiginosas. Até mesmo os direitos dos *paparazzi* aos acontecimentos de sua vida privada podem ser vendidos por somas substanciais. Michael Douglas e Catherine Zeta-Jones, por exemplo, venderam os direitos fotográficos de seu casamento, em novembro de 2000, por 1,55 milhão de dólares para a revista *OK!* (e saíram vitoriosos numa ação judicial movida contra uma revista concorrente que tirou fotos não autorizadas da cerimônia).[5]

Como grande parte de sua fortuna, fama e vínculos emocionais provém de suas personas públicas, os astros têm um evidente interesse em preservá-las. Assim como os agentes, atores, diretores, produtores, escritores, gurus, executivos dos estúdios e outros membros da comunidade que se beneficiam da aura de astro. Na verdade, um dos meios utilizados por Hollywood para controlar sua imagem perante o mundo externo é – e sempre foi – a manutenção das histórias inventadas pelos relações-públicas e os valores que elas projetam.

O VALOR DOS PSEUDO-HERÓIS

Os astros se tornam muito mais valiosos quando seu público os percebe não apenas como atores de cinema, mas como heróis que transcendem os filmes. Os estúdios começaram a se dar conta do valor de cingirem os astros com o manto de heróis da vida real durante a Segunda Guerra Mundial, quando muitos astros, entre eles Jimmy Stewart, alistaram-se nas forças armadas como voluntários em missões de combate perigosas. O Gabinete de Informações de Guerra do governo, ao exibir em cartazes a foto de atores em uniforme, fizeram deles garotos-propaganda do patriotismo. Naqueles anos da guerra, não só os astros chegaram "ao apogeu"[6] da glória, conforme escreve Leo Rosten, como os estúdios cuidaram de ofuscar as linhas que separavam o heroísmo dentro e fora da tela ao oferecer contratos de atuação a heróis de guerra como Audie Murphy, o soldado mais condecorado durante o conflito (que estrelou mais de vinte filmes entre 1948 e 1960).

Hoje, com a vasta expansão dos direitos de licenciamento, a percepção que o público tem dos astros como heróis da vida real é, com efeito, ainda mais importante. Quando os astros adquirem o status de heróis, seu valor como produto licenciável pode ser preservado mesmo quando os filmes estrelados por eles não conseguem atrair grandes audiências. Arnold Schwarzenegger é um exemplo disso. Apesar de três fracassos consecutivos de bilheteria – *Fim dos dias* (*End of days*, 1999), *O sexto dia* (*The sixth day*, 2000) e *Efeito colateral* (*Collateral damage*, 2002) –, o ator se manteve na mente do público como um herói de ação e, graças a isso, não apenas pôde exigir alta remuneração em 2003 – 29,25 milhões de dólares pelo *O exterminador do futuro 3* – como se elegeu governador da Califórnia. Mesmo após ter assumido o cargo político, sua empresa protegeu seus direitos de imagem ao acionar judicialmente um pequeno fabricante de brinquedos que vendia um boneco de cabeça avantajada semelhante a Schwarzenegger, sob a alegação de que "Schwarzenegger é uma celebridade mundial instantaneamente identificável, cujo nome e imagem, avaliados em milhões de dólares, são de sua exclusiva propriedade"[7].

Para desenvolver uma imagem heróica para um astro de ação, é preciso turvar, fora da tela, a linha que separa a ficção da realidade. Esses astros devem se apresentar publicamente não como meros atores de cinema que decoram suas falas, usam maquiagem pesada e seguem as instruções do diretor. Devem sugerir, por meio de palavras e atitudes, que possuem virtudes extraordinárias, que lhes são próprias. Devem aparentar não apenas ter controle de sua vida como não serem intimidados pelas preocupações que afetam as pessoas comuns. Na televisão, por exemplo, Tom Cruise descreveu como foi saltar do topo de uma montanha, colidir com uma motocicleta e atravessar tranqüilamente as chamas de um incêndio durante as filmagens de *Missão impossível 2*. Com esses relatos exuberantes de seus poderes físicos, eles "se mantêm no personagem" fora das telas, como heróis.

Devem também evitar qualquer comentário, nos programas de televisão, sobre a realidade da produção cinematográfica que possa colocar em risco sua aura de heróis. Os astros dos filmes de ação dificilmente manterão a ilusão de controle e audácia se contarem que são os dublês, fazendo-se passar por eles ou usando máscaras digitais que serão sobrepostas, depois, pelo seu rosto, que os substituem em muitas cenas de perigo. Tampouco podem revelar que as companhias de seguro, na verdade, os proíbem de fazer cenas que acarretem algum risco de ferimento; ou que muitas das cenas de ação em que seu personagem aparece são filmadas pelas segundas unidades quando eles estão em outro lugar; ou que os estúdios de computação gráfica inserem, na pós-produção, os incêndios e perigos que seu personagem supostamente enfrenta. (Enquanto isso, eles podem confiar que os dublês, as seguradoras e outros colegas profissionais não vão desmentir essas ilusões, já que, além das restrições contratuais à divulgação não autorizada, eles geralmente concordam que a ficcionalização fora da tela beneficia a indústria.)

Os astros podem inclusive se negar a usar maquiagem para não comprometer sua imagem viril. George Clooney, por exemplo, declarou que sua aparência suja no filme *E aí, meu irmão, cadê você?*, dos irmãos Cohen, foi obtida naturalmente.[8] "Peguei a terra, a terra do Mississippi, e esfreguei no rosto antes de entrar em cena. A cadeira da maquiagem me irrita, não gosto nem um pouco, e, além disso, às vezes você quer parecer sujo." Ele também evitou a maquiagem em *Três reis* (*Three kings*), explicando: "Simplesmente peguei a poeira, esfreguei no rosto e lá fui eu [para a frente da câmera]... eu me sujo todo, é divertido não ter de crescer, assim você não precisa perder tempo na cadeira de maquiagem". É possível mesmo que Clooney tenha se sujado, mas isso não eliminaria a necessidade da maquiagem profissional, que é essencial para facilitar a iluminação e a fotografia das cenas e para dar coerência às cenas filmadas fora de continuidade. Para esse fim (e não para satisfazer a vaidade dos atores), *Três reis* empregou quinze maquiadores, e *E aí, meu irmão*, de orçamento menor, oito – incluindo Waldo Sanchez, que trabalhou nesse e em mais oito filmes, como cabeleireiro pessoal de Clooney.

Pode-se atribuir a um astro talentos exibidos por seu personagem, mesmo que eles não tenham fundamento real. Na publicidade de *Sou espião*, de 2002, por exemplo, inventou-se que o astro Eddie Murphy, que interpreta um boxeador no filme, também era boxeador na vida real. Quando perguntaram à diretora Betty Thomas se Murphy era um "boxeador experiente", ela respondeu: "Sim. Eddie cresceu na companhia do pai, que era boxeador. Ele aprendeu a lutar quando era menino"[9]. Esse toque de realismo exigiu uma considerável dose de liberdade inventiva, visto que o pai de Murphy, falecido quando o ator ainda era bebê, havia sido policial, não boxeador, e seu padrasto e irmãos trabalhavam numa fábrica de sorvetes. Seja como for, Murphy foi substituído nas cenas de luta pelo dublê Austin Priester.

Os astros não exercem essa liberdade por desonestidade pessoal, vaidade ou egoísmo. O subterfúgio faz parte do sistema que permite aos estúdios, agências de talentos, editores musicais, licenciados, entre outros, criarem, manterem e explorarem, com a finalidade de lucro, a personalidade pública dos astros.

O VALOR DO PSEUDO-REALISMO
Hollywood valoriza muito as histórias que ultrapassam as fronteiras do entretenimento ficcional e parecem revelar a verdade sobre pessoas e acontecimentos importantes. Os diretores às vezes criam essa ilusão, introduzindo nos filmes trechos que se assemelham a documentário. Em *O resgate do soldado Ryan*, Steven Spielberg inseriu material de um cinejornal da época; em *Reds*, Warren Beatty acrescentou entrevistas com pessoas que haviam de fato participado da Revolução Russa; e em *Desaparecido* (*Missing*), Constantin Costa-Gavras utilizou movimentos de câmera erráticos, filme granulado e outras técnicas do *cinema vérité*. Por meio dessas técnicas e escolhas, os diretores podem obter alto grau de verossimilhança, ou aparência de realidade, de modo a deliberadamente ofuscar para o público a distinção entre ficção e não-ficção. O público às vezes é levado a acreditar que obras ficcionais retratam eventos reais. Em seu primeiro filme, *Cidadão Kane* (1941), Orson Welles fez um uso tão eficiente do estilo cinejornal para narrar a biografia do fictício magnata da imprensa Charles Foster

Kane, que parte do público foi induzida ao erro de aceitar que se tratava da biografia real de William Randolph Hearst.

Hoje em dia, os diretores de Hollywood não medem esforços para obter o efeito de realismo. Foi o que fez, por exemplo, David O. Russell no filme *Três reis*, com o qual pretendia não só oferecer uma divertida história sobre a guerra de 1991 contra o Iraque, como proporcionar ao público uma visão "do que realmente aconteceu", conforme ele explicou em seus comentários no DVD. Ele buscou a verossimilhança, reproduzindo meticulosamente no filme gravações reais feitas para a tevê e fotografias da guerra. Em seguida, descoloriu parte do material que havia filmado para criar o efeito visual de um deserto e empregou refugiados iraquianos como figurantes na locação em Casa Grande, Arizona. Embora se tratasse de uma obra inteiramente de ficção, Russell conseguiu obter um resultado tão realista que, ao ser exibido na Casa Branca em 1999, o presidente Bill Clinton comentou, segundo o próprio Russell, que o filme "confirmara" os relatórios do Pentágono sobre o Iraque.[10] Se isso é verdade, então a arte informara um presidente.

Russell promoveu ainda mais o aparente realismo de seu filme por meio de entrevistas na mídia, contando à *Newsweek*, por exemplo, que o close-up que mostrava graficamente uma bala atravessando os órgãos de um corpo havia sido feito com um figurante morto.[11] "Filmamos a bala passando através de um cadáver", disse ele ao repórter, acrescentando: "O estúdio ficou preocupado". Depois que a *Newsweek* publicou a "notícia" de que Russell baleara um cadáver de verdade, a polícia de Casa Grande ficou preocupada com uma possível violação das leis do Arizona. Russell então confessou que a história que contara à *Newsweek* não passava de um artifício de relações públicas para realçar o realismo do filme. Na verdade, eles haviam usado para aquele efeito especial um boneco construído especialmente para essa finalidade.

Oliver Stone também aposta alto para conseguir dar o máximo de realismo a seus filmes. Em *JFK*, Stone misturou tomadas dos atores com fotos reais do assassinato de Kennedy, em Dallas, tiradas por fotógrafos amadores, e com um falso documentário que ele filmou, no estilo *cinema vérité*, com sósias (Steve Reed atuou como dublê de John F. Kennedy). Para reforçar ainda mais a verossimilhança do filme, Stone anunciou teatralmente, numa coletiva de imprensa no National Press Club, em Washington, que o misterioso "Sr. X" (representado por Donald Sutherland), que no filme revela os meandros do complô para matar o presidente ao promotor de Nova Orleans, Jim Garrison (Kevin Costner), numa reunião secreta no Washington Mall, não só era uma pessoa real, como estivera de fato presente na sala. Em seguida, identificou o Sr. X como Fletcher Prouty, que, segundo Stone, era o contato entre o Pentágono e a CIA na época do assassinato. Na verdade, o Sr. X era um personagem ficcional do roteiro, e Prouty, na vida real, não fizera tal revelação a Garrison; ele fora contratado – e pago – por Stone como consultor técnico. "Oliver considerava isso uma licença dramática aceitável para reforçar seu ponto de vista no filme",[12] explicou um de seus executivos.

O realismo no filme é apreciado mesmo quando ele se baseia numa obra de ficção. No filme *A identidade Bourne*, por exemplo, o diretor Doug Liman incluiu no enredo ficcional – que gira em torno de um gabinete dos Estados Unidos que manda assassinar um líder africano – uma "história de fundo" sobre uma operação ardilosa da inteligência americana que incluía cenas em Washington. Segundo Liman declarou na campanha de divulgação do filme, a história se baseava em revelações feitas a ele por seu falecido pai, Arthur Liman, que servira como conselheiro nas audiências do Senado sobre o escândalo Irã-Contras.[13] Assim, embora o romance que deu origem ao filme não tivesse a intenção de representar um fato histórico, o filme, por meio de seu diretor, achou necessário acrescentar essa pretensão de realismo.

O VALOR DA PSEUDOJUVENTUDE

Em Hollywood, como diz o escritor-ator Ben Stein, "o único valor real, a única moeda significativa na vida, é a juventude"[14]. Hollywood, sugere ele, "é uma colegial com dinheiro". A preocupação com a juventude aparece em quase todos os filmes de Hollywood sobre Hollywood. Um exemplo é o filme *Aniversário de casamento* (*The anniversary party*), de Alan Cumming e Jennifer Jason Leigh, que trata de um grupo de atores mais velhos que tentam encontrar papéis para si numa comunidade dominada pelos jovens. Joe Therrian (Cumming) é um escritor-diretor que está prestes a fazer um filme baseado num romance que ele mesmo escreveu sobre sua famosa mulher, a atriz Sally Nash (Leigh). Mas como Sally está com 40 anos, ele escala para o papel Skye Davidson (Gwyneth Paltrow), uma atriz de 27 anos. Quando Skye diz a Sally: "Você é um ícone para mim. Assisto aos seus filmes desde que eu era uma garotinha", Sally irrompe em lágrimas. "Você não faz idéia de como me sinto humilhada", ela diz ao seu marido. "Sou uma atriz." Ao que ele responde: "Jamais pensei em lhe dar o papel porque você está velha demais para ele – e se não vê isso, você está fora da realidade. Mesmo que conseguíssemos eliminar dez anos do seu rosto, ainda assim você não poderia fazer esse filme".

A "realidade" a que se refere *Aniversário de casamento* provém da percepção compartilhada por produtores, executivos, agentes e atores de que, em Hollywood, a aparência juvenil sobrepuja todo o resto. Mesmo nos primeiros tempos de Hollywood, tratava-se de um negócio com feições jovens:[15] Darryl F. Zanuck foi produtor-chefe da Warner aos 26 anos; Irving Thalberg se tornou chefe executivo da MGM aos 28 anos; David O. Selznick tinha 29 anos quando assumiu a vice-presidência de produção da RKO, a mesma idade de Hal B. Wallis quando este se tornou diretor de estúdio da Warner. Até mesmo os *moguls*, quando ficavam mais velhos, reconheciam a importância de que seus estúdios fossem liderados por homens com aparência e energia juvenis; em 1940, a maioria dos produtores tinha menos de 45 anos.

Na década de 1990, quando a saúde financeira dos estúdios, para não dizer sua sobrevivência, passou a depender do licenciamento de produtos para pessoas com menos de 25 anos, eles descobriram outra razão para se preocuparem em fazer filmes que atraíssem os jovens. Era na capacidade de seus filmes de atingirem o público jovem que se baseavam a expectativa dos anunciantes de lucrar com o merchandising, a decisão dos multiplexes de concederem as melhores datas de estréia, os volumosos pedidos antecipados de vídeos e DVDs efetuados pelas cadeias de videolocadoras e o licenciamento de personagens por fabricantes de brinquedos e jogos. Para manter essa conexão, os estúdios hoje concentram mais de 80% de seus anúncios nas redes de radiodifusão e cabo em programas assistidos principalmente por pessoas abaixo dos 25 anos. Eles cuidam de incorporar nas trilhas sonoras o hip-hop, o rap e outros gêneros musicais consumidos sobretudo por adolescentes, e, sempre que possível, escalam astros de aparência juvenil (inclusive crianças) para os personagens principais nos filmes.

Por outro lado, os atores adultos e outros integrantes da comunidade com freqüência procuram ocultar os sinais visíveis do avanço da idade. Não só vestem roupas joviais em seus compromissos públicos, como disfarçam a idade com tinturas para cabelo, transplantes capilares, perucas, botox, injeções de colágeno e lifting facial. O esforço constante para manter a ilusão de juventude requer um verdadeiro exército de especialistas, como coloristas, esteticistas, personal trainers, cirurgiões plásticos, entre outros.

O VALOR DA PSEUDO-ATUAÇÃO

Em Hollywood, a distinção feita entre a atuação "legítima", como a que se faz no teatro, e a atuação cinematográfica não é casual. Na verdade, atribui-se um valor tão alto à atuação legítima que os atores de cinema às vezes abrem mão de seus salários multimilionários para fazer teatro. Em 2000, por exemplo, Patrick Stewart interrompeu sua lucrativa carreira cinematográfica como o capitão Jean-Luc Picard, na série *Jornada nas estrelas* para atuar em uma peça de Arthur Miller na Broadway, *The ride down Mt. Morgan* (A descida do monte Morgan), em troca de uma remuneração simbólica (que não cobria nem sequer suas despesas com aluguel e manutenção pessoal em Nova York). Apesar de seu sucesso em Hollywood, Stewart descreveu-se como um ator de palco, acima de tudo, e explicou que estava disposto a sacrificar os benefícios materiais das oportunidades no cinema pela "satisfação pessoal de interpretar perante um público ao vivo".

Como demonstra François Truffaut no filme *A noite americana* (*Day for night*), atuar em filmes é frustrante, pois envolve a combinação final de muitos "fragmentos"[16] filmados em momentos diferentes, em lugares e circunstâncias diferentes. Cada peça do mosaico pode ter apenas alguns minutos de duração, e os diálogos, sons de fundo e efeitos visuais são acrescentados posteriormente. Além disso, quando essas breves performances são filmadas fora de ordem – como geralmente acontece –, o ator tem de alterar constantemente sua aparência e seu personagem para manter a ilusão de continuidade. Ao contrário dos atores teatrais, que se mantêm no personagem durante o desenrolar da peça, os atores de cinema devem seguir fielmente as instruções do diretor e do continuísta para "assumir o personagem" de novo a cada tomada. A filmagem fora de ordem pode ser frustrante, insatisfatória e exaustiva. Eles têm de lidar com as interrupções dos técnicos de câmera, iluminação, som e maquiagem para restaurar condições sobre as quais não têm nenhum controle – como ruídos no set – e fazer inúmeras novas tomadas de ângulos diferentes, apenas para dar "cobertura" à posterior edição do filme. Os atrasos e as repetidas tomadas tendem a distanciar ainda mais o ator de cinema da espontaneidade que o ator de teatro pode experimentar. No entanto, por mais ingrato que seja o trabalho, os atores, em suas entrevistas, atividades de divulgação e discursos de agradecimento nas cerimônias de premiação, devem se referir à sua atuação como uma forma de arte espontânea.

O VALOR DO PSEUDO-ELOGIO

A lisonja, já um comportamento padrão no meio, é ainda mais institucionalizada em Hollywood nas entrevistas com atores, diretores, produtores e escritores durante cada grande produção, para inclusão nos curtas de making-of fornecidos à mídia. Nessas entrevistas, os participantes não devem divulgar sua real avaliação do desempenho de seus colegas. "Todos no elenco entendem que a sua tarefa nessas entrevistas é esbanjar elogios irrestritos a todas as pessoas sobre as quais forem indagados", explicou um produtor desses curtas. "Geralmente há uma pessoa de divulgação por perto, e se ela achar, por alguma razão, que o elogio foi insuficiente, ordena outra tomada."[17] Uma atriz que trabalhou em *Titanic* recorda: "A última coisa que os divulgadores querem são descrições precisas do que aconteceu nos bastidores. Eles pediam elogios de congratulação"[18]. É comum, portanto, nessas entrevistas, que os astros, o produtor, o diretor e o escritor descrevam um ao outro, repetidas vezes, como profissional "brilhante", "talento consumado" e "gênio".

Muitos dos superlativos empregados nas entrevistas também chegam à mídia por meio dos kits eletrônicos de imprensa (Eletronic Press Kit – EPK) – um verdadeiro festival de elogios editado pelos divulgadores. Esses kits "dão aos astros o gabarito dos programas de entrevista",[19] explicou o diretor de marketing de um estúdio.

A melodia da lisonja não termina com as entrevistas roteirizadas e os kits de imprensa. Ela continua a ser cantada em muitas cerimônias de premiação e festivais de cinema ao redor do mundo, principalmente nas apresentações do Oscar, quando os astros e outros integrantes da comunidade homenageiam seus colegas.

O elogio sistemático – além de agradar atores, diretores, produtores e outros destinatários – reforça a idéia de que o negócio da comunidade de Hollywood se baseia em talentos singulares e extraordinários.

O VALOR DOS PSEUDOCRÉDITOS

Os integrantes da comunidade sempre valorizaram o crédito público que recebem pelos filmes. Até a década de 1950, porém, relativamente poucos indivíduos, além dos atores, figuravam na lista de créditos. Em 1948, nos créditos de uma grande produção costumavam constar cerca de 24 pessoas apenas, fora os atores. Com o fim do sistema de estúdio, a exigência aumentou a tal ponto que, em 2002, a lista de créditos de uma grande produção reunia centenas de nomes, além dos atores. Em vez de um único produtor, como no sistema de estúdio, os filmes passaram a contar com meia dúzia deles, ou mais. Conforme observou um importante produtor: "Ninguém regulamenta os créditos de produtor, por isso podem ser dados a qualquer pessoa"[20].

Os créditos de escritor, também, nem sempre identificam a verdadeira autoria do filme. Designações do tipo "Escrito por", "Argumento de", "Roteiro de" e Adaptação de" geralmente são atribuídas pela Writers Guild of America (WGA), quase sempre depois de uma arbitragem controversa. O que está em jogo não são apenas o reconhecimento e a reputação, mas um "bônus" de seis dígitos pelo crédito para aqueles que vencem a disputa. Depois que o estúdio submete à WGA os "créditos sugeridos", cada escritor indicado tem a chance de contestar as atribuições, e, se o crédito incluir um diretor ou produtor, a arbitragem é indispensável. Como os roteiros podem passar por vários estágios de desenvolvimento e reformulação e ainda serem reescritos por supervisores de roteiro e diretores durante a produção, as reivindicações de autoria muitas vezes requerem uma comissão julgadora, nomeada pela WGA, para avaliar as justificativas apresentadas pelos reclamantes, que podem reunir quarenta páginas contendo todas as várias versões e tratamentos dados ao roteiro. Mesmo a questão aparentemente menor de resolver se os nomes dos escritores devem ser unidos, nos créditos, por "&" ou "e" ganha importância na comunidade (já que "&" significa que o roteiro foi escrito por uma equipe e "e", que resultou de versões separadas escritas por diferentes indivíduos). Por mais insatisfeitos que fiquem com o resultado, os reclamantes são obrigados a aceitá-lo, pois a decisão da comissão é compulsória.

Os diretores, lembremos, contornam a questão da autoria assumindo para si o crédito "Filme de". Mesmo sob a ameaça de greve dos roteiristas em 2001, os diretores fizeram questão de manter seu direito a esse crédito de autoria, alegando que a objeção dos roteiristas era, conforme expressou um representante da Directors Guild of America, "uma invasão indesejada dos domínios criativos [dos diretores]"[21].

Por outro lado, os diretores que concluem que o filme dirigido por eles não satisfaz seus padrões ou pode diminuir seu prestígio na comunidade estão autorizados, por contrato e pela Directors Guild, a retirar seu nome dos créditos, substituindo-o pelo nome falso Alan Smithee. O resultado disso é que, desde 1955, "Alan Smithee" recebeu crédito por filmes realizados por mais de quarenta diretores, entre eles, Dennis Hopper, Arthur Hiller, Don Siegel e John Frankenheimer.

Os executivos dos estúdios também apreciam o crédito, mesmo que não seja oficial, pois ele reforça o histórico de suas realizações. Robert Evans, por exemplo, quando era executivo da Paramount, em 1971, reivindicou crédito pela idéia (e também pela montagem) de *O poderoso chefão*, embora o filme se baseasse no best-seller de Mario Puzo, que também escreveu o roteiro em parceria com Francis Ford Coppola, que o dirigiu. Por mais de uma década, Coppola preferiu silenciar sobre essa apropriação do crédito (assim como Puzo). Até que, em 1983, ele finalmente telegrafou a Evans: "Tenho sido um cavalheiro com respeito a suas pretensões de ter participado do *Poderoso chefão*... mas vira-e-mexe me vejo às voltas com o seu absurdo falatório sobre a montagem do

Poderoso chefão e fico irritado com essa ridícula presunção. Você não fez nada no *Poderoso chefão*, além de me aborrecer e atrasá-lo".[22]

Quanto à afirmação de que a idéia do filme foi dele, Evans sustenta que se reuniu com Mario Puzo em 1968, quando o livro ainda não estava terminado, e, depois de seduzi-lo com vinho e charutos caros, reservou os direitos de filmar o livro e sugeriu a troca do título de *A máfia* para *O poderoso chefão*.[23] Segundo Puzo, tal reunião nunca aconteceu. Ele lembra que o seu agente, William Morris, vendeu os direitos do livro para a Paramount sem nenhuma participação pessoal sua, e que ele próprio escolheu o título, sem a ajuda de Evans.

Frank Yablans, então presidente da Paramount quando *O poderoso chefão* foi filmado, diz o seguinte sobre Evans: "Ele fez todo mundo acreditar que Coppola não teve nada que ver com o filme. Criou o mito de que fora ele o produtor de *O poderoso chefão*... Isso não passa de invenção da sua imaginação"[24]. Ainda assim, o fato de Evans ter conseguido manter o crédito fictício pelo *Poderoso chefão* por mais de uma década atesta seu prestígio (e poder) em Hollywood.

Mesmo que os créditos não correspondam à realidade, são altamente valorizados na comunidade, pois servem para estabelecer, como disse um produtor, "quem é quem" em Hollywood. O banco de dados da internet, conhecido como IMDb (The Internet Movie Database – www.imdb.com), amplamente acessado pela comunidade para a consulta do histórico de créditos, funciona hoje como uma espécie de placar oficial.

O VALOR DAS PSEUDONOTÍCIAS

Se a cultura da ilusão floresce em Hollywood, não é só porque os seus participantes têm interesse em obscurecer a distinção entre os filmes ficcionais e o envelope da divulgação nos quais são entregues, mas também porque eles podem ter certeza de que não serão desmascarados pela mídia do entretenimento. Em muitos casos, o departamento de divulgação do estúdio trabalha em parceria com ela. Por exemplo, antes de os principais astros aparecerem num programa de televisão, quase sempre se faz uma "pré-entrevista" entre o assessor de imprensa do astro, o produtor e o redator do programa (que em geral são a mesma pessoa). "A regra invariável", explica um produtor do núcleo de programas de fim de noite da CBS, "é o produtor trabalhar com o assessor de imprensa e então entrevistar o astro programado. O assessor de imprensa esclarece o que pretende com a coisa toda. Se o astro não participa da pré-entrevista, o produtor do segmento faz um roteiro da entrevista com base em sua conversa com o divulgador e em clipes de artigos de revista. Em seguida, o produtor entrega ao assessor de imprensa ou convidado um esboço da entrevista. Quando o convidado chega, o produtor repassa tudo com ele. O apresentador tem a estrutura da entrevista esboçada numa ficha azul. Os convidados nunca são pegos de surpresa".[25]

Os itens da entrevista sugeridos pelo assessor têm o propósito de envernizar possíveis pontos fracos na imagem do astro. "Se o assessor de imprensa deseja realçar o status do convidado como alguém de prestígio global", prossegue o produtor da CBS, "ele sugere um questão inicial sobre os encontros do convidado com alguma personalidade internacional, como a rainha da Inglaterra. Ninguém nunca vai confirmar isso com a rainha".

A cooperação da mídia no fortalecimento da imagem dos astros também beneficia os repórteres, dando a suas entrevistas um propósito mais convincente e ajudando a manter seu acesso aos divulgadores, que podem abastecê-los com matérias sobre outras celebridades.

O interesse comum em promover a imagem favorável de um astro pode exigir também desviar a atenção de temas delicados, como idade, divórcio, afiliação religiosa e qualquer outra informação que possa arruinar a ilusão que beneficia tanto a comunidade como a mídia de entretenimento. Essa relação tácita entre a comunidade e a mídia de entretenimento foi dramatizada por Joe Roth, diretor da Revolution Studios, na comédia *Os queridinhos da América* (*America's sweethearts*). O herói da farsa é o divulgador Lee Phillips (Billy Crystal), cuja tarefa é fabricar um relacionamento romântico entre o casal de atores do filme dentro do filme: Eddie Thomas (John Cusack) e Gwen Harrison (Catherine Zeta-Jones). Para conseguir a cooperação dos repórteres de entretenimento, ele os suborna com viagens gratuitas, quartos em hotel, sacolas de presentes e entrevistas com os astros, além de lhes fornecer gravações falsas das atividades dos astros.

Na vida real, a relação de Hollywood com a mídia, embora às vezes se aproxime da farsa de *Os queridinhos da América*, tem origem numa séria comunhão de interesses. Um dos interesses compartilhados por todos, como comenta Tad Friend na *The New Yorker*, é não revelar essa comunhão. "Interessa a todos (exceto, talvez, ao leitor) fingir que os consultores de relações-públicas não estão envolvidos nas histórias", escreve Friend. "Convém ao jornalista, porque sugere que ele conseguiu entrar em território privilegiado; convém ao astro, porque ele parece destemido e livre de manipuladores; convém ao divulgador, porque sempre convém ao divulgador se convém ao astro."[26]

Em alguns casos, a cooperação entre os que manipulam as celebridades e os repórteres pode envolver mais vantagens materiais. De acordo com o perfil de Harvey Weinstein, publicado na *The New Yorker* por Ken Auletta, o produtor chegou ao ponto de fazer aos jornalistas ofertas para escreverem roteiros, convidando, numa ocasião, "Richard Johnson, editor da Página 6 [coluna de fofocas] do *Post*, para escrever o roteiro de um filme, *Jet set*"[27]. Essas tentativas nem sempre são bem-sucedidas. Mas dão uma medida do enorme valor que os estúdios atribuem ao controle da imagem dos astros – e de si mesmos.

Tampouco surpreende o fato de que a cultura da ilusão esteja tão profundamente arraigada em Hollywood. Afinal, a indústria deriva grande parte de sua riqueza e poder da capacidade de criar ilusões convincentes, na forma de filmes e programas de tevê – mesmo os chamados reality shows – que entretêm platéias do mundo todo. Além disso, para gerar o máximo de lucratividade, essas ilusões devem ser sustentadas em outros produtos – como vídeos, jogos, parques temáticos e brinquedos – por um período de anos, às vezes décadas. No que diz respeito à comunidade de Hollywood, manter os astros – e outros integrantes – no personagem, dentro e fora da tela, é tido hoje como parte desse extenso processo.

NOTAS

1. Citado em entrevista de 1974 a David Helpern. In: Lester D. Friedman e Brent Notbohm (orgs.). *Steven Spielberg: Interviews*. Jackson: University Press of Mississippi, 2000, p. 8.
2. Edward L. Bernays, *Public Relations*. Norman: University of Oklahoma Press, 1952, pp. 47-8.
3. Raymond Fielding, *The American Newsreel, 1911-1967*. Norman: University of Oklahoma Press, 1972, p. 189 ss.
4. David Plotz, "Celebrity dating", *Slate*, 3 de julho de 2003 (edição para a internet).
5. Jill Lawless, "Catherine Zeta-Jones, Michael Douglas win lawsuit over wedding pictures", Associated Press, 11 de abril de 2003 (edição para a internet).
6. Leo Rosten, *Hollywood: The Movie Colony*. Nova York: Harcourt Brace & Company, 1941, p. 61.
7. Laura Wides, "Settlement allows for Governor Bobbleheads", *Daily News*, Nova York, 3 de agosto de 2004, p. 5.
8. "George Clooney confesses dirty makeup secrets", *Celebrity News*, Internet Movie Database, 11 de dezembro de 2000.
9. *Eu, espião*, DVD (2003), comentários do diretor.
10. Citado por David Russell, *Três reis* (1999), DVD, comentários do diretor.
11. David Ansen, "Operation Desert Scam", *Newsweek*, 18 de outubro de 1999 (edição para a internet), e *Três reis*, comentários do diretor.
12. Eric Hamburg, *JFK, Nixon, Oliver Stone and me*. Nova York: Public Affairs, 2001, p. 121.
13. *A identidade Bourne*, DVD (2002), comentários do diretor.
14. Ben Stein, *Hollywood days, Hollywood nights: The diary of a mad screenwriter*. Nova York: Bantam Books, 1988, p. 49.

15. Clayton R. Koppes e Gregory D. Black, *Hollywood goes to war: How politics, profits, and propaganda shaped World War II movies*. Berkeley e Los Angeles: University of California Press, 1990, p. 6.

16. François Truffaut, *Day for night* (1973), DVD, entrevista do diretor.

17. Entrevista com o autor, 2003.

18. Entrevista com o autor, 2003.

19. Entrevista com o autor, 2003.

20. Entrevista com o autor, 2004.

21. Bruce Feirstein, "Taking a contract out on writers", *New Yorker Observer*, 20 de março de 2003 (edição para a internet).

22. Telegrama reimpresso em Robert Evans, *The kid stays in the picture*. Nova York: Hyperion, 1994, p. 345, mas Evans retirou dele a última linha: "Você não fez nada no *Poderoso chefão* além de me aborrecer e atrasá-lo".

23. Evans, *Kid stays*, p. 218.

24. Citado em Peter Biskind, *Easy riders, raging bulls: How the sex-drugs-and-rock 'n' roll generation saved Hollywood*. Nova York: Touchstone Books, 1998, p. 159.

25. Entrevista ao autor, 2003.

26. Tad Friend, "This is going to be big", *New Yorker*, 23 de setembro de 2002 (edição para a internet).

27. Ken Auletta, "Beauty and the Beast", *New Yorker*, 16 de dezembro de 2002, p. 76.

PARTE 6

A lógica política de Hollywood

26 OS FILMES QUE FIZERAM NOSSA CABEÇA

As pessoas aqui da Casa Branca acham que têm poder. Estão enganadas. As pessoas que fazem esses [filmes] é que têm poder... Elas podem entrar na sua cabeça. Podem assumir o controle de tudo o que você vê e faz, mudar seu jeito de sentir, tudo que acontece com você, e poder é isso.
– Ben Stein, *Her only sin*[1]

A POLÍTICA, na sua acepção mais ampla, envolve muito mais coisas que ganhar as eleições, nomear pessoas ou influenciar a legislação. Segundo a clássica definição de Harold Lasswell, a política diz respeito a "quem tem o que, quando e como".[2] O "o que" se refere tanto aos bens materiais, que geram riqueza, como à imagem favorável, que gera respeito. Nesse sentido da política, os filmes, com sua capacidade de estabelecer imagens respeitadas ou negativas para todas as classes de pessoas, representam poder político.

Em seu estudo de 1922 sobre a opinião pública, Walter Lippmann descreveu essas imagens como "estereótipos", cunhando o termo com base nos moldes estáticos utilizados pelos gráficos para compor as fontes. "Definimos o mundo à nossa volta de acordo com estereótipos preexistentes" ou "as imagens dentro da nossa cabeça", escreveu ele, mesmo que "não correspondam automaticamente ao mundo externo".[3]

Desde que vieram à cena, até os dias de hoje, os filmes se revelaram o portador mais influente dessas imagens mentais, pois proporcionam uma ilusão de realidade bem mais convincente que as representações estáticas das fotografias e pinturas que os antecederam. Por transcenderem os limites da alfabetização e serem muito mais acessíveis que os livros, deram aos realizadores um poder ímpar para moldar a percepção de mundo das pessoas.

Na década de 1890, antes de os longas-metragens surgirem ou serem incorporados a Hollywood, os primeiros realizadores criavam as próprias versões dos fatos, as chamadas "atualidades". Começaram "recriando" acontecimentos do passado – como o assassinato do presidente William McKinley – e logo passaram a retratar fatos correntes. Em 1894, um produtor pagou aos boxeadores James Corbett e Peter Courtney para encenarem uma luta em que cada um dos assaltos duraria exatamente 90 segundos (a duração do filme na câmera), culminando com o último assalto, no qual Corbett nocautearia Courtney.[4] As lutas filmadas se revelaram tão atraentes para o público que uma única delas, em 1897, faturou 750 mil dólares (o equivalente a 25 milhões de dólares em 2003).

Quando perceberam que não tinham de limitar a ilusão à reconstituição de fatos (ou à representação de eventos contemporâneos), os produtores rapidamente começaram a expandir o meio para os temas ficcionais, como o filme *Great train robbery* (algo como "grande roubo de trem"), de 12 minutos, feito em 1903. Em 1915, os produtores rodavam mais de 400 filmes de longa-metragem por ano.

Essas primeiras produções, baseadas em estereótipos grosseiros, retratavam diferentes grupos de pessoas trabalhando e se divertindo, informando assim uma grande parcela da população – especialmente os recém-chegados às cidades – sobre as convenções, o comportamento e a moda socialmente aceitos. Alguns também eram interpretações vívidas dos fatos que haviam formado a nação. Por exemplo, D. W. Griffith, que dirigiu mais de 400 filmes, criou uma reconstituição épica da guerra civil, *O nascimento de uma nação* (*The birth of a nation*), que serviu para definir os afro-americanos (representados por atores brancos com maquiagem preta) e os sulistas brancos (mostrados em trajes da Klu Klux Klan). Depois de assistir ao filme de 190 minutos (foi a primeira exibição cinematográfica na Casa Branca), o presidente Woodrow Wilson, impressionado com as imagens ficcionais, disse: "É como escrever a história com luz; só lamento a verdade terrível de tudo isso".[5]

A questão política agora era decidir quem controlaria esse meio capaz de produzir imagens tão poderosas a ponto de fazer a ficção parecer realidade. Já antes de se formar a colônia cinematográfica de Hollywood, os órgãos governamentais tentaram controlar o novo meio. Em 1907, Chicago aprovou uma lei autorizando a censura no cinema. Em 1915, o Supremo Tribunal dos Estados Unidos discutiu a matéria e decidiu manter o direito do governo local de censurar os filmes, excluindo-os, como "entretenimento", da proteção assegurada pela Primeira Emenda.[6]

O governo federal afirmou seu interesse em controlar as imagens filmadas no início da Primeira Guerra Mundial, quando o presidente Wilson fez um acordo com os estúdios de Hollywood para que os filmes divulgassem pontos de vista favoráveis aos Estados Unidos. Em seguida, introduziu-se a exigência de que os filmes exportados para o exterior contivessem esses pontos de vista – chamados eufemisticamente de "material educativo" – e fossem aprovados pelo Comitê de Informações Públicas de Wilson. George Creel, que chefiava o novo órgão de censura, explicou: "Queríamos levar aos outros países imagens que mostrassem como vivem bem os Estados Unidos, transmitindo idéias corretas sobre nosso povo e nossas instituições".[7] Como naquela época todas as grandes produções eram feitas para exportação e consumo interno, o governo passou a exercer imenso poder sobre as imagens dos Estados Unidos veiculadas dentro e fora do país.

Durante a Segunda Guerra Mundial, Roosevelt implantou o Bureau de Cinema do Gabinete de Informações de Guerra, com a função de censurar os filmes e também usá-los para mobilizar a opinião pública americana a apoiar o esforço de guerra. Composto por diplomatas do Departamento de Estado, funcionários da Casa Branca e oficiais militares, sob a liderança do ex-jornalista Elmer Davis, o Gabinete não media esforços para assegurar que as imagens produzidas por Hollywood aviltassem os inimigos declarados da nação – alemães e japoneses. Como Davis inocentemente explicou: "A maneira mais fácil de injetar na mente das pessoas um conceito propagandístico é transmiti-lo por meio de um filme de entretenimento no momento em que elas não percebem que estão sendo submetidas a ele". Com esse propósito, a equipe de Davis examinava todos os roteiros antes e propunha alterações nos diálogos, caracterizações e enredos, de modo a demonizar os inimigos alemães e japoneses. Num filme de Tarzan, por exemplo, eles insistiam para que os animais selvagens reagissem com violência sempre que avistavam alemães.[8]

No final da década de 1940 e início dos anos 1950, o Comitê de Atividades Antiamericanas desviou o foco político da preocupação com o valor das imagens para a preocupação com o valor das pessoas que as produziam, inaugurando assim o equivalente hollywoodiano de uma inquisição cultural de amplo alcance. Os inquisidores do Congresso davam aos escritores, diretores e atores acusados de subversão a escolha de demonstrarem arrependimento, delatando aqueles envolvidos em atividades subversivas. Se eles se recusassem a citar nomes, eram ameaçados com acusações criminais por desacato à autoridade, correndo o risco de serem presos. Como já vimos, os estúdios, em vez de aproveitar a oportunidade para dar apoio ao seu pessoal de criação, reforçaram consideravelmente o poder dos inquisidores ao declararem que todos os que se negassem a cooperar, invocando seu direito constitucional contra a auto-incriminação, seriam demitidos. Para se livrarem do constrangimento público, os estúdios também contrataram ex-agentes do FBI para extirpar aqueles que mantinham vínculos duvidosos com o Partido Comunista ou mesmo com grupos suspeitos de ligações com ele. Assim, muitos escritores e diretores foram colocados na lista negra ou impedidos de participar dos filmes americanos (pelo menos, usando os próprios nomes). Embora essas investigações tenham gerado poucas provas de que os escritores, diretores e atores tivessem de fato inserido nos filmes de Hollywood alguma posição ou propaganda que se pudesse identificar como comunista, o temor que elas difundiam levou os estúdios a inspecionar os roteiros na década de 1950, a fim de se certificar de que não continham elementos passíveis de serem interpretados pelos investigadores políticos como subversivos ao estilo de vida americano.

Além disso, o governo federal, com suas preocupações quanto à influência política das imagens gravadas no celulóide, fosse em tempos de guerra ou de paz, não era o único interessado em controlar o conteúdo dos filmes de Hollywood. Ao longo das décadas de 1920 e 1930, políticos locais, organizações religiosas e os pretensos guardiões da moralidade pública – como a Legião da Decência, as Filhas da Revolução Americana e o Congresso Nacional de Pais e Mestres –, todos reivindicavam o direito de censurar os filmes.

Os *moguls* dos estúdios, por sua vez, não estavam ainda seguros o bastante de sua nova posição para opor resistência a essas pressões. Parte dessa insegurança se devia ao fato de terem ascendido rapidamente – em menos de uma geração, passaram de forasteiros imigrantes a capitães da indústria – e estarem em busca do status social correspondente a essa ascensão. Como escreve Neal Gabler em *An empire of their own*: "Embora os judeus de Hollywood fossem acusados pelos ignorantes de conspirarem contra os valores americanos tradicionais e a estrutura de poder que os sustentava, eles se dedicavam desesperadamente a adotar esses valores e se empenhavam em ingressar nessa estrutura de poder".[9] Além disso, tinham de levar em conta sua vulnerabilidade econômica. A maioria dos grandes estúdios – Paramount, MGM-Loews, Warner Bros., Fox e RKO – derivava o grosso de seus lucros não da produção de filmes ou do licenciamento de direitos, mas da receita de bilheteria arrecadada em seus cinemas. E esses cinemas, fonte dos seus lucros, eram particularmente vulneráveis às leis locais e aos boicotes seletivos.

Para garantir que seus produtos atendessem aos padrões aceitos de decência, os *moguls* decidiram abrir mão de parte do seu poder individual de selecionar os estereótipos e outras imagens da sociedade americana que apareciam nos filmes. Em 1924, concordaram em se submeter a um censor comum, William Hays, ex-diretor geral dos correios. Hays foi encarregado de negociar com todas as autoridades civis, religiosas e governamentais relevantes uma fórmula satisfatória, ou "código de produção", que os estúdios então aplicariam a todos os filmes a serem exibidos nos cinemas americanos. O resultado dessa iniciativa, lembremos, foi o Hays Office, que trabalhava sob os auspícios da associação de classe dos estúdios, a MPAA. Essa censura interna não se restringia apenas a banir cenas de nudez, profanação e violência explícita. Proibia por completo certos temas (como o casamento inter-racial) e limitava o modo de se retratarem certos tipos de personagens (como policiais). Exigia inclusive que enredos sobre assuntos polêmicos tivessem o desfecho esperado.

Em 1927, o código governava todos os aspectos da produção e da montagem e circulava entre os executivos dos estúdios na forma de uma lista sobre o que não fazer e o que observar. A lista de proibições inicial incluía "desrespeito pelas forças armadas, aviltamento do clero, uso impróprio da bandeira, sedição, licenciosidade, insinuação de nudez, crueldade com crianças ou animais, tráfico de drogas ilegais, prostituição, perversão sexual, profanação, estupro, miscigenação, homem e mulher na cama, higiene íntima, partos, instituição do casamento, simpatia com criminosos e excesso de beijos".

Alguns anos depois, quando os filmes falados substituíram o cinema mudo, a censura se tornou mais complicada. A presença do som sincronizado dificultava ainda mais introduzir mudanças nos filmes depois de prontos, pois não se tratava de simplesmente suprimir imagens ou textos ofensivos. Assim, o Hays Office começou a censurar não apenas os filmes como os roteiros propostos, manobra que exigia uma organização maior e mais invasiva.[10] No auge do seu poder, esse órgão de censura exigia que toda história sobre o exercício da lei nunca poupasse da justiça os transgressores, e que todo filme sobre relações matrimoniais que aludisse a qualquer forma de divórcio mostrasse que este levava inevitavelmente à tragédia.

Quando, na década de 1930, o Hays Office lançou um olhar desconfiado para os filmes que retratavam problemas sociais, como a pobreza, os estúdios responderam conciliatoriamente com um cardápio mais ligeiro, como as comédias sobre tipos excêntricos. A pressão para que os diretores evitassem tratar com seriedade dos problemas decorrentes da Depressão é tema da comédia *Contrastes humanos*, de Preston Sturges, que conta a história de um bem-sucedido diretor de Hollywood, John Sullivan (Joel McCrea), que rejeita os pedidos do estúdio para que ele dirija outra comédia-pastelão comercial. Em vez disso, ele decide fazer filmes sobre um assunto político: a pobreza abjeta nos Estados Unidos. A tentativa de Sullivan de substituir a comédia por um filme de conteúdo social termina em desastre: ele não só não consegue fazer o filme, intitulado *E aí, irmão, cadê você?*, como vai parar na prisão (por um assassinato que não cometeu), onde descobre que os pobres, na verdade, não querem ver filmes sobre a pobreza; eles querem rir com os pastelões. Assim, obtendo sua liberdade metafórica, Sullivan volta a fazer o que o estúdio quer: comédias despretensiosas. Como o Sullivan ficcional, a maioria dos realizadores convencionais de Hollywood aceitava, e até justificava, as limitações políticas ao seu trabalho.

Com o fim do sistema de estúdio, o Hays Office e as formas oficiais de censura aos poucos desapareceram. (Nessa época, o governo havia desmantelado também o Gabinete de Informações de Guerra.) No entanto, os políticos, os grupos de interesse e outros preocupados em influenciar a opinião pública não abandonaram totalmente seus esforços de criar imagens na cabeça das pessoas. E os estúdios, embora livres das restrições da censura formal (pelo menos nos Estados Unidos), estão sempre atentos ao poder que o governo exerce, se não sobre eles, diretamente, sobre os vastos interesses de suas matrizes corporativas.

NOTAS

1. Ben Stein, *Her only sin: A novel of* Hollywood. Nova York: St. Martin's Press, 1963, p. 66.

2. Harold Lasswell, *Politics: who gets what, when, and how*. Cleveland: Meridian Books, 1958, p. 1.

3. Walter Lippmann, *Public opinion*. Nova York: Free Press, 1965, pp. 3-20.

4. Raymond Fielding, *The american newsreel, 1911-1967*. Norman: University of Oklahoma Press, 1972, pp. 10-1.

5. Citado em David Puttnam, *Movies and money*. Nova York: Alfred A. Knopf, 1998, p. 78.

6. *Mutual film corporation v. Ohio*, 236 US 230 (1915).

7. Citado em Puttnam, *Movies and money*, p. 78.

8. Clayton R. Koppes e Gregory D. Black, *Hollywood goes to war: How politics, profits, and propaganda shaped World War II movies*. Berkeley e Los Angeles: University of California Press, 1990, p. 61.

9. Neal Gabler, *An empire of their own: How the jews invented Hollywood*. Nova York: Anchor Books, 1989, p. 2.

10. Tino Balio, *Grand design: Hollywood as a modern business enterprise, 1930-1939*, vol. 5. Berkeley: University of California Press, 1995, p. 43.

27 AS REGRAS DO JOGO

HOLLYWOOD NÃO PODE ESCAPAR à sua órbita política. Na verdade, o novo sistema de estúdio é produto de três intervenções governamentais. A primeira ocorreu em 1948, quando o Departamento de Justiça ofereceu aos estúdios um acordo que não tiveram como recusar: ou desistiam do controle sobre os principais pontos-de-venda do varejo ou enfrentavam as conseqüências de uma investigação criminal antitruste. Um após outro, os estúdios assinaram o acordo de consenso do Departamento de Justiça e, assim, abriram mão de seu lucrativo sistema de fabricar produtos filmados para os cinemas cativos. Restava-lhes, então, pouca escolha, a não ser partir para o negócio mais arriscado de criar conteúdos que pudessem ser licenciados e vendidos em outros meios. Seus lucros – agora problemáticos, para dizer o mínimo – dependiam não das vendas nas bilheterias dos cinemas controlados por eles, mas da extensa exploração das propriedades intelectuais em diferentes mercados.

A segunda intervenção do governo veio em 1970. No início da década de 1960, a audiência de tevê crescera tornando-se quase dez vezes maior que o público de cinema, e, como Walt Disney – e, mais tarde, Lew Wasserman – havia demonstrado, as produtoras podiam gerar grandes lucros fazendo programas, seriados e outros produtos para as três redes e distribuindo-os, em regime de aluguel e licenciamento, às emissoras locais. Quando os principais estúdios perceberam que precisavam ter acesso a esse mercado, encontraram diante de si uma grande barreira: as redes. A CBS, a NBC e a ABC controlavam o acesso à audiência do horário nobre, eram donas da maioria das maiores emissoras nos mercados mais importantes, decidiam quais programas iam ao ar e possuíam subsidiárias que produziam seus programas. Uma vez que as redes de televisão podiam produzir, transmitir e distribuir os próprios programas, as oportunidades para os estúdios eram limitadas.

Porém, ao contrário do cinema, a transmissão por tevê é regulada pelo governo. A Federal Communications Commission (FCC), cujos sete membros são designados pelo presidente, concede licenças de seis anos para as emissoras operarem ondas públicas e publica as regras que elas devem seguir para renovar sua licença. Em 1970, depois da grande pressão exercida em Washington por Lew Wasserman, da MCA, e executivos de outros estúdios, o governo interveio em nome dos estúdios e a FCC aprovou a já discutida regra do fin-syn, que deu aos estúdios de Hollywood uma vantagem insuperável sobre as redes no controle desse negócio até então dominado por elas. Os seis maiores estúdios – que vinham utilizando pouco seus estúdios de filmagem, sua grande equipe técnica e suas gordas linhas de crédito nos bancos – fortaleceram seu domínio na tevê com a aquisição de acervos e instalações das principais produtoras de televisão independentes, como a Aaron Spelling Productions, a Norman Lear-Tandem Productions, a Desilu, a Lorimar e a Merv Griffin Productions. Assim, a televisão, não o cinema, tornou-se a principal fonte de receita dos estúdios. A Columbia TriStar Pictures, por exemplo, passou a depender dos direitos de agenciamento de apenas três séries – *Who's the boss?*, *Married with children* e *Designing women* – para gerar mais de meio bilhão de dólares em receita de licenciamento na década de 1990.

A terceira intervenção do governo abriu caminho para que os estúdios se incorporassem às redes de televisão. A FCC afrouxou a regra do fin-syn no início da década de 1990, abolindo-a inteiramente em 1995. Isso permitiu que os estúdios e a redes se tornassem parte dos conglomerados verticalmente integrados que hoje controlam a produção, a distribuição, as emissoras, as redes, os cabos, os satélites e outros meios pelos quais não apenas o público americano, mas grande parte do mundo, assiste na televisão.

Igualmente importantes, embora menos visíveis, são as decisões governamentais de interferir em esquemas semelhantes a cartéis. No caso do Consórcio do DVD, por exemplo, o Departamento de Justiça dos Estados Unidos não só permitiu o acordo firmado entre os estúdios americanos e os fabricantes japoneses e europeus, como tacitamente o encorajou. Lembremos que, em 1994, a Time Warner e sua parceira japonesa, a Toshiba, enfrentaram a Sony e a Philips, que juntas controlavam as patentes da codificação digital do som. Preocupadas com que a Sony e a Philips usassem essas patentes para obter vantagens no acordo de desenvolvimento conjunto, a Time Warner e a Toshiba solicitaram que o Departamento de Justiça publicasse instruções sobre "o mau uso e abuso de um portfólio de patentes predominante para restringir a concorrência".[1] Comunicadas pela Time Warner, as instruções foram interpretadas pelos representantes da Sony e da Philips como uma clara advertência de que o governo americano esperava que elas cooperassem com a Time Warner. Em 12 de dezembro de 1995, com a Time Warner, a Toshiba e a Matsushita (que então era dona da Panasonic e da Universal Pictures), a Sony e a Philips juntaram suas patentes a um único Consórcio do DVD. O acordo de patentes que se originou desse cartel deu aos estúdios de Hollywood o importante controle sobre onde e quando os filmes seriam exibidos em DVD.

Como seus principais centros de lucro estavam agora localizados em setores regulados diretamente pelo governo, como a propriedade de emissoras de tevê, ou beneficiados pelo auxílio governamental, como seu controle sobre o DVD, as matrizes corporativas dos estúdios tinham de cuidar para não ofender os governos que estabeleciam as regras. Em primeiro lugar, tinham de levar em conta o ponto de vista do governo sobre o que favorecia o interesse público. Por exemplo, no início da década de 1970, na esteira da benéfica regra do fin-syn, a administração Nixon realizou uma série de conferências na Casa Branca com os produtores de televisão e os executivos dos estúdios, visando reformular a imagem que o público tinha acerca do problema das drogas nos Estados Unidos. De acordo com Egil Krogh, um dos estrategistas de Nixon sobre os assuntos internos, Nixon e seu procurador-geral, John Mitchell, acreditavam que a "guerra" do governo contra as drogas seria facilitada se os usuários fossem retratados no cinema e na televisão não como simples "vítimas da dependência", mas como "parte integrante do problema da criminalidade urbana".[2] Em vez de retratar os dependentes de drogas como pessoas autodestrutivas apenas – como, por exemplo, no filme *O homem do braço de ouro* (*Man with the golden arm*, 1955), de Otto Preminger –, os estúdios foram solicitados pelas autoridades da administração Nixon a pintá-los como ameaças a toda a sociedade. Com esse fim, Krogh ajudou a organizar, para os principais produtores e executivos dos estúdios, programas sensacionalistas em que os oficiais da lei demonstravam como os traficantes de drogas, agindo como versões modernas de vampiros malignos, infectavam seus clientes com a necessidade insaciável de praticar roubos e assassinatos em troca de sua ração diária de drogas, criando assim uma onda de criminalidade que se espalhava por todo o país.[3]

Os executivos de produção desses programas entenderam a mensagem. Como explicou um vice-presidente da Warner Bros. que participou da conferência na Casa Branca em 1971: "O pessoal da Casa Branca deixou claro que queria ver muito mais vilões drogados, e nós aceitamos".[4] Esses executivos docilmente redigiram inúmeros memorandos dirigidos aos escritores, com recomendações de como poderiam usar os viciados em drogas como vilões nas séries. O resultado disso foi que os autores de crimes – de roubo a estupro e desfalque em banco – passaram a ser retratados como viciados.

Duas décadas depois, o governo forneceu um incentivo financeiro mais direto às emissoras de tevê para transmitirem suas mensagens antidroga. Em 1997, o Congresso aprovou uma lei permitindo que as redes fossem pagas, por meio de uma fórmula complicada, para incluir no enredo das séries de televisão mensagens antidrogas aprovadas pelo Gabinete de Políticas Nacionais para o Controle de Drogas da Casa Branca. Para se qualificarem ao pagamento, os executivos da televisão muitas vezes tinham de negociar trechos dos roteiros com os funcionários dessa agência. Como explicou um executivo da Warner Bros.: "A Casa Branca lia de fato os roteiros. Eram eles, de fato, que os aprovavam".[5] É claro que, ainda que não fosse pela remuneração financeira, os executivos da televisão e dos estúdios tinham muitas razões para não ofender os reguladores do governo.

A dependência cada vez maior dos estúdios em relação à televisão requer que eles levem em conta não só os desejos das autoridades governamentais, como a influência dos vários grupos de interesse sobre o Congresso, a Casa Branca e a FCC. Afinal de contas, as emissoras locais que exibem os programas, filmes e outros materiais que eles produzem devem servir ao "interesse público" de sua comunidade. Em tese, pelo menos, as emissoras podem perder sua licença se a FCC considerar que sua programação representa um desserviço à comunidade.

Na prática, as emissoras raramente – se é que isso alguma vez aconteceu – deixaram de obter a renovação de sua licença, mas a exigência da FCC abriu a porta para contestações por parte de organizações que se dizem representantes dos interesses de comunidades ofendidas. Uma das primeiras contestações partiu da National Association for Advancement of Colored People (NAACP), organização com a qual os estúdios já haviam se defrontado. Em 1942, a NAACP conseguiu persuadir a Disney a modificar a imagem racial dos negros retratados no filme *A canção do Sul* (*Song of the South*) e, em seguida, instituiu um "gabinete" em Hollywood para discutir com os altos executivos dos estúdios – entre eles, David O. Selznick, Darryl Zanuck e Louis B. Mayer – maneiras de evitar estereótipos depreciativos dos negros nos filmes.[6] Apesar dessa aparente vitória, a influência da NAACP sobre os estúdios era limitada, pois ela raramente tinha a oportunidade de examinar os roteiros antes da realização dos filmes – e, uma vez feito isso, era tarde demais. Assim, a organização decidiu concentrar seus esforços na televisão.

As redes de televisão estavam maduras para atender às preocupações da NAACP. Depois que a National Advisory Commission on Civil Disorders concluiu, em 1968, que os Estados Unidos estavam "a caminho de se tornar duas sociedades, uma branca e uma negra: separadas e desiguais", por causa, em parte, da distorcida representação da vida dos afro-americanos na mídia, as redes ficaram especialmente sensíveis às acusações de que seus programas continham estereótipos que contribuíam para a segregação racial. Em resposta à pressão da NAACP e de outros grupos interessados, cada rede, bem como os estúdios que produziam a programação, começou a utilizar intermediários não oficiais para negociar problemas de roteiro com a NAACP e outros representantes de minorias. Como resultado desse esforço, os estereótipos dos afro-americanos gradualmente desapareceram da televisão e da maioria dos filmes. Em vez de esses atores serem escalados para papéis de criados, atletas, humoristas e criminosos pés-de-chinelo, como no passado, eram agora chamados para desempenhar cientistas, juízes, presidentes e diretores da CIA. Ironicamente, os produtores se viram então criando um novo estereótipo: o de bandidos pés-de-chinelo brancos. Quando indagado por Ben Stein por que quase todos os criminosos das séries de tevê na década de 1970 eram brancos, David Begelman, que nesse período ocupava a presidência da Columbia, explicou que isso era resultado direto da pressão dos lobistas para excluírem os afro-americanos desses papéis.[7]

Outros grupos de interesse também tentaram alterar as mensagens veiculadas no cinema e na televisão sobre temas que iam desde relacionamentos homossexuais ao uso do cinto de segurança no carro. Em muitos casos, os estúdios designam um produtor ou escritor para rever, com representantes desses grupos, os roteiros e os personagens, bem como para avaliar suas queixas e tentar resolver qualquer divergência. A DreamWorks, por exemplo, tem um escritório "extraordinário", que estabelece contato com grupos de defesa de direitos relevantes quando os filmes ainda estão na fase de pré-produção, a fim de determinar se o roteiro pode ofender seus integrantes.

O Pentágono, embora não seja um grupo de interesse convencional, tem um evidente interesse em moldar a percepção do público americano quanto a suas atividades – ainda que apenas para ajudá-lo a recrutar soldados. Quando alguma companhia cinematográfica deseja utilizar seus aparatos – aviões, navios, bases, armas e pessoal –, o Pentágono estabelece regras rigorosas, executadas por seu Film Liaison Office. É claro que os estúdios podem rejeitar esse acesso gratuito e alugar outro aparato militar, como fez Coppola, a um alto custo, quando filmou *Apocalypse now*. Mas, se o aceitarem, como geralmente fazem, devem ceder a esse escritório do Pentágono algum controle sobre as imagens resultantes. "Se quer usar os brinquedos dos militares", explicou um consultor de filmes militares, "você tem de jogar de acordo com as regras deles"[8]. Esse acordo é ilustrado pelas condições aceitas pela Disney em troca dos navios de guerra, aviões e assistência militar para o filme *Pearl Harbor*. Não só os produtores tiveram de submeter o roteiro ao Pentágono como fizeram as mudanças propostas pelo consultor de história designado pela instituição, Jack Greene.[9] Tais mudanças incluíram substituir a descrição dos pilotos americanos como petulantes, desdenhosos e rebeldes em relação aos seus superiores por outra, que os mostrava polidos, respeitosos e submissos.[10]

O GRANDE FILME

Recentemente, a CIA, seguindo o exemplo do Pentágono, criou o próprio escritório de contato com Hollywood. Ao fornecer aos filmes – entre eles, *O novato*, *A soma de todos os medos*, *Inimigo do Estado* (*Enemy of the State*) e *Má companhia* (*Bad company*) – consultores técnicos, instruções e até mesmo visitas guiadas a seu quartel-general em Langley, Virgínia, a CIA tenta criar uma imagem mais "realista" e, presumivelmente, mais positiva de si mesma.

Do mesmo modo, os governos estrangeiros muitas vezes insistem para que os filmes rodados em seu território – e que se beneficiam de suas locações, instalações e, em alguns casos, subsídios – retratem seu país, sua cultura e, o mais importante, sua liderança sob uma luz favorável. Para garantir essa cooperação, com freqüência exigem que os realizadores submetam o roteiro à sua aprovação. É verdade que alguns realizadores não estão dispostos a aceitar essas condições e, por isso, escolhem países menos suscetíveis politicamente para servirem de "dublê" para seus temas. Por exemplo, os filmes sobre a China e o Vietnã, dois países que exigem aprovar o roteiro, podem ser rodados na Tailândia ou nas Filipinas (embora geralmente a um preço maior). Mas se os realizadores preferem a autenticidade (ou a economia) de filmar num país politicamente suscetível, têm de jogar de acordo com suas regras. Além disso, quando se trata da exibição de filmes, os estúdios devem respeitar o regime de censura existente em muitos países, como França, Alemanha, China, Japão, Itália, México, Coréia e Brasil. Dependendo do país, pode haver restrições com respeito à forma de retratar os movimentos políticos, culturais ou religiosos. Até mesmo a representação de certos tipos de violência pode ser vetada – a Grã-Bretanha, por exemplo, proibiu cabeçadas nas cenas de luta. Se querem vender seus filmes, vídeos, DVDs e programas de televisão nesses mercados – e, em alguns casos, como *O exterminador do futuro 3*, os mercados estrangeiros são pré-vendidos para ajudar a financiar a produção –, os estúdios têm de agradar os governos, seja mudando o roteiro antes de filmar, seja fazendo uma versão alternativa para lançar no exterior.

Por fim, mesmo que não haja censura no país, os estúdios – ou suas matrizes corporativas – podem impor suas regras aos realizadores a fim de manter boas relações com o governo anfitrião. A Sony, a única matriz corporativa que não possui – nem tem permissão para tal – uma rede de tevê nos Estados Unidos, segue à risca as regras políticas do Japão (onde ela tem participação em televisão, assim como em negócios de seguro e bancários, entre outras atividades regulamentadas). Outro exemplo é a extraordinária gama de aspectos a serem considerados pela News Corporation, cujo presidente era Rupert Murdoch entre 2002 e 2003: ele tentava convencer o governo chinês a expandir o alcance dos serviços de satélite da sua Star TV; o governo italiano a facilitar sua aquisição da Telepiu, pioneira da tevê paga na Itália, e da Sky Italia, o serviço de satélite italiano; o governo americano a aprovar formalmente a sua aquisição da DirecTV, a maior companhia de satélites dos Estados Unidos, e abrandar as restrições da FCC à propriedade de emissoras de televisão; o governo russo a vender os serviços de satélite da NTV, uma das maiores redes de tevê da Rússia; o governo alemão a suspender as restrições que o proibiam de comprar parte da falida KirchMedia; e o governo britânico a reduzir o apoio à News 24, da BBC, concorrente direto de sua Sky News. Para alcançar esses objetivos de escala mundial, as matrizes corporativas muitas vezes precisam de aliados estrangeiros – uma consideração política da qual os estúdios devem pelo menos estar cientes ao produzir filmes ou programas de televisão que possam constranger ou ofender autoridades de cuja boa vontade eles dependem.

As regras para os realizadores nem sempre se aplicam de maneira uniforme. Nem são gravadas em pedra. São essencialmente oportunistas, mudando de acordo com os desdobramentos políticos, as decisões legais, a atmosfera cultural e outras circunstâncias. Contudo, são uma parte indispensável, embora nem sempre visível, do campo de força que configura a lógica de Hollywood.

Os seis principais estúdios necessitam da aquiescência daqueles que podem mudar as leis para atender aos seus interesses. Suas matrizes corporativas precisam da permissão do governo americano para completar sua aquisição de todas as redes de tevê e de cabo, operadoras de satélite, canais pagos e emissoras das maiores cidades, a fim de controlar os portais de acesso ao público do entretenimento doméstico. Precisam de leis que obriguem os televisores a conter dispositivos de codificação que restrinjam o uso doméstico de seus conteúdos pelo consumidor. Precisam, ainda, de leis, como o Digital Millenium Copyright Act, de 2000, que impeçam os piratas do vídeo e outros apropriadores de fornecerem seus conteúdos sem autorização, ou de alterarem as restrições regionais nos DVDs. Necessitam de um regime de censura que as protejam de concorrentes que dividam seu mercado oferecendo material mais explícito. Precisam de isenção das leis antitruste e de outras regulamentações para que possam estabelecer acordos entre si a respeito dos padrões, formatos e proteção de mercado para seus conteúdos. As seis gigantes corporativas têm diante de si uma realidade singular: precisam do apoio dos governos dos principais países para protegerem e expandirem seus domínios no campo do entretenimento. Ainda que as estratégias para cumprir esses requisitos políticos estejam confinadas apenas aos altos escalões do sexpólio, sua implementação afeta as decisões tomadas em cada degrau do processo criativo.

NOTAS

1. Warren Lieberfarb, "Knowledge at Wharton", palestra na Wharton School of Business, 13 de março de 2002. Disponível em http://knowledge.wharton.upenn.edu/index.cfm?fa=viewArticle&id=530; entrevista com o autor, 2000.

2. Egil Krogh, entrevista com o autor, 1977.

3. Edward Jay Epstein, *Agency of fear: Opiates and political power in America*. Nova York: G. P. Putnam's Sons, 1977, pp. 165-69; também, entrevista com Krogh.

4. Entrevista com o autor, 1973.

5. Citado em Daniel Forbes, "Prime Time Propaganda", *Salon*, 13 de janeiro de 2000 (edição para a internet).

6. *Papers of NAACP*, Part 18: Special Subjects, 1900-1955. Ann Arbor, Mich.: University Publications of America, 1994.

7. Citado em Ben Stein, *The view from Sunset Boulevard: America as brought to you by the people who make television*. Nova York: Basic Books, 1979, p. 38.

8. John Lovett, citado em "Pentagon Provides for Hollywood", *USA Today*, 29 de maio de 2001 (edição para a internet).

9. Lawrence Suid, "Pearl Harbor comes to the big screen", *Naval History Magazine*, junho de 2000 (edição para a internet).

10. Tony Perry, "The Pentagon's Little Pearler", *Los Angeles Times*, 28 de maio de 2001 (edição para a internet).

28 O MUNDO NA VISÃO DE HOLLYWOOD

TOMADA EM CONJUNTO, a seleção de imagens de Hollywood, tanto no cinema como na televisão, cria uma visão de como o mundo funciona. Quando assumiu a administração da Columbia Studio, em 1986, David Puttnam escreveu um memorando ao presidente da Coca-Cola, que era então a proprietária do estúdio, dizendo o seguinte: "Os filmes são poderosos. Bons ou maus, eles mexem com a sua cabeça. Aproximam-se de você furtivamente no escuro do cinema para informar ou confirmar condutas sociais".[1] Ainda que seja uma visão de mundo efêmera, ela reflete os valores das pessoas que criam essas imagens, dos estúdios que lhes dão respaldo e da comunidade de iguais que as reforça e favorece.

DIRETORES

Ao contrário do Sullivan da ficção, que trabalhava sob o sistema de estúdio, os diretores contemporâneos têm liberdade para introduzir nos filmes sua visão da sociedade, sem sofrer por isso nenhuma punição. E é o que muitos fazem. Oliver Stone, por exemplo, retratou os policiais como sádicos e homicidas em *Assassinos por natureza* (no qual incluiu cenas do hoje famoso vídeo que mostra policiais batendo em Rodney King, em Los Angeles); mostrou os soldados americanos também como sádicos e homicidas em *Entre o céu e a terra* (*Heaven and earth*), *Platoon* e *Salvador: o martírio de um povo* (*Salvador*); pintou os líderes do governo americano como assassinos e conspiradores em *JFK* e *Nixon*. Kathryn Bigelow retratou os policiais de Los Angeles como assassinos racistas em *Estranhos prazeres* (*Strange days*). E Francis Ford Coppola mostrou os cardeais do Vaticano como cúmplices da Máfia num assassinato em *Poderoso chefão III*.

Parte da resolução do diretor de transmitir imagens tão fortes da sociedade tem origem em suas convicções políticas. John Wayne, por exemplo, produziu, dirigiu e estrelou *Os boinas verdes* (*The green berets*) porque queria estabelecer uma imagem positiva e humanitária dos soldados americanos na Guerra do Vietnã. Com esse propósito, ele escreveu ao presidente Lyndon Baines Johnson, em dezembro de 1965, dizendo que pretendia fazer "o tipo de filme que promoverá nossa causa pelo mundo... Queremos fazê-lo de uma maneira que inspire nos cidadãos americanos uma conduta patriótica". Depois de obter o endosso da Casa Branca, Wayne comprou o best-seller de Robin Moore, *Os boinas verdes* – romance que mostra as tropas americanas salvando o povo vietnamita das atrocidades dos comunistas –, e o con-

O GRANDE FILME

verteu num filme, em 1968. Embora o filme mal tenha recuperado os 7 milhões de dólares gastos em sua produção, conseguiu cumprir os objetivos de Wayne.

Coppola usou esse poder para apresentar uma imagem muito diferente da Guerra do Vietnã em *Apocalypse now*. Como o filme focalizava as atrocidades contra os vietnamitas e o bizarro comportamento dos militares americanos – descrevendo a guerra, segundo ele mesmo disse, "como um produto de exportação característico de Los Angeles, como o rock psicodélico"–,[2] Coppola concluiu que o projeto era "algo que nenhuma [outra] pessoa ousava abordar". Para conseguir o financiamento, ele teve de se arriscar à ruína financeira, fornecendo garantias pessoais de que ele próprio cobriria qualquer estouro do orçamento. Como se viu mais tarde, o *deficit* orçamentário ultrapassou os 20 milhões de dólares, que o filme mal conseguiu recuperar.

Tim Robbins abriu mão de quase toda a sua remuneração para dirigir *O poder vai dançar* (*Cradle will rock*). Ele assumiu o risco de um possível prejuízo financeiro porque, conforme explicou, queria retratar a brutalidade do capitalismo, com cenas que incluíam os asseclas de Nelson Rockefeller usando marretas para destruir o mural de Diego Rivera no Rockefeller Center. Para ele, essa "metáfora cinematográfica" representava "a corrupção da arte pelo capitalismo".[3]

Berry Levinson também renunciou à boa parte de seus honorários para fazer *Mera coincidência*. Ele explicou que o tema da manipulação da mídia pelos políticos o "fascinava". Com a ajuda do dramaturgo David Mamet, ele adaptou um roteiro livremente baseado no romance *American hero*, sobre a guerra no Golfo em 1991, numa história satírica na qual um presidente, envolvido num escândalo sexual, emprega um relações-públicas de Washington (Robert De Niro) e um produtor de Hollywood (Dustin Hoffman) para fabricarem uma ameaça nuclear dirigida por extremistas muçulmanos, com a finalidade de desviar a atenção do público de seus problemas domésticos. O filme se saiu tão bem no objetivo de estabelecer uma imagem da manipulação exercida pela Casa Branca que, quando o presidente Clinton, após o ataque às embaixadas americanas na África em 1998, ordenou repetidos bombardeios às instalações da al-Qaeda no Sudão, muitas empresas jornalísticas – como *The New Yorker*, *Vanity Fair* e CNN – associaram essas ações às manipulações retratadas no filme.[4]

Os realizadores também trabalham com as imagens que foram plantadas em nossa cabeça, algumas das quais, pelo menos, são estereótipos reciclados nascidos da primeira geração de diretores, escritores e produtores. É o caso, por exemplo, das imagens estereotipadas que caracterizam os financistas como conspiradores criminosos, que surgiram em Hollywood na década de 1990. No seu estudo, ainda hoje relevante, sobre os valores que moldaram as séries de tevê na década de 1970, Ben Stein descobriu que a maioria dos produtores e escritores responsáveis por grande parte dessas séries compartilhava a visão de que "os homens de negócios são pessoas más, vis, e que os grandes homens de negócios são os piores de todos", já que "geralmente têm ligações com a Máfia".[5] Como resultado dessa crença comum, observa Stein, os sujeitos "cruéis, duas-caras e cínicos são praticamente o único tipo de homem de negócios que aparece nos seriados de aventura na tevê".[6] Em séries como *Columbo*, *Baretta*, *Starsky e Hutch*, *Kojak*, *Harry-O*, *Ironside* e *Havaí 5-0*, a combinação calça, colete e paletó, ou mesmo uma simples gravata, tornou-se "o inevitável distintivo do crime", assinala Stein.

Como os episódios dessas séries foram licenciados durante décadas para as emissoras locais e a televisão a cabo, eles ingressaram, como expressou um produtor, "na cadeia alimentar do que foi visto e consumido pelos futuros escritores".[7] Não surpreende, portanto, que a geração de realizadores criada à base desse cardápio televisivo tenha adotado, querendo ou não, o ícone do homem de negócios criminoso e elegante como parte de sua percepção da realidade. Seja como for, na década de 1990, o homem de negócios cruel, que tramava assassinatos nada figurativos, tornara-se a matéria-prima de filmes como *Um crime perfeito* (*A perfect murder*), *Nunca mais* (*Enough*), *O advogado do diabo* (*The devil's advocate*), *Coração de aço* (*Blue steel*), *Ghost: do outro lado da vida* (*Ghost*), *O jogador*, *Na roda da fortuna* (*Hudsucker Proxy*) e *Síndrome da China* (*The China Syndrome*), para citar apenas alguns. Mesmo que o homem de negócios-assassino não fosse originalmente descrito no roteiro como alguém usando um terno de caro feitio, gravata de seda e cabelo bem penteado, os designers de produção costumavam utilizar esse estilo emblemático ao desenhá-lo nos storyboards, que, por sua vez, serviam de base aos figurinistas e diretores de elenco.

A imagem foi então reciclada mais uma vez quando os estúdios venderam às redes de notícias televisivas os direitos de usarem breves cenas dos filmes para ilustrar suas matérias, no final da década de 1990. A Warner Bros., por exemplo, fez um acordo desse tipo com a CNN (que pertencia à mesma matriz corporativa que o estúdio, a Time Warner), e, a partir de então, a cena do filme *Wall Street*, de Oliver Stone, em que o personagem Gordon Gekko (Michael Douglas), impecavelmente vestido, entoa "A ganância é uma coisa boa" foi usada repetidas vezes pela CNN para ilustrar notícias acerca da corrupção corporativa. Por meio dessa tênue fronteira entre os filmes e os noticiários na tevê, as imagens ficcionais passaram a representar fatos reais e, se repetidas com suficiente freqüência, a formar imagens na cabeça do público.

Mesmo o trabalho de diretores que evitam usar os filmes para fazer declarações políticas e se esforçam para entreter o maior público possível pode conter – e projetar com eficácia – certa visão de mundo. É o caso, por exemplo, de *Contatos imediatos do terceiro grau*, de 1997, escrito e dirigido por Steven Spielberg. A história, que atraiu o interesse de um vasto público ao redor do mundo e, por isso, tornou-se um dos maiores sucessos comerciais da história do cinema, tratava da chegada de alienígenas bonzinhos aos Estados Unidos em espaçonaves circulares. Spielberg baseou-se na premissa de que o governo tem o hábito de mentir sobre fenômenos inquietantes para evitar pânico na população. O ponto culminante do filme é uma cena em que os alienígenas trocam uma dúzia de humanos que eles haviam abduzido com o propósito de fazer experiências por um punhado de astronautas americanos que se apresentam como voluntários para acompanhá-los de volta à sua galáxia. Para ocultar suas negociações com os extraterrestres, o governo encena uma fraude elaborada, incluindo um ataque falso com gás nervoso.

A mesma idéia de usar esquemas bem orquestrados para acobertar atividades alienígenas ressurge numa série de outros filmes de sucesso, produzidos pela produtora de Spielberg, a Amblin Entertainment, entre os quais, *E.T.: o extraterrestre*, *Homens de preto* (*Men in black*) e *Homens de preto II* (em que os agentes do governo empregam um dispositivo portátil para apagar a memória de qualquer civil que veja os visitantes alienígenas). Esses filmes promovem a visão de que os governos são instituições paternalistas que inventam artifícios elaborados para proteger os cidadãos de conseqüências com as quais eles não sabem lidar – em nada diferentes das estratégias dos próprios realizadores –, criando para isso ilusões convincentes. Além de um lugar-comum no cinema, as variações sobre o tema da dissimulação governamental renderam à Twentieth Century-Fox uma de suas mais bem-sucedidas séries de televisão, *Arquivo X* (que também virou filme), e à ABC o famoso seriado *Alias*.

IMAGENS DAS ORGANIZAÇÕES

Como observo em *News from nowhere*,[8] as redes de televisão perpetuam seus valores contratando, promovendo e recompensando as pessoas que se identificam com elas. De modo semelhante, os estúdios cinematográficos têm – e fomentam – os próprios valores. Nos velhos tempos, quando os *moguls* usavam de meios poucos sutis para imprimir seus valores nos subalternos, cada estúdio costumava dar aos seus filmes um estilo narrativo característico, que o público passava a associar ao logotipo do estúdio, como um produto de marca. A MGM ficou conhecida por filmes que exalavam o otimismo lírico desmedido que caracterizava suas fantasias musicais; a Warner Bros., por filmes que retratavam implacavelmente o crime e o castigo; a Universal, por seus filmes de horror góticos; a Twentieth Century-Fox, pelo realismo social; e a Paramount, pelos épicos bíblicos.

Os estúdios de hoje também fazem filmes que refletem seus valores subjacentes – ainda que a distinção entre eles nem sempre seja patente ao público. A Disney, por exemplo, se apóia principalmente na sua imagem de entretenimento familiar saudável para atrair os pais a seus parques temáticos, cruzeiros, canal de televisão e produtos licenciados. "Desde que Walt Disney criou a companhia, sua imagem tem sido sagrada"[9], disse um executivo da Disney. "Os filmes e realizadores são descartáveis, sua marca amigável às crianças, não." Para sustentar esse valor, os executivos da Disney eliminam dos filmes qualquer cena que possa prejudicar a reputação da marca. Até mesmo sua subsidiária Miramax, embora seja uma marca distinta, é proibida de distribuir filmes – como *Kids*, que retrata meninos adolescentes como predadores sexuais – que possam corromper sua imagem. (Em 1995, os executivos da Miramax criaram uma distribuidora independente, a Shining Excalibur Pictures, para distribuir *Kids*.) "Todos aqui na Disney sabem qual é e sempre foi a franquia da companhia", declarou um alto executivo de sua divisão de distribuição. "É o mundo dos jovens."[10]

A Universal também definiu a imagem do estúdio para seus executivos. Quando Steven Spielberg era um diretor novo no estúdio, na década de 1970, Sidney Sheinberg, que então dirigia a Universal para Lew Wasserman, disse-lhe: "Não fazemos filmes de arte na Universal, fazemos filmes como *Tubarão*"[11]. Wasserman já havia direcionado a MCA para o negócio de parques temáticos em Burbank, Califórnia, e logo abriria um parque ainda maior em Orlando, na Flórida. Para atendê-los, a Universal precisava de "filmes-catástrofe", como expressou um executivo da MCA – filmes que, além de levar o público ao cinema, gerassem atrações nos parques temáticos e desencadeassem uma enxurrada de brinquedos, jogos e outros produtos licenciáveis. Spielberg deu à Universal o produto que ela queria, e não apenas *Tubarão*, mas *E.T.: o extraterrestre*, *O mundo perdido: Jurassic Park* e *Jurassic Park III* – filmes-catástrofe que se destacaram como as mais bem-sucedidas franquias e atrações de parques temáticos da história.

Steve Ross, como vimos, idealizou uma fórmula semelhante para a Warner Communication. Como já havia colocado o conglomerado no negócio de brinquedos, jogos e parque temático, ele direcionou o estúdio da Warner Bros. a concentrar seus recursos em filmes baseados em heróis de histórias em quadrinhos de sua divisão DC Comics, como Batman e Super-homem, que poderiam criar uma série de produtos para esses negócios.

Os executivos da Sony também sabiam que tipo de filme queriam que seu estúdio recém-adquirido fizesse quando recrutaram para dirigi-lo os ex-executivos da Warner Bros., Peter Guber e Jon Peters, que haviam desenvolvido para Steve Ross a bem-sucedida franquia de *Batman*, e quando recrutaram, mais tarde, a equipe de Dean Devlin e Roland Emmerich para o remake de *Godzilla*. Eles queriam filmes que apresentassem "figuras de ação",[12] como descreveu Devlin, particularmente figuras de ação que pudessem servir aos jogos eletrônicos jogados por adolescentes.

Sumner Redstone, apesar de professar um "antigo amor" pelos filmes mais adultos do passado, reconheceu que a Paramount precisava produzir um menu que apelasse ao público mais jovem, ao qual se dedicavam seus canais Nickelodeon e MTV, entre outros. Esses filmes e programas de tevê pediam, como explicou um executivo do estúdio, personagens que exigissem o mínimo de explicações – "personagens simples em situações empolgantes, como Indiana Jones em *Caçadores da arca perdida*".[13]

A News Corporation, por sua vez, precisava de filmes-catástrofe com apelo suficientemente amplo para atrair assinantes para seus serviços de satélite na Grã-Bretanha, Europa, América Latina, Austrália e Ásia – "filmes verdadeiramente globais", nas palavras de Rupert Murdoch. A Twentieth Century-Fox preencheu esse requisito com oito dos dez maiores sucessos internacionais de bilheteria do século XX, entre eles *Titanic*, *Guerra nas estrelas* e *Independence day*.

Existem distinções menores entre esses produtos organizacionais – as animações da Disney, por exemplo, são geralmente menos realistas que as da Paramount –, mas são mínimas se comparadas com o valor preponderante que todos atribuem a um requisito comum: personagens que se comuniquem não tanto por meio de palavras, mas por ações que possam ser visualmente compreendidas por um público universal e mais jovem. Não é por acaso que filmes como *O exterminador do futuro 3* retratam heróis e vilões como assassinos robóticos quase mudos que explodem uns aos outros em pedacinhos; trata-se de figuras de ação verdadeiramente globais que podem ser compreendidas em qualquer língua ou cultura, capazes de servir de base a uma infinita variedade de brinquedos, atrações em parques temáticos e jogos eletrônicos. Mesmo em suas versões menos fantásticas, os heróis geralmente são personagens que podem despachar os adversários sem a intervenção da polícia, dos oficiais ou de qualquer outra autoridade legal.

A vítima mais imediata dessa simplificação é o quadro revelador que ela pinta do processo jurídico. Lembremos que, sob as regras do Hays Office, todos os filmes de Hollywood traziam um valor embutido: a inviolabilidade da lei. Os que violavam a lei, fossem ladrões de banco nos filmes policiais, multidões de linchadores nos faroestes ou policiais corruptos nos dramas sociais, tinham de ser punidos pela transgressão. Em *A marca da maldade* (*Touch of evil*, 1958), o chefe de polícia, capitão Hank Quinlan (Orson Welles), planta evidências que levarão à condenação de um terrorista; no entanto, para fazer cumprir o código, ele é um vilão que deve ser morto por uma bala no final. Os filmes de hoje, em busca de heróis de ação, costumam oferecer um retrato diferente da justiça. Os processos legais não apenas são descartáveis como, muitas vezes, obstáculos que os heróis têm de vencer. Com esse valor de que os fins justificam os meios, os heróis policiais não precisam se incomodar com questões forenses complicadas; eles simplesmente matam o vilão – como fazem, por exemplo, o detetive Leland (Frank Sinatra) em *A lei é para todos* (*The detective*), o inspetor Harry Callahan (Clint Eastwood) em *Perseguidor implacável* (*Dirty Harry*), o sargento Martin Riggs (Mel Gibson) em *Máquina mortífera*, o agente especial Eliot Ness (Kevin Costner) em *Os intocáveis* e o detetive Keller (Al Pacino) em *Vítimas de uma paixão* (*Sea of love*), que cometem homicídio premeditado e saem impunes. No filme *Los Angeles, cidade proibida* (*L.A. Confidential*), de Curtis Hanson, indicado a nada menos que nove Oscars em 1998, o herói, detetive tenente Ed Exley (Guy Pearce), de início acredita na obediência a lei, mas quando vê que essa conduta não levará aos tribunais seu superior corrupto, o capitão Smith (James Cromwell), Exley toma a justiça em suas mãos e atira no capitão pelas costas. Depois de confessar-se ao procurador do distrito, ao chefe de polícia e a outras autoridades, o assassinato é devidamente acobertado e Exley termina como herói e homem de ação.

O mesmo valor de justiça direta deu origem também à imagem invertida do policial assassino: o vigilante particular. Assim como os policiais, os cidadãos às vezes são retratados como justiceiros. Alguns desses civis heróicos foram retirados das histórias em quadrinhos, como Batman, O incrível Hulk, Super-homem e Homem-aranha. Esses heróis geralmente são homens mascarados, que tiveram de ocultar da lei sua verdadeira identidade (característica útil para os estúdios, que assim puderam dar continuidade à franquia usando atores diferentes – por exem-

O GRANDE FILME

plo, Batman foi representado por George Clooney, Michael Keaton e Val Kilmer). Cidadãos comuns, sem poderes especiais, também são transformados por Hollywood em vigilantes que perseguem criminosos para suprir as falhas do sistema penal. Por exemplo, nos cinco filmes *Desejo de matar* (*Death wish*, 1974-94), o arquiteto nova-iorquino Paul Kersey (Charles Bronson), ao perceber que a polícia é incapaz de prender o homem que matou sua esposa e estuprou sua filha, compra um arsenal de armas e passa a agir fora da lei. Ao longo dos vinte anos seguintes, ele extermina dúzias de estupradores, ladrões, malfeitores, jovens de gangues e traficantes de drogas.

Do mesmo modo, as mulheres no cinema da nova era muitas vezes partem para a ação em vez de recorrerem aos tribunais para corrigir as agressões que sofreram. Em *A violentada* (*Lipstick*), a modelo Chris McCormick (Margaux Hemingway) é estuprada por um famoso compositor musical. Como o tribunal o inocenta da acusação, Chris se vê obrigada a matá-lo com um tiro de espingarda. Em *Nunca mais*, Slim Hiller (Jennifer Lopez), sem conseguir se defender na justiça de seu marido rico e violento, treina-se em artes marciais e então, seguindo um plano meticulosamente traçado, o mata. Em *Dormindo com o inimigo* (*Sleeping with the enemy*), Laura Burney (Julia Roberts) não consegue se divorciar do marido violento e forja a própria morte por afogamento; quando ele descobre que foi enganado e vai atrás dela, ela atira nele e o mata, depois de ligar para a central de polícia denunciando a presença de um "ladrão" na sua casa.

Os advogados, quando não são retratados como ineptos ou incapazes, freqüentemente aparecem como corruptos rematados. Em *A firma (The firm)*, Mitch McDeere (Tom Cruise) descobre que o bem-conceituado escritório de advocacia onde trabalha é, na verdade, uma empresa criminosa envolvida com lavagem de dinheiro, extorsão e assassinato. Em *O júri* (*Runaway jury*), o escritório de advocacia que representa fabricantes de armas se dedica não a praticar o direito, mas a subornar o júri. E em *O advogado do diabo*, o escritório de advocacia é dirigido pela encarnação de Satã, John Milton (Al Pacino).

Os serviços de inteligência também foram redefinidos no cinema. Até o final da década de 1950, Hollywood retratava os serviços de inteligência americanos como elementos legítimos, embora obscuros, do aparelho de segurança nacional. No clássico de 1959 de Hitchcock, *Intriga internacional*, depois que a CIA acidentalmente envolve Roger Thornhill (Cary Grant) numa manobra para despistar o inimigo, ele se alia à agência para ajudar a impedir um agente inimigo de roubar informações secretas e assassinar um contra-espião da CIA. Na década de 1960, porém, essa imagem gradualmente se alinha à necessidade do estúdio de figuras de ação: o agente da inteligência, assim como o policial herói, torna-se ele próprio a lei – um executor. Nos vinte filmes de James Bond, a começar por *007 contra o satânico Dr. No* (*Dr. No*, 1962), o herói não só é um assassino como tem permissão para matar – permissão concedida pelo governo britânico, que trabalha em parceria com a CIA americana. A CIA também costuma empregar seus assassinos – como em *Caça ao terrorista* (*The assignment*), *Teoria da conspiração* (*Conspiracy theory*), *Dossiê Pelicano* (*The Pelican brief*), *True lies*, *A assassina*, *A identidade Bourne*, *Ronin*, *Confissões de uma mente perigosa*, *O novato* e *Três dias do condor* (*Three days of the condor*). Em *Apocalypse now*, por exemplo, o herói assassino da CIA, capitão Willard (Martin Sheen), é enviado para matar o coronel americano Walter Kurtz (Marlon Brando). Além disso, a CIA já não age mais necessariamente em favor dos interesses dos Estados Unidos – uma mudança de enredo que se adapta melhor aos interesses globais do estúdio. De fato, em *Despertar de um pesadelo*, por exemplo, os assassinos da CIA são terroristas que planejam matar 4 mil inocentes na véspera de Natal com um caminhão-bomba e jogar a culpa nos terroristas árabes; numa cena que distancia ainda mais a CIA da preocupação com o bem-estar americano, o agente encarregado dessa operação, Leland Perkins (Patrick Malahide), dá a entender que a CIA esteve igualmente envolvida na explosão da bomba que atingiu o World Trade Center em 1993.

Ao criar vilões mais internacionais – função que antes cabia aos inimigos da guerra fria –, os estúdios precisam evitar ofensas gratuitas às autoridades dos países de cujos mercados hoje depende uma boa parcela de seus lucros. Entre os candidatos que se ajustam perfeitamente a esse papel estão os executivos gananciosos de corporações multinacionais que, vestidos com seus ternos caros, podem representar os terroristas empresariais. Em *Missão impossível 2*, o vilão é Sean Ambrose (Dougray Scott), que controla a multinacional Biocyte Corporation, criadora do vírus Chimera, que pode desencadear uma epidemia global de horríveis mutilações. Se o vírus for liberado – como planeja Ambrose –, a corporação colherá lucros enormes com a venda do antídoto, que só ela fabrica. De modo semelhante, em *007: o amanhã nunca morre (Tomorrow never dies)*, o dono de um conglomerado de mídia global, Elliot Carver (Jonathan Pryce), planeja iniciar uma guerra nuclear entre China e Grã-Bretanha para aumentar a circulação de seus jornais e assegurar valiosos direitos de transmissão na China. Em *O quinto elemento* (*The fifth element*), Jean-Baptiste Zorg (Gary Oldman), dono de uma empresa de armamentos, contrata um alienígena para destruir a civilização na Terra para poder lucrar com o caos. Em *O fantasma* (*The phantom*), Xander Drax (Treat Williams), presidente de um enorme conglomerado industrial, tenta escravizar o mundo. Em *Sol nascente* (*Sun rising*), um conglomerado de Tóquio corrompe políticos e policiais americanos para obter o controle da tecnologia do vídeo digital. Em *O informante* (*The insider*), fabricantes de cigarro deliberadamente escondem a descoberta de que seus produtos causam câncer. Em *A fórmula* (*The formula*), um cartel de petróleo chefiado por Adam Steiffel (Marlon Brando) conspira e mata para fazer subir o preço dos combustíveis no mercado mundial, omitindo uma fórmula alemã que permitiria a produção barata e abundante de combustível sintético. Em *Erin Brockovich*, uma poderosa empresa intencionalmente esconde a poluição que causou no abastecimento de água para evitar pagar seguro aos reclamantes. Em *Johnny Mnemonic*, a fabricante de medicamentos Pharmakon abafa a descoberta da cura de doenças degenerativas a fim de manter suas vendas de remédios. Mesmo quando a corporação não tem a intenção de provocar conseqüências maléficas – o que se torna cada vez mais raro –, ela pode ocasioná-los sem querer por causa de sua ganância, como acontece em filmes como *O mundo perdido: Jurassic Park* e *Do fundo do mar* (*Deep blue sea*).

Os extraterrestres, ou, pelo menos, os seres não-humanos, também cumprem bem o papel de vilões ao fornecerem malfeitores universalmente aceitos. Na série *Matrix*, a batalha se dá entre humanos e máquinas; em *Guerra nas estrelas 2: ataque dos clones*, entre humanos e clones; em *Tropas estelares* (*Starship troopers*), entre humanos e insetos alienígenas. Os vilões alienígenas também são importantes para o negócio de licenciamento de brinquedos e jogos eletrônicos inspirados em filmes de ação, que em 2003 registrou 16 bilhões de dólares em vendas no varejo, já que grande parte do apelo desses produtos entre as crianças é, como explicou um analista de brinquedos, o "confronto" entre os personagens bons e os maus.[14] O brinquedo de ação mais vendido de *Guerra nas estrelas*, por exemplo, não é um herói do filme, mas seu anti-herói, Darth Vader. Ao mencionar o atrativo que os monstros sobrenaturais tinham para os consumidores de brinquedos, a Universal descreveu *Van Helsing* como "tudo que ver com o bem e o mal".[15]

Nesses filmes apocalípticos, o herói é quase sempre um personagem messiânico: uma única figura de ação que salvará a humanidade. Nos seis filmes da série *Guerra nas estrelas* (1977-2005), de George Lucas, um simples garoto da fazenda, de nome Luke Skywalker (Mark Hamill), é o messias que precisa ser encontrado e levado a descobrir seu poder. Em *Duna*, de David Lynch, Paul Atreides (Kyle MacLachlan) é o messias em cujas mãos repousa o destino do universo. Na trilogia *Matrix* (1999-2003), dos irmãos Wachowski, Neo (Keanu Reeves) é o "único" capaz de salvar a civilização humana, desde que acredite em seu próprio destino, que é sugerido pelo anagrama formado pelas letras do seu nome (Neo = One, "único", em inglês). A vantagem dos messias, do ponto de vista narrativo, é que eles requerem pouco (na verdade, nenhum) contexto político além da fé na salvação mística.

Para enfatizar o clima de tensão, os filmes-catástrofe normalmente retratam a destruição global iminente. Em alguns casos, como *Matrix Reloaded* e *O exterminador do futuro 3*, a civilização humana está totalmente aniquilada (pelo menos até suas seqüências, *The Matrix Revolution* e *O exterminador do futuro 4*, repararem os estragos). Geralmente, no entanto – como em *Armageddon*, *Impacto profundo* (*Deep impact*), *O quinto elemento* e *O segredo do abismo* (*The abyss*) –, o desastre é evitado, por um triz, pela intervenção do herói. Esse mundo pós-apocalíptico vislumbrado por Hollywood costuma ser escuro, violento e totalitário – como *Fuga de Nova York* (*Escape from New York*), *O segredo das águas* (*Waterworld*), *Mad Max*, *Inteligência artificial* e *Os doze macacos* (*Twelve monkeys*).

Qualquer que seja sua relação com a realidade, o fato é que esses produtos criados pelos estúdios representam com grande eficácia o mundo – passado, presente e futuro – tal como o vê Hollywood.

NOTAS

1. Citado em David Puttnam, *Movies and* money. Nova York: Alfred A. Knopf, 1998, p. 270.
2. Citado em Peter Biskind, *Easy Riders, Raging Bulls: How the sex-drugs-and-rock'n'roll generation saved Hollywood*. Nova York: Touchstone Books, 1998, p. 348.
3. Tim Robbins, entrevista com o autor, 2003.
4. Daniel Benjamin e Steven Simon, *The age of sacred terrorism*. Nova York: Random House, 2002, pp. 358-62.
5. Ben Stein, *The view from Sunset Boulevard: America as brought to you by the people who make television*. Nova York: Basic Books, 1979, pp. 15, 18.
6. Ibidem, p. 18.
7. Entrevista com o autor, 2003.
8. Edward Jay Epstein, *News from nowhere: Television and the news*. Nova York: Random House, 1973, p. 229.
9. Entrevista com o autor, 2001.
10. Idem.
11. Citado em Biskind, *Easy Riders*, p. 265.
12. Dean Devlin, entrevista com o autor, 1998.
13. Sumner Redstone, entrevista com o autor, 2000.
14. Tracie Rozhon, "Toy sellers wish for just a bit of evil", *New York Times*, 24 dez. 2003, seção Business, p. 1.
15. Jeff Sakson citado em ibidem.

Epílogo

A HOLLYWOOD DE ONTEM E DE AMANHÃ

> Caminhando de madrugada com David [Selznick] pelas
> ruas desertas de Hollywood em 1951, ouvi meu manda-chuva
> favorito do cinema deitar abaixo a cidade que ele ajudara a construir.
> O cinema, disse David, está morto e enterrado.
> – Ben Hecht, 1954[1]

A IDÉIA DE PROGRESSO é relativamente nova. No final do século 18, o notável matemático e pensador francês Marquês de Condorcet propôs a inusitada idéia do progresso humano. Ele acreditava que o homem fosse um animal racional, singularmente capaz de "fazer novas combinações"[2] e aprender com os erros dos outros. Condorcet admitia que havia reveses esporádicos nesse nobre caminho – ele próprio morreu na guilhotina –, mas, desde que a história fornecesse um registro cumulativo desses tropeços, tais erros seriam corrigidos com o tempo e os empreendimentos humanos inevitavelmente seriam aprimorados.

Embora o conceito de progresso ajude talvez a explicar muitas das invenções sociais, a encarnação da Hollywood contemporânea não é uma delas. Apesar de o sistema atual de produção do entretenimento filmado conservar ainda boa parte da mesma geografia física, nomenclatura e mitologia do sistema de estúdio que o precedeu, sua evolução não se deu a partir dele. Como os casulos alienígenas de seus filmes de ficção científica, ele surgiu com uma rapidez surpreendente e substituiu o velho sistema.

O sistema de estúdio original foi tema de inúmeros livros escritos por antropólogos culturais[3], economistas[4], cientistas políticos[5], historiadores[6] e escritores da própria indústria cinematográfica[7], que, em sua maioria, relatam que o sistema evoluiu em resposta à necessidade de um fluxo constante de entretenimento filmado para os grandes e antigos cinemas, nickelodeons, multiplexes e outros lugares de exibição – o que resultou, menos de uma geração depois, na forma de diversão de massa de maior sucesso comercial que o mundo já viu. Em 1929, apenas alguns anos depois da invenção do cinema falado, mais de dois terços da população transeunte ia ao cinema toda semana. Nenhuma forma de entretenimento no esquema de produção centralizada atraíra antes tamanha parcela da população.

Praticamente todo o seu dinheiro, prestígio e poder vinha da venda de ingressos na bilheteria; e os estúdios conseguiam manter esse público maciço como sua reserva privada por meio de uma estratégia elementar: o controle sobre a reserva de filmes feita pelos cinemas americanos.

Apesar de seu domínio quase absoluto sobre o público freqüentador de cinema, o sistema de estúdio não era a única aposta na cidade. Mesmo no auge do seu poder, havia outras produtoras operando às margens de Hollywood, cujos produtos variavam desde filmes de arte e documentários sociais a filmes pornográficos exibidos em reuniões masculinas, fraternidades universitárias e clubes privados. Entre esses nichos que os estúdios preferiram ignorar, estava o negócio de desenhos animados para crianças, que, em 1932, era dominado por uma única companhia: o Walt Disney Animation Studio.

Na década de 1930, os estúdios de Hollywood não viam muita vantagem em agradar o público infantil. Não só o preço do ingresso para crianças – quando chegava a ser cobrado – correspondia a apenas um terço do valor do ingresso para adultos, como esse público requeria setores especiais nas salas de cinema e, muitas vezes, matronas encarregadas de zelar por eles (a fim de impedir que perturbassem o público adulto). Mas Disney anteviu os benefícios representados pelas crianças: elas não só veriam os filmes repetidas vezes (com seus pais a tiracolo), como seriam ávidas consumidoras dos produtos inspirados nos personagens que excitavam sua imaginação no cinema. Ele reconheceu nesse segmento a oportunidade de abrir um vasto e novo reino de produtos de marca voltados para as crianças, com potencial de se expandir para incluir desde papel de parede, livros, roupas, brinquedos e música até atrações e diversões em parques fechados ou, como viriam a ser chamados, parques temáticos. Percebeu que, para isso, as companhias cinematográficas poderiam formar alianças com outros setores empresariais americanos interessados em atrair os jovens para os seus produtos. Não foi por coincidência que o merchandising foi introduzido, pela primeira vez, no filme *Branca de Neve e os sete anões*.

Apesar do sucesso da sua estratégia na segmentação do público infantil, Disney permaneceu excluído do mundo dos estúdios. Em meados da década de 1950, porém, esse mundo se extinguiu, dando lugar ao conceito de Disney.

Embora o *continuum* tivesse se rompido, a essa altura, a lenda do sistema de estúdio estava com tal força entranhada na imaginação popular que continuou a dominar grande parte da literatura sobre Hollywood por mais de meio século. Esse legado ainda pode ser visto na persistência de um vocabulário bastante obsoleto, que inclui termos como "filmes B", "lançamento do filme", "banners", "permanência e dobra em salas", "fracasso", "arrasa-quarteirão" e "receita de bilheteria" – termos de uma época em que a principal medida de sucesso era o desempenho dos filmes e sua permanência em cartaz nos cinemas. Mesmo aqueles que, no início da década de 1950, já viam Hollywood como pouco mais que "uma cidade fantasma que fazia tolos esforços para parecer viva"[8] (como disse David O. Selznick), tinham apenas uma vaga idéia da extensão em que o sistema Disney, gêmeo rival do sistema de estúdio, ocuparia o seu lugar, supondo erroneamente que haveria um *continuum* lógico entre a velha e a nova Hollywood.

Havia uns poucos empreendedores, no entanto, que, nas palavras de F. Scott Fitzgerald, tinham "a equação toda dos filmes na cabeça" e percebiam o que estava acontecendo. Esses homens perspicazes – como Lew Wasserman, Steve Ross, Akio Morita, Sumner Redstone e Rupert Murdoch –, cujas histórias foram contadas, gradualmente assumiram o comando e desenvolveram a nova Hollywood por caminhos que exploravam completamente o potencial global do sistema de licenciamento de Disney, movido pelo público infantil. À medida que essa nova Hollywood ganhava forma, o conceito foi mais uma vez expandido por empreendedores inovadores – entre eles, Steven Spielberg, Jeffrey Katzenberg e David Geffen, que uniram forças para criar a DreamWorks SKG; Haim Saban, que, com Murdoch, construiu a Fox Family Entertainment, graças em parte à americanização dos filmes de animação japoneses; e Robert Shay, que se beneficiou do licenciamento das *Tartarugas ninja* para montar a New Line Cinema.

A lógica econômica do entretenimento voltado para os jovens fez total sentido para os financiadores, já que as crianças de 4 a 12 anos formavam um mercado imensamente rico. De acordo com um importante especialista em marketing jovem, em 2002, as crianças influenciaram vendas ao consumidor de 630 bilhões de dólares, só nos Estados Unidos.[9] Nesse ano, o que antes fora considerado uma loucura de Walt Disney, tornou-se fonte de lucros para a maioria dos estúdios, numa dimensão que nem mesmo Walt Disney poderia ter imaginado. Em 2002, Sumner Redstone fez da lucratividade da produção de filmes animados da Paramount um dos pontos-chave de sua apresentação aos analistas financeiros na Morgan Stanley Global Communications Conference, salientando que o filme *Rugrats*, de 1998, foi "o primeiro filme animado não produzido pela Disney a gerar mais de 100 milhões de dólares de receita interna". Ele nem sequer mencionou os longas-metragens não animados da Paramount nessa apresentação. Naquele ano, a Viacom também faturou mais com seu canal Nickelodeon do que com seu estúdio Paramount. O filme mais rentável do ano para a Fox foi *A era do gelo*, outra animação. A Time Warner também criou uma divisão de filmes animados para "colocar mercadoria nas prateleiras do depósito do estúdio"[10], conforme explicou seu co-presidente Terry Semel numa reunião de diretoria; e o Cartoon Channel que ela comprou da Turner rendeu mais lucros em 2002 que o estúdio da Warner Bros. Nesse período, a Sony ganhou mais com videogames do que com todos os seus filmes e programas de televisão juntos.

Embora o negócio de atrair os jovens com seus personagens tenha trazido aos estúdios recompensas financeiras, não trouxe necessariamente aos que trabalhavam para eles toda a satisfação psíquica e social, ou todo o status, que buscavam. Assim como Sumner Redstone, em suas idas ao cinema quando adolescente, sonhara em dirigir um estúdio em Hollywood, muitos dos altos executivos dos estúdios da década de 1990 foram nutridos com o cardápio de filmes adultos do sistema de estúdio ou suas reexibições na tevê. Suas ambições muitas vezes iam além da produção de um ciclo interminável de personagens licenciáveis para entreter crianças, por mais lucrativos que fossem os resultados. Eles queriam ajudar a produzir filmes comparáveis aos que eles e as pessoas à sua volta admiravam – como os clássicos dirigidos por Frank Capra, Howard Hawks, John Ford, Michael Curtiz e Alfred Hitchcock.

Infelizmente, como esses executivos aprenderam pelos seus contatos com as cadeias de multiplexes, os cinemas, que eles não mais controlavam, queriam agora um produto muito diferente. Assim se expressou o dono de um multiplex a um executivo de distribuição da Fox, em 1997: "Quanto menos diálogo, melhor. Os adolescentes que vêm aos nossos cinemas querem perseguições de carro, bombas, alguns corpos bonitos e efeitos especiais impressionantes"[11]. Os executivos aprenderam também que, mesmo que ainda existisse um público de massa para os produtos voltados para adultos, o departamento de marketing não tinha recursos para conduzi-lo de maneira eficiente a um fim de semana de estréia ou para estabelecê-lo no importante mercado da televisão, do vídeo doméstico e outros mercados subsidiários. Em termos simples – e um tanto cínicos, talvez –, esses filmes careciam dos "números" que, segundo Wasserman comentou certa vez, faziam "o mundo girar"[12]. Contudo, esse apego quase romântico – que Redstone descreveu em sua autobiografia como um "caso de amor"[13] – à velha Hollywood não cedeu totalmente ao argumento dos números. Apesar das considerações sobre o que era ou não lucrativo, os executivos continuavam determinados a não se deixar governar completamente pelos ditames do mercado infantil e adolescente.

Assim, embora reconhecessem o divórcio entre o sistema anterior e o atual, os executivos se voltaram para suas unidades especializadas na produção de filmes – Miramax Pictures, Sony Classic, Fox Searchlight, Paramount Classics e Warner Independent Pictures, às quais eles paradoxalmente se referiam como "subsidiárias independentes" – em busca de prêmios, reconhecimento na mídia, orgulho artístico e outras recompensas não-financeiras que almejavam em Hollywood. Não se tratava de um retorno conceitual ao sistema de estúdio, mas ao sistema do cinema de arte, que durante certo tempo coexistira com os estúdios de Hollywood. Em 2003, essas subsidiárias, graças à aquisição de direitos de distribuição de filmes independentes nos Estados Unidos (geralmente, em festivais de cinema como o Sundance) ou à própria produção de filmes, estavam distribuindo mais títulos que os estúdios. Embora elas normalmente obtivessem esses filmes mediante pequenos pagamentos em dinheiro, as despesas gerais e os custos de marketing haviam elevado o custo médio de cada título à surpreendente quantia de 61,6 milhões de dólares em 2003, quase dois terços do valor orçado dos filmes produzidos pelos estúdios.[14] Além disso, como muitos dos filmes mais adultos feitos pelas subsidiárias independentes não atraíam os mercados secundários de jogos, brinquedos e outros voltados para os jovens, muitas vezes resultavam em grandes prejuízos para os estúdios.

Se a produção de filmes mais sofisticados parece desafiar a lógica econômica da nova Hollywood, a prática – pelo menos até agora – foi aceita pelos executivos porque, afora o prestígio que esses filmes lhes conferem, sua realização conta com o apoio de astros, diretores, escritores, agentes e gurus cuja boa vontade ainda tem valor para os estúdios e suas matrizes corporativas. No futuro próximo, porém, o poder da comunidade de Hollywood corre o risco de ser diretamente contestado por outra forma de progresso: a tecnologia.

Ao longo do século XX, Hollywood manteve uma relação desconfortável com a tecnologia. Na década de 1920, o cinema sonoro ameaçou arruinar a indústria baseada nos filmes mudos; na década de 1940, a televisão ameaçou dispersar o público que freqüentava os cinemas; e na década de 1970, o gravador de vídeo doméstico ameaçou pulverizar ainda mais esse público. No final, contudo, essas tecnologias acabaram trazendo aos estúdios de Hollywood sua salvação: o público doméstico. Agora, no século XXI, outro avanço tecnológico, a digitalização, confronta os estúdios com um dilema semelhante. Por um lado, a capacidade de transformar filmes numa fórmula de dígitos – "uns" e "zeros" – facilmente manipulável por computadores, que permite aos estúdios fazer produtos que interessem a grandes audiências globais e distribuí-los por meio de uma variedade de formas, como DVD, VOD (*video on demand*) e televisão de alta definição. Por outro lado, essa mesma facilidade de duplicação e transmissão é um convite aos piratas de vídeos, *hackers* e outros copiadores não autorizados a usurpar o controle dos estúdios sobre seus filmes.

A manutenção do valor dos ativos digitais, como de qualquer outra proprie-dade intelectual, depende da habilidade dos estúdios de os protegerem da cópia e da exploração comercial não autorizadas. Como essa proteção em escala global requer a cooperação dos governos da América, da Europa e da Ásia, os estúdios têm um enorme interesse em chegar a uma solução política que resulte em regula-mentações governamentais que obriguem os fabricantes de aparelhos de tevê, DVD, conversores de cabo e computadores a embutir em seus produtos circuitos que impeçam os consumidores de assistirem a versões não autorizadas de suas produções. Quando se puder evitar isso, os estúdios desfrutarão todos os benefí-cios econômicos da revolução digital.

O rápido avanço na capacidade de processamento informático facilitou muito o casamento do cinema com o computador – para não dizer que o tornou inevitá-vel. Em 1970, um chip de uma polegada trazia gravado nele milhares de circuitos; em 2000, esse mesmo chip continha 42 milhões de circuitos. Como esse aumento exponencial da capacidade não foi acompanhado por um aumento proporcional do preço, o custo de se utilizarem computadores para gerar imagens de cinema caiu significativamente nos últimos trinta anos. Em 1977, por exemplo, o processa-mento informático era ainda tão proibitivo em termos de custo que, quando Geor-ge Lucas fez o primeiro *Guerra nas estrelas*, só teve recursos para empregar a com-putação gráfica numa única seqüência de 90 segundos. Essa seqüência – um diagrama do inimigo Estrela da Morte – levou três meses para ser executada por uma bateria de computadores. Em 1982, o processamento informático custava ape-nas um oitavo do preço de 1977, o que permitiu à Disney realizar *Tron*, boa parte do qual apresentava atores ao vivo em trajes branco-e-preto sobre cenários de fundo gerados por computadores. Em meados da década de 1990, o custo do processa-mento informático havia caído mais 32 vezes e, assim, a Pixar Animation Studio (em parceria com a Disney) pôde fazer filmes inteiros gerados por computador, como *Toy story*. Com *Final fantasy*, a Sony demonstrou que os astros criados por computador tinham uma aparência tão realista que podiam atrair públicos mais velhos. Nesse filme futurista inspirado num jogo eletrônico, os animadores digi-tais da Sony criaram uma heroína de aspecto extremamente natural, a Dra. Aki

Ross, cuja beleza física e *sex appeal* lhe valeram a inclusão na lista das 100 Mais Sexy de 2001, publicada pela revista *Maxim* – a única pessoa inexistente (até hoje) a figurar na lista. Em 2004, com custos cada vez mais baixos, as imagens desenhadas por computador da animação 3D, como ficou conhecida, tinham substituído por completo a animação convencional, o que levou a Disney a fechar grande parte de seu estúdio de animação 2D (feita por artistas) na Flórida.

A revolução digital também mudou o modo de fazer os filmes de ação ao vivo. Na década de 1990, todos os estúdios usavam a chamada composição digital para combinar as imagens geradas por computador e os atores. Essa tecnologia permite a composição dos planos em diferentes "camadas", algumas das quais filmadas pela câmera e outras criadas no computador. Na camada "ao vivo", o ator pode fazer sua cena numa sala vazia, denominada "set limbo", segurando objetos imaginários e reagindo a presenças imaginárias. Concluída essa "camada", os artistas de computação gráfica criam as demais camadas. Essas imagens geradas por computador podem incluir a decoração da sala, o figurino do ator, os objetos que faltam, multidões de pessoas inexistentes, ambientações exóticas e efeitos visuais, como fogos, explosões, enchentes. Os técnicos de composição digital fundem então as camadas, pixel a pixel, num único plano.

Em 1999, essa tecnologia avançara ao ponto de permitir que a cabeça dos atores fosse digitalmente aplicada ao corpo dos dublês. Em *O gladiador*, por exemplo, uma imagem do rosto de Russell Crowe foi escaneada para um computador e convertida numa "máscara digital" transferível. Essa máscara foi então sobreposta ao rosto (pintado de verde) dos dublês que representavam o personagem de Crowe, o gladiador Maximus – uma proeza de roubo de identidade que os operadores digitais levaram mais de oito meses para concluir.[15] (A produção de *O gladiador* empregou 79 dublês, mais que o dobro do número de atores elencados nos créditos.)

A tecnologia que facilita sobremaneira a substituição digital é chamada "captura de movimento". Primeiro, filma-se uma pessoa vestida com uma malha verde – o traje próprio da captura de movimento – realizando os movimentos físicos necessários; em seguida, os movimentos capturados são escaneados para um computador de alta velocidade e substituem, quadro a quadro, os movimentos do personagem gerado pelo computador. Na captura de movimento, os seres humanos servem apenas de modelo para os animadores.

Em 2003, a tecnologia deu outro salto adiante: cópias de astros reais geradas por computador – em vez de máscaras digitais do rosto – podiam agora substituí-los. Em *O exterminador do futuro 3*, por exemplo, as expressões faciais, o corpo e a textura da pele de Arnold Schwarzenegger foram precisamente escaneados, por meio de raios laser, para um arquivo de computador, dando origem a um clone do ator criado para as cenas de ação perigosas, como aquela em que o personagem está supostamente pendurado num guindaste gigante que se choca contra os edifícios.[16] (Um clone gerado por computador da atriz Kristanna Loken foi usado de maneira semelhante para o personagem da exterminadora T-X.) Embora esses clones digitais só fossem usados para os dublês, o diretor Robert Zemeckis levou o processo avante no filme *O expresso polar* (*The polar Express*, 2004), usando personagens gerados por computador para substituir os atores com fala, inclusive Tom Hanks, em várias idades. Zemeckis filmou essas cenas com os dublês atuando em trajes de captura de movimento, recobertos com sensores em miniatura que permitiam a captura realista de cada movimento facial e corporal. Então, os animadores digitais converteram as seqüências em arquivos de computador, e os técnicos de composição digital as mesclaram com cenários, objetos de cena e efeitos visuais.

Muitos outros astros – como Jim Carrey, Natasha Henstridge, Tom Cruise e Denzel Washington – foram "escaneados a laser" ou "passaram sob o raio"[17] para a criação de arquivos digitais que podem ser usados para gerar clones para futuras cenas que eles não sejam capazes ou não estejam dispostos a fazer (ou em que sejam proibidos de atuar pela seguradora do filme). Esses arquivos digitais também podem oferecer a eles – e a seus herdeiros – oportunidades como a de Dorian Gray, de prolongar sua permanência na condição de astros mesmo depois que a idade vier cobrar seu tributo físico.

Em 2004, o "santo graal" dos estúdios satirizado no filme *Simone*, de 2002 – a criação de atores obedientes por meio de programas de computador proprietários –, estava rapidamente se tornando uma possibilidade tecnológica. Muito antes de a tecnologia atingir esse grau de aperfeiçoamento, George Lucas, cujo estúdio de computação gráfica, a Industrial Light & Magic, liderara a revolução digital, já percebera que a distinção entre os filmes de ação ao vivo e os de animação ia aos poucos se apagar. "Podemos fazer um animal", ele observou, "e, se quiser, você pode fazer um ser humano"[18]. Como ficou demonstrado pelo personagem Gollum de *O senhor dos anéis: as duas torres*, criado por computador, já chegamos a um ponto em que esses personagens podem interagir perfeitamente com personagens vivos em cenas inteiras.

O passo derradeiro, é claro, seria a criação não só de um expressivo personagem coadjuvante, mas de uma estrela do tipo *Simone*. Embora representem um salto tecnológico pequeno desde a animação digital utilizada em *O exterminador do futuro 3* e *O expresso polar*, esses astros gerados por computador constituiriam um salto gigantesco para os estúdios de Hollywood quanto ao potencial de licenciamento para DVDs, vídeos, jogos eletrônicos, brinquedos e outros produtos, já que sua propriedade seria total e permanente (como a de Disney sobre seus personagens de desenhos animados).

É verdade que essas criações digitais não contariam com o reconhecimento de público dos astros verdadeiros, mas a utilização de atores "reais" relativamente desconhecidos em papéis principais não impediu os filmes de ação de Hollywood de serem sucessos de bilheteria. O ator Mark Hamill, por exemplo, estreou no cinema desempenhando o papel do herói Luke Skywalker em *Guerra nas estrelas*. E, ao contrário dos humanos, o astro digital tem a vantagem de ser projetado com elementos deliberadamente escolhidos para atrair o público. Aí então, como Lucas sugere, a distinção entre filmes e desenhos praticamente deixará de existir.

No que tange ao mercado jovem global, de importância cada vez maior, o futuro talvez já esteja despontando. Com a tecnologia digital transformando o conteúdo fantasioso de histórias em quadrinhos bidimensionais em ilusões mais realistas, completa-se a odisséia de três gerações iniciada com *Branca de Neve e os sete anões* quase humanos com cara de bonecos. Ao criar personagens fantásticos mais realistas, como os elfos, orcs e monstros de *O senhor dos anéis: o retorno do rei*, a digitalização oferece ainda a perspectiva de uma profusão de heróis (e anti-heróis) licenciáveis para brinquedos, jogos interativos e atrações em parques de diversão.

É quase inevitável que o custo cada vez menor da digitalização venha a colocar em xeque o próprio meio que possibilitou o surgimento de Hollywood: o filme de celulóide. Na trilogia *O senhor dos anéis*, por exemplo, mais de três quartos do filme, inclusive cerca de 200 mil soldados, foram criados em computador. Esse material teve então de ser precisamente cronometrado para se encaixar no quarto restante do filme, rodado pelas câmeras – processo de integração que durou mais de um ano e resultou num enorme aumento dos custos. À medida que mais e mais ilusões forem sendo criadas por computadores, crescerá a pressão para que as seqüências de ação ao vivo sejam gravadas com câmeras digitais sem filme – como fez George Lucas em *Guerra nas estrelas: episódio II – O ataque dos clones*, e Robert Rodriguez em *Era uma vez no México* (*Once upon a time in Mexico*) e *Pequenos espiões 2*. A gravação digital da ação ao vivo pode ser muito mais rápida, já que é possível alterá-la facilmente, e sem costuras, na pós-produção e combiná-la com as partes do filme geradas em computador, a um pequeno custo adicional. Embora a qualidade das câmeras digitais seja normalmente inferior à das câmeras convencionais, as vantagens oferecidas pela nova tecnologia – custo menor e velocidade maior – podem se tornar, com o tempo, irresistíveis para os estúdios.

O passo final no cinema sem filme é a projeção digital nas salas de exibição. Atualmente, todos os filmes – mesmo aqueles feitos inteiramente por computador e gravados em fita digital – têm de ser convertidos no negativo de celulóide de 35 mm, com base no qual são feitos os rolos de cópias, que então são enviados aos distribuidores, despachados aos cinemas e projetados na tela com a ajuda de uma lâmpada possante. As cópias em 35 mm entregues aos cinemas do mundo todo são caras de fazer e de difícil manejo na distribuição; e não só isso, exigem constantes reparos dos danos sofridos durante a projeção, como riscos, queimas, entre outros. Além das despesas e do ônus de fazer milhares de cópias para cada filme, os estúdios devem manter distribuidoras estrategicamente espalhadas pelo mundo para atendê-los.

No final da década de 1990, a idéia antes radical da projeção sem filme começou a surgir como alternativa. A tecnologia, baseada num projetor digital em que vários milhões de espelhos microscópicos – cada um representando um pixel – são embutidos num único chip, permite que os filmes sejam projetados com base em um arquivo digital que pode ser transmitido diretamente ao cinema. Essa tecnologia dispensa a rebobinagem dos rolos pelos projecionistas, o reparo das cópias danificadas, o manuseio das pesadas latas entregues nas distribuidoras e depois retiradas, e o armazenamento e conservação dos filmes. Em 1999, George Lucas testou em alguns cinemas a reação do público à projeção digital com o filme *Guerra nas estrelas: episódio 1 – A ameaça fantasma*, e ninguém conseguiu discernir nenhuma diferença significativa. Em 2003, 171 cinemas haviam se equipado para a projeção digital, e os principais estúdios estavam desenvolvendo um plano para delegar a entrega de seus filmes a uma companhia de telecomunicações, a Qualcomm, que abasteceria os cinemas com filmes por meio de sinais de satélite, assim como fazem as redes de televisão para mandar a programação do horário nobre para as emissoras afiliadas.

Para os estúdios, a vantagem mais evidente de eliminar o filme seria a redução nos custos de distribuição. Em 2003, o custo médio para fazer cópias destinadas à distribuição exclusiva nos Estados Unidos foi de 4,2 milhões de dólares. Além disso, o custo médio das cópias para suas subsidiárias "independentes" foi 1,87 milhão por filme. Os estúdios tiveram também de arcar com a despesa de manter nas distribuidoras centenas de empregados em tempo integral para cuidar do filme rodado em negativo e, se o filme fosse gravado digitalmente, teriam apenas de arcar com o custo de convertê-lo em negativo de celulóide. Assim sendo, os estúdios gastaram mais de 1 bilhão de dólares em 2003 com a produção de cópias.

Contudo, a questão envolve mais do que a mera redução de despesas. De acordo com o plano atual dos estúdios, cada projetor digital necessitaria de um código de autorização, fornecido pelo estúdio, para determinada exibição, o que daria aos estúdios o controle sobre o que é exibido, e quando exatamente, nas telas do cinema.

No entanto, antes de poderem eliminar o filme, os estúdios têm de vencer um problema formidável: quem pagará o custo de equipar os cinemas ao redor do mundo com projetores digitais. Como são os estúdios que se beneficiarão economicamente da projeção sem filme, não se pode esperar que os donos de cinema paguem pelos novos projetores, que em 2003 custavam aproximadamente 80 mil dólares cada. Embora reconheçam que terão de subsidiar inteiramente a conversão, os estúdios estão tentando um acordo que lhes garanta que os cinemas de fato utilizarão os projetores digitais e que a conversão não desencadeará ações antitruste por excluir os filmes não-digitais produzidos de maneira independente. Se, e quando, os estúdios e as principais redes de cinema chegarem a um acordo, como tudo indica que deve acontecer, as telas dos multiplexes se tornarão outro elo da cadeia digital que se estende desde o ciberespaço informático onde os produtos são criados, editados, colorizados e convertidos em diferentes formatos aos aparelhos de DVD, consoles de games, receptores de satélite, conversores de cabo, servidores de VDO, gravadores do tipo TiVo e outros dispositivos que servem os maiores e mais lucrativos consumidores dos estúdios: o público doméstico.

A magia digital que permite à Nova Hollywood realizar esse potencial pode ter conseqüências não tão benéficas para a comunidade que, no passado, definiu Hollywood de maneira tão robusta. A divisão do filme em camadas geradas por computador tende a mudar as relações artísticas. Embora o diretor Jonathan Mostow, de *O exterminador do futuro 3*, admitisse que "a animação digital é o futuro de Hollywood"[19] e demonstrasse assombro diante do realismo com que a tecnologia reproduzia a ação ao vivo, ele também tinha suas reservas com respeito à alienação maior que ela poderia gerar nos atores com relação ao seu produto.

As reservas de Mostow têm fundamento. O ator, afinal, é essencial para a realização do filme, é a pessoa que o diretor dirige, que o câmera ilumina, que o técnico de som grava a voz, que os figurinistas vestem e, por fim, que o divulgador vende para a mídia do entretenimento. A relação do ator com seu trabalho, portanto, afeta não somente seu produto – os filmes – como a integridade e a identidade de toda a comunidade de Hollywood.

Não há dúvida de que o ator de cinema sempre teve uma relação mais distante com seu produto que o ator de teatro. Ao contrário deste, que desenvolve o personagem cena a cena, à medida que a peça se desenrola, o ator de cinema geralmente desempenha seu papel repetidas vezes em cenas breves e truncadas, sem continuidade com o que vem antes ou depois. No entanto, por mais frustrante, insatisfatória e exaustiva que seja a filmagem fora de ordem, o astro ainda assim permanece no filme.

Com o avanço das tecnologias digitais para a manipulação de imagens, a relação do ator com o filme se tornou mais tênue. Já chegamos ao ponto em que um ator pode se colocar num estúdio vazio, vestido com uma malha elástica e dizendo suas falas – que mais tarde serão introduzidas numa sessão de looping – enquanto segura objetos imaginários e reage a efeitos visuais imaginários e pessoas inexistentes. De fato, às vezes, como aconteceu com Russell Crowe em algumas partes de *O gladiador*, ele pode ser reduzido a uma simples máscara digital fazendo caretas, que será usada por um dublê da segunda unidade.

Na filmagem de *O exterminador do futuro 3*, o diretor Jonathan Mostow reconheceu a enorme tensão a que ele submete os atores para fazê-los desempenhar em circunstâncias tão irreais. "Alguns atores não conseguem fazê-lo – eles precisam ter a situação física diante de si para se soltarem"[20], comentou ele. "Por isso, é muito importante num filme como este que se procurem atores com a habilidade imaginativa de visualizar mentalmente as coisas que ainda não estão lá." A alienação só se aprofunda quando personagens humanos gerados por computador interagem com personagens vivos.

Além de afastar ainda mais os atores da realidade do seu trabalho, o processo de digitalização também torna mais difícil para o diretor manter o controle. Como normalmente leva mais tempo que a própria filmagem para os estúdios de animação digital criarem as camadas de cenários, personagens e efeitos visuais gerados por computador, os diretores têm de completar a filmagem ao vivo e, às vezes, até mesmo fazer montagem, antes de receberem as camadas do filme que estão faltando. Jonathan Mostow se viu nessa situação ao dirigir *O exterminador do futuro 3*. Ele começou a rodar o filme em Los Angeles, em julho de 2002, e tinha de entregá-lo à Warner Bros. onze meses depois para a estréia programada em 4 de julho de 2003. Como as camadas digitais levariam pelo menos oito meses para serem criadas – ao custo estonteante de 19,9 milhões de dólares –, Mostow não teve escolha a não ser pedir ao subfornecedor, a Industrial Light & Magic, para criar as camadas das seqüências geradas por computador *antes* de ele terminar a filmagem, o looping no som e a montagem das partes ao vivo. Tratava-se, na verdade, como ele observou, de dois projetos distintos – um que se desenvolvia nos estúdios e locações de Los Angeles, e outro, nos consoles de computador do Vale do Silício. A natureza esquizóide dessa produção se reflete estranhamente na divisão do rosto de Schwarzenegger: o lado direito com maquiagem convencional, o lado esquerdo com realce verde. Mostow dirigiu o lado direito num set em Los Angeles; então, durante os oito meses seguintes, um supervisor de animação digital de San Rafael dirigiu o lado esquerdo do rosto, que depois teve de ser ajustado, quadro a quadro, por outros técnicos, aos movimentos do lado direito. Quando os técnicos terminaram seu trabalho, no final da primavera de 2003, não havia mais tempo nem dinheiro para refazer as camadas digitais como se deveria. "Para um realizador, essa é a pior coisa que você pode imaginar"[21], recorda Mostow. "No ritmo regular de produção, você filma, edita, faz ajustes na montagem e, então, acrescenta os toques finais", disse ele. "A computação gráfica vira de cabeça para baixo os procedimentos normais de produção."

A fronteira digital envolve um conflito cultural e também uma divisão do trabalho. A maioria do contingente que trabalha no set – atores, operadores de câmera, técnicos de som, assistentes de direção, maquiadores, figurinistas, supervisores de roteiro e diretores de arte – é escolhida pelo diretor (e, às vezes, indicada pelo astro). Essas pessoas geralmente se identificam com as tradições, os valores, a nostalgia e as percepções da comunidade de Hollywood. Já o contingente da computação gráfica – técnicos de composição digital e de rotoscopia, entre outros – tem pouco, quase nenhum contato com o pessoal do set. Trabalham em cima de tiras desenhadas, debruçados sobre computadores, em cubículos separados. Geralmente são contratados não pelo diretor, pelo produtor ou pelo estúdio, mas por um subfornecedor que normalmente os submete à oferta de preço mais baixo pela animação digital de determinado plano. Os planos que vêm antes e depois daquele em que estão trabalhando são feitos, muitas vezes, por diferentes subfornecedores. O custo, não a uniformidade, é o critério que norteia a contratação desse trabalho. Um experiente produtor assim descreveu o processo: "É como pedir o serviço hidráulico mais barato para cada banheiro da sua casa"[22].

Como esses técnicos dependem dos subfornecedores, não dos produtores, para futuras encomendas, eles tendem a se conformar com uma ética de trabalho metódica e eficiente, que visa concluir a tarefa no prazo. Tendem também a se identificar mais com os valores e atividades dos nerds da computação – como invadir programas de computadores, compartilhar arquivos e jogar games – do que com os de Hollywood. São, antes de tudo, amantes da informática, não fãs do cinema.

Nem todos os filmes fazem uso de efeitos digitais, é claro, mas os que recorrem a eles já são responsáveis pela maior parte dos lucros, se não todos, de que Hollywood hoje depende. Com o aumento geométrico da capacidade informática que estará à disposição de Hollywood num futuro próximo – o número de circuitos contidos num chip de uma polegada já passa dos cem milhões –, essa tendência deve, sem dúvida, continuar, com a substituição crescente de boa parte da produção convencional pela animação digital. Com isso, é provável que muito da cultura tradicional de Hollywood seja substituída também pela cultura da informática. Isso terá um impacto inevitável sobre o produto de Hollywood, já que a sua cultura – com o alto valor que a comunidade atribui ao prestígio, à aclamação e aos prêmios – é o único sustentáculo que resta, apesar de ainda firme, para os filmes que transcendem a lógica econômica de Hollywood.

Se o conteúdo continuar sendo o rei, como disse Sumner Redstone, nessa Nova Hollywood, ele atrairá cada vez mais como seus vassalos os consumidores que, especialmente entre a população jovem, passaram a depender de sua combinação de figuras heróicas, cenários exóticos e efeitos visuais para satisfazer sua fantasia. À medida que o celulóide se tornar obsoleto, na nova era digital, e se extinguir grande parte da cultura cinematográfica nele baseada, ficará mais e mais difusa a distinção entre cartuns animados, ação ao vivo e jogos de computador interativos, nos cinemas, nos programas de televisão e nos reality shows – assim como as fronteiras entre a publicidade convencional, que ostenta um rótulo, e as inserções de colocação de produto, que podem ser fundidas imperceptivelmente no próprio conteúdo para atiçar o apetite de mercadorias licenciáveis. Além disso, nessa nova economia de ilusões, os sistemas de distribuição digitais – como gravadores do tipo TiVo, sinais de VOD, conversores de cabo interativos, modems e aparelhos de DVD – permitirão que os espectadores autorizados recebam em sua casa, a qualquer hora do dia, o conteúdo que selecionaram. É verdade que ainda poderá haver produções feitas para o público adulto assistir no cinema, mas eles terão um papel cada vez menor na tela grande.

NOTAS

1. Citado em Thomas Schatz, *The genius of the system: Hollywood filmmaking in the studio era.* Nova York: Henry Holt, 1988, p. 3.

2. Frank E. Manuel, *The prophets of Paris: Turgot, Condorcet, Saint-Simon, Fourier, and Comte.* Nova York: Harper Torchbooks, 1965, pp. 62-6.

3. Por exemplo, Hortense Powdermaker, *Hollywood, the dream factory: An anthropologist looks at the movie makers.* Boston: Little Brown, 1951.

4. Por exemplo, Tino Balio, *Grand design: Hollywood as a modern business enterprise.* Berkeley e Los Angeles: University of California Press, 1995.

5. Por exemplo, Otto Friedrich, *City of nets: A portrait of Hollywood in the 1940's.* Berkeley e Los Angeles: University of California Press, 1986.

6. Por exemplo, Neal Gabler, *An empire of their own: How the jews invented Hollywood.* Nova York: Anchor Books, 1989.

7. Por exemplo, Schatz, *Genius.*

8. Citado em ibidem, p. 30.

9. David Barboza, "If you pitch it, they will eat", *New York Times*, 3 ago. 2003, seção Business, p. 1.

10. Terry Semel, citado por executivo da Warner Bros em entrevista com o autor, 1999.

11. Entrevista com o autor, 2003.

12. Citado em Connie Bruck, *When Hollywood had a king: The reign of Lew Wasserman, who leveraged talent into power and Influence.* Nova York: Random House, 2003, p. 345.

13. Sumner Redstone, *A passion to win.* Nova York: Simon & Schuster, 2001, p. 23.

14. U.S. Entertainment Industry: 2003 MPA Market Statistics, p. 18.

15. Joe Fordham, "Mill Film's 'Gladiator' VFX", Creative Planet, *Post Industry Report*, 19 maio 2000.

16. Citado em Paula Parisi, "The New Hollywood", *Wired*, dez. 1995, p. 3.

17. Citado em ibidem.

18. Citado em ibidem.

19. *O exterminador do futuro 3* (2003), DVD, comentários do diretor.

20. Ibidem.

21. Ibidem.

22. Citado em Geraldine Frabrikant, "Troubles at Paramount: Is it just money?", *New York Times*, 6 dez. 2003 (edição para a internet).

Posfácio

A ASCENSÃO DOS *MOGULS* DA TV

DESDE QUE CONCLUÍ ESTE LIVRO, todos os seis estúdios de Hollywood foram colocados sob nova administração. Em cada um deles, a velha-guarda foi substituída por recém-chegados com pouca experiência, às vezes nenhuma, na arte da produção cinematográfica. Esses novos senhores de Hollywood têm, no entanto, uma origem comum: a televisão.

Sir Howard Stringer, ex-presidente da CBS, sucedeu Nobuyuki Idei como presidente e diretor da Sony. A nomeação de um cidadão anglo-americano, que nasceu no País de Gales, nunca viveu no Japão e não fala japonês, para dirigir uma companhia nipônica intimamente associada, na mente do público, com a inovação tecnológica japonesa, foi um sinal de alerta. Serviu para noticiar que a Sony teria de se adaptar à revolução digital global. Convocado para revolucionar a Sony, Idei chegou a formular um plano para reinventar a companhia, mas não conseguiu levá-lo a cabo. Essa missão, agora, cabe a Sir Howard.

Conversei com Sir Howard, em sua elegante suíte executiva localizada no 34º andar do quartel-general da Sony em Nova York, logo depois que ele assumiu o posto. Ali ele me explicou que a revolução digital obrigara os fabricantes concorrentes a usar os mesmos exatos padrões, quando não o mesmo chip de computador, em produtos como aparelhos de DVD, CD players e televisores digitais. Assim, concorrentes de países em que o custo da mão-de-obra é mais baixo, como a China, puderam vender produtos com as mesmas especificações de desempenho (e chips digitais) que a Sony, mas a um preço inferior. Por exemplo, durante a temporada de Natal de 2004, um aparelho de DVD fabricado na China era vendido no Wal-Mart® a 25 dólares, um quarto do preço do similar produzido pela Sony. A digitalização, da qual a Sony foi uma das pioneiras, teve a imprevista conseqüência de transformar os produtos de consumo – a base do sucesso inicial da Sony – em commodities, e sua comercialização, numa competição desenfreada. Desde sua fundação como Tokyo Telecommunications Engineering Corporation, pelos inventores Akio Morita e Masaru Ibuka, em 1946, a Sony tem sido dominada pela cultura da engenharia, dedicada a desenvolver novos produtos proprietários como o CD, a tevê e o aparelho de som portátil. Reconhecendo que esse foco em produtos proprietários é incompatível com os produtos plug-and-play da era digital, universalmente padronizados, Sir Howard está direcionando a companhia, como ele próprio disse, "da cultura analógica para a cultura digital". No emergente mundo digital, a Sony ainda fabricará equipamentos – como aparelhos de DVD, tevês de alta definição, consoles de games, computadores, CD players e projetores digitais –, mas a maior parte de seu lucro virá não dos próprios equipamentos, mas dos dados digitais reproduzidos neles. O último modelo de videogame lançado, por exemplo, não é só um console de game; ele roda filmes digitais, música, programas de televisão e ofertas da internet.

Recursos para participar da revolução digital é o que não falta à Sony. Na verdade, ela aumentou seu volumoso acervo de filmes e programas televisivos com a aquisição de 4.100 títulos da MGM, e os equipamentos digitais que introduziu no mercado incluem um aparelho de DVD blue-laser de alta definição, um gravador digital capaz de armazenar trinta filmes e um monitor de tevê com seis milhões de pixels. O desafio, como esclarece Sir Howard, é "otimizar" o lançamento do conteúdo digital numa série de plataformas, como filmes, jogos, video-on-demand, programas de televisão e DVDs interativos. Antes do barateamento da duplicação proporcionado pela digitalização, Hollywood lançava seus filmes nos diferentes mercados obedecendo à seqüência das chamadas "janelas". Cada janela criava intervalos de quatro meses a um ano entre um mercado e o próximo. Primeiro, vem a janela do cinema, quando o filme é passado nas salas de exibição, e, em seguida, surge a janela do vídeo, com a venda e locação de DVDs em lojas. A próxima é a janela do video-on-demand, quando o pay-per-view chega aos lares, seguida pela janela da tevê paga, quando o filme é lançado na HBO e em outros canais por assinatura. Por fim, é a vez da janela da tevê aberta, quando as redes e emissoras põem o filme no ar. O sistema de janela funcionava razoavelmente bem antes de a era digital reduzir o custo da duplicação a ponto de os grandes varejistas passarem a usar os DVDs para gerar movimento nas lojas e os piratas do vídeo tirarem proveito dos intervalos de tempo entre as janelas para concorrer com os estúdios. Hoje, porém, em que mais de 85% da renda dos estúdios provêm das pessoas que jogam jogos ou assistem a DVDs e televisão em casa, Sir Howard precisa encontrar um meio melhor de lançar os produtos digitais.

As permutações alternativas são infinitas. Pode-se estabelecer um produto na mente do público primeiro como jogo interativo para o super-realista videogame e, depois, disponibilizá-lo em DVD e série de TV, por meio do video-on-demand, e então, finalmente, em filme. Pode-se lançá-lo também diretamente em DVD, por meio de uma maciça campanha publicitária, e depois migrá-lo para outras plataformas ou transformá-lo numa série de televisão. Quaisquer que sejam as possibilidades teóricas de otimização, Sir Howard se vê diante do dilema do ovo e da galinha. A galinha é o filme; o ovo são os demais direitos digitais valiosos, como DVD, jogos e licenciamento para a tevê. O dilema: a galinha que tradicionalmente vem produzindo esses ovos poderia morrer se botasse um ovo maior do que ela própria.

Na Disney, Robert A. Iger, ex-presidente da ABC Television, estava formulando uma estratégia ainda mais radical para otimizar os lucros. Ele substituiu Michael Eisner na presidência em outubro de 2005. Durante seus 21 anos de reinado na Disney, Eisner transformou a companhia por vias que nem mesmo Walt Disney teria imaginado. O conceito da Disneylândia foi globalizado, com 11 parques temáticos espalhados hoje pelo mundo, em lugares como Paris, Tóquio e Hong Kong. Foi lançada uma frota de navios Disney Cruise. A companhia adquiriu a rede ABC, juntamente com o ABC Family Channel, na rede a cabo. O Disney Channel se tornou parte de um império dirigido ao público infantil, com 12 canais no exterior, três canais Toon Disney, 12 canais Kids na Europa (chamados Jetix) e quatro canais Playhouse Disney. Também na rede a cabo, a Disney assumiu o controle da mais poderosa rede de esporte do mundo, a ESPN, com seus 29 canais, e a rede Soap. Sua divisão de vídeo doméstico, que não existia em 1984, produziu 6 bilhões de dólares em receita em 2004, e a divisão de espetáculos teatrais criada por Eisner, que converteu em musicais os grandes sucessos da Disney no cinema – como *Rei leão*, *A bela e a fera*, *Mary Poppins* e *Tarzan* –, faturava então mais dinheiro por ano que a companhia inteira em 1984. Apesar de Eisner ter aumentado quase trinta vezes o valor da Disney, as instituições que possuem dois terços das ações da companhia não estavam satisfeitas com sua incapacidade de gerar um retorno maior no mercado de ações, e, assim, a diretoria da Disney escolheu Iger para substituí-lo.

Iger imediatamente pôs em discussão um tema árido: as janelas. "Temos de rever as janelas... de cabo a rabo", disse ele numa reunião com analistas de Wall Street, acrescentando: "As janelas precisam ser estreitadas. Não acho que esteja fora de cogitação lançar um DVD na mesma janela da estréia nos cinemas"*. Embora os estúdios viessem debatendo havia meses, a portas fechadas, a questão de como mudar o sistema de janelas, quando Iger trouxe o assunto à baila publicamente, os donos de cinema ficaram tão inquietos que o diretor de sua entidade de

* Este fato já está acontecendo. (N. do R. T.)

classe, a National Association of Theatre Owners, referiu-se à mudança como "uma ameaça mortal" ao setor.

A intenção de Iger era chamar a atenção para uma nova realidade, em que os donos de cinema já não poderão contar tanto assim com uma janela de proteção contra a concorrência digital. Ele se formou na indústria da televisão, e, desse ponto de vista, os cinemas são um negócio em declínio. Desde que a tevê se tornou acessível, em 1946, o público semanal de freqüentadores de cinema nos Estados Unidos caiu de 90 milhões para 29 milhões, apesar de a população geral ter quase dobrado durante esse período. O dado relevante, para Iger, é que mais de 90% dos lucros da Disney em 2004 vinham não dos cinemas, mas da "ponta final" – DVDs, filmes para a tevê e licenciamento de produtos para a audiência doméstica. Com a abolição dos intervalos fixos, ou pelo menos seu estreitamento, Iger almeja aumentar os lucros substituindo a venda de ingressos na bilheteria, menos lucrativa, pela venda de DVDs, TV e VOD, mais lucrativa. Ainda que isso deixe em polvorosa os donos de cinema e outros da velha-guarda do setor, o público que mais interessa a Iger são os investidores institucionais da Disney que dispensaram Eisner.

A história é basicamente a mesma nos outros estúdios de Hollywood.

Na Time Warner, o executivo Jeffrey Bewkes, da tevê paga, é hoje o presidente de toda a divisão de entretenimento, que inclui dois estúdios cinematográficos (Warner Bros. e New Line Cinema), a própria HBO, todas as redes a cabo Turner e a Warner Bros. Television Network. Bewkes certamente fez uma brilhante carreira na HBO, onde lançou várias séries originais, como *Sex and the city* e *A família Soprano*. O sucesso desses seriados demonstrou que os menos de 30 milhões de assinantes da HBO eram suficientes para criar um boca-a-boca capaz de definir grandes sucessos em DVD sem a ajuda das estréias em cinema ou de campanhas de publicidade multimilionárias nas redes de televisão. Em 2005, segundo Bewkes, a receita da Warner Bros. com DVDs criados com base em séries de televisão foi superior a 1 bilhão de dólares. Em vez de obedecer aos intervalos artificiais das janelas, Bewkes busca a melhor data de lançamento para maximizar os lucros. Tendo em vista esses sucessos, Bewkes provavelmente sondará novos caminhos, ou reinventará a seqüência em que os outros produtos, incluindo os filmes, são lançados.

Na Viacom, Thomas Freston, um dos criadores da MTV, está hoje no comando da Paramount e das redes a cabo. A administração anterior da Paramount foi liderada por Jonathan Dolgen, Sherry Lansing e Thomas McGrath, todos formados na indústria do cinema e voltados para o objetivo de racionalizar a atividade cinematográfica da Paramount. Criaram dois selos de grande sucesso (MTV Films e

Nickelodeon Films); transformaram sua subsidiária no exterior (a United International Pictures), que controlavam em parceria com a Universal, na principal distribuidora internacional de filmes; e desenvolveram um sofisticado sistema para usar, com eficiência e em conformidade com a lei, os paraísos fiscais e os subsídios governamentais estrangeiros para financiar seus filmes. Com isso, triplicaram os lucros da divisão de cinema. Mesmo assim, o negócio de produção de filmes da Paramount não era, em parte alguma, tão lucrativo quanto os canais de cabo MTV e Nickelodeon, que recolhiam dinheiro dos anunciantes e cobravam das operadoras de tevê por assinatura para transmiti-los. Nenhum investimento em filme, tampouco, cumpria tão bem as expectativas de lucro quanto o investimento na programação da MTV ou da Nickelodeon. Assim, Freston substituiu Dolgen, Lansing e McGrath pela equipe de Brad Grey, um bem-sucedido produtor de televisão, e Gail Berman, que comandara a programação de tevê da Fox.

Na News Corporation, Peter Chernin, que dirigira a Fox Broadcasting, é hoje o presidente de toda a Fox Entertainment Group, que inclui o estúdio de cinema e as redes de televisão abertas e pagas da Fox. Depois da renúncia de Lachlan, filho mais velho de Murdoch, da News Corporation, em 2005, Chernin se tornou, aparentemente, o herdeiro indiscutível de Murdoch. Segundo Chernin, o negócio da Fox não se resume ao cinema e à televisão, mas inclui a "criação e distribuição de produtos digitais originais... seja jogos de computador para videogames ou *X-Men* em DVD, seja em websites ou e-books, em iPods ou ITV". Seu desafio agora é encontrar o meio mais lucrativo para que o império de Murdoch distribua esses produtos digitais. Um dos caminhos é usar a armada de satélites hoje controlada por Murdoch por meio da DirecTV – a maior companhia de televisão por satélite dos Estados Unidos. Antes mesmo de concluir a aquisição da DirecTV, Murdoch anunciou, na Morgan Stanley Global Media & Communications Conference, seu projeto de casar os sinais de satélite lá em cima com gravadores de vídeo pessoais, do tipo TiVo, aqui embaixo, de modo que o conteúdo digital – incluindo filmes, séries de tevê e jogos – possa ser entregue na casa do assinante. A missão de Chernin será pôr em prática essa grandiosa estratégia.

Por fim, a Universal é uma subsidiária totalmente controlada pela NBC. Como tal, pertence aos domínios do presidente da NBC, Robert C. Wright. Em seus 19 anos de NBC, Wright aplicou com brilhantismo o conceito de programação, deslocando os programas de uma grade para outra, ou "reposicionando-os" de uma rede para um canal a cabo, a fim de maximizar a receita proveniente de anúncios. Resta saber, para Wright, assim como para seus colegas nos outros estúdios, se tal estratégia de programação pode ser aplicada para o posicionamento dos filmes no espectro do entretenimento, sem prejudicar o processo criativo que lhes conferiu valor ao longo do tempo.

O fato de que todos os novos *moguls* de Hollywood – Stringer na Sony, Iger na Disney, Bewkes na Warner Bros., Freston na Paramount, Chernin na Fox e Wright na NBC Universal – tenham vindo da esfera televisiva é reflexo de uma realidade singular, embora melancólica: hoje, somente 2% dos americanos vão algum dia ao cinema, enquanto mais de 95% assistem a algum programa na tevê. O mesmo acontece, de maneira ainda mais destacada, nos principais mercados estrangeiros da Europa e da Ásia. O que antes era um negócio centrado nas salas de cinema se transformou em um negócio que gira em torno dos televisores domésticos. Não surpreende, portanto, que os homens que o comandam tenham mais experiência com essa audiência de massa do que com o evanescente público de cinema. Para o bem ou para o mal, essa transformação faz parte agora da tela grande.

Notas

UMA NOTA SOBRE AS FONTES

EMBORA NÃO FALTEM press releases fascinantes sobre os astros e o desempenho de Hollywood, ou, nesse sentido, dados sobre a popularidade de seus produtos no varejo, seja nas bilheterias de cinema, nos canais de televisão ou nas videolocadoras, os números que respondem pela prosperidade de Hollywood são muito mais difíceis de obter. Os seis estúdios que deram forma à indústria cinematográfica – Disney, Sony, Paramount, Twentieth Century-Fox, Warner Bros. e NBC Universal – costumam manter em segredo do público os dados que informam com exatidão as fontes reais de seus lucros. Cada um deles, no entanto, fornece dados precisos – incluindo uma decomposição detalhada da receita que arrecadam mundialmente com as salas de cinema, os vídeos, os DVDs, as redes de televisão, as emissoras locais, a tevê paga e o pay-per-view – à Motion Picture Association (MPA), divisão internacional de sua entidade de classe, a Motion Picture Association of America (MPAA), sob a condição de que não sejam divulgados a nenhuma outra parte. A MPA então consolida esses fluxos de caixa em um documento de folhas soltas intitulado *MPA All Media Revenue Report*, que depois circula entre os estúdios em sigilo. Cada estúdio pode usar esse apanhado comum de dados – o relatório de 2003 tinha mais de 300 páginas – para comparar seu desempenho e o de suas subsidiárias com o dos demais estúdios, em 64 mercados diferentes. Tive acesso aos dados entre 1999 e 2004. Embora a MGM também informe seus dados à MPA, ela foi excluída porque já não funciona como um estúdio de fato. (Em 2004, a MGM anunciou que venderia seus ativos a receber à Sony e suas parceiras corporativas.) Os dados relativos aos seis estúdios referem-se ao *MPA All Media Revenue Report*.*

Quanto aos ganhos obtidos pelos estúdios com determinados filmes, baseei-me nos demonstrativos de participação disponíveis. Trata-se de relatórios semes-

---

* No Brasil, os dados relativos à exibição de filmes em salas de cinema são acessíveis numa publicação semanal via internet, *Filme B* (www.filmeb.com.br), destinada primordialmente ao meio cinematográfico, a produtores, distribuidores e exibidores, o *antigo* tripé da *antiga* indústria cinematográfica. Entretanto, qualquer leitor pode assinar esse boletim, tendo acesso a esses dados semanalmente. (N. do R. T.)

trais que os estúdios enviam aos astros, diretores, escritores e outros participantes do filme. (As cifras de "receita bruta de bilheteria" fornecidas à mídia revelam a arrecadação total dos cinemas, não a parcela destinada aos estúdios no final.)* Os demonstrativos de participação registram a receita (tradicionalmente chamada de "aluguel") que o estúdio realmente recebeu dos cinemas e de outras fontes, assim como os custos de produção, publicidade e distribuição cobrados sobre os filmes. **Mesmo quando submetidos a auditorias independentes pelos participantes, o que não é incomum em Hollywood, esses demonstrativos geralmente se revelam precisos (pelo menos no que respeita ao fluxo de receita). Nos casos em que não tive acesso aos demonstrativos de participação, baseei-me nas estimativas feitas pelos executivos dos estúdios sobre o desempenho dos filmes. Ao comparar essas estimativas com os demonstrativos de participação disponíveis, não encontrei nenhuma diferença significativa.

Alguns executivos foram extremamente prestativos ao responderem a perguntas específicas, tanto pessoalmente como em correspondência por e-mail, no período de 1998 a 2004. A seu pedido, não são identificados no livro pelo nome.

* Nesse sentido, uma das mais incorretas informações divulgadas pela imprensa é a de que um filme de X milhões de orçamento estará amortizado ao faturar X milhões em bilheteria nos cinemas. (N. do R. T.)

** Os custos de publicidade e gastos com a distribuição de um filme são conhecidos no meio cinematográfico como "custos do P&A", que, em tradução literal, são os custos de prints (cópias) e advertise (publicidade). (N. do R. T.)

Índice remissivo

A embriaguez do sucesso, 273

A lágrima secreta, 173

A marca da maldade, 333

A outra face, 238

A violentada, 334

A. C. Nielsen, 24, 131, 232,

ABC (American Broadcasting Company), 25, 42–43, 70–71, 80, 84, 85, 88–89, 189

Abre los ojos, 96

Academia de Artes e Ciências Cinematográficas, 12, 13, 19, 255

Academia, prêmios da, 255, 306

acervos de filmes, 48, 49, 61, 64, 66, 78, 97

  mercado do entretenimento doméstico e, 212, 220

acordos de confidencialidade, 185, 261–262

acordos de participação bruta, 128–129, 132, 210

acordos de participação líquida, 128, 209–210

Ad Hoc Studio Committee, 216

administração Nixon, 321

adolescentes, 30, 57, 90, 204, 233

  veja também crianças,

Advogado do diabo, O, 334

advogados, como vilões dos filmes, 335

Affleck, Ben, 288

agenciamento, 47, 88, 124, 224

agências de talentos, 44–45, 49, 124, 266, 271, 274–275

  como produtores, 46

  veja também agentes

agente de casting, 157–158

agentes, 28, 44, 136, 143, 274–277

  veja também agências específicas; agências de talentos

Além da eternidade, 152

Alemanha, 56, 120–121, 206

  estúdios na, 93

  indústria do entretenimento americanizado na, 96–97

  padrões locais na, 207

Alfred Hitchcock Presents, 46–47

Alice's Day at Sea, 39

Allen, Paul, 121, 250

Allen, Woody, 130, 131, 295

Altman, Robert, 137

aluguéis, 15–16, 122

Amblin Entertainment, 330

AMC Theaters, 122, 194

American Express, 53, 76

American Mutoscope, 36

americanização do entretenimento global, 93–100

Amistad, 151

Ammer, Geoffrey, 189

Amor sem fim, 263

Ana e o rei, 272–274

animação 3D, 170, 344–345

animação, 38–40, 346

  câmeras para, 17

  inserção das vozes em, 173–174

  sincronização do som e, 39, 60

  técnicas, 41–42, 170–171

Aniversário de casamento, 303

Anjos do inferno, 249

Anschutz, Philip, 121

answer print, 172

anti-semitismo, 245–246, 253–254

AOL francesa, 98

AOL Time Warner, 117

AOL, 25, 88

Apocalypse now, 323, 328, 335

Apted, Michael, 177

Armageddon, 337

Arquivo X, 330

arrasa-quarteirões, 194, 239–240

Artisan Entertainment, 27, 110

artistas de foley, 175

ASCAP (American Society of Composers, Authors and Publishers), 230

Ases indomáveis, 213

Ashley, Ted, 274

Aspen: dinheiro, sedução e perigo, 192,

Assassinos por natureza, 163–164, 165, 173, 176, 203, 327

Associação de Produtores de Cinema, 22

astros/estrelas, 144–145, 274–275
 aprovação dos, pelo diretor , 270
 biografias falsas dos, 297–298, 301–302
 comitiva dos, 165, 260–261
 como elite de Hollywood, 258–269
 como ferramenta de marketing, 95
 como pseudo-heróis, 299–301
 contratos de, 17–18, 260, 272–273
 e o advento do filme falado, 259
 e tecnologia digital, 266, 344–345, 351
 em mercados estrangeiros, 95
 escolaridade dos, 262
 mídia de entretenimento e, 308–310
 personagem fora da tela de, 266, 300
 produtoras criadas por, 260–261
 profissionalismo de, 267
 pseudo-atuação de, 304–305
 remuneração de, 18–19, 28–29, 45–46, 259–260
 renda dos filmes e, 151
 sacrifícios monetários feitos por, 292–295
 seguro de, 164, 263–264

atores coadjuvantes, 157–158

atores mirins, 160

atores, e tecnologia digital, 349–351

Atração fatal, 130, 205

atualidades, 313

Auletta, Ken, 310

Austrália, 65-68, 206

auteur, teoria do, 270

Aventuras de Pluto Nash, As, 151, 190, 235

aversão ao risco, 120–121

Bad boys 2, 242

Baird, J. L., 83

balanceamento de cores, 178–179

Balio, Tino, 247

Bank of America, 121

Bara, Theda, 298

Bardot, Brigitte, 279–280

Bart, Peter, 146, 161, 188, 275, 277

Barzman, Ben, 21

Batman, 130, 149, 229, 332, 333–334

Bautzer, Greg, 287

BBC News, 325

Beatty, Warren, 285, 301

Begelman, David, 274, 323

Belzberg, Sam, 250

Ben-Hur, 43

Benton, Robert, 280

Bergman, Ingrid, 17

betamax, 58–61, 64

Bigelow, Kathryn, 327

bilheteria, 13–15, 26, 27, 28, 29, 30
 divisão da, entre estúdio e cinema, 199–200
 vs. lucratividade, 133, 222

Biograph Pictures, 258

Biondi, Frank, 29

Black, Shane, 279–280

blind bidding, 110

Blockbuster Entertainment, 25, 78, 79–80, 81, 123, 216–218, 235

Bloom, Jacob, 131

Bluhdorn, Charles, 77, 109

BMG Music, 109

Bogart, Humphrey, 17

Boinas verdes, Os, 327

bombardeio, 195

bônus de produção, 141

bônus pelo crédito, 306–307

Branca de Neve e os sete anões, 22–23, 31, 41, 241, 340, 347
 trilha sonora de, 41, 222

Brando, Marlon, 268, 285, 335, 336

Brecht, Bertolt, 256

Bridges, Jeff, 272

Briskin, Irving, 254

Briskin, Sam, 254

Bronfman, Edgar, Jr. 86–87, 98

Bronfman, Edgar, pai, 250

Bronfman, Samuel, 250

Bronson, Charles, 334

Brosnan, Pierce, 167

Buena Vista Distribution, 251

Buena Vista International, 26, 41, 127–128, 206, 236

Bullock, Sandra, 178

Burger King, 186
Burr, Raymond, 138, 298
Butch Cassidy e Sundance Kid, 279
Caçadores da arca perdida, 241
cadeias de fast-food, merchandising em, 186
Cage, Nicholas, 128
Cálculo mortal, 178
Camel Caravan, 85
Cameron, James, 31, 172, 263
Caminho do arco-íris, O, 241
Canal Plus, 87, 98, 226
Canção do Sul, A, 322
Canton, Mark, 288
Cantor de jazz, O, 82
"capacidade de tiro", 29–30
Capital Cities/ABC Corporation, 25
capitalismo, concorrência e colaboração no, 101
Capra, Frank, 17, 342
captura de movimento, 345–346
Carrey, Jim, 346
cartuns, 13, 39–40, 97
    veja também animação
Casamento do meu melhor amigo, O, 151, 158
Casamento grego, 200, 261
CBS Records, 24, 61
CBS, 25, 46, 70, 84, 88, 119, 189, 227
    aquisição de Redstone da, 81
    criação da Viacom International por, 75–76
CDs, 57–58, 61, 106, 219
cels, 41, 170–171
censura, 19, 314–315, 325
    de filmes americanos em mercados mundiais, 94, 207, 324–325
    veja também Hays Office,
Centropolis Films, 139, 169
cerimônia de 2004, 24, 31–32
cerimônia do 20º aniversário, 13, 20, 22
cessões, 103
Chamado, O, 96
Chandler, Harry, 37
Chandler, Raymond, 277
Chaplin, Charlie, 247, 269
China, 324
Chinatown, 279, 281
chip de codificadores, 108, 111

CIA (Central Intelligence Agency), 324, 334–335
Cidadão Kane, 269, 301
cinema 3D, 223
cinema de arte, sistema do, 16, 343
cinema falado, 82, 93, 259, 277
cinema mudo, 93
cinemas ao ar livre, 208
cinemas drive-in, 73, 74
cinemas independentes, 27
cinemas, 14, 21, 29
    de arte, 16, 343
    "circuito" de, 14
    controle dos estúdios sobre, 16, 27, 45, 102
    drive-in, 73, 74
    duração da temporada nos, 104, 133, 182
    independentes, 16
    primeira exibição, 16, 73
    primeiros, 36–37
    receita da bilheteria destinada aos, 120
    veja também contratação em pacote; multiplexes; nickelodeons
CinemaScope, 43, 70, 223
cinematógrafo, 99
Cineplex Odeon, 122, 194
cinerama, 223
Cinturão Clarke, 68, 70, 72
Citibank, 71–72
classificação indicativa, 202–203, 242–243
Cleópatra, 70
Clinton, Bill, 302, 328
Clooney, George, 291, 300–301
Close, Glenn, 283
Clube do Mickey Mouse, 41
CNN, 88, 328–329
Coburn, James, 287
Coca-Cola, 62, 75, 201, 327
Code of Fair Competition for the Motion Picture Industry, 102
Códigos de guerra, 242
Coen, irmãos, 231
Cohn, Harry, 37, 247, 254
Cold mountain, 243, 257, 264
coleções de séries de TV, 220
Collins, Michael, 174
colocação de produto, 24, 128, 163–164, 173

Columbia House, 63, 64, 106
Columbia Pictures, 14, 15, 18, 24–25, 45, 95, 147, 254, 274, 327
  acervo de filmes da, 62, 212
  colapso do sistema de estúdio e, 61
  fundação da, 37
  nepotismo na, 254–255
  Redstone contra a, 74–75
Columbia TriStar Film Distributors International, 206
Columbia TriStar Pictures, 61–62, 320
  acervo de filmes da, 63
Comitê de Atividades Antiamericanas, 20, 23, 253, 278, 315–316
Comitê de Informações Públicas, 314
compensação de despesas, 113
  alocações da, 126–134
  entradas na, 119–124
  estúdios como, 114–134
  saídas da, 124–126
  veja também lucros
compradores de mídia, 236
computação gráfica (CG), 31, 32, 170–173, 204, 300, 343–352
  custos de, 170, 344–345, 347
Conan, o bárbaro, 263
concessão da casa, 194
Confissões de uma mente perigosa, 264
Congresso americano, 83–84, 107–108
Connery, Sean, 153, 287
Consórcio do DVD, 64
Contatos imediatos do terceiro grau, 147, 241, 330
Contrastes humanos, 249, 317
contratos, 268
  agentes como intermediários de, 274, 275
  participação bruta nos, 128–129, 132, 210
  participação líquida nos, 128–131, 210
  porcentagem, 45, 130
Cooper, Gary, 17, 103
cópias, 123, 146
  custo das, 26–27, 194–195, 207, 348
Coppola, Francis Ford, 307–308, 327–328
co-produtores, 120–121, 283
  veja também produtores
Cor púrpura, A, 152

Corbett, James, 313
corpo-a-corpo na estréia, 105
corrupção corporativa, 329, 336
Cosby Show, The, 224
Cosmopolitan Pictures, 248
Costa-Gavras, Constantin, 301
Costner, Kevin, 153, 179, 302
Courtney, Peter, 313
Cox, Courteney, 288
Crawford, Joan, 18
Creative Artists Agency (CAA), 275
Crèdit Lyonnais, 121, 250
créditos nos filmes, 306–308
Creel, George, 314
crianças, 30–31, 90, 185, 203, 340–341
  como público-alvo da Disney, 22, 30, 39, 40, 58
  televisão voltada para, 88
Crimes de um detetive, 161
Crimes em primeiro grau, 272
Cromwell, James, 156, 333
Crosby, Bing, 17
Crowe, Cameron, 176
Crowe, Russell, 345, 350
Cruise, Tom, 185–186, 235, 247, 256, 262, 267, 273, 294, 295, 300, 334, 346
Cruise-Wagner Productions, 260, 274
Crystal, Billy, 309
Cumming, Alan, 303
curta-metragem cômico, 13
Curtis, Tony, 45
Curtiz, Michael, 256, 342
Cusack, John, 209, 309
Custo de produção, 26, 28
custos abaixo da linha, 148
custos de pré-produção, 123–124
custos de produção, 126
  de arrasa-quarteirões, 242
  participação bruta como, 129
  médios em 1947, 19
  médios em 2003, 28
  no lançamento de entretenimento doméstico, 127
custos mais elevados, 147
Damon, Matt, 272, 288
data-limite, 156

Davies, Marion, 248
Davis, Andrew, 288
Davis, Bette, 18, 45, 259
Davis, Elmer, 315
Davis, Marvin, 70, 75, 250
Dawn, Jeff, 261
DC Comics, 51, 229, 332
De Havilland, Olívia, 260
De Niro, Robert, 153, 328
De olhos bem fechados, 204, 273
De Palma, Brian, 153, 157
Decca Records, 48
demografia no marketing, 232–233
Departamento de Justiça (EUA), 48, 85, 216, 319, 320–321
   análise do sistema de estrelado por, 103
   ação antitruste contra o sistema de estúdio, 21, 23, 25, 27, 44–45, 73, 95, 103
   inspeção da distribuição de filmes pelo, 103
   Redstone no, 73–74
Desaparecido, 301
Desejo de matar, 334
Despertar de um pesadelo, 280, 335
despesas de capital, 115–116
Desprezo, O, 279
Deu a louca nos astros, 282
Devlin, Dean, 139, 169, 332
Dez de Hollywood, 20
dia da estréia, 192–196
Dia do gafanhoto, O, 279
Diaz, Cameron, 158, 288
DiCaprio, Leonardo, 151, 193, 288
Diddy, P., 234
Dies, Martin, 253
Digital Millenium Act de 2000, 107
digital:
   câmeras, 347–349
   efeitos, 273, 345
   intermediário, 179
   máscara, 168, 345
   projeção, 348–349
   som, 57–58
   transmissão por satélite, 215
   veja CDs; DVDs
   veja também computação gráfica (CG)
Diller, Barry, 70, 78, 87, 99

Dimension Films, 233, 292
Dimension New Line Cinema, 29
DirecTV, 72, 99, 325
direito de primeira recusa, 140
direitos subsidiários, 237
diretor de arte, 156, 158, 166
diretor de fotografia (DP), 156, 157, 162–163, 166
diretores, 136, 152, 161–162, 164–165, 276
   ampliação do papel dos, 270–271
   aprovação dos astros pelos, 269
   atores coadjuvantes e, 157–158
   comentários em DVD dos, 271–272
   como elite de Hollywood, 269–274
   créditos para, 307
   controle do roteiro pelos, 143
   de segundas unidades, 167, 168–169, 273
   durante a filmagem, 269
   e as solicitações dos astros, 163
   habilidades diplomáticas dos, 273–274
   lista A, 143, 242–243
   montagem e, 178
   na Europa, 270
   realismo alcançado pelos, 302
   revisão do material gravado por, 166
   salário dos, 271
   sob o sistema de estúdio, 19–20, 269
   visão de sociedade dos, 327–330
Dirigindo no escuro, 130
Discovision, 59, 60
Disney Channel, 88
Disney, Roy E., 38, 43
Disney, Roy E., Jr., 60, 242
Disney, Walt, 22–23, 38–43, 44, 51, 52, 58, 65, 76, 90, 222, 245, 331
   busca de controle por, 39–40, 160
   morte de, 43
   primeiro estúdio de, 38–39, 340–341
   técnicas de animação desenvolvidas por, 171, 172
Disneylândia (série de TV), 42, 222
   controle dos estúdios sobre, 88–89
   distribuição, 14–15, 16–17, 21, 27, 29–30, 41, 73
   interna vs. externa, 146
   no mercado global, 93, 95, 99, 103–104, 109, 123

produtos digitais e, 107–108, 111–112

Disneylândia, 42–43, 87

distribuidoras, 348

Divisão de homicídios, 234

divulgação e, 165, 184–185, 209–211, 234–235, 297–299
  alterações no roteiro e, 163
  como colocação de produto, 24
  data-limite dada a, 156
  em programas de entrevistas, 308–309
  ética profissional de, 263–265, 266
  reputação e imagem de, 18, 184, 258–260, 262–264, 266–267, 297–298
  veja também sistema de estrelato,

divulgação, 165, 184–186, 189, 210
  astros e, 165, 184–185, 209–210, 233, 297–299
  eventos de, 195–196
  formação da opinião pública pela, 297, 320–321
  pseudonotícias na, 308–310
  pseudo-elogio na, 305–306

Do fundo do mar, 336

dólar um, participantes do, 128

Domino's Pizza, 186

Donaldson, Roger, 271

Donen, Stanley, 298

Dormindo com o inimigo, 334

Douglas, Kirk, 18

Douglas, Michael, 129, 298, 329

Doze homens e outro segredo, 291

Dr. Jivago, 230

Drama do deserto, O, 41, 251

DreamWorks SG, 27, 110, 184, 193, 206, 293, 323, 341

drogas, 165, 276–277
  guerra às, 320–322

dublagem, 94, 95, 207

dublês de partes do corpo, 173

dublês, 167, 300, 301, 345

Duchovny, David, 291–292

Duna, 336

Dunne, John Gregory, 280

Duro de matar, 149

DVDs (discos digitais versáteis), 28, 29, 49, 54, 61, 212, 214

acervos de filmes revividos por, 220–221

acordo para formato comum dos, 64, 216

capacidade dos, 219–220

custos de produção dos, 125, 216–217

desenvolvimento dos, 214–216

distribuição global de, 105–106

extras incluídos nos, 271–272

fabricação dos, 216–217

fluxo de receita dos, 123

introdução dos, 216

penetração no mercado dos, 218–219

preço dos, 216–217

programação do lançamento em, 224

programação de tevê em, 220–221

royalties do lançamento em, 125–126

restrição de zona nos, 106

vs. vídeos, 61, 216

E aí irmão, cadê você?, 317
  e inteligência de marketing, 236
  propriedade dos, 194
  veja também cinemas

E.T.: o extraterrestre, 152, 241, 331

Eastman Kodak Company, 36, 67

Eastwood, Clint, 51, 209, 268

EchoStar, 72, 99

economias de escala, 14, 17

edição, 125
  feedback do marketing e, 234
  do som, 179

Edison General Electric Company, 82, 88

Edison Trust, 14, 38, 246, 253, 258–259

Edison, Thomas A., 15, 36

editor de cinema, 177–178

Efeito colateral, 299

Eisenhower, Dwight D., 84

Eisner, Michael D., 25, 26, 43, 60, 132, 160, 242

Elliot, Ted, 139

Elliott, Stephan, 272, 293

Embalos de sábado à noite, 230–231

EMI, 109

Eminem, 234

Emmerich, Roland, 139, 332

empire of their own: How the jews invented Hollywood, An, 37, 245, 316

Empresas-fantasmas, 115, 117

empréstimos bancários, 121–122

empréstimos sem direito a recurso, 121

Endeavor, 275

engenheiros de som, 163

Enron, 116

Entertainment Weekly, 184

Entre o céu e a terra, 327

Era do gelo, A, 236, 342

Era uma vez no México, 347

Erin Brockovich, 336

Escolha de Sofia, A, 272

ESPN, 43, 88

ESPN-Star, 112

Estados Unidos contra Paramount et al., 21, 45

estereótipos, 313, 328

Estranhos prazeres, 327

estréia:
    custo da, 125, 183
    fora do país, 95, 125
    programação da, 104, 110–111

estúdios externos, 17

estúdios/novo sistema de estúdios:
    a ameaça da televisão, 21–22, 41–42, 222, 223–224, 343–344
    acervos de filmes, 46
    ações antitruste, 21, 23, 25, 27, 48–49, 73–74, 95, 103
    acordo sobre o formato do DVD e, 213
    adequação aos cinemas, 204
    ameaças aos, 21–24, 41–42
    aparato tecnológico nos, 17
    audiências no Comitê de Atividades Antiamericanas, 21, 23, 278, 315–316
    cálculo do orçamento nos, 147–148
    colaboração com os estúdios, 101, 104–113
    colaboração entre, 101–104
    colapso dos, 47, 61–62, 94, 229, 256, 278
    como câmaras de compensação, 114–134
    como fábricas, 17, 114
    como redes de aprendizado, 232–238
    controle criativo dos, 20
    controle da pré-produção, 159–160
    controle das redes de TV pelos, 88–89, 222, 225–226
    controle do negócio de locação pelos, 213
    controle dos cinemas, 16, 27, 45, 198

custos de despesas gerais, 129–130

custos de produção, 19, 28

departamento de divulgação, 297

diretores e, 20, 269–270

Disney e, 39–40

distribuição de filmes estrangeiros e independentes, 123

distribuição externa e, 89, 93

divisão de receita e, 79–80, 214

estúdios/sistema de estúdio, 27, 28, 29, 31, 166–167, 245, 265, 339

europeus, veja estúdios europeus; países específicos

filmes em língua estrangeira, 95–96

fusão com as redes de TV, 85

futuro dos, 339–353

imagem dos, 331–337

impacto do vídeo sobre os, 212–213

incentivos pagos aos cinemas pelos, 199

influência contínua do sistema de estúdio, 339, 340

informação sobre o público colhida pelos, 232–233

interesses externos dos, 93

custos de pré-produção mantidos pelos, 140

investidores "civis" nos, 119–124

investidores "civis", 120

marketing em, 182–183

monopólio da receita, 16

montagem final e, 176, 203–204

ocultamento de receita pelos, 33, 114–115

origens, 14–15, 36–38

padrões de conteúdo, 101–102

práticas contábeis dos, 114–117, 126–134

prejuízo no lançamento no cinema, 26–27

produções feitas para a TV pelos, 213, 223

propriedade do estúdio no, 24–26

publicidade, 182

redefinição da função, 45–46, 114–115

redefinição das funções dos, 45, 46

roteiristas e, 277–278

salários executivos no, 15

sem estúdio, 27, 110

sinal verde dos, 146–147

sistema de estrelato, 17–19, 28, 102–103, 266, 267

subsidiárias de distribuição global dos, 206–207

taxas de serviço cobradas pelos, 126

unidades especializadas em filmes, 343

venda de ingressos em 1947, 15–16

Eu, espião, 272, 301, 310

Evans, Robert, 268, 281, 285, 287, 307

excursões da imprensa, 195–196

executivos de estúdios:

como elite de Hollywood, 283–286

créditos para, 306–308

necessidades sociais e políticas dos, 137

exibilidade, 232

Expresso polar, O, 346

Exterminador do futuro 2, O, 149, 190

Exterminador do futuro 3, O, 28, 117, 131, 132, 139, 156, 242, 260–262, 264, 267, 271, 272–273, 299, 324, 332–333, 337, 345–346, 346, 350

custos de CG com, 171

lançamento de entretenimento doméstico de, 217

merchandising para, 192

nos mercados globais, 206–207, 209–210, 237

orçamento de, 148

Ezterhas, Joe, 281

fabricantes de brinquedos, licenciamento para, 228

Fairbanks, Douglas, 247

Família Soprano, 220

Famous Players, 110

Fantasia, 41, 242

Fantasma, O, 336

Fantasound, 41

fanzines, 297

Faulkner, William, 277, 279

FCC (Federal Communication Commission), 75, 84, 223, 319, 322, 325

emissoras de TV licenciadas pela, 83–84

instituição da, 84

regra do fin-syn da, 75–76, 223, 226–227, 320

Feira Mundial de Nova York (1939), 84

Feirstein, Bruce, 141–143

Fellini, Federico, 274

festivais de cinema, 95, 343

Fields, Ted, III, 121

figurantes vocais, 174

figurinista, 156, 294, 329, 349, 351

Filha do general, A, 238

filmes americanos no exterior, restrições à importação de, 93–94

filmes B, 15, 17, 48

filmes de ação, 234, 242, 300

filmes de gênero, 149

filmes estrangeiros:

feitos pelo sistema de estúdio, 93–94

remakes americanizados de, 95

filmes independentes, 21, 247

veja também produtores independentes

filmes:

a justiça retratada nos, 333–335

custos de cópias de, 27

custos de produção de,19, 28, 242

e entretenimento doméstico, 81

e filmagens nas locações, 166–168

e hierarquia de produção,155–156

e imagem dos EUA no exterior, 93–94

e lançamento fora do cinema, 210–211

edição de, 177–180

estouro de custo em, 168–169

exibilidade dos, 232–233

filmagem nos, 161–169, 269–270

folha de pagamento em, 124–125

mensagens governamentais nos, 322–325

orçamentos de, 147–149

origem dos, 136

partitura original dos, 175–176

pós-produção de, 170–176

pré-produção de, 155–160

primeira exibição, 74

processo de desenvolvimento de, 136–145

que arrecadaram bilhões de dólares, 239–242

requisitos básicos para roteiros de, 137–138

sinal verde para os, 146–154

tempo médio de permanência em cartaz dos, 200

filmes-catástrofe, 331–332, 337

Fim dos dias, 299

Final Fantasy, 230, 344

financistas como vilões, 328–329

Finder, Joe, 272

Fink, Morton, 284

Finke, Nikki, 276

fin-syn (Financial Interest and Syndication Rule), 223, 227, 320, 321

Firma, A, 334

Fitzgerald, F. Scott, 32, 254, 277, 279, 341

Flash Gordon, 13

Fleischer, Richard, 263

Flynn, Errol, 45

Focus Features, 29, 110

Foley, Jack, 175

Ford, Harrison, 234, 262

Ford, Henry, 246

Ford, John, 270, 274, 342

Foreign Film Service, 92–93

Fórmula de Midas, 239–243

Fórmula, A, 336

Foster, Jodie, 264

Fox Searchlight, 29, 343

Fox Television Network, 70–71, 88, 189, 227

Fox, 14, 15, 19, 20, 24, 25, 28–29, 32, 65, 71, 88–89, 96, 97, 107, 121–122, 195, 236, 296, 330–331, 332, 342, 343
   aquisição de Murdoch da, 70–71
   fundação da, 37
   participação de mercado da, 88
   vendas diretas via cabo da, 111
   venda de acervo de filmes da, 212
   sucesso no exterior da, 95
   Redstone contra a, 74

Fox, William, 20, 37, 245

Foxman, Abraham, 293

França, 206
   entretenimento americanizado na, 97–99
   filmes-franquias, 149, 229
   histórico de desempenho dos, 149–150

Frankenheimer, John, 307

Franklin, Carl, 272

Friend, Tad, 309

Fröbe, Gert, 174

Front page, The, 249

Fujitani, Miyako, 287

Full frontal, 291–292

Gabinete de Informações de Guerra, 253, 299, 315, 318

Gabinete de Políticas Nacionais para o Controle de Drogas da Casa Branca, 321

Gable Clark, 17, 103

Gabler, Neal, 37, 245, 251, 286, 316

Gangues de Nova York, 193–194, 242, 243
   estouro de orçamento em, 242–243, 292

Garcia, Andy, 153

Garden, Mary, 82

Garfield, John, 19

Garota veneno, 160

GATT (Acordo Geral de Tarifas e Comércio), 99

Geffen, David, 341

General Electric Theater, 46, 85

General Electric, 25, 85–86, 88, 89, 227
   anúncio em tevê da, 84
   fusão da Vivendi com a, 99

General Motors, 72

General Tire and Rubber Company, 249

Gere, Richard, 235, 272

gerente de produção, 155

Giacchetto, Dana, 288

Gibson, Mel, 262, 292–293

Gilroy, Tom, 270

Gladiador, O, 155, 166, 167, 172, 345, 350

Godfather family: a look inside, The, 220

Godzilla, 138–139, 155, 169, 200, 332
   custos de CG em, 125, 171

Goetz, William, 254

Gold, Stanley, 242

"Golden Land", 279

Goldfinger, 007 contra, 174, 294

Goldman, Akiva, 143

Goldman, William, 262, 280, 284

Goldmark, Peter, 54

Goldsmith, James, 72

Goldwyn, John, 285

Goldwyn, Samuel, 16, 285

Grable, Betty, 17

Grã-Bretanha, 15, 72–73, 112, 206, 226, 324

Gramercy Pictures, 29

Grande Depressão, 23, 37

Grant, Cary, 334

Grease: nos tempos da brilhantina, 230

Great train robbery, 314

Greene, Jack, 323

Griffith, D. W., 247, 314
Griffith, Melanie, 272
Gross, Adolph, 56
grupos de discussão, 234
Guber, Peter, 63, 95, 105–106, 140, 161, 268, 277, 281, 285, 332
Guerra nas estrelas (série), 149, 229, 230, 241
Guerra nas estrelas, 171, 241, 332, 336, 344, 347
Gulf + Western Industries, 77
gurus como elite de Hollywood, 286–290
Hackford, Taylor, 272
Hagen, Jean, 298
Halloween, 192
Hamburg, Eric, 283, 294
Hamill, Mark, 336, 347
Hamilton, Guy, 174
Hamsher, Jane, 164, 203
Hanks, Tom,129, 131, 151, 261, 262, 263, 346
Hannah, Daryl, 162
Hanson, Curtis, 333
HarperCollins, 68
Harrelson, Charles Voyde, 262
Harrelson, Woody, 262
Harry Potter (série), 183
Harry Potter e a pedra filosofal, 187, 240
Hart, Moss, 16
Hase, Koji, 215
Hawks, Howard, 270, 342
Hays Office, 101, 278, 316–317, 333
Hearst, William Randolph, 248, 250, 259, 302
Hecht, Ben, 277, 339
Heller, Otto, 273
Helpern, David, 297
Hemingway, Margaux, 334
Henstridge, Natasha, 346
Hércules em Nova York, 263
Herrmann, Bernard, 175
Herron, W. Blake, 270
high concept, 136
Hinds, Ciaran, 156
histórias de fundo, 185
Hitchcock, Alfred, 45, 46–47, 175, 274, 334, 342
Hobson, Laura Z., 19
Hoffman, Dustin, 328

Hoffman, Philip Seymour, 282
Hollywood, 15, 38–39, 172, 248
autocelebração de, 255–256
cultura do logro em, 297–311
futuro de ontem e de amanhã, 339–353
Homo ludens em, 245-252
instituto de comunidade de, 253–257
nepotismo em, 254–255
novas elites em, 258–290
sistema feudal em, 253
Holm, Celeste, 19
Home Box Office (HBO), 25, 54, 76, 225
licenciamento do acervo da Sony para a, 106
Homem da máscara de ferro, O, 151
Homem do membro de ouro, O, 268, 294–295
Homem-aranha 2, 125
Homem-aranha, 239
Homo economicus, 245, 247, 248, 250, 291, 296
Homo ludens, 245, 291, 296
homossexualidade, 266
Hope, Bob, 17
Hopkins, Billy, 158
Hopper, Dennis, 307
Hopper, Hedda, 298
horário nobre, 85
Horizon Films, 46
Howe, James Wong,163, 273
Hudson, Rock, 266
Hughes, Howard, 41, 72, 248–249, 250
Huizenga, H. Wayne, 78
Hunter, Steve, 261
Hurd, Gale Anne, 139
Huxley, Aldous, 277
"I Disappear" (música), 176
Ibuka, Masaru, 55–56, 57
Ice Cube, 234
Idei, Nobuyuki, 65
Identidade Bourne, A, 204, 270, 272, 303
Image Movers, 274
Imagineers, 43
Impacto profundo, 337
Império do sol, 152
Independence Day, 139, 192, 195, 207, 332
Independent Motion Pictures (IMP), 258
IndiePro, 285

indústria musical, 108–109, 126–127
veja também CDs; gravadoras específicas
Industrial Light & Magic, 31, 125, 241, 346, 350
Informante, O, 336
ingressos, preço dos, 208
controle dos estúdios sobre o, 103
Inteligência artificial, 152
International Creative Management (ICM), 275
International Film Guarantors (IFG), 172, 264
International Pictures, 48
Internet Movie Database (IMDb), 308
internet, 69, 86, 88, 107–108, 111
Intocáveis, Os, 130, 333
Intriga internacional, 279–280, 334
investidores, 120–123
Irmãos cara-de-pau, Os, 130
Irmãos McMullen, Os, 261
Irons, Jeremy, 272
Itália, 94, 206, 207, 324
Iwerks, Ub, 38, 39
J.P. Morgan Chase, 121, 132
Jackson, Samuel L., 156
Jaffe, Ira, 254
Jaffe, Leo, 254
Jaffe, Stanley, 254
James Bond (série), 149, 335
veja também filmes específicos de Bond
Japão, 54, 103, 206, 207, 208, 324
jatos particulares, 267–268
Jenkins, C. F., 83
JFK, 302, 327
Jobs, Steve, 31, 242
Jogador, O, 137
jogos de computador, 107,108
jogos eletrônicos, licenciamento para, 230
John, Elton, 219
Johnny Mnemonic, 336
Johnson, Lyndon B., 108, 327
Johnson, Richard, 310
Jornada nas estrelas (filmes), 230, 305
Jornada nas estrelas, 220, 222
judeus, 37, 246, 286
como fundadores dos estúdios, 14, 246–247
Morita e, 56–57
Jurassic Park (série), 222
Jurassic Park III, 294, 331

Jurassic Park, 110, 139, 152, 200–201, 331, 336
construção de marca e, 118–119,
Júri, O, 334
Karajan, Herbert Von, 97
Kassar, Mario, 139, 148
Katt, Nikki, 291–292
Katzenberg, Jeffrey, 193, 293, 341
Kazan, Elia, 19–20
Keaton, Buster, 254
Keith-Albee-Orpheum Circuit, 83
Kelly, Gene, 298
Kennedy, John F., 302
Kennedy, Joseph P., 83
Kenner, Catherine, 265
Kerkorian, Kirk, 110
Kidman, Nicole, 164, 260, 264, 273
Kids, 331
Kill Bill, 243
King, Rodney, 173, 327
KingWorld, 119
Kirch Media, 96–97, 325
Kirch, Leo, 96
kits eletrônicos de imprensa, 165, 306
KKR Regal, 194
Kodak Theater, 24
Korshak, Sidney, 110, 255, 287
Krogh, Egil, 321
Kubrick, Stanley, 163, 204, 273
La femme Nikita, 95
laboratórios cinematográficos, 124, 178–179
Ladd Company, 274
Ladd, Alan, 17
Ladd, Alan, Jr., 250
Laemmle, Carl, 20, 37, 47, 245, 254, 258
Laemmle, Junior, 254
lançamento fora do cinema:
em mercados globais, 210–211
de 60 segundos, 123, 127–128
janelas de programação para, 224–225
receita com, 103–104, 131–132
veja também DVDs; entretenimento
doméstico; televisão
Lancaster, Burt, 163
Lang, Fritz, 256
Lansing, Sherry, 133, 285
Lasswell, Harold, 313

ÍNDICE REMISSIVO

Late Show with David Letterman, 90, 191, 289
"Laugh-O-Grams", 38
Launer, Dale, 280
Law, Jude, 209
Lawrence, Florence, 258
Lawson, John Howard, 278
Leave It to Beaver, 173
Legalmente loira, 265
legendas, 93, 207
Legião da Decência, 253, 316
Lehman, Ernest, 279
lei das pessoas portadoras de deficiência, 200
Lei de Comunicações de 1934, 83
Lei Federal de Recuperação da Indústria, 102
Lei Sherman Antitruste, 21, 77, 95
Leigh, Janet, 45
Leigh, Jennifer Jason, 303
Leigh, Vivian, 103
leis antitruste, 12, 62, 101–103, 104, 106–107, 110, 216, 225, 325
leis de direitos autorais, 106
Lemkin, Jonathan, 143
Leno, Jay, 191
Leroy, Mervyn, 254
Letterman, David, 191, 268
Levinson, Berry, 328–329
Lewis, Juliette, 164
Liberty Media, 225
licenciamento de personagens, 43, 48, 50, 122, 228–231
licenciamento, 15, 22, 23, 28–30, 31, 32, 50, 88, 280, 299
   de acervos de filmes, 46, 96–97, 126, 128, 132, 222–223, 224
   de emissoras de TV, 83–84
   de Mickey Mouse, 40
   de trilhas sonoras, 230
   do Ursinho Puff, 42–43
   janelas, 224–225
   receita dos estúdios com, 103–104, 118–119, 122
   sucesso de Godzilla, 138
   veja também licenciamento de personagem: agenciamento
Lieberfarb, Warren, 215–216
Lieberman, Hal, 148

Lightstorm Entertainment, 31
Liman, Doug, 204, 271, 272, 303,
Ling Bai, 272
linotipos de Mergenthaler, 67
Linson, Art, 145, 147
Lion's Gate, 206
Lippman, Walter, 313
lista negra, 278, 315
Litvak, Anatole, 256
LL Cool J., 158
Lloyd, Harold, 167–168
Loew, Marcus, 245
Loews, 16, 74
Loja de departamentos Wanamaker, 81
Lolita, 272
looping, 174
Lopez, Jennifer, 334
Lorimar Productions, 63, 320
Los Angeles Times, 195
Los Angeles, cidade proibida, 333
Losey, Joseph, 21
Loucuras de verão, 241, 263
Lucas, Billy, 261
Lucas, George, 31, 241, 344, 346, 347, 348
Luce, Henry, 54
lucros, veja receita,
Ludlum, Robert, 270–271
Lumet, Sidney, 163
Lumière, Louis e Auguste, 99
Luz é para todos, A, 19, 20, 31, 32
Lynch, David, 336
Lyne, Adrian, 272
MacGraw, Ali, 285, 287
MacKendrick, Alexander, 163, 273
MacLachlan, Kyle, 336
Macy, William, 282
Mad Max, 263
Madonna, 176, 268
MagnaFilms, 212
Magnin, Edgar, 286
Mailer, Norman, 280
+ Velozes + furiosos, 234
Malahide, Patrick, 335
Malone, John, 54
Mamet, David, 131, 282, 328
Mandalay Films, 285

O GRANDE FILME

maquiagem, 300

Máquina mortífera (série), 149, 279–280

Maravilhoso mundo de cores de Walt Disney, O, 42

marca, construção da, 118, 237

Marconi Wireless Telegraph Company, 81

marketing, 15, 16–17, 182–188
  condução do público no, 189–191
  conscientização do público pelo, 183–184
  custos de, 27–28, 30, 104, 146
  de produções de TV, 225
  demografia e, 232–233
  dia da estréia e, 192–196
  em mercados globais, 95, 109, 207, 208–211
  estratégias de, 149, 233
  identificação do público no, 183
  inteligência reunida para o, 232–238
  para lançamento de vídeos, 213–214
  projeções de custo no, 146
  veja também construção da marca

Martin, Dean, 45

Matrix (série), 337

Matrix Reloaded, 337

Matrix, 132, 155, 336
  segunda unidade em, 168

Matsushita Electric Industrial Company, 49, 60, 61, 62, 86, 215, 320

May, Elaine, 280

Mayer, Louis B., 15, 19, 23, 37, 39, 245, 246, 248, 254, 255, 269, 286, 322

MCA:
  como produtora, 46–47, 48, 222
  e aquisição da Universal, 49
  e a aquisição do acervo de filmes da Paramount, 47
  expansão da, 43–44

MCA-Universal, 59, 62

McCrea, Joel, 249

McCuller, Arnold, 171

McDonald's, 150, 186

McGregor, Ewan, 272

McGuire, Dorothy, 19

McTiernan, John, 263

Meia-noite no jardim do bem e do mal, 209, 217–218

Melhores anos de nossas vidas, Os, 16, 19

Melnick, Daniel, 285

Mera coincidência, 262, 328

mercado de entretenimento doméstico, 29–31, 57–59, 60–61, 81, 133, 182, 343–344
  edição para lançamento no, 217
  impacto do vídeo e do DVD sobre o, 61–62, 212–221
  programação de lançamento no, 215
  receita dos estúdios com o, 214

mercados globais, 15, 40, 206–211
  adequação do filme aos, 206–207
  americanização dos, 93–100
  barreiras lingüísticas em, 207
  censura e, 93–94
  cinemas em, 207–208
  distribuição em, 206–207
  e inteligência de marketing, 235
  estréias em, 94
  ganhos provenientes de, 123, 206, 207
  isenção das leis antitruste em, 101, 110–111, 206
  lançamento fora do cinema em, 210–211
  licenciamento para a TV em, 224, 227, 228
  merchandising, 23
  publicidade e marketing em, 94–95, 110–111, 206, 208–211, 235
  televisão a cabo em, 97, 106
  veja também licenciamento; marketing

Mercury Players, 269

Merin, Sheryl, 261

Merv Griffin Productions, 62, 320

Messier, Jean-Marie, 87, 97–98

Mestre dos mares, 121–122

Metromedia, 70, 227

Meu papai é Noel, 192

Meyers, Ron, 274

MGM (Metro-Goldwyn-Mayer), 14, 15–16, 17, 18, 20, 23, 24, 27, 63, 110, 212, 228–229, 248, 249–250, 269, 286, 330–331
  acervo de filmes da, 64
  fundação da, 37

MGM-UA, 110, 149

Michaels, Joel, 148

Mickey Mouse, 39, 40, 222, 228
mídia de entretenimento, 308–309
1941: uma guerra muito louca, 152
Miller, Arthur, 305
Miller, Bob, 196
Minghella, Anthony, 243
Minority report: a nova lei, 235, 294, 295
Miramax, 29, 153, 193, 243, 264, 291, 331, 343
Mises, Ludwig Von, 245
Missão impossível 2, 176, 185, 300, 335
Missão impossível, 260
Mission Incredible (curta publicitário), 185
Mitchell, John, 321
Moloney, James, 276
Moloney, Jay, 276, 288
Monstros S.A., 122, 150, 242
montagem do diretor, 178
montagem final, 187, 203
Moore, Robin, 327
moralidade pública, 316
Morita, Akio, 55–65, 73, 90, 105, 212, 341
Mostow, Jonathan, 139, 148, 261, 271, 349
Motion Picture Export Association, 103–104
Motion Picture Patents Company, 36
Motion Picture Producers and Distributors of America, veja Hays Office
Motion Picture Production Code ("o código"), 102, 317
veja também Hays Office
Moulin Rouge!, 264
Motion Pictures Association of America (MPAA), 33
e seu lóbi no Congresso, 108
e sua classificação dos filmes, 202–203
e negociações com sindicatos, 101
Movie Channel, The (TMC), 76
MTV, 25, 53, 76, 80, 87, 88, 89, 112, 191, 234
Mullin, John, 56
multiplexes, 198–205, 342
Múmia, A, 111
Murdoch, James, 73
Murdoch, Keith, 65
Murdoch, Rupert, 65–73, 81, 90, 96–99, 112, 227, 255, 324–325, 332, 341
Murphy, Audie, 299
Murphy, Eddie, 151, 191, 235, 301

Music Corporation of America, veja MCA
música ambiente, 230
música, 30–31, 41, 175
licenciamento de, 230
veja também trilhas sonoras
Myers, Mike, 294
Myers, Robin, 294
Napster, 108
Nascimento de uma nação, O, 314
Nathan, John, 56
National Amusements Corporation, 74, 76, 78
National Association for the Advancement of Colored People (NAACP), 322
National Association of Theater Owners, 74
National Graphical Association (NGA), 66
National Research Group (NRG), 104–105, 188, 190, 193
NBC (National Broadcasting Corporation), 25, 70, 78, 84, 87, 88, 189
fusão com a Universal, 87, 227
NBC Blue, 82, 84
NBC Red, 82, 84
NBC Universal, 87–88, 99, 101, 108–111, 116, 119
nepotismo, 254–255, 262
New Line Cinema, 25, 29–30, 31, 88, 206, 268
New Regency Entertainment, 121, 131–132
New York Times, The, 194
Newman, David, 280
News Corporation, 25–26, 66, 96, 111–113, 119, 225, 226, 324–325, 332
dívida da, 71
News of the World, 66
Nicholson, Jack, 285
Nickelodeon, 25, 53, 76, 87, 88, 89, 112, 203, 341
nickelodeons, 36
Nico: acima da lei, 288
Nixon, 283, 294, 327
Noite americana, A, 305
Noiva em fuga, 235
Novato, O, 271
Nunca mais, 329, 334
O amanhã nunca morre, 167, 335
O chacal, 272
O estranho, 173

O homem do braço de ouro, 321
O que faz Sammy correr, 279
O quinteto da morte, 273–274
O reverso da fortuna, 282–283
O silêncio do lago, 96
Oak Productions Inc., 117, 260–261
Obst, Lynda, 143
Odets, Clifford, 273
Ohga, Norio, 60–61, 65, 214
8 Mile: rua das ilusões, 234
Oldman, Gary, 335
Olivier, Laurence, 285
Onda dos sonhos, A, 192
Onze homens e um segredo, 163, 291
opções de ações, 116
orçamento de pós-produção, 125, 146
Organização Mundial do Comércio, 99
Oscar, veja prêmios da Academia
Outros, Os, 260
Ovitz, Michael, 274, 276, 281, 288,
Pacino, Al, 265, 285, 334
Packer, Kerry, 121, 250
"pacotes", 45, 274
   veja também contratos
pacote de filmes, contratação em, 27, 45, 48,
   95
Pacto de justiça, 179
pagamentos residuais, 280
Paixão de Cristo, A, 293
Paixões violentas, 272
Pakula, Alan, 271–272
Paley, William, 84
Pallophotophone, 82
Paltrow, Gwyneth, 268, 294, 303
Panasonic, 320
Pantera Cor-de-Rosa, 229
Paramount Classics, 29, 343
Paramount Television, 119
Paramount Theater, 198
Paramount, 14, 15–16, 24, 25, 28–29, 29–30,
   33, 46–47, 80, 86–87, 102, 107, 109, 123, 216,
   248, 285, 287, 330–331, 332, 341–342
   acervo de filmes da, 47, 60
   aquisição da, por Redstone, 78–80
   atraso no lançamento de DVDs da, 216
   distribuição global e, 206–207

estratégias de vídeo da, 213–214
fundação da, 37
instalações na França da, 94
porcentagem de sinal verde na, 140
recrutamento de investidores pela, 120
Redstone contra a, 73–74
sucesso no exterior da, 95–96
parceiros acionistas, 121, 131–132
Parker, Dorothy, 277
parques temáticos, 25, 31, 33, 40, 87, 331, 340
   construção de marca e, 118
   da Disney no exterior, 95, 228
Parretti, Giancarlo, 250
Parsons, Louella, 298
participação de mercado, 89
participação percentual, 45, 132
pay-per-view, 78, 224
Pearce, Guy, 333
Pearl Harbor, 202, 242, 323
Peck, Gregory, 17–18, 19
Pentágono, 323
Pequenos espiões 2, 347
Perelman, Ronald, 121, 250
Pérfida, 18
Perkins, Anthony, 175
permanência em cartaz, 200
Pernalonga, 13
pesquisa de locações, 159
pesquisas na saída do cinema, 232
Peters, Jon, 63, 106, 268
Philco Television Playhouse, The, 85
Philips Electronics, 57, 64, 214–216, 320
Piccoli, Michel, 279
Pickford, Mary, 247, 258
Pidgeon, Walter, 46
pitch, 136
Pitt, Brad, 163, 264
Pixar Animation Studios, 31, 122, 131–132,
   242, 344
Planeta do tesouro, 233
planilha diária, 157
planos de detalhe, 173
Plantão médico, 224
Platoon, 327
Poder vai dançar, O, 328
Poderoso chefão II, O, 220

Poderoso chefão III, O, 220, 327

Poderoso chefão, O, 220, 268, 307, 311

Poirier, Gregory, 143

polarização AC, 56, 57

política, cinema e, 313–314

Por favor, matem minha mulher, 130, 280

Powdermaker, Hortense, 111

Power Rangers, 97, 112

práticas contábeis, 115–117, 126–134

preço mínimo anunciado, programa do, 109

prejuízo com o lançamento no cinema, 26–27, 29, 30

Preminger, Otto, 256, 321

Prenda-me se for capaz, 193

Pressman, Edward R., 282–283

Pressplay, 108

pré-vendas, 206–207

Priester, Austin, 301

Primeira Guerra Mundial, 82, 314

Primeira noite de um homem, A, 230

primeiro assistente de direção (AD), 155, 161

processamento de sinal digital, 214

produtor de locação, 156

produtoras, 271

produtores de linha, 155, 282

produtores executivos, 282

produtores, 136, 137–139, 143, 160, 169
- acordos multifilmes, 139–140
- agências de talento como, 48–49
- como elite de Hollywood, 282–286
- créditos para, 306-307
- independentes, 45, 95, 103, 121–122, 206, 250
- investidores como, 119–120
- orçamento dos, 147
- reformulações do roteiro e, 143
- revisão da filmagem pelos, 165–166

Produtores/produtoras independentes, 45, 253
- cessões a, 102
- distribuição global por, 93, 207
- investimento por meio de, 121–122

produtores-associados, 282

produtos digitais:
- cópia doméstica de, 111
- distribuição direta ao consumidor de, 107–108, 111–112

programas de entrevista, 90, 191, 306

programas de jogos, 46

projeção sincrônica da cena de fundo, 17

projecionistas, 201

propaganda, 94, 315–316, 321

propriedades intelectuais, 51, 114, 124–125, 220

Proscrito, O, 249

proteção contra perdas, 116

Prouty, Fletcher, 303

Pryce, Jonathan, 335

pseudo-atuação, 304–305

pseudocréditos, 306-308

pseudo-elogio, 305–306

pseudo-heróis, 299–301

pseudojuventude, 303–304

pseudonotícias, 308–310

pseudo-realismo, 301–303

Psicose, 175

publicidade, 13, 27–28, 30, 104, 133, 184
- alcance, 190
- apoio do merchandising, 148–150
- controle dos estúdios sobre o cinema, 102
- desenvolvimento de estratégias, 233–235
- estúdio vs. multiplex, 199–200
- freqüência, 191
- orçamentos, 16, 123, 222
- televisão, 84
- venda de ingressos e, 199
- veja também marketing

público:
- condução do, 189–191, 196
- conscientização, 184–185, 188
- crianças como alvo da Disney, 23, 30, 40, 41, 58
- declínio da freqüência ao cinema, 104
- do entretenimento doméstico, 29–30
- jovens como alvo, 204, 303–304, 340–341, 346–347
- que nutriu o sistema de estúdio, 27
- recrutamento do, 104
- veja também marketing,

Puck, Wolfgang, 276

Pumping iron, 263

Puttnam, David, 327

Puzo, Mario, 307

Quase famosos, 176
Quem era aquela pequena?, 45
Queridinhos da América, Os, 309
Quinto elemento, O, 335, 337
QVC Home Shopping Network, 78, 87
Rackmil, Milton, 48
radio, 259
Rain Man, 130
Rank, J. Arthur, 47
Rapke, Jack, 274
Rauter, Dieter, 261
RCA (Radio Corporation of America), 82–85
Reagan, Ronald, 46
reality shows, 310
receita com direitos não relacionados ao
  cinema, 104, 122–123, 132
receita:
  antecipada, 118
  divisão de, 79–80, 214
  monopólio da, no novo sistema, 119
  monopólio da, no sistema de estúdio, 16–17
  ocultamento da, 33, 115–117
  participação bruta na, 128, 130
  participação líquida na, 128–130
  proveniente de lançamento fora do cinema,
  104–105, 123, 132
recintos à prova de som, 17
redes de radiodifusão, estúdios donos de, 88
redes de televisão, 88
  controle dos estúdios sobre, 88, 222,
  226–227
  fusão dos estúdios com, 85, 86
  impedidas de produzir, 222–223, 319–320
  imagem das, 331
  licenciamento dos estúdios para, 122, 124,
  126, 222, 223–224
  resposta à NAACP, 322
  veja também redes específicas
Redford, Robert, 261
Reds, 301
Redstone, Sumner, 73–81, 87, 90, 112–113, 120,
  132, 136, 212, 218, 224, 332, 341, 342, 352
  ações antitruste movidas por, 74–75, 77
  aquisição da CBS por, 80
  introdução da divisão de receita por, 214
  investimentos de, em estúdio, 75

Reed, Oliver, 172
Reed, Steve, 302
Reeves, Keanu, 336–337
Rei leão, 121, 219, 228, 241
relatório de posicionamento dos
  concorrentes, 193
relatório financeiro "pro forma", 115, 116
relatório financeiro, 114–115
remuneração:
  dos astros, 28, 44–45, 260–261
  dos executivos, 15, 116, 246
Republic Pictures, acervo da, 78
Resgate do soldado Ryan, O, 129, 151, 173, 301
revistas, controle dos estúdios sobre, 90
Revolution Studios, 309
Revue Productions, 46, 47
Rich, Marc, 70, 250
Ride down Mt. Morgan, The, 305
Ringu, 96
Ritmo quente, 231
RKO (Radio Keith Orpheum), 14, 15–16, 18, 21,
  25, 41, 83, 251, 269
  aquisição da, por Hughes, 249
Robbins, Tim, 137, 328
Roberts, Julia, 151, 184, 235, 291–292, 334
Robinson, Edward G., 18
Rogers, Will, 82
rolos, 13
Roos, Steve, 268
Roosevelt, Franklin D., 84, 315
Rose, William, 273
Rosenthal, Carol, 50
Rosenthal, Edward, 50
Rosinay, Edward, 56
Ross, Steve, 49–54, 63, 65, 68–69, 73, 75–76,
  81, 88, 90, 104, 105–106, 127, 132, 153, 213,
  222, 229, 332, 341
Rossio, Terry, 139
Rosten, Leo, 299
roteiristas, 141–142, 143, 270–271
  acordos salariais para, 140–141
  créditos para, 306–307
  como elite de Hollywood, 277–281
roteiros, 140–145, 202–203
Roth, Joe, 285, 309
Rothstein, Mickey, 73

Roundtree, Richard, 150
royalties, 126–128, 131
Rugrats, 341
Russell, David. O., 302
Russell, Jane, 249
Ryder, Winona, 265, 266
Saban, Haim, 97, 112, 341
SAG (Screen Actors Guild), 21, 46, 48, 260
Sagor, Irving, 56
salário de, 15, 245–246
Salkind, Alexander, 143
Salvador: o martírio de um povo, 327
Sarnoff, David, 81–85, 90, 249
Satânico dr. No, 007 contra o, 335
Scheider, Roy, 177
Schein, Harvey, 56
Schenck, Joseph M., 254
Schmidt, Joe, 158
Schneider, Abe, 254
Schneider, Bert, 254
Schroeder, Barbet, 178
Schulberg, Budd, 279
Schulhof, Michael, 56
Schwartzenbach, Ernest, 56
Schwarzenegger, Arnold, 28, 117, 131, 132, 139,
    144, 148, 156, 190, 209, 242, 260, 261, 262,
    263, 264, 267–268, 273, 299, 346
Scorsese, Martin, 243, 276, 292
Scott, Dougray, 335
Screenwriters Guild of America, 136, 278
Seagal, Steven, 287–288
Seagram, 86, 98
Sedução fatal, 272, 293
Segredo do abismo, O, 337
Segunda Guerra Mundial, 12, 84, 103, 256,
    270, 299, 315
segunda unidade, 167, 168, 273
seguro de conclusão, 180, 265, 271
    veja também seguro
seguro dos elementos essenciais, 167, 265
seguro, 121, 130
    de elementos essenciais, 167, 265
    limitações no set e, 170, 300
Selznick, David O., 15, 116, 254, 304, 322, 339,
    341
Semel, Terry, 288, 342

Semenenko, Serge, 255
Senhor dos anéis, O (série), 347
Senhor dos anéis: a sociedade do anel, O,
    31–32
Senhor dos anéis: as duas torres, O, 31–32,
    346
Senhor dos anéis: o retorno do rei, O, 31–32,
    347
seriados, 13
60 segundos, 133
    custos de distribuição global de, 207
    lançamento fora do cinema, 123, 127–128,
    226
    taxas de serviço do estúdio em, 129–130
    prejuízo no lançamento de, 26–27
    vendas de vídeo de, 127–128
set limbo, 171, 345
setup, 165
Seven Arts Productions, 50–51
Sexto dia, O, 299
Shaft (série), 150
Shakespeare apaixonado, 152–153, 155
Shawcross, William, 66
Shay, Bob, 268
Shay, Robert, 341
Sheen, Martin, 335
Sheinberg, Sidney, 109, 285, 331
Sherman, Moses, 37
Shimer, Irving, 250
Shining Excalibur Pictures, 331
Showtime, 76–77, 225
Siegel, Don, 307
Silberberg, Mendel, 287
Silliphant, Stirling, 280
Silver Screen Partners I e II, 120
Simon and Garfunkel, 230
Simon, Mel, 250
Simone, 265, 346
Simpsons, Os, 296
sinal verde, 139–140, 143–144, 146–154, 235, 256
Sinatra, Frank, 50
sistema de embaralhamento de conteúdo
    (CSS), 106–107
sistema de estrelato, 17–19, 28, 44, 102–103,
    258
sistemas de satélite, 68–69, 71, 72–73

Sky Television, 69, 72, 112

Smell-o-Vision, 223

Smith, Kevin, 143

Smithee, Alan, 307

Soberba, 269

Society of Graphical and Allied Trades (SOGAT), 66-68

Soderbergh, Steven, 163, 173, 291-292

Sol nascente, 336

som sincrônico, 39, 60, 94, 343

som surround, 41

som, 125, 230, 259

    digital, 60

    e cinema falado, 83

    sincronização do, 39, 60, 94, 343

    surround, 41

Soma de todos os medos, A, 156, 171, 172

Sommer, Elke, 287

Sonnenfeld, Barry, 268

Sony Classics, 29, 123, 343

Sony Corporation, 24, 28, 32, 49

Sony Music, 108

Sony Signature, 139

Sony, 55-65, 88-89, 112, 119, 138-139, 184, 206-207, 226, 342, 344

    acordo de patente conjunta com a Toshiba, 106

    acordo sobre o formato do DVD e a, 64, 216, 320

    colaboração com os estúdios, 99

    desenvolvimento do disco digital pela, 61-62, 214-216

    divisão de licenciamento da,138

    eixo com a NBC Universal, 108-109

    eixo com Time Warner, 105-108

    imagem de estúdio da, 332

    limitações da, na propriedade de redes, 227, 324

    participação no mercado da, 89

    relatório financeiro da, 119

    sucesso da, no exterior, 95

Spacey, Kevin, 209

Speed-the-plow, 130-131

Spelling Entertainment, 78, 80

Spiegel, Sam, 46, 256

Spielberg, Steven, 51, 129, 131, 139, 147, 152, 173, 235, 241, 243, 256, 268, 273, 276, 294, 295, 297, 301, 330, 331

Spottiswoode, Roger, 167

Spyglass, 121, 131

Stamp, Terence, 173

Star Television, 71, 112, 325

Star wars: episódio I – A ameaça fantasma, 348

Star wars: episódio II – Ataque dos clones, 171, 336, 347

Stark, Ray, 285

Stein, Ben, 142, 250, 303, 313, 323, 329

Stein, Jules, 44, 47, 49, 70

Steinhardt, Michael, 121, 250

Stevens, George, 270

Stewart, Donald Ogden, 21

Stewart, James, 45, 103, 132, 299

Stewart, Patrick, 305

Stiller, Ben, 288

Stone, Oliver, 158, 162, 164, 173, 203, 280, 282, 294, 302, 327, 329

storyboards, 157, 168, 172,

Streep, Meryl, 271-272

Streisand, Barbra, 51, 268

Strick, Wesley, 143

Sturges, Preston, 249, 317

Sublime devoção, 45

substituição automática de diálogo (ADR), 174

Summer, Ron, 56

Sundance Film Festival, 261, 343

Super-homem (série), 143, 229

Sutherland, Donald, 302

Talmadge, Constance, 254

Talmadge, Norma, 254

Tanaka, Tomoyuki, 138

Tanen, Ned, 153

Tarantino, Quentin, 243

Tartarugas ninja, 341

TBS (Turner Broadcasting Station), 227

teaser trailers, 186

telas setorizadas, 223

televisão a cabo, 25, 52-54, 63-64, 68, 73, 76-77, 80

    anúncios de filmes na, 190-191

    controle dos estúdios sobre, 89, 90

    lançamento na, 105, 224-225

    no mercado mundial, 97, 105-106

venda direta de novos lançamentos para, 111–112

televisão de alta definição, 344

televisão interativa, 53–54, 68

televisão,
  alta definição, 343–344
  americanização da, 96
  anúncio de filmes na, 189–190
  como ameaça ao sistema de estúdio, 21–22, 39, 222
  como principal mídia de entretenimento, 104
  custos de produção na, 126
  dependência dos estúdios à, 322
  Disney e, 41–42
  e lançamentos em DVD, 219–220
  inteligência de marketing e, 232–233
  interativa, 53–54, 68–69
  lançamentos na, 104, 225
  mensagens antidrogas na, 321–322
  na Europa, 96–97
  penetração nos lares, 223
  produções dos estúdios para a, 119, 223, 295–296
  Wasserman e, 46
  veja também televisão a cabo; sistemas de satélite; redes de televisão

"Tema de Lara", 230

Tennant, Andy, 272

Territórios ou locais de exibição, 102, 106, 253

teste de público, 204

testes de tela, 158

Thalberg, Irving, 20, 278, 304

The Wonder's: o sonho não acabou, 151–152

They All Kissed the Bride, 18

Thomas, Betty, 272, 301

Tigre e o dragão, O, 123

Time Inc., 25, 54, 76

Time Warner Entertainment, 54
  aquisição da, pela Toshiba, 62, 215

Time Warner, 25–26, 32, 54, 77, 88–90, 106, 111, 220, 225, 227, 320, 341–342
  colaboração com os estúdios, 99
  eixo com a Sony, 105–108, 111
  relatório financeiro da, 116–117

Titanic, 151, 169, 172, 306, 332

Todo mundo em pânico, 233

Todos dizem eu te amo, 151

Tojo Films, 138, 207, 208

tomadas, número de, 163

Tonight Show with Jay Leno, The, 191

Toothbal, Peter, 261

Toshiba, 54, 61, 106
  desenvolvimento do DVD na, 215
  acordo sobre o formato do DVD e, 64–65, 215, 320
  aquisição da Time Warner Entertainment, 62, 215

Towne, Robert, 279, 280, 281

Toy Story 2, 242

Toy Story, 122, 242, 344

Traffic, 129

trailers, 186, 201–202

transferência de horário, 58

Travolta, John, 144, 165, 238, 262–263, 267

Três mosqueteiros, Os, 17, 18

Três Patetas, Os, 13

Três reis, 300–301, 302

Três solteirões e um bebê, 95

trilhas sonoras, 23, 124, 207
  licenciamento de, 230–231

TriStar Productions, 24, 61–62

Trois hommes et un couffin, 95

Tron, 170, 344

Tropas estelares, 336

Truffaut, François, 305

Tubarão, 29, 147, 152, 241, 297, 331

Turner Entertainment, 25, 88

Turner, Lana, 18

Turner, Rober Edward "Ted", III,

TV Guide, 68,184

TV paga, 30, 97, 226

Tweetie Pie, 22,

Twentieth Century-Fox, veja Fox

UIP (United International Pictures), 110, 111, 118, 123, 206, 208

Ultimate power, The, 267, 289

Último boy scout: o jogo da vingança, O, 280

Último magnata, O, 32, 279

Último samurai, O, 242, 260

Um domingo qualquer, 158

Uma cilada para Roger Rabbit, 130

United Artists, 110, 247, 249, 254, 257

Universal, 14, 15, 24, 25, 45, 47, 49, 74, 86, 98, 110, 111, 118, 119, 139, 150, 183, 204, 206, 212, 234, 241, 254, 274, 285, 331, 336, 358
  aquisição pela Matsushita, 86, 215, 320
  aquisição pela MCA, 48, 59
  ativos de cabo e de televisão, 87
  distribuição global e, 14
  fundação da, 20, 37
  fusão com a NBC, 25, 87, 88, 227, 358
  parques temáticos da, 25, 87
  Redstone contra a, 74–87
  Universal International Pictures, 48
  Universal Music Group, 108
  Universal contra Sony, 59
UPN (United Paramount Network), 25, 80, 88, 89, 189, 227
Ursinho Puff, 43
USA Films, 25, 29, 110
USA Networks, 86–87,
Vajna, Andrew, 139, 144, 148
Valenti, Jack, 108
Valesco, Howard, 261,
Vanilla sky, 96, 260
Vanishing prairie, 251
Vanity Fair, 64, 328
Variety, 188, 254, 276
vendas de concessões, 123, 199, 204
Vernieu, Mary, 158
VHS, 60, 215, 216, 217, 220
Viacom International, 25, 75
  aquisição da CBS, 76
  assumida por Redstone, 75–85
  eixo com a NBC Universal, 109–112
  estratégias de preço de DVD da, 76, 78
  participação no mercado da, 75, 76
  programação produzida pela, 80
  video-on-demand (VOD), 111, 112, 355
Videocassete, 29, 34, 49, 53, 212, 213
videolocadoras, 123, 130, 136, 213, 216, 220, 235
  como elo fraco da cadeia de distribuição, 137
  custos de produção para lançamento em, 126–128, 133
  divisão de receita, 136
  e inteligência de marketing, 182, 212
  fluxo de receita dos, 119, 123, 139, 217, 240, 260, 280, 342, 344

  impacto do DVD sobre a locação de, 212, 216
  renda dos estúdios com, 136
  royalties do lançamento em, 126–128, 131, 132, 149, 151
  vídeos, 113, 118, 224, 237, 304
  vs. DVDs, 213, 214, 217
Village Roadshow, 121, 132
Violação de conduta, 144, 156, 165, 242, 271
Vivendi Entertainment, 25, 87, 98, 99, 226
von Stroheim, Erich, 269
Wagner, Paula, 274
Walker, Andrew Kevin, 143
Wall Street, 162, 329,
walla walla groups, 174
Wallis, Hal B., 304
Wal-Mart, 29, 218, 219, 354
Walt Disney Animation Studio, 340
Walt Disney Apresenta, 42
Walt Disney Company,
  aliança de merchandising com McDonald's, 150
  americanização do entretenimento pela, 95–96
  distribuição global e, 41, 251
  eixo com a News Corporation, 111–112
  lançamentos em vídeo da, 60
  licenciamento a fabricantes de brinquedos pela, 43, 341
  licenciamento de personagens pela, 43, 76
  merchandising da, 228
  parques temáticos da, 25, 95, 356
  participação de mercado da, 60
  pontos-de-venda no varejo, 122
  relatório financeiro da, 34
  subsidiárias de distribuição da, 251
Walt Disney Films, 39
Ward, Rachel, 272
Waring, Graham, 261
Warner Bros. Pictures International, 206
Warner Bros.,
  ação contra a Sony, 62, 63
  acervo de filmes da, 51, 63, 64
  aquisição por Ross, 50, 51
  Bette Davis processada pela, 259
  fundação da, 25, 37, 50, 51

parceria com a Sony, 63, 64, 106, 107, 111

Redstone contra a, 77

sucesso no exterior, 95, 96

Warner Bros.-Seven Arts, 51

Warner Communications, 25, 51, 53, 75–76,

Warner Independent Pictures, 29, 343

Warner Music, 63

Warner, Harry, 37, 245

Warner, Jack, 39, 50, 245, 248, 259

Washington, Denzel, 346,

Wasserman, Lew,

   ação da Sony contra, 59–60

   acordo de percentual idealizado por, 45

   Betamax vista como ameaça por, 59

   televisão e, 46–48

Wayne, John, 17, 18, 327

WB (Warner Bros. Network), 88, 89

Weinstein, Bob, 193, 292

Weinstein, Harvey, 243, 292, 310

Welles, Orson, 269, 301, 333

West, Nathanael, 277

Wigan, Gareth, 274

wild lines, 174

Wilder, Billy, 256

William Morris Agency, 50, 275, 308

Williams, Treat, 336

Wilson, Owen, 235

Wilson, Woodrow, 93, 314

Winchester 73, 45

Winkler Films, 39

Witherspoon, Reese, 265

Wolf, Michael, 118, 134, 154,

Wolfe, Tom, 267, 289

Woo, John, 185

Writers Guild of America (WGA), 306, 307

X-Men, 172, 184, 358

Yablans, Frank, 308

Yahoo!, 109

Yetnikoff, Walter, 56

zaibatsu, filosofia empresarial do, 62, 64, 108

Zanuck, Darryl F., 20, 38, 304, 322

Zemeckis, Robert, 346

007: O mundo não é o bastante, 177

007: um novo dia para morrer, 150, 176

Zeta-Jones, Catherine, 298, 309, 310

Zimmer, Jeremy, 277

Zukor, Adolph, 36, 37, 39, 245, 248

IMPRESSO NA

G R Á F I C A
sumago

sumago gráfica editorial ltda
rua itauna, 789 vila maria
02111-031 são paulo sp
telefax 11 **2955 5636**
sumago@terra.com.br